为了人与书的相遇

韦伯作品集

Konfuzianismus und Taoismus

Max Weber

中国的宗教：儒教与道教

〔德〕马克斯·韦伯 著　　康乐 简惠美 译

上海三联书店

图书在版编目（CIP）数据

中国的宗教：儒教与道教 /（德）马克斯·韦伯著；康乐，简惠美译 . -- 上海：上海三联书店，2020.12（2024.7 重印）（韦伯作品集）

ISBN 978-7-5426-7049-6

Ⅰ . ①中… Ⅱ . ①马… ②康… ③简… Ⅲ . ①儒家—研究②道教—研究 Ⅳ . ① B222.05 ② B958

中国版本图书馆 CIP 数据核字 (2020) 第 086350 号

中国的宗教：儒教与道教
(德) 马克斯·韦伯 著

责任编辑 / 徐建新
特约编辑 / 吴晓斌
装帧设计 / 任　潇
内文制作 / 陈基胜
责任印制 / 姚　军
责任校对 / 张大伟

出版发行 / 上海三联书店
（200041）中国上海市静安区威海路755号30楼
邮　　箱 / sdxsanlian@sina.com
联系电话 / 编辑部：021-22895517
发行部：021-22895559
印　　刷 / 山东韵杰文化科技有限公司

版　　次 / 2020 年 12 月第 1 版
印　　次 / 2024 年 7 月第 6 次印刷
开　　本 / 880mm × 1230mm　1/32
字　　数 / 306千字
印　　张 / 13
书　　号 / ISBN 978-7-5426-7049-6/B · 681
定　　价 / 68.00元

总序一

余英时

这一套“韦伯作品集”是由北京理想国公司从台湾远流出版公司出版的“新桥译丛”中精选出来的十余种韦伯论著组成，即包括了韦伯“世界诸宗教的经济伦理观”以及“制度论与社会学”两大系列的全部著述，囊括了这位学术大师一生的思想与研究精髓。我细审本丛书的书目和编译计划，发现其中有三点特色，值得介绍给读者：

第一，选目的周详。韦伯的“世界诸宗教的经济伦理观”系列，即《宗教社会学论集》，包括了《新教伦理与资本主义精神》、《中国的宗教》、《印度的宗教》和《宗教社会学　宗教与世界》等。其“制度论与社会学”系列不仅包括《社会学的基本概念　经济行动与社会团体》，“经济与社会”的《经济与历史　支配的类型》、《支配社会学》、《法律社会学　非正当性的支配》，也包括《学术与政治》等。

第二，编译的慎重。各书的编译都有一篇详尽的导言，说明这部书的价值和它在本行中的历史脉络，在必要的地方，译者并加上注释，使读者可以不必依靠任何参考工具即能完整地了解全书的意义。

第三，译者的出色当行。每一部专门著作都是由本行中受有严格训练的学人翻译的。所以译者对原著的基本理解没有偏差的危险，对专业名词的翻译也能够斟酌尽善。尤其值得称道的是，译者全是中青年的学人。这一事实充分显示了中国在吸收西方学术方面的新希望。

中国需要有系统地、全面地、深入地了解西方的人文科学和社会科学，这个道理已无须再有所申说了。了解之道必自信、达、雅的翻译着手，这也早已是不证自明的真理了。民国以来，先后曾有不少次的大规模的译书计划，如商务印书馆的编译研究所、国立编译馆和中华教育文化基金会等都曾作过重要的贡献。但是由于战乱之故，往往不能照预定计划进行。今天中国涌现了一批新的出版者，他们有眼光、有魄力，并且持之以恒地译介社会科学领域中的世界经典作品。此一可喜的景象是近数十年来所少见的。近年海峡两岸互相借鉴，沟通学术资源，共同致力于文化事业的建设和开拓，其功绩必将传之久远。是为序。

2007 年 4 月 16 日于美国华盛顿

总序二

苏国勋

作为社会学古典理论三大奠基人之一的韦伯，其名声为中文读者所知晓远比马克思和涂尔干要晚。马克思的名字随着俄国十月革命（1917 年）的炮声即已传到中国，二十世纪五十年代以后由于意识形态的原因，马克思与恩格斯的著作并列以全集的形式由官方的中央编译局翻译出版，作为国家的信仰体系，其影响可谓家喻户晓。涂尔干的著作最早是由当年留学法国的许德珩先生（《社会学方法论》，1929 年）和王了一（王力）先生（《社会分工论》，1935 年）译介，首先在商务印书馆出版，这两部著作的引入不仅使涂尔干在社会学界闻名遐迩，而且也使他所大力倡导的功能主义在学术界深深植根，并成为当时社会学研究中占主导地位的理论和方法论。与此相比，德国人韦伯思想的传入则要晚了许多。由于中国社会学直接舶来于英美的实证主义传统，在早期，孔德、斯宾塞的化约论—社会有机体论和涂尔干的整体论—功能论几乎脍炙人口，相比之下，韦伯侧重从主观意图、个人行动去探讨对社会的理解、诠释的进路则少为人知。加之，韦伯的思想是辗转从英文传播开来的，尽管他与涂尔干同属一代人，但在国际上成名要比涂尔干晚了许多。恐怕这就是中文早期社会学著述中鲜有提及韦伯名字的原因。

出于意识形态方面的原因，大陆学界从二十世纪五十年代初开始取消社会学这门学科的研究和教学，又长期与国际主流学术界隔绝，直到改革开放后，1987年由于晓、陈维纲等人合译的《新教伦理与资本主义精神》由北京三联书店出版问世，内地学者才真正从学术上接触韦伯的中文著作。尽管此前台湾早在二十世纪六十年代就已出版了该书的张汉裕先生节译本以及由钱永祥先生编译的《学术与政治：韦伯选集（Ⅰ）》（1985年，远流出版公司），但囿于当时两岸信息闭塞的情况，这样的图书很难直接到达学者手中。此外还应指出，大陆在此之前也曾零星出版过韦伯的一些著作译本，譬如，姚曾廙译的《世界经济通史》（1981年）、黄晓京等人节译的《新教伦理与资本主义精神》（1986年），但前者由于是以经济类图书刊发的，显然其社会学意义在一定程度上会受到遮蔽，后者是一个删除了重要内容的节译本，难以从中窥视韦伯思想全貌，无疑也会减损其学术价值。

大陆学术界在二十世纪八十年代中后期引介韦伯思想固然和当时社会学刚刚复出这一契机有关，除此之外还有其重要的现实社会背景和深刻的学术原因。众所周知，二十世纪八十年代中后期是大陆社会改革开放方兴未艾的年代，经济改革由农村向城市逐步深入，社会生产力得到了较快的发展。但是社会转型必然会伴随有阵痛和风险，改革旧有体制涉及众多方面的既得利益，需要人们按照市场经济模式转变思维方式和行为方式，重新安排和调整人际关系。加之，由于中国南北方和东西部自然条件和开发程度存在很大差异，在改革过程中也可能出现新的不平等，还有随着分配差距的拉大社会分层化开始显露，以及公务人员贪污腐化不正之风蔓延开来为虐日烈，这些都会导致社会问题丛生，致使社会矛盾渐趋激烈。如果处理不当，最终会引起严重的社会失范。苏联和东欧一些民族国家在经济转轨中的失败和最终政权解体就是前车之鉴。这些都表明中国的改革开放政策带来的社会经济发展遇到了新的瓶颈，面对这些新问题学术界必须做出自己的回答。

撇开其他因素不论，单从民族国家长远发展上考量，当时中国思想界可以从韦伯论述十九世纪末德意志民族国家的著作中受到许多启迪。当时德国容克地主专制，主张走农业资本主义道路，成为德国工业发展的严重障碍；而德国中产阶级是经济上升的力量，但是领导和治理国家又缺乏政治上的成熟。韦伯基于审慎的观察和思考做出了自己的选择：出于对德意志民族国家的使命感和对历史的责任感，他自称在国家利益上是“经济的民族主义者”，而在国家政治生活中自我期许“以政治为志业”。联想到韦伯有时将自己认同于古代希伯来先知耶利米，并把他视为政治上的民众领袖，亦即政治鼓动家，他在街市上面对民众或批判内外政策，或揭露特权阶层的荒淫腐化，只是出于将神意传达给民众的使命感，而非由于对政治本身的倾心。然而韦伯又清醒地认识到，现时代是一个理智化、理性化和“脱魅”的时代，已没有任何宗教先知立足的余地，作为一个以政治为志业的人，只能依照责任伦理去行动。这意味着一个人要忠实于自己，按照自己既定的价值立场去决定自己的行动取向，本着对后果负责的态度果敢地行动，以履行“天职”的责任心去应承日常生活的当下要求。或许，韦伯这一特立独行的见解以及他对作为一种理性的劳动组织之现代资本主义的论述，与大陆当时的经济改革形势有某种契合，对国人的思考有某些启发，因而使人们将目光转向这位早已作古的德国社会思想家。

此外，二战结束以来，国际学术界以及周边国家兴起的“韦伯热”也对国内学术界关注韦伯起到触发作用。韦伯的出名首先在美国，这与后来创立了结构功能学派的帕森斯有关。帕氏早年留学德国攻读社会学，1927 年他以韦伯和桑巴特论述中的资本主义精神为研究课题获得博士学位，返美后旋即将《新教伦理与资本主义精神》译成英文于 1930 年出版，并在其成名作《社会行动的结构》中系统地论述了韦伯在广泛领域中对社会学做出的理论贡献，从此以后韦伯在英文世界声名鹊起并在国际学界闻名。五十年代以后韦伯著作大量被译成英文出版，研究、诠释韦伯的二手著述也如雨后春笋般涌现。六十年代联邦德国兴起的“韦伯复兴”运动，其起因是二战后以美国为楷模发展起来的德国经验主义社会学，与战后陆续从美国返回的法兰克福学派代表人物所倡导的批判理论发生了严重抵牾，从而导致了一场长达十年之久关于实证主义方法论的争论。由于参加论战的两派领军人物都是当今学界泰斗，加之其中的几个主要论题——社会科学的逻辑问题（卡尔·波普尔与阿多诺对垒）、社会学的“价值中立”问题（帕森斯对马尔库塞）、晚期资本主义问题（达伦道夫和硕依西对阿多诺）——直接或间接都源于对韦伯思想的理解，对这些重大问题展开深入的研讨和辩论，其意义和影响远远超出了社会学一门学科的范围，对当代整个社会科学界都有重要的参考借鉴价值。作为这场论战的结果，一方面加快了韦伯思想的传播，促使韦伯思想研究热潮的升温，另一方面也对美国社会学界长期以来以帕森斯为代表的对韦伯思想的经验主义解读——“帕森斯化的韦伯”——做了正本清源、去伪存真式的梳理。譬如，在帕森斯式的解读中，韦伯丰富而深刻的社会多元发展模式之比较的历史社会学思想，被歪曲地比附成线性发展观之现代化理论的例证或图示。因此在论战中从方法论上揭示韦伯思想的丰富内涵，还韦伯思想的本来面目，亦即“去帕森斯化”，这正是“韦伯复兴”的题中应有之意。

随着东亚“四小龙”的经济腾飞，研究韦伯的热潮开始东渐。二战后特别是六十年代以后，传统上受儒家文化影响的韩国、台湾、香港、新加坡成为当时世界上经济发展最快的四个地区，如何解释这一现象成为国际学术界共同关注的课题。美国的汉学家曾就“儒家传统与现代化”的关系于六十年代先后在日本和韩国召开了两次国际学术研讨会。八十年代初在香港也举行了“中国文化与现代化”的国际学术会议，其中的中心议题就是探讨儒家伦理与东亚经济起飞的关系。许多学者都试图用韦伯的宗教观念影响经济行为思想去解释东亚经济崛起和现代化问题：有将“宗教伦理”视为“文化价值”者；也有人将“儒家文化”作为“新教伦理”的替代物，在解释东亚现代化时把儒家传统对“四小龙”的关系比附为基督教对欧美、佛教对东南亚的关系；还有人将韦伯论述的肇源于西欧启蒙运动的理性资本主义精神推展至西方以外，譬如日本，等等。所有这一切，无论赞成者抑或反对者，都使亚洲地区围绕东亚经济腾飞形势而展开的文化讨论，与对韦伯思想的研讨发生了密切关系，客观上推动了韦伯著作的翻译出版和思想传播，促使东亚地区韦伯研究热潮的出现。

作为欧洲文明之子，韦伯是一名百科全书式的学者，其思想可谓博大精深，同时其中也充满了许多歧义和矛盾，许多相互抵牾着的观点都可在他那里找到根源，因而时常引起不同诠释者的争论。历来对韦伯思想的理解大致可分为两派，即文化论和制度论。前者主张思想、观念、精神因素对人的行动具有决定作用，故而韦伯冠名为“世界诸宗教的经济伦理”这一卷帙浩繁的系列宗教研究（包括基督新教、儒教、印度教、犹太教等）是其著作主线；后者则强调制约人的行动背后的制度原因才是决定的因素，为此它视《经济与社会》这部鸿篇巨制为其主要著作。这种把一个完整的韦伯解析为两个相互对立部分的看法，从韦伯思想脉络的局部上说似乎都言之成理、持之有据，但整体看来都有以偏概全的偏颇。须知，韦伯既不是通常意义上的观念论者或文化决定论者，更不是独断意义上的唯物论者，因为这里的宗教观念是通过经济的伦理对人的行动起作用，并非纯粹观念在作用于人；而制度因素既包含经济制度、也包含法律制度、政治制度，还包含宗教制度、文化制度，并非只是经济、物质、利益方面的制度。换言之，一般理解的观念—利益之间那种非此即彼、对决、排他性关系，在韦伯的方法论看来纯属社会科学的“理念型”，只有在理论思维的抽象中它们才会以纯粹的形式存在，在现实生活中它们从来就是一种“你中有我，我中有你”的彼此包容的、即所谓的“镶嵌”关系。应该运用韦伯研究社会的方法来研究韦伯本人的思想，放大开来，应该用这种方法看待社会生活中的一切事物，惟有如此，才能持相互关系的立场，以“有容乃大”的胸怀解决现实中许多看似无解的死结问题。

欣闻台湾远流出版事业有限公司与大陆出版机构合作，在内地携手出版“新桥译丛”中有关韦伯著作选译的简体字版，这对于两岸出版业界和学术界的交流与沟通，无疑将会起到重要推动作用。祝愿这一合作不断发展壮大并结出丰硕的果实！

在中文学术界，台湾远流公司出版的“新桥译丛”有着很好的口碑，其译作的品质精良是远近驰名的，其中韦伯著作选译更是为许多大陆学人所称道。究其原委，一则是书品优秀，这包括书目及其版本的选择颇具专业学术眼力，另外新桥的译文具有上乘水准，是由经过专业训练的学者基于研究之上的迻译，而非外行人逐字逐句地生吞活剥。仅以两岸都有中文译本的《中国的宗教：儒教与道教》一书而论，远流本初版于1989年，六年后再出修订版，书中不仅更正了初版本的一些讹误，而且将译文的底本由初版的英译本改以德文原著为准，并将英、日文译本添加的译注和中文译本的译注连同德文本作者的原注一并收入，分别一一标示清楚。此外，远流版译本还在正文前收录了对韦伯素有研究的康乐先生专为该书撰写的“导言”，另将美国匹兹堡大学著名华裔教授杨庆堃先生1964年为该书的英译本出版时所写的长篇“导论”译附于后，这就为一般读者和研究者提供了极大方便，使这个译本的学术价值为现有的其他几个中译本所望尘莫及。再则，“新桥译丛”的编辑出版已逾二十余载，可谓运作持之以恒，成果美不胜收，仅韦伯著作选译出版累计已达十几种之多，形成规模效应，蔚为大观。不消说，这确乎需要有一个比较稳定的编译者团队专心致志、锲而不舍地坚持长期劳作才能做到，作为一套民间出版的译著丛书，在今日台湾这种日益发达的工商社会，实属难能可贵。现在，两岸出版业界的有识之士又携手合作，将这套译著引介到大陆出版，这对于提高这套丛书的使用价值、扩大其学术影响、推动中文世界社会科学和人文科学的发展、提升学术研究水平，功莫大焉。

近年来，随着两岸经贸往来规模的不断扩大，两地学术界和出版界的交流也在逐步深入，相应地，两地学者的著述分别在两岸出版的现象已屡见不鲜，这对于合理地使用有限的学术资源，互通有无，取长补短，共同提升中文学界的研究素质，可谓事半功倍。进而，倘若超越狭隘功利角度去看问题，将文本视为沟通思想、商谈意义的中介，从而取得某种学术共识，成为共同打造一个文化中国的契机，则善莫大焉。

诗云："瞻彼淇澳，绿竹猗猗。有斐君子，如切如磋，如琢如磨。"惟愿两岸学人随着对世界文化了解的日益加深，中文学界的创造性大发展当为期不远矣。是为序。

2003 年 12 月 3 日 于北京

目　录

中国的宗教

儒教与道教

简惠美 译

译序

简惠美

《中国的宗教》于1989年出版，至今已有六年。初版主要根据的是葛斯（H. Gerth）的英译本 *The Religion of China*（1964），其间虽曾参考韦伯的原著 *Konfuzianismus und Taoismus*，以及木全德雄的日译本《儒教と道教》（1971），格于学力，错误之处仍在所难免，这是必须向读者致歉的。

此次修订悉以德文原著为准，除了修正原译本的错误外，葛斯在英译本中将韦伯的一些注释移置本文，现在皆予以还原，一些标题也按照原著修正。为了方便阅读，本书采取当页注，因此不得不将太长的注释移至附录，亦即附录二的《参考文献》与附录三的《国库岁入资料》。杨庆堃为英译本所写的《导论》则置于附录一，以供读者参考。

1995年8月20日

导言

韦伯与《中国的宗教》

康乐

一

《中国的宗教》一书问世至今已超过七十年。韦伯在1904—1905年发表《新教伦理与资本主义精神》后，本拟进一步研究整个西方基督教文明中，宗教与社会经济诸关系的发展与演变，以探索现代西方人性格的文化源流。然而，当他获悉友人特洛尔奇（Ernst Troeltsch）已着手研究基督教的社会思想史时，认为两人的研究可能会有重叠，因而转以其他文明为探讨对象[1]。这也就是后来在"世界诸宗教之经济伦理"此一标题下，陆续发表的一系列比较宗教社会学的著作；其中，以《儒教与道教》（即《中国的宗教》）、《印度教与佛教》、《古犹太教》为最主要且篇幅较大而完整的三部著作。至于计划中有关伊斯兰教的部分则始终未完成。1919年，由于各方要求，韦伯才决意把"世界诸宗教之经济伦理"一

1 见 Marianne Weber, *Max Weber: A Biography*（New York, 1975）, p. 330-333; 特洛尔奇的论文初版发表于1908年的 *Archiv Für Sozialforschung*, 英译本 *The Social Teaching of the Christian Churches* 于1931年出版。

系列作品与《新教伦理》，以及其他一些相关的论文合辑为三卷本的《宗教社会学论文集》，于1920年，也就是他去世的那年出版。全书目录及各篇首次发表年代如下：[1]

第一卷：

序言（1920）

新教伦理与资本主义精神（1904—1905）

新教伦理与资本主义精神（1906）

世界诸宗教之经济伦理：

　　导论（1915）

　　儒教与道教（1915）

　　中间考察——宗教拒世的阶段与方向（1915）

第二卷：

世界诸宗教之经济伦理（续）：

　　印度教与佛教（1916—1917）

第三卷：

世界诸宗教之经济伦理（续）：

　　古犹太教（1917—1919）

据此，我们可以了解，《中国的宗教》实际上只是韦伯对于“世

1　以下各篇当中，《新教伦理与资本主义精神》有张汉裕的中译本（台北，1960），其中略有删节（特别是第4章有关清教各教派的部分），注释也没有译出。中国内地近年则有包括注释在内的全译本问世。此外，张汉裕曾节译《序言》一文，以《著者补论》收入《新教伦理》一书。此一《序言》经修订补译后，与《世界诸宗教之经济伦理：导论》，《中间考察——宗教拒世的阶段与方向》，收入康乐、简惠美编译的《宗教与世界》一书。

界诸宗教之经济伦理”研究的起首部分。这整部著作的目的在于：通过对世界诸大宗教（表面上看先由东向西的地理顺序，实际上有其宗教社会学上的内在论述理路可循）[1]——更严格说来，各大文明——的探索，来突显西方基督教文明的特色。以此而言，韦伯似乎很够资格冠上“民族优越论者”的头衔了。观诸其行文中惯用的套语（以此一论文集的《序言》为例）：“只有在西方”，诸如国家、法律、经济乃至音乐、建筑、绘画等各层面，“才有理性化的发展”；只有在西方产生了一些文化现象，“其发展方向——至少我们西方人乐于如此想象——具备了普遍的、放诸四海而皆准的意义及效果”……乍看之下，莫不是引人指认其褊狭的白纸黑字。

不过，且让我们别太轻率地就下这样的判决，因为：在突显西欧近代文明特色的同时，韦伯其实（反面观之）也已点出各异文明的特色来，此其一；其二，韦伯个人对近代西方“理性化”的全面发展，即世界的彻底“除魅”后所呈现出来的文化现象，实际上怀抱着相当悲观的态度，其忧惧之情清楚地表现在诸作品的字里行间。[2]

此外，韦伯所着手探讨的，特别是中国与印度，都是既庞大复杂而又源远流长的文化体（中国一部二十五史，都还不知从何说起！），所以，他势必要找一个可以入手的“把柄”。身为西欧近代文明之子的韦伯遂以“理性化”作为其观照世界各文化进展

---

1 见《宗教与世界》，第 2 章注。

2 例如他在《新教伦理》一书结尾时说：“依 Baxter 之见解，对外物的顾虑‘该像一件单薄的外套那样轻轻地披在圣徒的肩膀上，随时可以脱下’。但命运却使这外套变成像钢一般坚硬的牢笼（iron cage）。”见张汉裕译，前引书，p. 85。

的利器。他的着眼点在于：宗教与社会的其他层面、理念与利益（包括精神与物质）在人类文明的整体发展上究竟有着什么样的互动关系，在种种的互动关系下，呈现出怎样的理性内涵。换言之，在韦伯看来，每一个文明自有其独特的理性内涵，并且由其政治体制、社会结构、经济运作等等机制及活跃其间的主导阶层及异端分子所担纲的伦理信念等，交融体现出来。因此，掌握住贯穿于文化整体中的理性要素这个线索，即为韦伯作品的独到之处；再者，厘析出此一理性要素后，再持之与他所熟知的西方近代理性特质相对照，即可突显出西方近代文明之所以异于其他文明之特质所在。

于是，在《中国的宗教》一书中，韦伯长篇大论地分析了中国的国家、法律、城市、行会、士人阶层、正统礼教、异端信仰等等，无非是想借此构筑出：中国人想的是什么（例如：传统主义的价值取向、巫术性的世界图像）、做出的是什么（例如：家产制政体、家族社会、家族经济组合），以及所想与所做的之间的辩证关系。其中，主导此一辩证关系之进行的儒教官绅知识阶层，于韦伯所构筑的传统中国历史舞台上，展现出使得中国整体文明进展之与西方大相径庭的坚实活力。

由于所要解决的问题不同，韦伯的研究虽然仍属历史范畴，其途径却与一般史学者惯常采用的稍有出入。简言之，韦伯较注重的是贯穿于整个文明中一些较为**不变**的现象。因此，尽管王朝屡屡更迭，官制也代代有差，在韦伯看来，自秦始皇统一中国、建立家产制支配后，中国基本上就是个家产官僚制国家，具有家产官僚制的一般特性（而置诸如君权相权消长等问题不谈）。又例如：中国的氏族与家族组织，在与世界其他文明中的氏族发展（多半是断绝）相对照之下，不管其内在本身有多少变化（诸如单位大小、成员结构等变化，近年来中日学者已多有研究发表）[1]，其中的氏族血缘纽带（或拟血缘性的凝聚关系），历数千年，一直至近代，恒为一切关系中极具支配性的一道锁链。

当然，韦伯也并不完全不注重历史中的**变**，例如他也花了不少篇幅探讨王安石的变法、太平天国的革命；然而，他真正感兴趣的，是这两次变革所代表的意义——在他看来，前者代表着朝向合理的、中央集权的财政措施（相对于传统上下其手的疏放赋役制），以及合理的、专业化官僚行政发展的企图；后者则有类似西方“清教革命”的倾向——以及，它们之所以失败的意涵：意味着中国传统社会文化之几乎不可能动摇的稳固性。他认真探讨的是，支撑着这种稳固性的是什么样的组织、力量与精神；任何现象的变化及人事施为，除非有撼动此一基础的可能或具有其他意义，否则便无须多费心讨论。例如，杨庆堃指出，韦伯在讨论中国货币制度时，并没有注意到自十八世纪以来即不断增加的银供应量——这应该可能激发出资本主义的。首先，韦伯并非不知道中国与欧洲贸易扩大后，银供应量的大增（参见第1章注1），只是他并不认为贵金属供应量的增加即可激发出资本主义，否则，十六世纪新航路发现后，从美洲取得大量贵金属的西班牙就该是

1 有关这方面的研究可参见清水盛光，《支那家族的构造》（东京，1932）；牧野巽，《支那家族研究》（1944）；芮逸夫，“Changing Structure of the Chinese Family”，《台大考古人类学刊》，17/18期（1961）；杜正胜，《传统家族试论》，《大陆杂志》，65：2，3（1982）；陈其南，《房与传统中国家族制度——兼论西方人类学的中国家族研究》，《汉学研究》，3：1（1985）；此外，读者尚可参考费孝通《乡土中国》一书，特别是《差序格局》《系维着私人的道德》《家族》《长老统治》《血缘与地缘》等。

资本主义首先出现的地区[1]。其次，韦伯固然也承认，货币原料的经常性匮乏的确是造成中国货币制度不健全的重要因素，然而，俸禄官僚的利益、地方政府的收入，以及商人传统的经营方式，其影响绝不小于原料不足一项，甚至，从韦伯的观点看来，更是具有决定性的。因此，在韦伯来说，贵金属的流入不但构不成激发资本主义的充要条件，连构成健全货币制度的充要条件都谈不上。更何况，货币经济在中国只是为支配阶层创造了特殊的利得机会，使他们更易以货币的方式来积聚俸禄利得，俸禄与货币经济的结合，更加强了他们作为“坐食者”（Rentner）的心态，使他们更注重维持俸禄利得所在的原有经济条件，这反倒强化了俸禄结构里的传统主义特征[2]。

正因为对传统中国之稳固性的强调，一般人认为韦伯仍脱离不了西方学者素来所谓“不变的中国”之偏见。其实，身为十九世纪德国著名史学家蒙森（T. Mommsen）得意高足的韦伯，绝不会天真到认为人类社会——无论是哪一个——有毫无变迁之可能，中国当然也不会是个例外（尽管黑格尔这么说：中国是一切例外中的例外）。问题是，他所要了解的，并不是中国的社会和文化自身有何演变，而是中国到底是怎样一个异于近代西欧的一个社会。这可以从我们上面提及的一些研究重点，亦即韦伯取以为参考架构的要点：西方资本主义运作中种种理性化的机制，以及宗教伦

1　韦伯在《经济通史》（即郑太朴译，《社会经济史》）一书中，除了举西班牙为例以证明单是贵金属的流入并不足以产生资本主义外，还举印度为例：罗马帝国时期，每年有2500万以上的银币（Sesterzen）流入印度以从事贸易，然而其结果除导致极小规模的商业资本主义外，并没能激发出近代的资本主义来。参见康乐编译，《经济与历史》，第17节。

2　参见本书第2章结语。

理影响下之操作机制的“心态”等，作为剖析传统中国之利器，从而看出为何韦伯的论述难以摆脱让人有“不变的”或“静态的”感觉，正如他其他的作品乍看之下所给人的印象是一样的[1]。

这点实在与韦伯所习用的、独特的研究方法——“理念型”（ideal type）的建构——有关。根据韦伯的解释，理念型乃是一个纯粹的心灵建构（因此，他有时也称之为“纯粹类型”），这样的一种类型从来没有在历史、社会的真实里真正存在过，顶多我们只能发现有极相近的情形而已[2]。然而，韦伯认为，只有通过这种清晰的理念型之建构来检视经验界的事实，社会科学家才有可能从经常是互相抵牾的、混沌的经验材料中走出一条路来，从而精确地彰显出事实的最关键性的层面来。就拿比较宗教社会学的研究为例，韦伯首先着手的是分析中古以后西欧历史的演变，从中抽离出一些他**认为**是促成西欧近代资本主义之发达的主要因子，再将之有系统地组合起来——“取出若干就其本身而言有意义的性质整合到一个统一的思维图像中去”——这就有了一个西欧资本主义之形成的“理念型”[3]。再次，则进一步检视其他异文明的相关成分，将之有机地构筑成那个异文化社会的“理念型”，再持之与西欧近代资本主义社会的“理念型”做比较，希望能为“近代资本主义为何只在西欧产生出来”这个问题提供较满意的解释。

说韦伯所提出的西欧资本主义的发展，乃至于他所理解的中

1　莫姆森（W. Mommsen）在介绍韦伯“正当支配的类型”时就说：“乍看之下与世界史毫不相干，好像完全是静态的。”见康乐编译，《支配的类型》，p. 297。

2　有关“理念型”（或译“理想型”）可参见钱永祥编译，《学术与政治》，《韦伯的学术》第 1 节。

3　这只是韦伯以“价值参照”法来建构理念型的简单说法，至于其详细的方法论论述，参见 M. Weber,*The Methodology of the Social Science*（以下 *MSS*），pp. 89-91。

国及其他异文明社会，都只是一些“理念型”，似乎有点过分推衍韦伯对“理念型”研究方法的运用。不过，若说他的比较宗教社会学研究是运用了大大小小的诸种理念型建构，以充分地诠释出各文明之内在的统一性与理性内涵，并因此而突显出各自的独特性，应当是没有疑问的。毕竟，要做好不同历史经验事实的比较研究，在方法上就必须采取与描述性的概念分析法极为不同的抽象综合，换言之，不只是各种类的经验现象在共同面貌上的归结，而且是“某种观点，或更多观点，侧重于某一面的强调”。在此种理念型的概念建构中，时间的变动因素就只能在有限的范围之内考虑了。这种会使人感觉是“静态的”研究手法，韦伯深知其利弊所在；在他的著作中，我们经常可以看到如下的声明：“纯粹的这样一种类型，从未在历史上出现过”，“然而本书作者也绝不认为，下文所要谈到的一些架构，可以涵盖整个具体的历史事实”[1]；而针对“世界诸宗教之经济伦理”一系列著作，韦伯在《导论》中更明白地说：“我们并不宣称对世界宗教提出一完完整整的面貌”，为了达成诸宗教之理性化过程的分析目的，“作者非得有选择‘非历史的’途径之自由不可。所谓‘非历史的’，是指有系统地将各个宗教伦理叙述成本质上较具统一性的个体，而不是呈现出其实际的发展流程。……”[2]

此外，《中国的宗教》最为一般汉学家及中国史学家怀疑的地方，就是它的作者居然不懂中文，一切都只能靠转手的翻译或西文著作，在讲究“原始资料”的史学工作者眼中，这样的历史研

1 《支配的类型》，p. 305。
2 《宗教与世界》，p. 493。

究成果显然大有商榷余地。这样的质疑自然是有道理的，韦伯也非常清楚他所受到的这层限制，在本书第一章的注释中（原文注①，现移为本书附录二），他详细介绍了引用的资料之后说："诸多文献资料与碑铭，被移译过来的只不过是其中的一小部分，对于一个非汉学家而言，这真是个大障碍。遗憾的是，我并没有一位汉学专家来参与合作原典的考证。以此之故，笔者谨怀不胜惶惑迟疑之心，以最为保留的态度将本书交付印行。"在此条件下，本书会出现一些十分明显的史实错误（我们已尽可能在译注中指明）以及一些出人意表的历史解释，似乎也是件十分可以理解的事了。然而，资料的不足本来就是任何历史研究中经常要面对的问题，只不过——就某个观点而言——韦伯所面临的困难度要更大些罢了。

然而，韦伯对于历史研究的表达，有如下的自觉："历史学家所说的言语，包含着许多语意含混的字句，这正好用来配合他们下意识里想要恰当地表达己见的需求，结果是，他们的意思的确被感觉到了，然而却无法让人想个通透"[1]，而在自觉其方法上的运用时（即上述以理念型分析来代替描述性分析），韦伯可能已预料到中国读者所会产生的反应，所以他特别强调：

> 在社会科学的领域里，一项在方法上正确无误的科学证明，如果要达到它的目的，必须连一位中国人也承认其正确性才行。这个目标虽然有时候由于实际条件的不足而无法达到，但还是必须以此为目标。再者，对于一个理想的内容及

1 *MSS*, pp. 92-93.

> 其终极公设的逻辑分析，以及发觉由此理想而来的逻辑上与实际上的后果，也必须对中国人有效才行。虽然这位中国人也许不了解我们的伦理观念，甚至摒弃（他的确经常会如此）该理想本身及由此而来的具体评价，但他无法否认理论分析的科学价值[1]。

我们颇可以拿这番“豪语”来验证《中国的宗教》一书，看看韦伯是否在“实际条件不足”的情况下，仍然达到他认为必须努力去达成的目标；或者中国人是否真的会因为“不了解其伦理观念”，而摒弃了他由科学分析理想所得来的“具体评价”。全书既已译妥，这个问题当然就该交由读者自行判断。

二

以上，我们已对韦伯包括《中国的宗教》在内的一系列比较宗教社会学著作之写作动机、研究方法与探讨重点作过一番概述；我们也指出：“理性化”的问题是贯穿韦伯著述的主脉。然而，这种简约的说法，是否会引人误以为韦伯最终的目的是在于以侧重精神层面的手法来对马克思的历史唯物论作反驳？的确，自二十世纪二十年代以来，以理性化来作为阐释韦伯作品之中心概念的西方学者，不仅基于重新承认韦伯作品中方法论及历史研究间的联系，而且围绕在韦伯与马克思的主题对比上[2]。其中，对于韦伯

1 *MSS*, pp. 58-59.

2 Schluchter, *Rationalismus der Weltbeherrschung*, 顾忠华译，《理性化与官僚化》（台北，1986），p. 45 注 7。

著作能在美国广为流传居功至巨的帕森斯（T. Parsons），其韦伯诠释更是影响深远，直至杨庆堃为《中国的宗教》英文译本作序时，仍奉以为圭臬。帕森斯的韦伯诠释近十余年来已逐渐遭受批评[1]，而我们此处又已将杨氏的序文译出（见本书附录一），因此有必要在此简短地检讨一下帕氏的观点，并澄清在此观点下所可能引起对韦伯作品的误解。首先，我们先征引一段帕氏在其著名的《社会行动的结构》（*The Structure of Social Action*）一书中的论述：他认为韦伯的比较研究——

> 扣紧在马克思式的二分法则上："物质的"因素与"精神的"因素。而其所得到的一般结论则为：从发展资本主义—官僚体制的潜在能力上来说，在文化发展的相关阶段里，中国、印度及以色列等地的物质环境，比较起来实优于我们（西方）的中古及近世时期，然而他们每一种文化里的主要宗教传统之"经济伦理"皆直接与此一发展相冲突。另一方面，在新教（就整个基督教而言，程度则略逊）里的经济伦理则是直接有利于此种发展的。这样的结论即已肯定了新教与资本主义之间的因果关系[2]。

换言之，在帕森斯看来，近代资本主义虽然首先出现在西欧，然而证诸史实，西欧的物质环境并不比中国、印度等地更适合资本主义之蕴生，甚至更不适宜；西方之所以产生出资本主义，主

1 同前书，p. 44 注 4。
2 T. Parsons, *The Structure of Social Action*, pp. 512-513.

要是因为西方拥有其经济伦理可与资本主义相配合的基督新教。在帕森斯及其追随者的观点下，如果韦伯（在他们理解下）的论证确实可信，那么马克思对资本主义的唯物论式解释，岂不是再也站不住脚了？

的确，在《新教伦理》一书中，韦伯是极强调新教伦理与近代资本主义之间的亲和性的；在《中国的宗教》一书的结论里，也列举了中国有利于（而西欧不利于）资本主义发展的一些因素；以此，强调在近代资本主义发展过程中，“心态”所扮演的关键性角色。问题是，韦伯虽然强调：理念或价值取向并非总是受物质历史的制约而具有其独立自发的影响力，并想以此观点来平衡一下马克思的解释；然而，他也没有偏颇到纯然落入唯心论的窠臼，而一味强调理念或观念对物质环境的主导或制约的力量[1]；更说不上是证明精神与物质之间的“因果关系”了。

我们在上文中已说明韦伯是如何以人为的“机制”与操作机制背后的“心态”之间的辩证关系来解释文化之理性化的问题，而实际展示出此种辩证关系的，正是在历史舞台上活生生的“人”。成功的历史研究无不使得其中的“人”鲜活地展现于读者眼前。在“世界诸宗教之经济伦理”的一系列比较宗教社会学著作中，韦伯一再突显宗教之“担纲者”在各文化之发展历程中的“演出”，他认为：

1　例如他在《新教伦理》一书的结尾还特别提醒读者：“我的目的当然不再以片面的唯心论的文化、历史因果观来代替同等片面的唯物论的文化、历史观。这两者都同样地可能，但每一种，倘不用作研究的准备工作，反而充作研究的结论，则对于历史真理的了解，是同样地一无所成。”张汉裕译，前引书，p. 87。

> 直接支配人类行为的是（物质上及精神上）的**利益**，而不是理念。但是，由“理念”所创造出的“世界图像”，常如铁道上的转辙器，决定了轨道的**方向**，在这轨道上，利益的**动力**推动着人类的行为[1]。

秉此见解来诠释人类行为与文化现象的韦伯，根本上就不是一元论者，而只是在铺展多元因素的同时，以其独特的方法学技巧，达成“侧重于某一面的强调”罢了。即以其《经济通史》为例，在《近代资本主义之起源》这一章（第4章）里，韦伯探索了合理的国家（行政与司法）、市民身份、工业技术等诸多“理性的资产阶级资本主义”之形成的因素，当然也另辟一节来讨论经济伦理与资本主义发展的关系，这其中或有其侧重与强调的层面，但即使再粗心的读者也不会将之误解为某种截然因果关系的化约论证。

此处，实不宜再多加举证韦伯的研究方法与立场，我们的重点在于：读者若能先摒弃韦伯之撰述目的在于证明上述因果关系的这个看法，那么，在阅读《中国的宗教》一书时，就较不会被书中的论述次第与章节安排所误导。在本书的前半部里，韦伯的论述给人初步的印象，似乎只是在列举传统中国的内部机制，有某些是有利于，而某些则不利于资本主义的发展，这与后半部讨论正统与异端宗教伦理的部分好似截然划分开来。究其实，当韦伯探讨传统中国各种与发展理性的资产阶级的资本主义所须要件背道而驰的机制时，诸如：具有最高祭司长与家父长性格的君主与家产制政体、强调人文素养（而非专业训练）的家产官僚制与

1 《宗教与世界》，p. 477。

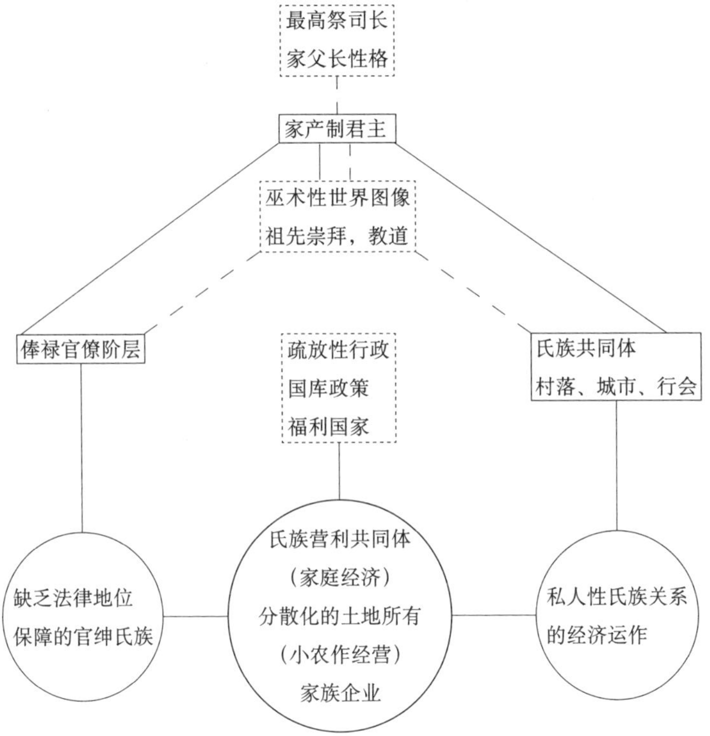

俸禄结构、具有支配性地位且强调个人血缘关系的强制性（而非个人的、自愿的）组织、没有独立运作自主权的城市、发展不够成熟稳定（而无法充分扩展合理的营利运作）的货币制度、倾向实质公道（而非形式）的法律体系、以国库财政为中心的赋役制（Leiturgie）等等，同时也将蕴涵于此等结构之中的信仰论理体系，诸如：巫术性卡理斯玛信仰（祖先神灵的卡理斯玛、皇权的卡理斯玛、鬼神的卡理斯玛）、巫术的世界图像（包括将巫术泛灵论调和到“天人合一观”体系里的“巫术的系统性理性化”）、主导阶

层（士）的身份性伦理与生活取向（知命与知礼），以及传统主义的人伦规范与二元道德经济伦理等等，一一扣合起来，它们一方面支撑着中国社会结构的特质与运作，另一方面也受到此种社会结构的制约而更形牢固。其间的有机关系，我们以下面这张按书中脉络整理出来的附图，提供读者作为参考[1]。就拿其中血缘组织（氏族）与孝道（或恭顺）的关系而言：孝道与祖先崇拜，是家产制政权下，被认为不可或缺的基础，这两者在有心地护持与提倡下助长了氏族的维系与发展；然而，反过来，氏族组织的持续存在发展无疑也促使孝道与家内道德、家族伦理成为内化于中国人心中的价值判准，亦即韦伯持之与清教之无差别主义、对事不对人的处世"心态"相对照的要点。家内道德的扩充与家产制政体的绵延，也是相应于此的依存关系。据此而论，岂有所谓于"物质的"方面有利，而于"精神的"的层面不利的道理可言，这种严重的误解是我们要特别提醒读者避免的。

三

尽管韦伯此书之写作，如前所述，自有其用意及目的，此处我们却想尝试从另一个角度，亦即就纯粹了解中国之历史与社会——不管是传统，还是现代——的角度，来看看韦伯能给我们些什么样的启发。

中国是个特别喜欢"强调"历史之重要性的社会，这点不论在今日台湾或中国内地皆然。对于饱受历史**"教育"**的国人而言，

1　本图主要根据简惠美，《韦伯论中国》（台北，1988），p. 127 附图绘制。

初读《中国的宗教》一书时内心的诧异是可以想见的：其中没有秦汉、隋唐等等朝代的兴替，也没有从奴隶制、封建制到“资本主义萌芽期”的阶段转移；没有圣君尧舜或暴君桀纣等等“有为”或“昏庸”的君主，也没有奴隶主与奴隶、封建领主与农奴之间苦痛而又悲壮的“斗争”。取而代之的是：家产制政体、俸禄官僚、赋役制、氏族、讲究身份伦理乃至**身段**的“士大夫”、巫术的“世界图像”等等。换言之，韦伯所提供给我们的是一幅大不同于我们惯常所见的中国的“历史国象”。在这幅图像里，所有我们熟悉的、见之于一般历史著作中的人物、制度、事件几乎都退居幕后，代之而起的是一些既似陌生、却又与我们日常生活息息相关的现象与观念。之所以如此，是因为“历史的步伐时快时慢，然而其深层的结构或力量却只能从一个长时期中来了解及掌握”[1]，因此，韦伯在研究中国社会时，采取的是——借用年鉴史家布罗代尔（F. Braudel）的说法——“长时段”（longue durée）的研究法。通过这样的方式所描绘出来的中国历史图像，跟我们的“常识”有所扞格自然是不足为奇的。然而，正因为韦伯的观照点的不同，他对中国历史现象的一些解释，无疑也为我们开启了一扇新的了解传统中国的门户。

试以中国历史上的赋役制度为例，由于攸关国计民生，历来史家皆颇为重视。不过，一般而言他们研究的重点主要是放在制度的演变上，从先秦的“彻、助、贡”，汉代的口赋、更赋、田租，晋代的户调式，北魏、隋唐的租庸调制到两税法，乃至明代的一

1 见梁其姿译，《新历史》，《食货》，13:1,2（1983），p. 91；F. Braudel, “History and the Social Science:The Longue Durée,” *On History*, (1980)。

条鞭法；着重的是制度产生的背景与崩坏的缘故，比较制度的优劣与人民负担的轻重合理与否，晚近的学者则更进一步分析赋役地租到实物地租，从实物税到货币税的推移。

韦伯则尝试从另一个角度来观察此一问题：尽管传统中国的赋役制度屡有更易，在韦伯看来，基本上都可以从“赋役式供应”（liturgical provision）此一概念来加以理解。换言之，在既有实际条件——疆域的辽阔、交通、通讯、行政管理的技术不足，以及货币经济的不发达——限制下，为了应付“国库”（即家产制政权的“家计”）的需求，中央单位只能采取下列两种方式：1. 责成各地方单位征集所需的物资及人力，各种地理志书常载的各地“土贡”，就是原初此一制度遗留下来的痕迹；2. 中央单位直接“经营”生产事业，例如控制一些诸如盐、铁、酒等的财源、官府手工业、皇庄等等（韦伯称之为“庄宅式”[Oikos] 经济），这些措施，历代皆有，规模大小视环境而定，一般而言，当中央政府对地方控制力较薄弱时，例如异族王朝或分崩割据时期，则此种收入在“国库”所占之比例即愈高，三国曹魏时期的“屯田制”大概可算是最大规模的“庄宅式”经营的例子了[1]。

由于历代中央政府对地方之控制力一般性的不足（韦伯称之为“疏放性的行政”），地方单位所负担的“赋役”义务，经过一段时间之后，往往就在**传统上**固定下来，而成为“配额”，此一现

1 有关“赋役式供应”及“庄宅式经济”，可参见《支配的类型》第 3 章相关注释。有关曹魏的屯田制，唐长孺在《西晋田制试释》（载《魏晋南北朝史论丛》）中曾扼要说明：“这种屯田制度的主要特点首先是所有屯田户都是政府的带着农奴性质的佃农。他们由政府配给土地、农具，一部分还配给耕牛，每年要向政府缴纳总收获量的百分之五十至六十的租课；其次屯田户直属农官，不属地方官管理；他们也不服兵役。”（p. 37）“农官”即中央政府内负责农业的部门（“大司农”），最高的官吏是“典农中郎将”。

象即使在实物税已逐渐转变为货币税的明清时期亦然。中央对赋役的征求一旦超出**传统的“配额”**太多，就极易招致民怨。而只要各地应缴的赋役数额能如数进入“国库”，中央既无心——实际上亦无力——过问各地区的赋役“配额”是否公平地由当地人分摊；同时也无意于推动积极的经济政策，因为这跟“国库”的收入并不相干。这是经济政策受到传统主义制约的一个例证。在此制约下，中国的皇权就只能是相对地“无为而治”，这也是作为正统意识形态的儒家之所以在政治层面上倾向“保守无为”的根本因素之一。王安石的“变法”中，经济政策之所以从财税制度着手，正因为他希望能有效地**动员**所有的经济资源；而这正是他之所以遭受到极大阻力——不管是否来自意识形态，还是既得利益——的根本关键所在。“庄宅式”的经营固然在短期内显得较为有效，然而由于同样实际条件的限制，时间一长，对这些“企业”的控制往往就会无法如初期时那么严密；再者，一旦皇权直接插手经营经济事务，即容易导向垄断之途，以是，“市场的发展——按其垄断的形式——或多或少受到非理性因素的严重限制。重要的利润之门掌握在统治者及其管理干部手中。资本主义于是直接受到阻挠，或者被导向政治资本主义”[1]。

韦伯对中国赋役制度的理解是否得当，当然还有商榷余地，不过，他将赋役制度与家产制政权下的“国库”政策，以及经济上的传统主义等因素联系起来，似乎可以提供给我们一些新的观照点。更值得注意的是，由于韦伯关注的是中国传统社会较基本、也较持久的因素，他所观察到的一些现象，对于我们了解今日蜕

1 《支配的类型》，p. 346。

变中的中国社会、与正急速“资本主义化”的现代台湾社会而言[1]，或许可以提供更多的思考线索。下面我们就拿目前台湾社会上大家所习见的“家族企业”作个例证来说明。

根据韦伯的理解，氏族（或家族）是传统中国社会里最具自主性、精力充沛且“无所不能”的一个组织，是少数可以抵制家产制政权支配的力量，氏族对其成员不但拥有**超越法律**（praeter legem）的权力，在一些诸如宗教惯习的问题上，甚至还具有**抗拒法律**（contra legem）的权力；其凝聚力强固的程度，不但远超过中古西欧，连印度都望尘莫及。这么强大的有组织团体，对经济运作必然有其影响，这点也确实表现在赋役义务的共同承担，以及土地买卖继承的权利要求上，并且也可以扩大成“一种生产组合的氏族共同体、累积性的家共同体”，换言之，一种“营利共同体”——类似于西方中古末期的家族联合体，为后来（至少在意大利）孕生出“贸易公司”的母体。然而，在传统中国，这样的一种家族营利共同体并未如近代西方那样走上理性的经营共同体之路，反而妨碍了资本主义的萌芽，何以如此？

从外在环境而言，韦伯的解释是，在传统中国社会里，官吏拥有最大的累积财富的机会，也是争取家族社会身份的最有效手段，因此，家族营利共同体的目标即被导向：培养族中优秀成员入学、中举、捐官（这些都需要大量投资）。等到这些人出任官职后，他们也会回过头来，设法增加家族的财富（一般而言，土地资产），

1　韦伯给“资本主义时代（或社会）”所下的定义是：“日常所需均以资本主义的方式来满足……只有需求的供应方式已资本主义化到如此程度，以致我们会设想一旦这种形式的组织消失，则整个经济制度就会崩溃。”《经济与历史》第 14 节。据此定义而言，台湾应当是已达到（或至少是接近）此一程度。

拔擢家族其他成员任官。即使这个家族由于经营工商业致富，对下一代的期望仍在中举做官，而土地更是被当作一切财富中最为可靠的一种。这种模式的“经营”，在韦伯看来，只能算是“掠夺式的资本主义”，而与西方近代理性的、资产阶级的资本主义恰好背道而驰。

其次，就内在因素而言，韦伯认为由儒家伦理所衍生出来的家族伦理，实际上支配了整个中国社会的人际关系：“在那儿，所有的共同体行为（Gemeinschaftshandeln），都为纯粹私人的尤其是亲属的关系所淹没与制约。”儒家伦理所强调的“亲亲”的原则即具体地呈现在这样的一种社会格局——用费孝通的说法，“差序格局”——之中[1]。在强烈的家族伦理的规范下，个人被历久弥新地与其家族成员牢系在一起，换言之，他是被系于“人”（person），而非功能性的职务——“企业”（enterprise）。作为一切企业经营基础的“信赖”，在中国，基本上也就只能奠基于一种纯粹的个人、家族或拟家族的关系上。这样的一种家族营利共同体与作为近代西方资本主义之基石的非个人化、理性的经济经营共同体是截然不同的：简言之，它缺乏一种抽象的、超个人的目的取向的团体性格。

西方社会的这种结合体关系（Vergesellschaftung）——费孝通称之为“团体格局”——的出现，是否如韦伯所言，源自基督教因信仰一个超世俗的上帝而发展出来的、打断氏族纽带的信仰共同体，以及清教徒对纯粹个人生物性关系的怀疑；或反过来，如费孝通所说：是“在这样一种‘团体格局’的社会中才发生笼罩

1　费孝通，前引书，pp. 22—30。

万有的神的观念”[1]，当然还有争辩余地。不过，西方的这种非私人性的、超越家族关系的自愿性团体的存在，应当是不成问题的。的确，西方的资本主义企业——不管是十九世纪，还是今天——有不少是由家族所拥有的，然而，在这样的一种社会关系下，一切个人的、血缘性的关系皆消融为“纯粹的事业关系”，也只有在这样的关系下，才能发展出“所有者”与“经营者”分离的企业体来。反观中国，在传统企业里，“伙计”多半来自亲族子弟或奴仆（也可算是家共同体的成员）[2]，即或有外人，服务长久、受信赖的也往往被当做“自家人”——换言之，一种“拟家族关系”的建立。

话说回来，尽管韦伯认为中国社会家族伦理的强固存在，是妨碍资本主义萌芽的重大因素之一，他并没有说这样的一种组织及其伦理就**不能**接受资本主义——至少在技术层面上。相反的，由于家族——一直到最近为止——还是台湾社会里极强而有力的“有组织团体”（尽管其包含范围有缩小的趋势），因此，在台湾社会资本主义化——“学而优则仕”的价值观转变为“商而优则仕”，工商企业取代土地资产——的过程中，家族无可避免地仍然扮演着担纲者的角色。在这些企业里，领导阶层主要仍然是由家族成

1　同前书，p. 32。

2　“伙计”多半来自亲族子弟一事，见余英时，《中国近世宗教伦理与商人精神》，pp. 153—154；奴仆替主人经营商业，在中国史上是源远流长的传统，见杨联陞为前引书所写的序《原商贾》。

员——儿子、女婿，甚至义子（拟血缘关系）[1]——所构成，换言之，本该是一种“纯粹的事业关系”，在此却被消融为一种“家族血缘的关系”。“家族伦理，”仍如韦伯所说的，“在自然生成的个人关系团体的环境里，发展出其最强烈的推动力。”明乎此，我们对于今日台湾经济发展过程中，“家族企业”所扮演的普遍而又重要的地位，或许就不会感到太过惊讶。而此一现象，恰好又可为韦伯

1　我们当然也得注意在今日台湾，家族的规模已无法与传统社会相比。同样地，企业的规模一般而言亦非传统时期所能相比。因此，台湾的“家族企业”只能就企业的领导阶层而言，才有意义，就此而言，日本企业的结合基础倒颇值得我们略作探讨。自从台湾继日本而发展为“新兴工业区”之后，世人对这两个地区的经济发展与其社会文化的结构之间的关系，莫不抱有极大兴趣，有趣的是，韦伯亦曾对日本及中国的“资本主义的发展”做出前后矛盾的两个结论，当然，台湾并不能完全等同于中国，不过，就其社会文化的基础而言，韦伯对中国的论断，就台湾地区的经验而言，还是极有参考价值的。在《中国的宗教》一书结尾，韦伯曾说：当资本主义在技术上与经济上已获得充分发展时，“中国人大概相当有（可能比日本人更有）加以同化的能力”。然而，在《印度的宗教》中，韦伯却又说：“在一个民族（按：日本）中，如果像武士这种阶层在扮演决定性的角色时，此一民族——即使将其他一切情况（特别是闭关自守的态度）置之不论——是不可能靠自己的力量达到理性的经济伦理的。尽管如此，封建的关系下那种可取消的、但又是有固定契约的法制关系，对培养西方所谓的‘个人主义’而言，却提供了比中国的神权政治更为有利的基础。日本虽未能从自己的精神中创造出资本主义，但是比较容易将资本主义视为一种人工制品，而从外部接受进来。”（*The Religion of India*, p. 275）韦伯认为日本人较易培养西方所谓的“个人主义”，今天看来，大概是站不住脚的，不过，他所提到的日本封建社会传统中“可取消的、但又是有固定契约的法制关系”，倒是很值得我们进一步思索。

根据李永炽的说法，从德川时代开始，兵农分离，武士均失去土地，靠诸侯（大名）的薪俸维生。既食诸侯之禄，为使诸侯之食邑不致被幕府削封、废封，就必须戮力向诸侯报恩效忠。因此，诸侯常以“家”自称，而武士则是诸侯的“家人”。由此观之，日本的“家”是一种非血缘形成的“场”。我们当然也可以说，这是一种“拟血缘”的关系，不过，如果我们考虑到作为其基础的封建的主从契约关系，就可以知道这跟中国的“家族”或甚至“拟家族”的概念与内容是大不相同的；简言之，他们的“家”是可以扩张到极大的。日本的企业经营，即是成功地将此种扩大化后的“家意识”植根于公司，使经营者与员工皆建立“家人”的关系（李永炽，《儒家与日本近代化》，《文化与经济》，载《历史的跫音》）。也就在这种“家意识”的差异上，我们可以发现今日台湾的家族企业与日本企业结合基础的最明显的不同。

在《中国的宗教》里所说的一段话，做个脚注：“超越个人营业范围之外的经济组织，几乎全部奠基于真正的或模拟的私人性氏族关系上。”

家族企业在台湾今后的经济发展上，是否仍如过去一般扮演担纲者的角色，或者反过来，成为台湾经济与社会发展的绊脚石，当然还有待更进一步的观察与研究。然而它对过去数十年来台湾经济成长的贡献，终究是不能一笔抹杀的。参照韦伯对中国家族的理解。

我们似乎可以如此说：“在此处，传统与现代之间有了一个巧妙的接榫。”

家族企业只不过是我们可以援引韦伯的观点来思索的、台湾目前社会经济发展的现象之一。其他诸如庞大的公营企业（估计约占国民生产净值的 40% 以上），除了从市场价格机能等纯经济理论的角度来探讨外，是否也可尝试从“庄宅式的经营”——满足传统家产制政体下“国库”需求的措施之一，另外也兼顾到传统中国“福利国家”的理念——的角度来加以考虑。

此外，对于台湾各大都市里蔚为奇观的“地摊”景象，以及近年来蓬勃发展的“地下投资公司”，除了抱怨人民不守法、急功近利、贪小便宜的心态与财经失序外，是否也可尝试从中国人传统的“俭约”精神——另一个常被视为儒家伦理有助于台湾经济发展的要素；韦伯则称之为一种“强烈到无可比拟的精打细算的心态，一种分文必争、锱铢必较的‘小贩式经营’的心态”——来重新思索。大家乐、六合彩赌徒的到处求神问卜寻“明牌”，除了从心理学的角度来分析外，是否也可与韦伯所说的、传统中国人的“巫术性的世界图像”联系起来理解。

库恩（T. Kuhn）在《科学革命的结构》一书中曾说："典范一改变，这世界也跟着改变了。"或者，他也用另一个所谓"视觉盖士塔（gestalt）"的实验来说明这种转变："在〔科学〕革命之前科学家世界中的鸭子，到了革命之后就成了兔子。"我们当然还不敢说韦伯对中国传统社会的研究就会成为中国历史研究的一个新"典范"，或者会掀起一场"史学革命"，这似乎是太夸张了；我们更不能说，要了解中国的社会——不管是传统的、还是现代的——就必须通过韦伯的观点，韦伯自己首先就要对此主张提出抗议。然而，不可否认，通过《中国的宗教》，他为我们提供了一幅既朦胧、却又似曾相识的历史图像；朦胧也罢，似曾相识也罢，都还须要我们更进一步地去思索澄清以及验证，这是本书最具挑战性的地方，也是我们决定翻译出来，并郑重推荐给读者的主要缘故。

第一章

社会学的基础之一

城市、君侯与神祇

一、货币制度

与日本强烈对比的是，中国在相当于我们（西方）的史前时期就已经是个有大墙垣**城市**的国家。只有城市方有其受众人认同且祭祀的地方守护神，而诸侯主要是城市的支配者。即使是大诸侯国间的官方文书里，仍然以“贵都”或“敝邑”来指称“国家”。甚至到了十九世纪的最后三十余年（1872），苗族的完全底定，还是用古罗马一直采行到公元三世纪一样的办法来完成——强制性的聚居（Synoikismos），将苗人集体迁徙到城市中居住。事实上，中国行政中的租税政策极度有利于城市居民，所牺牲的是广大的农村地区[1]。自古以来，中国主要是个内地贸易的国家，这对于提供广大地区的需求乃是不可或缺的。然而，由于农业生产重于一切，

---

1 H. B. Morse 也有同样的结论，见氏著 *The Trade and Administration of the Chinese Empire*（New York, 1908）, p. 74。支持此一论断的基本事实如下：没有消费税及任何的动产税，一直到近代为止，关税皆极低，粮食政策又是纯粹从消费的角度为出发点。此外，考虑到官僚阶层的本质，富商确实是有路子可以弄到钱的。

是以货币经济直到近代几乎都还比不上埃及托勒密王朝时的发展程度[1]。从货币制度上就足见如此——无论如何，部分可解释为货币制度崩坏的结果：铜钱与银两（货币铸印是操纵在行会的手里）的兑换率不断地波动，不仅时时不同并且也因地而异[2]。

中国的货币制度糅杂了极显著的古代与现代的特征[3]。“财”这个字，仍包含有“贝”的原义。直到1578年，云南（一个产矿的省份！）还以贝币为土贡。代表“货币”的一个文字，原意是“龟甲”[4]。“布贝”听说在周代时就有，以丝绢来付税通行于各个时代。珠玉、宝石和锡，在古代也都具有货币的功能。甚至那位篡位者王莽（于公元7年之后）还徒然地想要建立起一个以龟甲、海贝和金银、铜铁并行，作为支付手段的货币等级制。相反地，根据一则公认不大可靠的记载，理性主义的帝国统一者秦始皇下令以铜和金来铸“圜钱”（镒与钱），其他的交换或支付手段一概禁止，不过还是没有成功。

1　埃及托勒密王朝存在的年代为公元前332—前30年。——译注

2　正由于皇朝的贬低货币成色与发行纸钞，才导致转变成这样的制度——相当于德国的银行本位（如汉堡银行所显示的）。因此，这算是第二次的（币制）转变。正如1896年6月2日《京报》上所刊载的，皇帝谕令及报告显示，直到最近，某地的铜货一旦突然短缺，即可能导致一场大混乱出现：地方的银行券因此增加了发行数量，从而造成贴水差额（Agiounterschiede）与银块投机的现象；更严重的是政府完全不当的干预措施。关于通货情形，最佳的描述参见H. B. Morse, *The Trade and Administration of the Chinese Empire*（New York, 1908）, ch. V, p. 119 ff。另见J. Edkins, *Banking and Prices in China*（1905）。中国古代的文献资料，见Chavannes编，*Ssu-ma Ch'ien*, vol. III, ch. xxx。

3　用来指称货币的是“货”这个字，亦即交换手段的意思。“宝货”则指有价值交换手段。

4　H. B. Morse, *op. cit.*, J. Edkins, *Chinese Currency*（London , 1913）. 除此之外，见Biot之论著，*Journal Asiatique*（3rd Seris, vol. 3, 1837），此作主要是以马端临的作品为依据，至今仍有参考价值。本书进入校对阶段时，我另参见了W. P. Wei的纽约（大学？）博士论文，“The Currency Problem in China,” *Studies in History, Economy*, ect. No. 59（New York, 1914）第一章里所包含的一些材料。

银似乎要到较晚的时期（汉武帝，公元前二世纪末时）才具有成为通货金属的重要性，而一直要到1035年（按即宋仁宗景福二年），才成为南方诸省的租税支付手段。这无疑是由于技术上的因素所造成：金来自砂金，而铜原先是以一种相对而言简单的技术采得。但是银必须经由一套完备的开矿技术来开采，而中国的采矿技术与铸币技术却一直停留在相当原始的阶段。传说早在公元前十二世纪就有钱币的铸造（而实际上可能要晚到公元前九世纪），约在公元前二百年，首次有文字的记载。与其说是铸造，倒不如说是打刻的。因此，很容易伪造。其内容成分也有极大的差异，甚至比欧洲十七世纪时的钱币成分差异还大（例如英国的五先令银币crowns，纯度差异约10%）。有十八枚同时发行于十一世纪的中国铜钱，根据比欧（Biot）的测量，重量有从2.7克到4.08克之间的各种差别，六枚620年发行的铜币，重量则从2.5到4.39克之间。光就此，这些货币就不足以成为明确且可通行的交易基准。

黄金的存量，曾经因为蒙古人的劫掠所得而突然增加，但随即又复低落。以此，金与银早就是非常稀有的，虽然以既有的技术而言，银矿应该还是很有开采价值的[1]。铜依然是日常交易的通货。

1　每次一有地震发生，风水的迷信（下面会谈到）就会导致采矿之举的制止。不过，Biot在前引书里将这些矿山比做Potosi的矿山（译按：Potosi是南美玻利维亚南部的旧银矿开采中心），则是个可笑的夸张。Richthofen对此有一最后的定论。云南的银矿，虽然相对而言有15%较低的矿区使用税金，但从1811到1890年间，也只有大约一千三百万两的产量。甚至到了十六世纪（1556），一个花费了三万两银钱来开采的银矿，后来也不过生产了二万八千五百两。铅矿开采的一再禁止，也阻碍了银之作为副产品的采掘。直到中国统治了富产银矿的中南半岛（高棉、安南）与缅甸之后，银的供给量才不断大量地持续增加。另外，越过Bokhara而与西方贸易后，尤其是在十三世纪，借着丝织品的输出，也带来了银的大量增加。同样，自十六世纪与欧洲人贸易起，再次使银货增加。根据史书推断，（银的供给）之所以如此极度**不稳定**，除了技术上的缺陷之外，银矿的收益性一般而言总是过低，这是个重要的因素。

西方贵金属的广大流通量，是（中国的）史家所熟知的，尤其是汉朝的史家。事实上，许多年来年往负责运送实物贡租中之丝绸的大规模商队，将西方的黄金带入国内，这点从所发现的罗马金币便足以证明。当然自罗马帝国灭亡之后，黄金的流入便中断了，直到蒙古帝国的时期，通货的状况方才好转。

中国与西方的贸易，在墨西哥与秘鲁的银矿被开采之后，进入一个转捩的时期，那儿所产的银大量涌入中国，用以交换生丝、陶瓷与茶叶。从以下的金银兑换比中，显见银价的下跌：

1368	1574	1635	1737	1840	1850	1882
4 ∶ 1	8 ∶ 1	10 ∶ 1	20 ∶ 1	18 ∶ 1	14 ∶ 1	18 ∶ 1

但是由于银通货的需求量增加，银的价位攀升，致使铜对银的比价下跌。

采矿与铸币都是政治当局的特权[1]；甚至在《周礼》中所提到的九个半传说性的官方部门（九府），都包括有执掌铸币者（泉府）。矿产部分是官方利用徭役来开采[2]，部分则交由民间开采，但所产矿物则由政府垄断收买。价格与成本间的差距（之小），足以解释为何产量如此稀少。

将铜运往北京铸造局的高昂运费——铸造局将国家铸币需求所剩者全部出售——大大地增加了铸币的成本。这些成本本身就

1　此处的特权（Regal）是指家产制国家里，属于君主的收入特权。——译注

2　乾隆皇帝的御制明史中便有大量征发徭役以开采金矿的记载（《御撰资治通鉴纲目》，Delamarre 译，*Yu tsiuan tung kian kang mu*, Paris, 1865, p. 362）。据载，1474 年有五十五万（？）人被强募来服这类的徭役。

非常庞大。八世纪（据马端临《文献通考》所记，752 年），既有的 99 个铸币厂，据报每年每厂大约出产 3300 缗（每缗 1000 枚）的铜钱。这需要使用 30 个劳动者，21200 斤（每斤 550 克）的铜，3700 斤的铅，500 斤的锡。每 1000 钱的铸造成本高达 750 钱，亦即 75% 的成本。此外，还要加上垄断性的铸造局所要求的高昂铸造利润[1]，常规是 25%。这使得十几个世纪以来不断进行的制止盗铸——利润高得惊人——的斗争，毫无希望可言。

矿产地区常受到外敌入侵的威胁。政府向外国（例如日本）买进铜来铸币，或者没收私人所持有的铜以确保充分供应庞大的货币需求，可说是司空见惯的事。官方干涉与特权实际上往往扩张到所有的金属矿产。银矿的开采要支付一笔巨额的矿区使用费给有关的官吏（十九世纪中叶，在广东省这笔使用费高达 20% – 33.33%，连带铅矿，则达 55%）。这些官吏除了将一定的数额缴交政府外，这些岁捐就是他们收入的主要来源。金矿主要在云南省，和其他矿产一样，划分成小地区分配给职业的采矿工匠去做小规模的经营，每人依产量缴交使用费，最高可达 40%。直到十七世纪，据闻这些矿区，从技术的观点而言，还开发得非常有限。除了堪舆师所造成的困扰外[2]（见第七章，第九节），原因在于中国的政治、经济与意识形态结构中的一般性传统主义。此种传统主义一再地导致所有认真的货币改革无从实现。

1　根据 Weil（译按：应为 p.29 注 4 之 W. P. Wei）前引书（p. 17）所说的，在中国早期的铸币政策里据说并不知道铸币利润这回事。果真如此，则人尽皆知的大量盗铸便无利可图了。可知这样的传闻是不足采信的。况且史书也有恰好相反的记载（见下文）。

2　关于风水的影响，参见 *Variétés Sinologiques*, No. 2（H. Havret, “La Province de Ngan Hei,” 1893），p. 39。

关于贬低货币成色，史书中提到早在楚庄王的时代，就有强制使用劣质货币却未成功的故事。传说（汉）景帝时，首次贬低金币的成色——但绝非最后一次——而导致交易上的大混乱。显然，主要的祸根在于铸币金属**存量**的不稳定[1]。必须抵挡草原蛮族入侵的北方，要比南方更深受此一因素的困扰，后者因其为贸易重镇，通货的供应要比北方充裕得多。每当有战事发生，财政上的调度都不免迫使货币有所变革，铜币则被改造为武器（情形类似德国于第一次大战时之使用镍币）。当一切恢复和平时，铜则到处充斥，因为“复员”的士兵任意地使用军用物资（铜质武器）。任何政治的动乱都可能迫使矿场封闭。货币的不足或过剩所造成的物价波动，根据资料看来——即使这些资料不免有所夸大——委实相当惊人。无数私人伪造货币的现象一再发生，无疑是受到官吏的容忍。各地督抚也经常抵制政府的独占政策。正因为每一次的垄断尝试都受到挫败，政府才一再地允许人民根据一定的标准私铸货币。第一次是发生于（汉）文帝之时（前 175），结果自然是货币制度的一团混乱。在这第一度的实验之后，武帝确实很快地又恢复铸币的独占。他除了根绝货币私铸之外，并以提高铸造技术的手法（钱币附有细致的轮廓，按：“周廓”是为防止销磨钱而取铜屑），成功地提高了国铸货币的威信。不过由于对匈奴征战所需的资金调度——总是造成货币混乱的一个原因——他不得不发行白鹿皮制的信用货币。再者，他所发行的银币也容易被仿造，结果这次的努力最终也不免于失败的命运。

1 经 Biot 翻译的一条《文献通考》上的记载（*Journal Asiatique*, 3rd Série, vol. 6, 1838, p. 278），在（汉）元帝（前 48—前 30）治下，全国的总货币量估计约 730000 万（万为一万钱，即一万铜币），其中 330000 万为国库所持有（！）。马端临认为这个数目还太少了。

可能由于政治上的不安，元帝时（公元前40年左右）铸币金属空前短缺[1]。随后篡位者王莽尝试实施货币等级制的实验（货币种类竟达二十八种！）[2]，却徒劳无功。从此以后，似乎没再见到政府恢复铸造金币或银币的记载——有的话也是一时的现象。不过，自807年起政府仿效银行的流通手段[3]，开始发行交换票据[4]，此一措施在蒙古王朝治下，特别发达。起先，国家也和银行一样，以金属为准备金而发行票券，但后来却越来越少如此做。货币成色贬低与纸币贬值无法兑换的记忆，致使银行本位（Banko-Währung）[5]崛然确立。银行本位是以存入银块作为大宗买卖交易

1　据史书（马端临）所载，汉代时（一般而言）铜的价值是米的八倍，而元帝时，以重量计，铜的价值是谷类的1840倍（其他资料记的是507倍）。同样地，罗马共和时期的最后一百年里，（铜）对小麦的对换比也是相当惊人的。

2　即《汉书·食货志》所载的二十八品。——译注

3　十世纪时的纸币“便钱”，便是由国库来兑换。

4　甚至在（十）一世纪时，四川的笨重铁钱也致使十六家行会联合发行证明纸券（交子），亦即银行通货，不过后来也因无力偿现而变得无法兑换。

　　韦伯此处指的是纸币的发行。不过无论是807年的唐宪宗时，或后来的宋太祖时所发行的“飞钱”或“便钱”，都只是一种汇票而非纸币。直到十一世纪宋真宗以后所通行的“交子”，才具备了纸币的性质。——译注

5　在法国，用来指银行本位的Banko-Währung一语中的Banko，是源于意大利文的Banco，原为银行通货的一种。同时，货币在银行里也是作为计算基准的货币品位（Münzfuss，亦即法定的货币重量），其单位是Banko Mark，如汉堡的银行通货通常就比一般流通的现金货币一马克要来得高（前者的一马克等于后者的1.265马克）。汉堡的银行通货在1846年以后，27马克等于一中心马克（Kern-Mark）的纯银，在1868年采用新的银行重量单位后，59.3316马克等于0.5公斤的纯银。这个单位除了Banko Mark外，又叫做Markbank，一度不再是指铸币，而是计算的单位。马克一方面作为一般的计算货币，一方面又含有金、银重量的意味，中心马克是中心马克，通行马克是通行马克，各个地方自有其惯用的重量与纯度，直到1873年被国定的货币本位（Reichswährung）取代之后，银行本位才严格区分开来。可是中国一直到清朝时的称重的银本位，还只是相当于将近（韦伯生存时代）一百年前德国所盛行的银行本位。和古代不同的是，此后中国即不再铸造铜钱以外的任何金属货币（例外的是从外国流入的硬币）。除了铜钱以外，国家的通货不是硬币，而是称量（的银），这种银的重量，外国人称之为tael，

手段的基础，以“两”为计算单位。虽然铜通货有其价格低廉的优点，但由于前述铸造成本的大幅增加，加上高昂的货币运输费用，使得它成为一种不便交易的货币形式，并且也是货币经济发展的一种阻碍。

原先，每串共计一千枚铜币（钱）的缗，相当于一盎司（ounce）的银，后来则为半盎司。可资利用的铜，在数量上的变动——由于工业用途，以及工艺上（造佛像）的消耗——即使是在和平时期，也相当大，这显然会影响到物价与租税负担。铸币成本的大幅变动及其对物价的影响，往往使得想在纯粹（或大体纯粹）的货币租税基础上建立起统一预算的企图终归失败。结果必然是一再回归到（至少部分的）实物租税及其经济上各种自然的定型现象[1]。

除了直接的军费与其他纯国库上的考虑之外，中央当局于货币制度里最为重视物价政策。为了刺激铜钱生产量，政府会解除国家铸币的独占权，但是如果因此一行动而导致通货膨胀的倾向，则政府又会采取封闭部分铸币所的反通货膨胀措施[2]。尤其是对海外贸易的禁制与监督，通货的考虑也是其中的原因之一：若是开放

（接上页注）中国的名称是“两”。举凡国际贸易的计算、大宗的买卖、政府债务以及关税等，皆以有品质约定的、足数计量的银“两”来达成支付清算的目的。不过这“两”只是个原则性的单位，海关用的是“海关两”，国库出纳用的是“库平两”，贡米输送沿路上的江西、安徽、江苏、浙江，以及烟台等地，一般所用的则是“漕平两”。此外，像地方性的“北京两”、“天津两”、“汉口两”、“广东两”、“上海两”等，全国数百个商业中心都各有其不同的称量基准，而同一个地区甚至有六种到十二种不同的称量并存的情形。中国的银本位之复杂，是德国所不能比的。无论如何，中国的行会与商馆之经营以两为单位的银块之寄存，并做差额之清算等业务，实与德国的情形并无二致，这大概就是韦伯使用（银行本位）这个术语的原因吧。——译注

1　根据马端临所著书的记载，中国较早的一份国家岁入清单，我们列于附录三。

2　据马端临的记载，这样的事譬如在 689 年就发生过。

进口，则有流失货币的顾虑，若是开放出口，则又忧虑外国货币的大量涌入[1]。对于佛教与道教的迫害，本质上当然是基于宗教政策的缘故，不过国家的通货考虑也是个决定性的因素。在寺院艺术的刺激下，货币原料被转用于艺术的用途上——造佛像、供瓶、与仪式配饰——一再地造成通货的危机。钱币被大量熔解，导致通货的极度缺乏、铜的囤积与物价的滑落，结果是实物交换经济肆行[2]。国家于是有计划地掠夺寺院、对铜制品课税[3]，最后则试图垄断青铜器与铜制品的制造[4]。尔后，此种国家垄断措施扩张到每一种金属制品上，为的是要抑止私下的货币伪造。不过这两个措施终告失败。由于禁止土地集中（下面我们会谈到）——此一严格训令的有效性视执行官吏而定——官吏则不断地聚集大量的铜货；当货币短缺时，货币财被课以高度的税率，而基于物价政策与国库财政的考虑，拥有货币的最高限额愈来愈受限制[5]。以铁钱来代替（一度与之并行的）铜钱一再试行，结果并不能使情形有所改善。见于（后周）世宗时代（十世纪）的一份官方请愿文书里，便要求放弃铸币的利润与解除国家垄断金属利用的禁令——为了避免金属制品的价格垄断以及因此而影响到金属在工业上的利用。但此一建议并未获实行。

纸币方面也大致如此。银行券的发行原先显然带有证券的性

---

1 参照 683 年对日本的谷物输出（当时日本的铜币铸造已然兴盛）。

2 据史书记载，这事在 702 年发生过。

3 最初一次在 780 年。

4 在八世纪时，据铸币局首长所言，以一千个铜钱所精制的艺术品（瓶），价值相当于三千六百钱，因此，铜用于工艺比当作货币来使用获利更多。

5 在 817 年，以及自此之后，即不准超过五千贯（每贯一千钱）。超出限额的铜货，则根据数额的多寡而有种种出售期限的规定。

格，后者特别是在通货混乱的时期，成为趸售商业所惯用的交易手段；尔后银行券本质上即成为便利地方间互相汇兑的流通手段。不过这些银行券也遭到仿造。其印造的技术性前提是于公元二世纪时所引进的制纸工业，以及一种适用的木板印刷术[1]，特别是凸版印刷，而不是原来的凹版印制。早在九世纪，国家就开始将票据交换的利得机会从商人的手中夺过来。起先，交换准备金（从 1/4 到 1/3）的原则也被政府继续引用，后来则以独占性的国库银行储金为基础发行兑换券。这当然只是一部分措施。起初以木版，稍后则用铜版印刷的兑换券，由于纸质粗劣，很快就破损不堪；或者由于战时铸币金属短缺，兑换券在使用量大增的情况下，券面变得难以辨认。这使得纸币的面额缩减到最小，而使用到难以辨认的纸币则会遭到拒兑，若兑换新钞，则要被课征工墨钱[2]。尤其是，（因纸币的发行而导致）金属储备的废止[3]，或者，至少是因兑换所转移到内地，而使得纸币的兑现更加困难[4]。而且，起初纸币的回收是限定在较短的时期内（三年一兑），后来却延伸到二十二至二十五年[5]，而用来替换回收之旧钞所发行的新钞，则多半比旧面额低[6]，但政府却一再（至少部分而言）拒绝接受用以缴纳各种租税的旧钞。这些措施使得纸币的信用一次又一次地滑落。政府虽一再

1　显然这最初是用来制作官印。自秦始皇后这成为从封建制转变为家产制国家的外在标示。

2　在 1155 年里，北方的女真族统治者（按：指金海陵王）即征 1.5%的工墨钱。

3　例如 1107 年所发生的情形：纸钞因通货膨胀而贬值为票面的百分之一。

4　在 1111 年，纸钞乃为了边境上的战争而发行。

5　这种规则性的回收形式起初也是营利商人所推许的。这些钞券在性质上是一种国库债券。

6　老旧的或破损的纸钞通常只以票面价值的 1/10 到 1/3 来兑换。

下令，在巨额的付款中必须在一定比率上以纸币支付[1]，或者时而全面禁止以金属为支付手段，但自然是无补于事。

另一方面，一次次将纸币彻底回收，则导致通货不足与物价下跌的结果。一再想要有计划地增加流通手段的企图，每每由于全面性通货膨胀——基于国家财政的缘故——的急遽恶化，而皆告挫败。在正常的情况下，纸币与金属货币的流通比率，大约相当于十八世纪时的英国（一对十，或者更少）。通货膨胀的起因主要是战争，以及矿产区为夷狄所侵占。其次，当财富被大量累积与佛教寺院兴筑的时代，金属被用在工业（或者毋宁说是工艺）用途上，对于通货膨胀也不无推波助澜之效。伴随战争而来的，总是通货制度的崩溃，这让人想到法国大革命时所发行的纸币(assignat)。蒙古统治者（忽必烈）即曾试图发行不同等级的金属证券（？）[2]，众所周知，此一措施令马可·波罗惊慕不已[3]，不过却导致巨幅的通货膨胀。其实在1288年，通货就已贬值了80%，随后由于银的大量流入，才使银恢复流通。当时曾试图订定金、银与铜的兑换比（金银比是10 ： 1，实际上是10.25 ： 1。一盎司的银相当于2005钱，所以铜贬值了一半）。私人禁止拥有金条银块，而贵重金属只被用来当作证券的准备基金。贵金属工业与铜工业，

1 甚至在1107年，由于与辽、金战争，超过一万钱的每一笔付款，半额必须以纸币给付。同样的事经常发生。

2 元代纸币称为交钞，1287年有名为“至元宝钞”的纸币发行。至元宝钞从五文至一贯文，分十一个等级。——译注

3 马可·波罗的描述是无法让人接受的。以百分之三的折扣收回磨损的旧钞以更换新的（**纸**！）钞，以及以金、银来因应任何人兑现钞券的要求，这是不可能的。同样的，除非将**工业**目的这方面也加以描述，否则欲了解马可·波罗的真正所指（至少就其文意所**容许**的范围内），也是不可能的。马可·波罗同时也描述了强制卖出贵金属以换持纸钞的情形。

都收归国有，并且不再铸造钱币。实际上，这造成纯粹纸币本位的局面。随着蒙古王朝的倾覆，此制也就废止了。

明朝时恢复起常规性的金属货币铸造[1]（据闻金银的兑换率是4 ：1，此乃贵金属价位比率之不稳定的一个典型例子）。然而旋即禁行金、银（1375）、然后是铜（1450）作为通货，因为**同时流通的**纸币发生贬值现象[2]。以此，纸币本位政策似乎从此确立了。然而，1489 年却是史书上言及纸币的最后一年。十六世纪时，还看到大力推动铜币铸造的尝试，不过这些努力也同样没有成功。

十六世纪时，与欧洲人进行直接贸易的结果，银大量地涌入，使恶劣的情况好转。到了十六世纪末，称量的银本位（银块，实际上是银行本位）为趸售贸易商所采用。铜钱也恢复使用，不过铜银比率大幅度变动，对铜钱大为不利[3]。各种纸币在明朝于 1620 年禁行之后，即遭全面性的裁抑；此一禁令也为清朝所承袭。金属储量缓慢但却可观的增长，显见于国家预算里逐渐增长的货币经济结构中。国家于太平天国之乱时所发行的纸币，最终仍是以类似法国大革命时纸币的命运——贬值、兑现无门——为结局[4]。

1　明太祖铸造洪武通宝，再次定铜钱为通货。——译注

2　虽然明初以铜钱为通货，然而由于铜的欠缺，以及盗铸的情形颇盛，故于洪武八年（1375）印造纸币，名曰大明宝钞，听许以宝钞缴纳部分商税；又禁民间以金银买卖交易，间接有助于钞的流通。当其时，钞一贯相当铜钱一千文或银一两，钞四贯相当金一两。——译注

3　至十九世纪中叶，铜与银的比价据闻从 500 ：1 滑落到 1100 ：1。

4　太平军兴，清廷财政困难，乃于咸丰三年（1853）发行银票，到了年底继之以大量的钱票，由于没有完整的回收计划，到了咸丰十一年（1861），纸币几乎已成废纸。参见彭信威，《中国货币史》，pp. 833—838。——译注

不过，以银块来流通还是招来很大的困扰[1]。每一次交易都得称量，而且地方的银行业者所使用的秤并不是海港城市所惯用的，他们必须设法填补其间的巨大差额，这被认为是合法的。银的纯度也必须经由银匠的测试。由于以银作为支付手段的比率大幅增加，中央政府便要求每一块银锭都要出具注明原产地与检验局的证明。银块是被铸成靴形的，并且成色是因地而异。

由这些情形看来，必然要走向银行本位是显而易见的。在大商业都市里，银行业者的行会（钱庄）所发行的交换票据到处通行无阻，他们赞助（其他都市之）行会组织的设立，并且强制执行以银行货币来支付所有的商业债务。当然，十九世纪时仍然有提议再施行国家纸币的建言（1831 年奏议）[2]，议论之陈腐，和十七世纪之初及中世纪时如出一辙：亦即，铜的工业用途被认为会危害货币的通行，连带也会危害到物价政策，而且银行本位被说成是将货币管理权让给了商人。不过，此一发行纸币的议论并未获得采行。官吏——最强而有力的利益团体——的薪水，基本上是以银来支付的。正因为他们的利得机会有赖于商业，因此他们与商人利害一致地**反对**中央政府在货币制度上的干涉。无论如何，所有的州省官吏都同声一气地反对中央政府任何强化财政权，尤其是财政管制监督权的措施，关于这点，我们下面还会谈到。

小市民与小农民对于改变现状并没有多大、甚或一点也没有

1 银自金、元到明即大量增加，至清则更是盛极一时。自清开国以来，民间除了零星买卖外，必用银。然而，国家并未铸造具有一定重量、品位与形式的银币，只是将所使用的银块之重量、品位加以检定而已（亦即称量货币，而非计数货币）。银块的形状因地而异，通常以状似马蹄的马蹄银及馒头型的银块居多。前者颇似中国妇女缠足后所穿的靴，欧美人以 shoes 及 sycee 称之。——译注

2 J. Edkins,*Chinese Currency*（1890）, p. 4.

兴趣。尽管（部分也是因为）铜的购买力大为降低——数个世纪以来缓慢而持续地降低——他们也是如此。此处我们对于中国的银行本位信用与票据交换的技术，不拟详加讨论。我们想要谈谈作为称量计算单位的“两”的三个主要形式（按：即海关两、库平两与漕平两），及其若干从属的形式。此外，附有银行印记而铸成靴状的银块，成色之非常不足以信赖的情形也要提提。政府不再强制征收**铜**币的关税已有相当的一段时间了。在内地，铜本位是惟一有效的一种（流通手段），但银的存量，特别是自1516年以来其流通比率的增长，还是相当重要的。

现在，我们面对着两个特殊的事实：

1. 贵重金属大量增加的财富，无疑是导致了货币经济的大幅发展，特别是在国家财政方面。然而，这发展强度并不足以动摇传统主义，而毋宁是更**强化**了它。就我们所能得知的，资本主义的现象，是**一点也没有**被激发出来。

2. 人口的巨幅增长（下面我们会讨论到），并未受到资本主义发展的刺激，也没有刺激资本主义的形成。我们更毋宁说（至少！）它是与一种停滞的经济形态相结合的。这有加以说明的必要。

二、城市与行会

在西方，古代与中古时期的城市、中世纪的教廷集会（Kurie）[1]与兴起中的国家，乃是财政理性化、货币经济，以及**政治**取向的

1 Curia原是指罗马部落（tribe）的下层组织，相当于希腊的phratriai。详见康乐编译，《支配的类型》，p. 395。此处，Kurie即papal curia，指教廷及其中的集会。——译注

资本主义的担纲者。但是在中国，我们已看到佛道寺院被当作是（货币）金属本位的危害者。中国并没有像佛罗伦萨（Florence）这类的城市，创出一种标准的货币，并导引国家的货币政策。而且，如前文所述，中国在通货政策上，以及实施货币经济的企图上，也都失败了。

特别的是直到最近，寺禄与其他许多俸禄都还是以实物支付为其主要方式[1]。以此，中国的城市纵使与西方的城市有其类似之处，却也有其决定性的差异。汉文中的“城”字，包含有“寨”的意味，这和西方古代与中世纪的城市含意是一样的。中国城市在古代是指君侯所居之处[2]，而直到现代仍然主要是总督或其他官府要员居停之所。在这类城市里，就和（西方）古代的城市以及类如农奴时代的莫斯科一样，主要的消费来源是**定期金**（Rente）——一部分是地租，一部分则是官俸及其他直接或间接借政治力量而取得的收入。当然，城市往往也是商业与手工业的中心，而后者发达的程度显然要低于西方中世纪的城市。村落里固然有处于村庙保护下的市场权（Marktrecht），不过，在国家特权保证下的城市市场独占却是没有的[3]。

和西方根本不同的是，中国城市以及所有的东方城市形态，

1　秦汉两代的官职俸禄依次分为十六个等级，部分以定额的货币，部分以米粮来支付。见Chavannes所编的《司马迁》，卷二，附录一。官吏若是被拒于以祭肉作为实物俸禄的特权行列之外，则是不受皇帝所喜的一种征兆。这种例子，在司马迁所写的孔子传中即可见到（按：《史记·孔子世家》记鲁侯未将祭肉送予孔子一事）。确实，当时为中国所属的中亚地区已发现有记载着纯粹是货币计算的文献。

2　公元前四世纪时，石造建筑取代了木造建筑。较早期的君侯城寨是经常且易于迁徙的。

3　耶稣会士L. Gaillard关于南京城的论述，见*Variétés Sinologiques*, vol. 23（Shanghai, 1903），对于中国的城市建制并没有多少有识之见。

都不具有城市的政治特性。东方的城市一点儿也不像（西方）古代那样的“城邦”(polis)，也没有任何中世纪时那样的“城市法”，因为它并不是个自有其政治特权的“共同体”(Gemeinde)。城市里没有西方古代出现的市民阶级——自己武装的军人阶层。也没有像热那亚（Genoa）的 Compagna Communis 或其他像 coniurationes 那样的军事誓约团体，成为城市自身的防卫武力，可与城市的封建领主开战或结盟，以争取城市的自治权（Autonomie)。没有参事会、议会、或由商人与工匠所组成的政治**团体**——例如以城市地区之军事独立权为基础的商人行会（Mercanza）[1]——之势力的兴起。

中国的城市居民以暴动迫使官吏逃入内城避难，始终是惯常的做法。但是他们的目的仅在于驱逐一个特定的官吏，或排除一项具体的法令，特别是一项新税，而从来不是为了争取一纸特许权状，以确保（相对而言）城市的自由。中国的城市之不可能走向西方的格局，是因为**氏族**的纽带未曾断绝。城市的住民，尤其是那些富有的人，与其氏族、祖产、祖庙所在的故乡，一直保持着关系，也因此与其家乡所有重要的祭典及人际关系都维持着。这就好比俄国的农民，即使长久定居于城市，成为工厂的工人、(学徒期满的）职工、商人、制造业者、或文人，他们仍然保有其村落共同体（mir）中的公民权（及所有附带的权利与义务)。

1 在下文中，我们将会讨论到中国行会的不凡意义：其与西方形成对比的种种差异，以及造成差异的原因，都将加以厘清。行会所代表的意义更令人惊讶的是：它们对于个人所发挥的**社会**势力及其**经济**的活动范围，远远地超过西方的行会。

在西方，阿提喀（Attic）市民的宙斯神祭祀（Zeus Erkeios）[1]，克莱斯提尼斯（Cleisthenes）之后的聚落区（Demos）[2]，或者萨克森人的自由人世袭财(Hantgemal)[3]等，都是类似状态的痕迹[4]。但是(西方的)城市是个"共同体"——在古代是祭祀的团体(Kultverband)，在中世纪则为誓约兄弟团体（Schwurbruderschaft)。这类的团体在中国只有萌芽，而未见发展。中国的城市神不是个**团体**神，而只是聚落的守护神，并且往往是由城市官员的神格化而来[5]。

这是由于没有一个由武装的市民阶层所形成的政治性誓约团体所致。一直到现在为止，中国都有外形上类似英国的商人基尔特（gilda mercatoria）的手工业者与商人的行会、城市联盟会，以及有时甚至是一种"城市基尔特"。确实，帝国的官吏不得不对各式各样的都市团体相当有所顾虑，而实际上这些团体也广泛地握有支配都市经济生活规制的实权。事实上，它们的支配强度大大地凌驾于帝国行政之上，并且其支配性在许多方面比西方一般所见的团体都要来得强固。就某些方面而言，中国城市的状态，令人想到英国城市在包税市镇（firma burgi）时代[6]与都铎王朝（the Tudors）时代的状态。然而最显著而紧要的不同是：即使是在当

---

1 在当时，能够参加守护神宙斯的祭典，是有资格就任雅典城邦之正式官职的必要条件。参见韦伯，《非正当性的支配》（台北，1993），p. 52。——译注

2 克莱斯提尼打倒古来的名门贵族之势力，并重新划分聚落单位（即 Demos）而确立古希腊的民主制。——译注

3 Hantgemal 是指参审自由人士所持有的世袭财产。参见《非正当性的支配》，p. 51。——译注

4 当然，在中国，城市里的每一个居民也并不尽然都与故乡的祖庙维持着关系。

5 在官方的万神殿里，财神被认为是具有**普遍性**的城市神。

6 firma 原为"实物贡租"之意，后来转变为贡租之"承包征收"的意思。英国在都铎王朝以前，城市居民将国王所派的官吏驱逐后，从国王那儿争取到自己来征收租税——将估计税额一次付清——的权利。——译注

时，英国的城市拥有保证其“自由”的“特许权状”。而在中国则从未见有此等情况[1]。与西方形成强烈对比而与印度的状态却相侔合的是，作为帝国堡垒的城市，受到法律所保障的“自治”比村落还要**少**[2]。城市在形式上是由各个在不同地保（长老）治理下的“里区”所构成的[3]。它往往隶属于数个由个别的政府部门所治理的辖区[4]——层次较低的县，有时是较高层次的府——这对盗贼相当有利。中国的城市并不像村落那样得以缔结纯粹形式的契约——无论是私法的还是政治性的，也不能径自举行诉讼，总之一般而言是无法像一个法人团体（korporativ）那样地运作。有力的商人行会有时**确实**能支配某个城市，就像在印度和世界其他各处皆能见到的情形一样，然而这也无法扭转上述的事实。

东西方城市之不同，可以由其起源的差异来加以解释。西方古代的城邦，无论其依附于土地贵族的程度有多强烈，基本上是从海外贸易发展起来的，而中国主要是个内陆地区。纯就航海方面而言，中国平底帆船的续航力之大有时可以航行到相当远的地方，而航海技术（罗盘针）也高度发展[5]。然而，与幅员广大的内陆本体相较之下，海上贸易就微不足道了。况且，中国数百年来已放弃争取海上强权，此乃对外贸易所不可或缺的基础。最后，众

1　至于中国的城市，参见 Eugene Simon, *La Cité Chinoise*（Paris, 1885, 不甚精确）。

2　向政府负责某地方之**安宁**的名誉官吏（H. A. Giles 在其所著的 *China and the Chinese*, New York, 1912, p. 77，称之为“headborough”），通常只扮演呈递**请愿书**与作为公证人的角色。他虽有一颗（木制）印玺，但**并不**被认为是一名官吏，并且排名于地方上最低职级的官吏之下。此外，城市里并没有特殊的市税，有的只不过是政府为义塾、救贫及水利所制定的税捐。

3　地保乃地方自治体之长，例如里正、亭长之类。——译注

4　北京城即由五个行政区所构成。

5　当然，罗盘针主要是用在**内陆**交通上。

所皆知，中国为了维护其传统，对外接触仅限制在惟一的一个港口（广州），并且只限于一小群特许的商行，也就是十三行。此种结果是有来由的。甚至连“大运河”，如所有的地图与保存下来的记载所显示的那样，修筑的惟一目的只是为了**避免**由海路来转运南方的米粮到北方，因为海上不仅海盗猖獗，特别还有遭受台风侵袭的危险。直到最近的官方报道中还指出，经由海路运输所损失的钱财足可抵得上重修运河所需的巨额费用。

另一方面，典型的西方中古内陆城市，和中国与中东的城市一样，通常是由诸侯及封建领主所建立的，为的是要收取货币租金与各种税赋。不过很早以来，欧洲的城市就已转变成具有固定权利的高度特权团体。这些权利（而且之所以可能）被有计划地扩张，因为当时的城市领主缺乏管理都市的技术，再加上城市本身是一个军事团体，有能力关起城门成功地抵抗骑士军队。相对地，中东的大城市，例如巴比伦，早就因为运河的修筑及其行政体系而完全处于王室官僚体的管制之下。中国的城市也是如此，尽管中央行政强度相当有限。中国城市的兴盛，主要并不是靠着市民在经济上与政治上的勇敢无畏精神，而是有赖于帝国的行政，特别是治河的行政管理[1]。

我们西方的官僚体制资龄尚浅，部分才从自治的城市国家的经验中学习而来。中国的皇权官僚体制则历史悠久。中国的城市，就其外形所显示的，主要是理性行政的产物。其一是皆有围栅或

1　就像埃及的“统治”象征是法老执“鞭”以统御，中国文字里表示“统治”之意的“政”字，则象征统治者持“棒”以治（按：“政”字的偏旁“攵”在象形文中为㱾，是手持棒状）。按古代的术语，此即“治水”之意，而“法”字则意指“去水”——疏放河水。参见 Plath, *China vor 4000 Jahren,*München, 1869, p. 125。

墙垣。其次，通常是散居的人民被集聚到城墙之内的地区，有时或许是强制性的[1]。和埃及一样，改朝换代即意味着迁都或至少是更换都名。定都于北京最后总算成为定案，但直到晚近，其作为一商业及工业品输出中心的程度，仍然非常有限。

帝国行政力的微弱所代表的意义是，实际上中国的市镇与乡村“各治其事”。就像氏族在乡村地区所扮演的角色一样，城市里的职业团体对其成员的生活方式握有绝对的控制权。在这点上，它们和氏族并立，并且将那些不属于任何氏族者，或至少不属于任何古老且有力的氏族者，都纳入控制的范围。除了印度的种姓制度及其各种不同的形式外，世界上再也没有任何地方像中国一样，个人如此毫无条件地依存于手工业与商业行会（Gilde 与 Zunft 这两个术语在中国并没有分别）[2]。除了少数（官方认可的）独占性行会外，其他行会尽管未经政府认可，事实上对其成员往往也握有绝对的裁判管辖权[3]。

---

1 根据传闻，例如秦始皇即强制全国十二万户（？）富裕的家族集中于其首都。乾隆皇帝的御制明代史中记载了 1403 年将富人集体迁住到北京的史实。参见 Delamarre 译，*Yu tsiuan tung kian kang mu*（《御撰资治通鉴纲目》），p. 150。

2 见 H. B. Morse, *The Gilds of China*（London, 1909）。较老的文章见 Mac Gowan, “Chinese Guilds,” *Journa l of the North China Branch of the Royal Asiatic Society*, 1888/9, 及 Hunter, *Canton Before Treaty Days 1821—1844*（London, 1882）。

3 形式上，来自其他州省的**官吏**与商人在各地所组成的会馆基尔特，特别是如此（可比之于日耳曼的汉撒 [Hansa]）。它们的兴起至迟在十四世纪，或许甚至早至八世纪，成立的目的是要保护这群人以对抗当地商人——有时写明在条文的前言里；虽然实际上没有强制入会的要求（想要从事**买卖**的人，计及其生命的危险，便不能不加入）。行会拥有会馆，会费则依官员的薪俸及商人的成交量多寡而定。会员若有互相控诉的情况，便会遭受惩罚。它们也提供一块特别的墓地来替代故乡的土地，并且负担其成员与会外人发生纷争时的诉讼费；若与地方当局发生争执，它们则设法诉诸中央当局（当然，也提供必要的贿赂）。1809 年，它们即抗议地方当局禁止稻米的输出。除了非本地人的官员与商人之外，也有非本地人的手工业者所组的行会：在温州，有出身江苏与台州的制针业者所组成的行会，而金箔行会的成员则**只来**自宁波一地。这些组织都可说是部落工业组织及部族行会控制了所有与其成员有关的经济事务，例如采用的度量衡、货币（银块的打印）[1]、道路的维修[2]与会员信用的监督。我们所称之为“条件性的卡特尔”（Kondionenkartell）[3]，则垄断了交货[4]、仓储、付款、保险与利率[5]等条件的制定。行会并抑止伪诈的、或者说非法的交易，他们在营业让渡的情形发生时为债权人提供行之有素的赔偿[6]，并调整货币的交换汇率[7]、预贷长期库存品[8]。关于手工业方面，值得注意的是行会对于学徒人数的规定与限制[9]，有时也及于生产机密的维护[10]。有些行会能够自由运用的资产高达数百万，而这笔财富往往被投资到共同的土地所有上。它们向成员征税，并向新入会者收取入会保证金。它们也赞助戏剧的演出，并为贫困

(接上页注) 工技专门化的残余。从金箔行会之拒绝当地人入会及传授当地人此一技术，便可看出这点来。在所有这些事情上，行会所显现的绝对权威，乃是由于其成员处于陌生部族的环境下总是朝不保夕的情况，而自然产生的一种反应。这和在伦敦与诺夫格罗德（Novgorod）的汉撒所具有的严格（但远非如此苛酷的）纪律是一样的。不过，本地的手工业与商业行会（公所）也通过斥逐、杯葛与私刑等方式，对其成员行使绝对的支配权。十九世纪时，有一个行会成员就因为触犯了收受学徒最高限额的规定，而被鞭笞致死！

1 例如牛庄的总行会所做的。

2 同上。

3 特别是以会馆基尔特（汉撒同盟）的方式普及。

4 像梧州的鸦片行会就能决定鸦片上市的日期。

5 宁波、上海及各处的银行业者行会决定利率，上海的茶商行会则制定仓储费与保险费。

6 例如温州的药商行会。

7 例如银行业公会。

8 例如鸦片行会——为了上面已提及的上市季节的调节。

9 甚至连自家的子弟都在限制之列。

10 在温州，由宁波出身的金箔师所组成的行会即不接受当地人入会，并且也不传授技艺给他们。这特别突显出种族间之部落工业专业化的由来。

的会员提供保释金与丧葬费[1]。

大多数的职业团体是对所有该行同业者开放的，而且入会通常是一种义务。在中国还残存有许多古老的氏族工业与部落工业。实际上它们所代表的，是世袭性的独占，或甚至是祖传的秘方秘术[2]。不过也有些独占性的商人行会是国家基于财政上的利益或排外政策而创立的[3]。

中国的政府在中世纪时，一再试图以赋役的（leiturgisch）方式来应付公共事务的需求[4]。我们似乎可以认为，这代表一种从迁

1　至于慈善组织与共同的宗教崇拜，就我们所了解的，并不像欧洲的行会那么发达。如果会员入会金是支付到一位神明的名下（寺庙的库存），那么此一安排（原先）是为了避免被政治当局所掠夺。只有那些未能拥有自己的会馆的穷困行会，会例行地用寺庙来作为集会场地。剧团所上演的是通俗剧，而不像西方是演出"宗教剧"。宗教性的兄弟关系（会）并未发展出足够强烈的宗教关注。

2　上述的宁波即为一例。类似的情形所在多有。

韦伯认为：为满足大（或小）家计需求的家内工业（氏族工业）是最初的起点。由此出发，可发展为部落工业，因为有些原料（例如石材、金属、盐等）可能只存在于某个部落领域内，因此部落可以独占原料或技术，原先可能只是种副业，其后始渐发展为纯粹营利（市场）的经营，部落或氏族工业发展结果也有可能会产生种族团体间生产专门化的现象。详见康乐编译，《经济与历史》，p. 94。——译注

3　我们要特别一提的是广州的公行基尔特。直到《南京条约》缔结之时，广州的十三行还垄断着整个对外的贸易。这是以政府所赋予的官方特权为基础的少数行会之一。

4　中国作为一个以赋役的方式来应付公共事务的"赋役国家"（Leiturgiestaat）韦伯在本书第三章有详细的讨论。Leiturgie 一词在古希腊雅典时代（公元前四五世纪），指的是由富人（自愿或强制的）提供金钱或劳役来支持一些公共事务的制度。例如"trierarchy"，是由富裕的市民提供资金来建造三层桨的战舰（trireme），并须负担此一战舰的一切开销（包括水手、修补等）；另外如"choregia"则是提供酒神祭典所需的合唱团、戏剧等。此外还有其他许多。被提名到的市民如果觉得还有人更有能力负担，则可提出抗辩，对方可以接下此一职务，也可以拒绝，条件是必须与被提名人交换财产，要不然就得诉诸法庭。此一制度后来为罗马所承袭，例如被选为"市议员"（decuriones）者即需负担当地的公共支出，并负责税收，不足则必须补齐。古埃及亦有类似制度。Leiturgie（liturgy）中文辞典一般皆译为圣礼崇拜，此为后出之义，此处译为"赋役制"。参见 *Oxford Classical Dictionary*, p. 613; *Oxford English Dictionary*, p. 1642。韦伯借用此一名词来说明古代团体——包括家（household）、氏族、家产制国家或者像雅典那样的古代城邦——解决其

徙流动的氏族与部落工业（族与族之间的专业分工）向定居手工业——准许自由招收学徒——转化的过程。此一转化的过程，可能是政府为了应付国家公务所需，所以借着强制性的办法由上而下地组织起工商团体，并使之牢系于某一职业而实现。结果，一大部分的工业本质上仍保留了氏族与部落工业的性格。

在汉朝时，许多工业经营仍然是严格的家族秘密。例如福州漆器的制造技术，在太平天国之乱中整个亡失了，这是因为保有此一秘密的氏族被灭绝。一般而言，中国并没有都市性的工业独占。城市与乡村的地区性分工，即我们所谓的“城市经济”，也和世界其他各处一样有所发展，也有个别城市经济的政策。西方在中世纪时，行会一旦掌握支配权，就会实际地寻求实现“城市经济**政策**”。在中国，尽管有过许多这类有组织的城市政策的萌芽，但却从未臻于开花结果的境地。确实，中国的官方当局也曾一再地想回复到赋役式的控制，但却无法创建出一套可与西方中世纪相比拟的行会特权制度。就因为缺乏这样一种法律的保障，致使中国的职业团体走上那严酷而无可比拟的自助之道。同时这也是由于中国缺乏像西方那样为合股经营的自由工商组织所规制的一套稳固的、

（接上页注）公共事务（即国家财政）所采取的手段。其特点为实物贡赋及徭役，然而不同职业、不同身份的人，其义务也各自不同。“此种‘赋役’通常是为了统治当局的预算所需。或是为了互助的目的。当这种农民、工匠及商人所必须负担的徭役及实物贡赋是为了满足个人统治下的家计时，我们称此为‘庄宅（oikos）实物赋役’；如果是为了整个团体，则称之为‘互助实物赋役’。以此种方式来提供介入经济活动的团体的预算所需，其原则即称为‘赋役式供应’……在政治组织中，此一制度扮演了近代所谓“财政”的角色；在经济团体中，由于将主要家计分摊给一些早已不受共同体维持及利用的人去负担，这就使得主要的**家**有了可以分散的可能性。每一小单位有其自营生计，但负有提供中央单位所需的义务，就此程度而言，他们还是从属于此一中央单位。例如负担各种徭役及贡赋的农民或农奴，附属于农庄的工匠以及其他各式各样的负担者。” *Wirtschaft und Gesellschaft*, pp. 68-69,pp. 580-581.——译注

被公开承认的、形式的、并且可以信赖的**法律**基础。正是这样的**法律**基础，助长了西方中世纪手工业里的**小**资本主义的发展，而中国之所以缺乏这些，乃是由于城市与行会并未拥有自己的政治—**军事**力量的缘故。而后面这个事实，又可以用军队与行政之官僚组织（与士官组织）的早熟发展来加以说明。

三、诸侯的行政与神的观念：与中东相比较

治水的必要性，在中国，和埃及一样，是合理经济的前提条件。此一必要性乃是存在于整个中国历史上的中央政权及其家产官僚制之所以成立的关键所在。明显的一个例证是在《孟子》一书中所提到的一项诸侯会盟的协议，时当公元前七世纪[1]。水利灌溉在文字产生之时就已有发展，或许后者正与前者的行政管理需要有关[2]。不过，与埃及和美索不达米亚相反的是，至少在中国北方——帝国的核心地区——首要的工作是筑堤以防止洪水，或开凿运河以通内陆水运（特别是输送粮秣），灌溉的目的反倒在其次。而后者在美索不达米亚则是沙漠地区开垦的先决条件。治水官吏与“警卫”构成以文治世之前的纯粹家产官僚制的核心。古老的文献中提及，

1 《孟子 · 告子下》记载公元前 651 年的葵丘之会：“五霸桓公为盛。葵丘之会诸侯，束牲载书而不歃血。初命曰：‘诛不孝，无易树子，无以妾为妻’，再命曰：‘尊贤育才，以彰有德’，三命曰：‘敬老慈幼，无忘宾旅’，四命曰：‘士无世官，官事无摄，取士必得，无专杀大夫’，五命曰：‘无曲防，无遏籴，无有封而不告’，曰：‘凡我同盟之人，既盟之后，言归于好’……”在《中国的宗教》里，韦伯曾数度引用《孟子》书中的这条记载。此处，韦伯所说的一个例证，是指其中“无曲防”——不得曲为堤防，壅泉激水以专小利而病邻国——的协议。——译注

2 见 p. 46 注 1。

警卫在当时是位于“生产阶级”**之下**而在“宦官”与“搬运夫”之上的一个阶级[1]。

问题是这些状况在某种程度上，不只是政治因素——这是毫无疑问的——而且也是宗教因素所造成的结果。中东的神是以地上的王为样本而形塑的。美索不达米亚与埃及的人民对于雨鲜有所知，而吉凶祸福，特别是作物收成，都依其国王所进行的活动及其行政而定。国王直接“创造出”收成。中国南方的某些部分，治水的重要性也多少类似于此（虽然绝非等同）——灌溉使得粗放耕作的方式直接转变为园艺耕作。然而，中国北方，尽管灌溉相当发达，自然的因素，特别是降雨的问题，对收获而言重要得多。中东古老的中央集权官僚行政，无疑有助于一个天上之王的最高神观念的产生，这位最高神从空无中将人类与世界“创造出来”，并且也是一个超俗世的伦理的支配者，他要求每一个被造物都要来做他的工。只有在中东，这样的一种神的观念才能如此的强而有力。不过，必须即时附带的一点是，这个事实不能**纯粹**归诸经济的条件。在中东，天上的王同样也被置于最高的权力地位，而最后——虽然自记载俘囚期的《申命记》中才开始出现——跃升为一位绝对超越于俗世之上的最高神。在巴勒斯坦，与沙漠地区相对比的是，雨水、阳光与沃土之源，都是这位神的恩典所赐。关于这点，耶和华曾明白地告诫过以色列人。显然，在经济因素

1　家产制（Patrimonialismus）是指支配者将政治权力当作其私有财产的有用附属品来加以利用的制度；家产官僚制，不同于官吏乃经由（一客观规制）自由选拔出来的近代官僚制，家产制下的官吏是由支配者的个人从属来递补的，是依个人信赖的程度所拔取出来的隶属官吏而在形式上依官僚制的方式行使其机能。但此处所谓位于农民之下而在宦官与搬运夫之上的“警卫”，实不知其典出何处。——译注

之外的因素，亦即**对外**的政治因素，在这些相对比的神观上，扮演了一角。这还需要再加以详述。

中东与远东地区的神观，二者间的对比绝非总是那么尖锐。一方面，中国古代，每一个地方团体都有一位二元体的农民神祇（社稷）；它融合了沃土之神（社）与收获之神（稷）于一身。这位神祇已具有施行伦理性惩罚的神格。另一方面，祖先神灵的庙宇（宗庙）也是祭祀的对象。所有这些神灵（社稷宗庙）便是农村地方祭典的主要对象。作为乡土的守护神，原先它或许是自然信仰形式下一种半物质性的巫术力量或实体。其地位与西亚的地方神大体相同，只不过后者本质上很早就更为人格化了。随着诸侯权势的增长，农耕**地**（Ackerland）神祇便转变成诸侯**领地**（Füstengebiet）的神祇。如一般惯例，当中国发展出一个贵族英雄阶层时，自然也产生出一位人格性的天神，大体相当于希腊的宙斯（Zeus）。周朝的缔建者（武王）所崇拜的，便是这位天神连同地方神的一个二元组合体。起初，皇帝的权力是建立于诸侯之上的封建宗主权。此外，献牲粢盛的祭天之礼便为被当作“天子”的皇帝所独占。诸侯所祭祀的是领地神与列祖列宗，而家族之长则祭祀其血族的祖先。诸神的性格通常都掺和着泛灵的、自然崇拜的意味。这对于那位天上之神（上帝）而言，特别是如此：它可被当作是上天本身，也可被看做是天上的王。以此，中国的神祇，特别是那些强而有力且受普遍信仰的神祇，逐渐具有一种非人格化的特性[1]。这

1　理雅各（Legge）也认为在周代时，原本由六位高德者所配享的人格性天神，据说已由具有非人格性表征的“皇天后土”之祭祀所取代。参见理雅各所译《书经 · 序说》（*Shu Ching, Prolegomena*），p. 193 ff，由于美德善行，皇帝及其从臣的圣灵乃高登于天，从而能（对下民）有所警示（Legge, p. 238）。地狱是没有的。

与中东地区的情形恰好相反，在那儿，那位具人格性的超俗世创造者兼世界之王的统治者，被抬高到所有泛灵式的半人格神与所有的地方神之上。

长久以来，中国的哲学家对于神的观念就异常分歧。对王充而言，神不是以拟人的观点来加以理解的，它毋宁是具有"本体"——显然是一种流动性的实体。另一方面，他又指出神祇彻底的"无形无状"（Formlosigkeit），而人的精气——类似以色列人的"气息"（ruach）——在人死后就会回归到那儿，因而否定有所谓的不死。类似的观点也可在碑铭中见到。但是，超俗世之最高力量的非人格性，越来越被强调。儒教哲学中的人格神观念，在十一世纪时曾一度受到拥护，但于十二世纪后又旋即消失。这是由于唯物论者朱（熹）夫子的影响——作"圣谕"的康熙皇帝，仍以朱夫子（所言）为权威。虽然在此一趋向非人格神观的发展中[1]，人格神的概念并非没有留下绵延不绝的余迹，这点我们下面会谈到。但是，在官方崇拜里，非人格性还是占优势的。

同样的，闪族（Semite）所在的东方，肥土沃壤与天然水源所布之地，乃是"巴尔神（Baal）的土地"（按：巴尔神乃古代闪族撒姆人的主神），同时也是他的所居之处。农民的土地神巴尔——就可以获取收成的土壤而言——同时也成为故乡政治团体的地方神。但此处，土地被认为是神的"财产"；"上天"并不是像中国

1 向非人格神观发展的趋势摆荡不定，可见诸下面一例：公元前312年，秦王以作证人与复仇者的姿态，对那据说违犯礼法与盟约的楚王发出诅咒，在铭文中记载着秦王所召唤的是1.天，2.在上的统治者（因而也就是人格性的天神），3.河伯（盟约被认为是在他那儿订定的）。参见 Ef. Chavannes ed. *Ssu-ma Ch'ien*, vol.II, Appendix III,& Chavannes, *Journal Asiatique*, May-June, 1893, p. 473 f.。

那样被构想为非人格性但又具有灵气的，也就是说，可与一位天上之主相匹敌的上天。以色列人的耶和华原先是一位居住在山上的暴风雨神和自然灾异之神。战争发生时，他即通过云雨、雷电来帮助战场上的英雄。他是好战的同盟邦的邦神，同盟邦的结合是以祭司为媒介，与耶和华订立圣约而受其庇护。因此，对外政策便一直是耶和华的专管领域，也是其先知群中最伟大的那位所关心的——在被美索不达米亚的强大国家的侵略造成以色列人极大不安的时代里，他们（先知）都是政治评论家。耶和华最终的形象便是由此种局势所塑成。对外政策就是其活动的舞台，亦即主掌战争局势变化与民族命运上演的舞台。因此，他是（而且主要是）一位**非常**事故的神，亦即主掌其子民在战争中的命运之神。但是他的子民并没有能够创建出一个他们自己的世界帝国，只成为世界列强中的一个小国，最终且屈服于列强之下。以此，耶和华也只能成为超俗世的命运操纵者，一个“世界之神”。在他面前，即使是他自己的选民，也都只是被造物而已，就算曾受祝福，也可能因他们自己的作为而遭受斥逐。

相反地，中国尽管战事频仍，但进入历史时代后即逐渐成为一个和平化的世界帝国。不错，中国文化原先的确是在我武维扬的精神下发展的。后来成为“官吏”的士，起初是“武士”。根据礼仪，皇帝亲临讲解经典的场所“辟雍宫”，原先似乎就是个“男子集会所”（Männerhaus）[1]——几乎存在于世界上所有的战争民族

1 《韩诗说》谓：“辟雍者，天子之学……所以教天下春射秋飨，事三老五更。”《白虎通·辟雍》谓：“大学者，辟雍，乡射之宫。”所谓“飨”，是指乡饮酒礼，“射”是指乡射礼。当时的辟雍泮宫是天子、诸侯会同贵族举行乡饮酒礼与乡射礼之处。《礼记·射义》：“卿大夫之射也，必先行乡饮酒之礼。”《礼记·王制》：“习射上功，习乡尚齿。”乡饮酒在于

与狩猎民族中。年青战士的同志团依年龄阶级（Altersklassen），远离家族而“宿营”于此处。在通过能力的考验之后，经由“冠礼”——现今仍保存着——而正式成为**武装**的一员[1]。有关典型的年龄阶级制度到底发展到何种程度，当然还是个问题。根据语源学上的推定，妇女原先似乎只专管耕作之事，而从未参与家庭之外的典礼。

显然，男子集会所乃是（卡理斯玛）战争首领的住所，外交活动（例如敌人献降）在那儿进行，武器保管于此处，而战胜纪念品（敌人的耳朵）也归结到这儿。作为训练的场地，青年战士团在这儿练习射术，也让诸侯能根据他们的弓射成绩来拔取他的随从与官吏（直到最近，射箭仍然带有仪式性的意义）。可能祖先神灵也会驾临指点。如果以上全都属实，那么有关原初母系衍生的观点就与此相符。就我们所能肯定的，“母权制”似乎一开始几乎没有例外的，是由于为人父者的**尚武精神**而疏远了家庭生活所

（接上页注）尚齿养老，乡射在于尚功练武，二者有利于加强贵族的团结与战斗力。有关“辟雍”与“泮宫”的分析，详见杨宽，《我国古代大学的特点及其起源》，《古史新探》（北京，1964）。

所谓“男子集会所”，是指源自“战士组合”（consociation of warriors）的一种构成物。“当战士的专业性高度发展时，‘男子集会所’在政治行为的领域里，扮演着几乎与宗教领域内修道院僧侣组合完全相似的角色。只有那些证明具有军事能力，完成修炼而被接受加入战士团体的人，才属于‘男子集会所’。”详见《支配的类型》，p. 340。——译注

1 周代的“冠礼”是由氏族制度时期的“成丁礼”变化而来的。“‘成丁礼’也叫‘入社式’，是氏族公社中男女青年进入成年阶段必经的仪式。按照当时习惯，男女青年随着成熟期的到来，需要在连续几年内，受到一定程序的训练和考验，使之具有必要的知识、技能和坚强的毅力，具备充当氏族成员的条件。……如果训练合格成年后，便可参与‘成丁礼’，成为正式成员，得到成员应有的氏族权利，如参加氏族会议、选举和罢免酋长等，还必须履行成员应尽的义务，如参加主要的劳动生产和保卫部落的战斗等。”详见杨宽，《“冠礼”新探》，前引书，p. 236 ff。

至于“年龄阶级”，是指部族社会中将男子按年龄分成几个集团，而对各集团分派特定之生活模式与社会功能（诸如军事、政治、宗教）之制度。参见《支配的类型》，p. 371。——译注

造成的结果[1]。这些都是历史时代里非常久远以前的事了。

将**马匹**应用在单人的武士战斗里——中国和世界各地一样（一直远到爱尔兰）——导致以步兵为主的男子集会所瓦解。马匹首先是用来拖战车的，有助于武士在战斗中获取优势。受过高度训练且身披昂贵装备的个别武士就此登场。中国的这段“荷马的”时代，也是历史上很久远以前的事了。中国和埃及与美索不达米亚一样，骑士战斗的**技术**从未导致像荷马时期的希腊或西方中世纪时那么强烈的个人主义式的**社会**制度。

或许，对于治水的依赖，以及因此而来的王侯的自主官僚制经营，是主要的平衡力量。就像印度一样，各个地区都有义务**提供**战车与甲兵。所以根本没有像西方封建团体那样的个人契约。骑士军队的组成是基于各个地区有（根据户籍登记）供应武士的义务。孔子所说的“君子”，原先指的是受过军事训练的武士。但是，静态的经济生活压力，使得中国的战神从来无法得到像奥林匹斯诸神那么尊贵的地位。中国的皇帝亲行耕作的仪式（按：籍田之礼），天子一旦成为农民的守护神，他就不再是个战士君主。纯粹的大地神话信仰（die rein chthonischen Mythologeme）[2]从来就不具有支配性的意义。随着文士之取得支配地位，意识形态自然愈来愈转

---

1 参见 M. Quistorp（Conrady 的门徒）杰出的莱比锡大学（1913）博士论文“Männergesellschaft und Altersklassen im alten China,” *Mitteilungen des Seminars für Orientalische Sprachen*, vol. XVIII（1915）, p. 1 ff。Conrady 认为，图腾制（Totemismus）曾盛行于中国；是否如此，只有汉学家才能够断定。

Otto Franke 在检视了文献资料与文字上的抵牾之后，结论是：显然图腾制之遗迹一直传衍到十二世纪，“如今已无迹可寻”（op. cit., vol. III, p. 377）。亦见 vol. I,p. 74; vol. II, p. 403; vol. III, p. 51, 311, 375 ff。另参见本书第四章相关内容。——译注

2 Quistorp（前引文）发现有关于老子初步的神话信仰的蛛丝马迹。

向和平主义，并且，如我们下面将谈到的，反之亦然。

自从封建体制崩溃后，在**民间**信仰里，上天（和埃及的神一样）就被视为人民抗议地上的在位者（上自皇帝，下至最低职级的官吏）理想的控诉法庭。在中国，此一官僚制的观念所导致的结果是：对于被压迫者与贫困者的诅咒特别畏惧。这同样也发生在埃及与美索不达米亚（后者较不那么明显；此种对其邻近的以色列人的畏惧之情，我们下面将会谈到，译按：参见《古犹太教》，*Das antike Judentum*,Tubingen, 1921）。**此一**观念——一种半迷信式的大宪章（Magna Charta）——是人民**惟一**能用来有效地对抗特权阶级、官吏与有财势者的相当吓人的武器。这正是中国官僚体制的、同时也是**和平主义**心态的独特征象。

在中国，纯粹的全民战争无论如何都是古老时代的事了。当然，中国（即使在）官僚制的国家体制下，也并不就跟过去的好战时期截然划分，它的军队也曾进入中南半岛及中亚一带。早期的文献史料中**最为**称扬**武士**英雄。然而，进入历史时代后，根据官方的观点，只有一次**军队**拥立过一位功勋彪炳的将军为皇帝（基督公元前后的王莽）[1]。当然，实际上发生的次数要多得多；只是出

1 按王莽并非武将，其篡汉更非由于军队的拥戴。据《汉书·王莽传》的记载，王莽年轻时即以士人的姿态出现，“折节为恭俭，受礼经……勤身博学，被服为儒生”，其后，“爵位益尊，节操愈谦……收赡名士，交结将相卿大夫甚众。故在位更推荐之，游者为之谈说，虚誉日隆治，倾其诸父矣”，此外，“休沐出振车骑，奉羊酒劳遗其师，恩施下竟同学。诸生纵观，长老叹息”。可知王莽虽出身外戚权重之族，但仍曲意以一介儒生自居，在“折节力行，以要名誉”下，朝廷卿相与文人名士皆多与之交结。故其借引春秋经义，诡托周公辅成王，以安汉公居摄而篡汉之际，一时名士“皆以材能幸于莽”。当时虽有宗室与郡太守等先后起兵匡复，但旋即败灭，其原因如赵翼在《廿二史札记》的“王莽之败”条所云：“权势所劫，始则颂功德者八千余人，继则诸王公侯议加九锡者九百二人，又吏民上书者，前后四十八万七千五百七十二人。……其威力所劫，亦以遍天下

现的方式是通过仪式上必要的形式，仪式上受到承认的征服，或是对一位在仪式上有谬误的皇帝的反叛。在公元前八到前三世纪这一段中国精神文化形成的关键时期里，帝国只是个非常松散的诸侯组织体。各国诸侯形式上承认在政治上已无足轻重的皇帝之宗主权，但却不断地为争取宫宰（霸主［major domo］）的地位而互相斗争。

帝国的君主**同时**也是最高祭司的这个事实，是中国与西方的神圣罗马帝国二者间的分野所在。此一重要事件可以追溯到史前时代，而且可与西方的教皇（像包尼法斯八世 Boniface VIII 那样）所要求的地位相比拟[1]。最高**祭司**此一职务之不可或缺，正是皇帝宗主权之所以能维持下去的原因所在。扮演最高祭司角色的皇帝，是各诸侯国——幅员与势力皆各不相同——之间文化结合的一个根本要素。而**礼仪**的同构型（至少就理论上而言）是此种结合的接合剂。在中国，和西方中世纪一样，这种宗教上的统一性，是贵族世家可以不受礼仪上的困扰而自由移居列国的关键所在。贵族政治家得以自由出仕于此国又入仕于彼国，而没有宗教习惯的妨碍。

帝国自公元前二世纪以来的统一——尽管有短时期的中断——所呈现出的是（至少在原则上）帝国内部的和平化。国内

（接上页注）靡然从风。”是以王莽之加九锡即帝位，乃士大夫支持下的风行草偃之势，而绝非韦伯所谓的“军队拥立一位功勋彪炳青史的将军为皇帝”。——译注

1 Otto Franke 已考证过此一比对，并大大加以补充。他称包尼法斯（八世）的 1302 年敕书 *Unam sanctam* 为“相当明白地显示出天主教之世界教会与中国之世界帝国所共同具有的独特面貌”。*op.cit.*, vol. III, p. 104; 另参见 vol. I, p. 120 ff., 161; vol. III, p. 83 f., 167。

包尼法斯八世（1294—1303 年在位）曾抨击拥有世俗权力的国王介入圣界，禁止他们向圣职者课税，并主张罗马教会对国王具有绝对僭越的地位。——译注

的战争不再有任何**正当的**理由。对夷狄的防卫与征服，都只是政府在治安上的义务。因此，中国的“天”并不是一个英雄神——（像耶和华那样）由其子民在对外关系上所遭受的非合理命运中来显现出自己，并在战争、胜利、败北、流放与思乡中受到崇拜。除了蒙古的入侵外，在长城筑成之后，此种非合理性的命运对中国就无甚意义。当宗教思辨悄悄展开之际，这些故事显得如此遥远而无法企及。这种民族对外关系上的命运，并不是时时浮现在眼前的一种命定的威胁、被支配了的痛苦试炼、或人类生存之掌握的问题。尤其是这种攸关民族命运的事，与平常**百姓**无关。王位易姓或外族入主，只不过意味着换个收税者，社会秩序依旧不变[1]。因此，国内政治与社会生活秩序几千年来的未曾动摇，是在神的守护之下，而被认为是神的启示。

以色列神也关注其子民内部的社会关系；他利用战场上的失利来惩罚其子民，因为他们违背了由他所制定的旧有契约秩序。不过，这些触犯的行为只是许多罪过中的一端，最严重的还是偶像崇拜。反之，对于中国的天威而言，古老的社会秩序是惟一的一种（Eins und Alles）。上天是维持此一神圣的社会秩序恒常不变与不受干扰的守护者，也是只要遵循合理规范的支配即可得到的稳定所在，而不是被畏惧或被热望的、非理性的命运急转（Schicksalsperipetien）的源头。这种急转对中国人而言意味着不安定与无秩序，特别被认为是邪恶的起源。平稳与内部秩序，只有在一个本质上非人格性的、特别是超世俗事物之上的力量（天）

---

1 因此，法兰克（Otto Franke）就非常强调一点：满洲人的统治并没有被当作是一种“外族支配”。不过对革命动乱的时代而言，这点就有修正的必要。例如太平军宣言就是个明证。

的守护下，得到最好的保证。此一力量必须撇开激情，尤其是“愤怒”——耶和华最重要的属性——等杂质。

因此，中国人的生活的这些政治的基础，有助于鬼神信仰（Geisterglauben）的成分取得优势。此一信仰附着于所有与祭祀的发展有关的巫术（Magie）里。在西方，此一发展受阻于英雄神崇拜，最终则受阻于**平民**阶层对于一个人格性的、伦理的救世神的信仰。在中国，纯正的大地信仰及其典型的狂迷忘我（Orgiastik），都被武士贵族及后来的文士贵族所去除了[1]。

无论是舞蹈——古老的战舞已消失了——还是性的狂迷、音乐的狂喜，或是其他的陶醉形式，都不见踪影，甚至连一点痕迹也没遗留下来。只有在仪式行为里还带有一丝“圣礼的”性格，不过那是相当非狂迷的（unorgiastisch）。连以下这点，天神也是胜方：根据司马迁所撰的孔子传[2]，哲学家虽主张统治天下的是山川之神，因为雨是自山上降落的[3]。然而，天神乃因其为天辰秩序之神而得胜，而非因其为万军之神。此种宗教意识的翻转，是中国特有的；而基于他种理由及以一种相异的方式，这也在印度保有优势地位。此处，无时间性的、永恒不变的种种，取得宗教性的最重要地位。

1　黄帝的六名大臣之一“后土”，后来被神化为“大地的守护神”。参见《十六国疆域志》，由 Michels 编译并加批注，*Histoire Géographique des XVI Royaumes*（Paris, 1891, p. LII, fn. 215）。据此，则（黄帝）当时还不能说有大地信仰存在，或者这样一个名讳带有渎神的意味（日译注按：所谓“渎神的”，实不易解，大约是“后土”被理解为“垢”的缘故）。

2　指《史记》卷四十七的《孔子世家》。——译注

3　《史记·孔子世家》：“吴使问仲尼，骨者何者最大。仲尼曰：禹致群神于会稽山。”《史记集解》注：“韦昭曰：群神，谓主山川之君，为群神之主，故谓之神也。”接着，这名吴使又问：“曰：谁为神。仲尼曰：山川之神足以纲纪天下，其守为神。”《集解》注：“韦昭曰：足以纲纪天下，谓名山大川能兴云致雨，以利天下也。”因此，韦伯这句话是根据韦昭的批注而来；而所谓哲学家，是指韦昭这类的学者。——译注

这是由神圣不可侵犯且一致性的巫术性**仪式**与月令结合而成的：巫术性仪式用来制服鬼神，**月令**则是农耕民族所不可或缺的。以此，自然法则与仪式法则**一融于**“道”的统一性中[1]。被认为终极的、至高无上的，并不是一个超世俗的创世主，而是一种超神的、非人格的、始终可与自己同一的、永久不灭的存在。这也就是对永恒秩序之妥当性及其不受时间约制之存在的崇奉。非人格的天威，并不向人类“说话”[2]。它是通过地上的统治方式、自然与传统的稳固秩序——也是宇宙秩序的一部分——以及所有**发生**于人身上的事故（这是世界各地皆然的），来启示人类。子民的幸福正显示出上天的满意与秩序的运行无误。所有不好事故的发生，都是一种神佑的天地和谐受到巫术力量之干扰的征兆。这种乐天的宇宙和谐观对中国人而言是根本的，也是从原始的鬼神信仰逐渐蜕变而来的。

和其他地方一样，中国原先也有善良的（有益的）与邪恶的（有

---

1 “道”的理念中的“天人合一观”（Universismus）显然是源自**此种融合**。这个理念后来被推演成“感应”（Entsprechung）的宇宙体系，比起古巴比伦经由“肝脏之占”而来的概念，要细密得多，更不用说古埃及的“形而上”概念了。（按：古巴比伦人以肝脏为宇宙之镜，故取动物牺牲的肝脏与胆汁来作为占测未来之物）。其哲学上的解释，见下文第七章，以及 de Groot 在其以“天人合一观”为主题的书中（前引书）所作的详细探讨；此书乃一系统建构性的专著，并未论及问题的起源。然而，历书之制定的时占术解释，以及历书本身，和礼仪的绝对固定化同样，显然都是后起的。与此二者相关联的，是自神秘主义出发的道的理性**哲学**，下文将会讨论到。最古老的历书（《夏小正》，“小的调整者”）似乎并未负载这种神学的讨论（theologumena），而显然是在秦始皇的历书改革后才开展起来的。政府后来制定了一本时占术的基准书（《时宪书》），并严厉地迫害所有私人及非官方的历书编纂。《时宪书》是一本经常大量复制的通俗书籍，并且提供了“日者”——职业的时占师——所需的素材。由太史（在上位的执笔者）所掌的古代历书编定当局，乃是天文历算者（历书制定者）与占星师（征兆解释者）之设官立府的历史渊源。它同时也是纯粹示范性的、被认为具有典范性的宫廷史书编纂的起源。后者原先与历书之制定并不分家（参照下文），史书编纂者就是历书制定者。

2 《论语 · 阳货篇》：“子曰：天何言哉，四时行焉，百物生焉，天何言哉。”——译注

害的）“神”、“鬼”二元论[1]。这两者遍在于整个宇宙，并显灵于所有的自然现象与人的行动与状态中。人的“灵魂”也被认为是由得自于天的神与取自于地的鬼所组合而成，在人死后即再度离散。这一点倒是跟广泛流传的说法，即认为精气灵力是多元的，相配合。各哲学派别共同的一个说法，可归结如下：“善”的灵（天上的，男性的）——“阳”的本质，与“恶”的灵（地下的、女性的）——“阴”的本质，二者的结合可以解释世界的起源。这两个本质，和天与地一样，都是永恒的。几乎与世界所有地方都同样的，这种彻底的二元论得到乐观式的发扬：为人带来幸福的巫术师及英雄所具有的巫术性卡理斯玛，与源出于慈善的天——亦即“阳”的神灵——二者被认同为一。具有卡理斯玛资质的人显然有超越恶灵（鬼）的能力，而上天的灵力也确实是社会秩序的善意的、最高的指导者。内在于人与内在于世界的神灵及其功能，都不可不加以维护[2]。因此，就必须安置镇压住邪恶的鬼灵，以使在上天守护下的秩序得以正确无误地运行。因为，除非得到上天的**认可**，恶灵是无以为害的。

神与鬼都是有力的存在。然而，没有任何独一无二的神、或神格化的英雄、或任何神灵是“全知的”或“全能的”——不管他们多么有力量。从儒教徒严肃的生命哲学来看，虔敬者之遭逢不幸，只不过是“神的意志往往不可确定”（按：天命靡常）罢了。所有超人类的存在都比凡人强，但却远低于非人格的最高的上天，也低于承天恩宠的帝国祭司长（皇帝）。准此，惟有这些以及类似

1　以下所述，参见 de Groot, *Religion of the Chinese*，尤其是 p. 33 f., 55 f.。

2　此一主张往往成为抵制皇帝之骄妻悍妾取得威权的根据。女主天下被认为即是阴盛阳衰的表现。

的非人格力量，才被超越个人的共同体当作是崇拜的对象，并且也是共同命运的决定者[1]。不过，可以用巫术来影响的个别鬼神，也可能决定个人的命运。

对付这些鬼神，人类可以采用一种原始互惠的办法：以如此这般的仪式供奉来换取如此这般的好处（**施与受**）。如果人的一切供奉无缺且德行无误，而这名守护神却还是无法保护人，那么他就会被取代，因为只有被**证明**真正强而有力的神灵才值得崇拜。这种情形的确也经常发生。况且，皇帝也会认可那些被证明（有效）的神祇为崇拜的对象；他还授予他们封号与位阶[2]，有时也会褫夺他

---

1 根据 de Groot 在其 *Universismus* 一书中清楚明白且具体绵密的精确论述，官方祭典中所崇奉的为下列数者：

1. 天，据 de Groot 的说法，在盛大的献牲祭祀行动中，天乃是与皇帝祖灵同列中的第一级者。2. 地（"后土"）。3. 皇帝的祖先及其宗庙；此外还有下列诸祀。4. 社稷，亦即土地与谷物的守护神。5. 日月。6. 神农，亦即农耕术之主。7. 蚕桑之主（按：嫘祖，由皇后献牲主祭）。8. 先圣先王。不过自 1722 年起，这项祭祀包括列朝的所有皇帝，只是那些横死的、或者被反叛推翻的，皆**不在此列**，因为这乃是欠缺卡理斯玛的征示。9. 孔子及其学派的诸领导人。原则上，所有这些都由皇帝亲行祭祀。

除此之外，尚有：10. 风、雨神（天神）及山、海、河神（地祇）。11. 历神木星（监岁的大神灵，按：中国以木星为岁星，此乃十二年为一周期的由来）。12. 医术之主与春神（**或许**，这就是巫术治疗法起源于大地狂欢祀典的征示）。13. 战神（被神格化的将军关帝，公元二至三世纪）。14. 经学之神（对抗异端的庇护神）。15. 北极星（1651 年加入神列）。16. 火神。17. 火炮神。18. 要塞神。19. 东岳。20. 龙、水神，或屋宇、瓦砖、仓廪之神。21. 升列神位的地方官吏。所有以上这些（通常）皆由被授权的官吏来供奉。总之，很明白地，国家的整个外部组织几乎都被神格化了。不过，最高的祭祀牺牲显然是献给非人格神的。

2 《京报》里就有关于官吏提议封神这类的记载。被列入神圣之列后，必须一步步地晋升并且更进一步以奇迹来证明（其灵验），这和天主教里的程序是一致的。以此，1873 年，当河水有泛滥之虞时，一名官吏即以"黄河主事神"的心意提出报告。准予将此神列入祭祀的事虽得到认可，但对之授予尊号的提议却迟疑未决，这要等到它进一步立下事功的报告传来时才行。1874 年（12 月 17 日《京报》），据报由于制作它的肖像而平息了洪水泛滥之危，这名神灵便取得了应有的尊号。1874 年 7 月 13 日的《京报》登载了一则承认河南龙神庙之神力的提案。1878 年 5 月 23 日"龙神"这个新称号即被认可

们的封号与位阶。只有确证有效的卡理斯玛才能使一个鬼神获得正当性。确实，皇帝对灾难是要负责任的，不过，灾难也会使神明失去人们的仰望，如果根据神签或其他方式的神谕所指示的计划失败了的话，他是要负责任的。1455 年，有位皇帝即曾公开地对蔡山之灵加以非难斥责。在同样的情况下，对鬼神的祭祀与供奉也同时会被撤除的。伟大的皇帝中那位“理性主义的”帝国统一者，秦始皇，根据司马迁所撰的传记，即曾为了惩罚一个妨碍他上山的山神，而将山上的树木砍伐净尽[1]。

四、中央君主的卡理斯玛祭司地位

卡理斯玛支配的原则下，皇帝本身（的卡理斯玛）当然也同样会衰竭[2]。（支配）的整体架构，毕竟，是从这种为中国人所熟谙

（接上页注）（同日的《京报》）。同样的，据 1883 年 4 月 4 日《京报》载，主事的官吏们提议晋升一名位于神列的已故大官之位阶，因为人们见到它的神灵浮游于河水上方，在万般惊险的情况下，奋力地平息河水。为欧洲人所熟知的官吏（李鸿章便是其中之一，1878 年 12 月 2 日的《京报》有载）也经常提出类似的议案。1883 年 11 月 31 日，一名御史犹如恶魔的辩护者（advocatus diaboli）（按：对列圣手续提出反对论证的职务代理人），抗议某位大官之被列于神位，因为其政绩不足称善（参见同日《京报》）。

1　事见《史记 · 秦始皇本纪》：秦始皇欲渡江至湘山祠，“逢大风几不得渡。上问博士曰：湘君何神。博士对曰：闻之，尧女，舜之妻，而葬此。于是秦始皇大怒，使刑徒三千人，皆伐湘山树，赭其山”。——译注

2　“卡理斯玛”（Charisma）是指某种人格特质，某些人因具有这种特质而被认为是超凡的，具有超自然的、超人的、或至少是特殊的力量或品质。它们具有神圣或至少是表率的特性。某些人因具有这些特质而被视为“领袖”。所谓“卡理斯玛支配”，即是被支配者对能够证实其卡理斯玛禀赋的领袖产生一种完全效忠和献身的情感性归依下，所成立的支配类型。“如果领袖在很长一段时间中无法创造奇迹或成功；如果神或魔性或英雄性的力量似乎抛弃了领袖；最重要的，如果领袖无法继续使跟随者受益，他的卡理斯玛支配很可能因此丧失”，此即韦伯此处“卡理斯玛支配的原则”之意涵。以上详见《支配的类型》，p. 356。——译注

的政治现实出发的。皇帝必须**证明**他自身的卡理斯玛资质——证明他是上天宠命的支配者。这完全符合卡理斯玛支配的纯正基础，而世袭性卡理斯玛有递减的趋势[1]。自魔力与英雄精神中所呈现出来的卡理斯玛，乃是一种异常的力量（maga, orenda）[2]。新人的卡理斯玛资格必须通过巫术性禁欲的测试，或者从不同的观念来看，它是以一种“新的灵魂”的形式来获得。起初，卡理斯玛禀赋是会丧失的——英雄或巫师可能会被他的鬼神或上帝所“抛弃”。卡理斯玛似乎只有经由一再显现的奇迹或英雄行径才能获得**保证**。总之，巫师或英雄必不可陷其自身或其追随者于明显的失败。原先，英雄的强大力量被认为相当于一种巫术性的禀赋，就像是狭义的“巫术”力量，如祈雨、巫术治疗或非常的技术手法等[3]。随着文化的发展，关键性的问题便在于：战斗君主的**军事性**卡理斯玛与（通常是气候方面的）巫术师的**和平性**卡理斯玛，是否能结合于一人之手。如果是，即“政教合一制”（Cäsaropapismus），那么问题就在于：这两种卡理斯玛当中的哪一种才是君权发展的**首要**基础？

---

1 所谓“世袭性卡理斯玛”，是指卡理斯玛可通过遗传而继承的观念。它可由拥有卡理斯玛者的族人——通常是其最亲密的亲人——共同拥有。在中国，君主的卡理斯玛特质即是由继承而代代相传，不过都受到严格的规范。参见《支配的类型》，p. 367。——译注

2 韦伯在其《宗教社会学》中论述：人类最原始的宗教意念来自感官上触知自然界中有非凡的力量存在。无论是由自然赋予某人或某物而不可能以任何手段获取的，还是可以用非常手段（如狂迷忘我）导引出来的这种非凡的力量，一般用“mana”、“orenda”或“maga”（亦即 magic 之字源）等字词来称呼，而韦伯声明用 Charisma 一词称之。参见康乐、简惠美译，《宗教社会学》（台北：远流，1993），p. 2。——译注

3 在前泛灵论与泛灵论理念的世界中，是不可能严格区分“巫术”与非巫术的。甚至连耕作或任何其他平常的行为，都是某种目的手段；从作为服事特殊“力量”（后来是“神灵”）的角度来看，即是“巫术”。因此也只能作一种社会学上的区分：以拥有非凡资质这点，来区分开狂迷忘我的状态与日常的生活，也区分开职业的巫师与一般人民。以此，“非凡的”被理性地转化为“超自然的”。制作耶和华神殿中之祭祀礼器的艺匠所凭借的是耶和华的“灵气”，就像巫医所凭借的是使他有能力从事此一技艺的“力量”一样。

在中国，如前文所述，某些史前时代的基本事件——本身或许也同时是由于治水此一重大事务所造成的[1]——致使皇权（Kaisertum）由**巫术性**卡理斯玛中发展出来。世俗的权威与宗教的权威皆握于一人之手，而宗教方面尤具重大分量。确实，皇帝必须通过军事的胜利（至少得避免惨败）来证明他的巫术性卡理斯玛。尤其是他必须确保收成的好天候与国内秩序的平稳。不过，皇帝的卡理斯玛形象所必具的个人资质，却由仪式主义者与哲学家将之仪式化，继而伦理化。换言之，皇帝必须依据古典经书上的礼仪与伦理规制来**过生活**。

以此，中国的君王主要是一位最高祭司长；他其实是古代巫术宗教信仰中的“祈雨师”[2]，只不过是转变为伦理意义罢了。既然经由伦理理性化的过程而出现的“天”所守护的是永恒的秩序，那么君王的卡理斯玛便端视其伦理的美德而定[3]。就像所有真正的卡理斯玛支配者一样，他是个由神所授权的君主，然而并不像近代

1 不过并不能单由治水这件事来加以解释，否则美索不达米亚地区也可以有同样的发展。诚如 G. Jellinek 所作过的说明：帝位与祭司职位之间的关系，这项具有中心重要性的发展往往只是基于“偶然的”历史命运。我们除了接受这样的说法外，实在无法再加以深究。

2 因此，天雨（或雪）不降，会导致宫廷或礼官等圈内人最激昂的议论与建议。每当这类事情发生，《京报》中即充斥着各式各样的巫术性补救方案。例如遭受干旱威胁的 1878 年（参见此年 6 月 11 日、24 日的《京报》）：国家天文学者的衙门（委员会）赞同古典占星术权威的判断——由于日、月色泽之故。一名翰林院学士即据此指出这必会引发不安，而要求将此项鉴定公诸大众，但也要保护年齿尚幼的皇帝免于宦官将之释为恶兆的流言所害，并要求警卫宫廷。除此，摄政皇后等人必须履行他们的道德义务，如此方能天降甘霖。这份报告以其对宫廷贵妇之行止所做的可靠说明，以及同时并降的时雨之证验，而公之于世。

同年稍早，一名“女使”（女隐士，死于 1469 年）因经常在饥荒时善施救助而被提议列为神圣（1878 年 1 月 14 日《京报》）。此前已有许多类似的晋升之举。

3 这项儒教正统的基本命题，在无数的皇帝谕敕和翰林院案牍奏议中，被反复强调。以此，翰林“学士”的奏议中（如上注所引的那则，将于下文中不断引用），便有这样的话语：“只有实践美德方能影响上天灵力……”（参照以下诸注）

（西方）的君主那么轻松地因受神宠、而声明只在自己铸成大错时才须“只对神”负责。这些君主实际上是不必负责任的，而中国的皇帝却是在卡理斯玛支配的固有纯正意味下进行统治的。他必须以人民在他治理下的幸福来证明他乃“天之子”，并且是上天所确认的支配者。如果他做不到，那么他就是缺乏卡理斯玛。以此，若是河水决堤，或祈雨祭典后仍未降雨，那么很显然地——也是经典所明白教诲的——皇帝并不具有上天所要求的卡理斯玛禀赋。此时，皇帝就必须为其本身的罪过公开忏悔，直至近代仍然如此。史书上甚至记载着封建时代就有诸侯所写的类似的罪己书[1]，此一习惯一直保留到最近：1832 年，就在皇帝公开下诏罪己之后，随即降雨[2]。如果这样还是无效，皇帝就要有退位的觉悟；在过去，这可能还意味着以身殉祭。和其他的官吏一样，皇帝也在御史的抨击范围之内[3]。此外，君王要是违反了古老的、既有的社会秩序，理论上，他的卡理斯玛便要弃他而去，因为社会秩序乃是宇宙的一部分，而宇宙非人格性的规范与和谐凌驾于众神之上。譬如君王要是变更了祖先孝道（Ahnenpietät）这个绝对神圣的自然法则，那么这就表示卡理斯玛已离他远去，而他已置身于恶魔的宰制之下。况且，

1　Tschepe, *op. cit.*, p. 53.

2　1899 年 10 月 6 日，《京报》登了一则皇帝的诏令，（他在皇太后发动军事政变的情况下被监管），悲痛他个人的罪过可能就是发生干旱的原因。并且，诸王公大臣也因行止有误而自负应担的罪过。同样的，在 1877 年，两位皇太后也应允留意一名御史所提出的警示，保持她们借以平息旱魃的“戒慎恭谨之态度”。

3　参照前注末尾。1894 年，一名御史批评皇太后之干涉国事为不当（参见 1894 年 12 月 28 日《京报》之记载）而被免职，并被贬斥到蒙古驿站服劳役。这并不是因为他的批评本身是不被容许的，而是因为这批评据说是基于“传闻”，并非明证。1882 年，某一翰林学士就较为理解如何把握这位精力过人的女人之意图。他表示，因为皇帝还年轻不懂事，并且能为朝廷成员来担负起工作是最好不过的，所以皇太后应当更尽心于政务，否则，其周遭的人就会开始批评她的监护（《京报》，1882 年 8 月 19 日）。

理论毕竟并非全然无关紧要。君王一旦成为“一夫”，就可能被诛杀[1]——自然，并不是每个人都有权力这么做，这是国之重臣才有的权限（就好比卡尔文将反抗权授予议会一样）[2]。

作为公共秩序与国家之栋梁的官僚阶层，也被认为分润了卡理斯玛[3]。就像君王一样，官僚制也被认为是个神圣的制度，虽然直到如今，个别的官吏还是可以被随意免职的。官吏的资格也是由卡理斯玛来决定的。在其管辖地区内所发生的不安与动乱——不管是社会性的，还是宇宙一气候方面的——就证明这名官吏是不受鬼神所眷顾的。这时，也不需要问什么理由，官吏必须辞官去职。

官吏阶级的这种地位，是自（相当于西方的）史前时代发展而来的。如《周礼》一书所传述的，周代古老的、半传说性的神圣秩序[4]，已经到达由原初的家父长制进而为封建制的转捩点了。

1　君主须担负（其为君主之）责任的这项理论，是与其他的理论相对立的，那些理论声称对皇帝“报复”是无可宽容的（公元前六世纪），任何不利于皇帝的人都会招致重大的（巫术性的）祸害（E. H. Parker, *Ancient China Simplified*, London, 1908, p. 308）。此一理论，就像皇帝之据有主宰性的最高祭司地位的整体（理论）一般，并未完全确立。显然，只有过一位皇帝是由军队本身声称其为正当而拥立的。不过，除了指定继承之外，原先基于“百姓”，亦即大的封建藩臣来欢呼推戴，无疑是王位继承的先决条件。

2　举凡中国文明占有一席之地的所在，这整个君王卡理斯玛观念就散播开来。南诏王在推翻了唐朝（在当地）的统治之后，一块碑铭上（由 Chavannes 发表于 *Journal Asiatique*, 9th Série, vol.16, 1900, p. 435）记载着此王“气受中和”（借自《中庸》），他有能力（像天一样地）“德含覆育”。“事功业绩”（与西藏吐蕃联盟）是其美德的表征。正如中国的模范皇帝一般，他探寻“世家旧贵”来拱绕于他（p. 443）。这可与《书经》所载作一比较。

此一碑文当指《南诏德化碑》，立于 765 年左右。748 年，南诏独立，西结吐蕃，屡败唐军，据有今日云南一带，乃立碑记功。碑文详见向达，《蛮书校注》，附录二，pp. 315—330。——译注

3　参照本页注 1。下面我们还会提到官吏被认为具有巫术力量的这个事实。

4　此处所指的是《周礼》中所详载的三百六十个官衔的官制。

第二章

社会学的基础之二

封建国家与俸禄国家

一、采邑制的世袭性卡理斯玛性格

在中国，就我们所能分辨的，政治的采邑制原先并不是与（西方意味下的）庄园领主制相结合的。这两者，和在印度的情形一样，都是在部族长的**氏族**从古代男子集会所及其衍生物的束缚中解脱出来后的“氏族国家”（Geschlechterstaat）里蕴生出来的。根据文献的记载，原先有战车装备的**氏族**，乃是古代身份制结构的基础。在有确切的历史记载之初，实际的政治制度就已有了清楚的轮廓。它是直接承继着原初的行政结构而来，后者是所有的征服王国，甚至像十九世纪时的黑人王国，所共有的。

（在此一政治结构下，）原先朝贡诸侯所统辖的“畿外”地区逐渐与王城周边的“畿内”地区，亦即在支配性权威统辖下的“家门势力”（Hausmacht）领地——“中央王国”，混合起来。此一家门势力领地由战胜的统治者及其官吏、家臣及低等的贵族所直接治理。王畿内的国王只有在其力所能及的情况下，为了维持其权力，以及（与此相关的）赋役利益时，才会干涉畿外之朝贡诸侯国的行政。距离京畿愈是遥远的朝贡诸侯国，王权所能干涉的，当然也就愈少愈弱[1]。

某些政治上的问题，诸如：1. 畿外地区的统治者实际上是可以任免的吗？或者他们是世袭的？ 2. 外藩诸侯的臣民，是否如《周礼》所言（理论上），有权向王诉愿？如有，那么实际运用的程度如何？这样的诉愿是否会引起王权对诸侯内政的干涉？ 3. 与诸侯同列或者位于诸侯之下的官吏，是否如（《周礼》的）理论所主张的，实际上是听命于王的官僚且由他们来任免？ 4. 准此，三大三小顾问官（三公、三孤）（按：即太师、太傅、太保；少师、少傅、少保）的中央政权实际上是否能扩张到畿内支配地区以外？ 5. 藩国的武装力量实际上是否能任由最高宗主调度？这些问题往往以不甚固定的规定来解决，而造成政治之封建化的结果。

就此而言，中国的发展过程是与印度——发展最彻底的地区——一样的：只有拥有**政治**支配权力的氏族及其附庸，才能要求及被考虑列入（王的）属臣——上自朝贡诸侯，下至宫廷官吏或地方官吏。于此，王的氏族是最为优先的，而及时归顺的诸侯之氏族也获得优先，他们可以保有全部或部分的支配权[2]。最后，还有些氏族是以产生英雄或重臣而显赫的。无论如何，长久以来，

1　以下叙述大约即是《周礼》之《夏官大司夏》及《职方氏》中所载的“王畿”、“九服”之制。据载，天下为方五千里之地域，中央方千里为周天子直辖的王畿，由此向外每增五百里易一服，分别为侯服、甸服、男服、采服、卫服、蛮服、夷服、镇服、藩服等九服。——译注

2　归顺的部族长家族的土地通常不会被全部剥夺，因为卡理斯玛氏族的祖灵力量似乎总是令人畏惧的（E. H. Parker, *Ancient China Simplified* , London, 1908, p. 57）。此外，采邑与俸禄机会的这种氏族卡理斯玛制约性也反过来解释了祖先神灵的强而有力的地位，尽管这种（氏族卡理斯玛的）制约性并非祖灵地位的惟一泉源。

卡理斯玛已不再是附着于个人身上，而是附着于氏族，这种典型的现象，在我们讨论印度的篇章里会再见到。身份并非来自封建采邑，也不是由于通过自动投靠或授命为封臣、获得采邑而拥有的。至少在原则上，情形恰好相反。在贵族家庭里拥有其承袭而来之地位的成员，才有资格获得一定等级的封建官职采邑。

在中国封建的中世纪时代里，我们发现大臣的职位，甚至某些使节的职位，牢牢地掌握在某些家族的手里。孔子也是个贵人，因为他出身于一个统治阶级的家族。这些出现在后代碑铭里的“强宗大族”，都是卡理斯玛性格的氏族，其地位的经济支柱，大抵是来自于政治上的收入及世袭的土地资产。当然，这种与西方恰恰相反的情形（虽然在某些方面只是相对而言），意义不可谓不深远。在西方，采邑的世袭性格，只不过是一种历史发展下的结果。采邑所有者是依照是否拥有司法裁判权的身份来区分的，而俸禄则由所服勤务的类别来区分。最后，骑士身份也有别于其他的身份，甚至有别于都市贵族（patriziat）。所有这些都出现在这社会里，此一社会是通过对土地的处分权与各种利得机会的固定分配而牢固地建构起来的。

中世纪早期的日耳曼“王朝”——在当时还不太具体——的世袭性卡理斯玛地位，似乎与中国的情形较相近。然而，在西方封建制的核心地区，由于征服与迁徙使得传统的品级秩序发生变化，导致强固的氏族结构大为松弛。此外，由于防卫上的需要，每一名受过军事训练的有能力的男子，都被登录为骑士阶层的一员，是以任何过着骑士**生活**的人，其骑士地位都必然被认可。世袭性卡理斯玛与“祖谱证明”（Ahnenprobe），都是后来的发展。

在中国，自历史时代起，氏族的世袭性卡理斯玛，至少在理论上，就是首要的（虽然获得成功的突然发迹者也不少）[1]。采邑本身的世袭性格，并**不**（像西方后来的发展那样）具有决定性，而毋宁被认为是一种恶习。具有决定性的是，以在氏族中的世袭地位为基础，对一定**等级**的封邑的要求权。传说周代“制定”了五等爵制，并采取依爵等的高低来授予封地的原则。较可信的是，居于高位的封臣（“诸侯”）全都是从古代统治者的子孙里拔举出来的[2]。这点和日本早期的情况一致，是典型的“氏族国家”。

据史书所载，汉朝灭亡之后，（曹）魏即将首都迁到洛阳，并要求“贵族”也偕同搬迁。贵族则包括魏王室本身的氏族，及古老的世袭性卡理斯玛氏族，后者当然原先是部族首长的家族。即使在**那时**（！），他们也都还是官职采邑与官职俸禄所有者的子孙，他们根据其**祖先**的**官职**而袭封“爵位”（并据此而有俸禄的要求权），此一原则与罗马的贵族社会及俄罗斯的品位秩序（mjestnieshestvo）所持的原则一样[3]。在战国时代，同样的，最高的官位牢牢地掌握在特定的（高等的世袭性卡理斯玛之等级的）氏族手中[4]。真正的“宫

---

1 《书经》上有一则箴言：“人惟求旧；器非求旧，惟新。”（按：语出《尚书·盘庚篇》，迟任有言曰……）

2 材料见Fr. Hirth, *The Ancient History of China* (New York, 1908)。《竹书纪年》有Biot的译文，见 *Journal Asiatique*, 3rd. Série, vol. XII, p. 537ff., XIII, p. 381ff.。可当作公元前十八世纪到前十二世纪之史料的青铜器铭文与《书经》里的颂歌，可参阅 Frank H. Chalfant, “Early Chinese Writing,” *Memoirs of the Carnegie Museum*, vol. IV（Pittsburgh, September, 1906）。

1928—1929 年中央研究院的考古工作出土了许多文物：遍布文字的龟壳、瓮、鼎、瓶、骨等。关于特别重要之青铜器物的材料，型制、修饰等方面的讨论，见 H. G. Creel, “On the Origins of the Manufacture and Decoration of Bronze in the Shang Period,” *Monumenta Serica*, vol. I, p. 39 ff.。关于文字的讨论，见 Otto Frank, *op. cit.*, vol. III, p. 52 ff.。——译注

3 参见 Chavannes, *Journal Asiatique*, 14th Serie, vol. X（1909）, p. 33, note 2。

按：俄罗斯的“品位秩序”，可参见《支配的类型》。——译注

4 参见 *Kun-Yu*（《国语》），de Harlez, ed.（Louvain, 1895）, pp. II, V, 110。

廷贵族”之兴起，是在秦始皇的时代（始于公元前 221 年），与封建制度的崩溃同时。在当时，爵位的**授予**首次在史书中被提及[1]。同时，为了因应财政上的需求，首次出现官职买卖的情形，并依照货币资产作为官吏选拔的标准。身份等级的差别，虽然原则上是维持着，但世袭性卡理斯玛的精神却崩解了。虽然迟至 1399 年，还出现降等为庶民阶层（民）的记载[2]，但此时情况已大为不同，而其意义更是完全相异[3]。在封建时期里，采邑秩序是与世袭性卡理斯玛的品级相对应的。再分封制（Subinfeudation）废止之后，俸禄秩序则相对应于取而代之的官僚行政。在秦朝治下，俸禄的固定等级很快就成立了，汉朝继而将其分成授钱或授禄米的十六个等级[4]。这意味封建制度的全面废除。

（从封建制度到官僚制的）转变过程，可以从官职被划分为两个不同的范畴而表现出来[5]：亦即关内侯（**土地**俸禄）与列侯（依靠某些地区之租税的**租税**俸禄）[6]。古老的、纯粹是封建的采邑，转为土地俸禄。**实际上**这意味着对农民有相当支配程度的领主权。它

---

1 参见司马迁所著皇帝传（按：《史记 · 秦始皇本纪》），Chavannes ed.（1897），p. 139。

2 *Yu tsiuan tung kian kong mu*（《御撰资治通鉴纲目》，明史，乾隆皇帝编），Delamarre 译，同年条。

3 这时所指的是秀才以上的（身份），亦即免于徭役或鞭打之刑的身份，被贬降为负有徭役义务的普通人。

4 Chavannes ed. *Ssu-ma Ch'ien,* II, Appendix I, note. 1, p. 526.

5 同本页注 1, p. 149, note。

6 以关内侯与列侯来区分土地俸禄与租税俸禄其实是不恰当的。按秦统一天下之前设有二十等爵制，自第十六等大上造以下皆官、爵不分。关内侯与彻侯分别为第十九与二十。彻侯即通于诸侯，是国内准于诸侯的封君，而关内侯则受俸禄于关内（函谷关以内），无采邑，惟有侯的称号而已。汉随秦制，彻侯避武帝名讳而称通侯，又称列侯。列侯系封于国（封给列侯的食县），封邑之地名即侯之名（如张良封于留县即称为留侯）。据《汉书·高帝纪》十二年三月的诏书，汉初列侯是“令自置吏，得赋敛”。亦即可以自置一定的官吏，并收取封地里的赋税。然而关内侯则为居于京畿之内而拥有侯号者，是领有特别津贴但无食邑的一种虚封。——译注

们一直存在到骑士军队被（原先是）诸侯的（后来是）皇帝的、自农民中征调而来、训练有素的常备军所取代为止。因此，中国古代的封建制与西方的封建制，虽然在内部有所不同，但在外表上却有极大的相似性。

在中国，如同其他各处一样，由于经济或不适合训练的缘故而无法担负兵役的人，也没有政治权利。这在**前**封建时期就是如此。周代的诸侯在战争之前或行重大刑罚之际，都要咨询于"国人"，亦即武装的氏族，这和普通的征兵制所施行的情况是一致的。有个假设是，由于战车的出现，古代的军队制度因而瓦解，到这时候，世袭性卡理斯玛的"封建制度"才得以兴起，并伸展到政治的官职里。

前面所提到的《周礼》[1]，是现存有关行政组织的最古老记载，其中描绘出在官吏的理性的领导之下，一幅极有架构的国家制度的景象[2]。其基础是由一官僚体制来管制灌溉、特殊栽作（丝）、征兵登录、统计、仓储等事宜。不过，其实际存在与否，很成疑问，因为据史书所载，此种行政上的理性化，只有在战国时期封建诸国相互竞争下才出现[3]。不过，在封建时代之前也可能还有一个家父

1 Biot, *Le Tscheou-li*，2 vols.（Paris, 1851）. 据闻，此乃源于成王时代（前 1115—前 1079）的朝制，其中只有核心的部分，被认为是原有的。

2 冢宰、司徒、宗伯、司马、司寇、司空等天官、地官、春官、夏官、秋官、冬官之官职名称，无疑是士人所拟设的。由天官来掌理"预算"的这种看法，自然是与史不符的。

3 司马迁已记录下秦与汉的真正行政组织（参阅 Chavannes 所编书，Part II, Appendix II）。两位大臣（左右丞相）之外，设有"太尉"（直到武帝之时），为各将领的军事首长。"中丞"为大审议长兼按察使与地方官吏的首长。"奉常"掌管献牲祭祀之礼，同时也是大占星师、占卜师、医师，并且（极具特色地）也负责堤防与运河之事（按："奉常"之属官有太史、太卜、太医、都水——掌理水渠堤门）。接下来是"博士"（读书人）、"郎中令"（即监管宫殿门户者）、"卫尉"为宫廷卫兵之长、"太仆"是兵器库长、"廷尉"为司法长官，

长制的时期——就像埃及的“古王国时期”[1]。因为无论是在中国还是在埃及，负责治水及工程的官僚体无疑是非常古老的，且来自皇家的宾客阶层 (Klient)[2]。从一开始，此一古老官僚体的存在就抑制着战国时期的封建性格，并不断地激发士人阶层朝向行政技术与功利主义的官僚制的轨道去思考。不过，政治的封建制仍维持了五百余年之久。

公元前九到前三世纪之间，实际上是一个各个独立的封建王国并存的时代。史书对这个封建时代的情况有相当清楚的记载，我们上面也曾略微提及[3]。王是最高的宗主，在他面前封臣必须下车

(接上页注)“典客”为掌理藩属与蛮夷君侯事务之长、“治粟内史”为仓库监管者，从而也是掌理农事与商务的大臣、“少府”为处理皇帝家务之长（其下设有“尚书”，由宦官担任，译按：此为宫廷财务长)、“中尉”为京师的警卫长、“将作少府”为建筑工事的监管者、“詹事”是皇后与太子家务的管理者、“内史”为京师首长、“主爵中尉”为藩臣的监管者，后与“典客”（见上文）合一。与《周礼》中那种理性的、因而就历史而言是不足采信的建构形成对比的是，这张表显示出家产官僚体系所有的非合理性——起先是因应家政上、礼仪上与军事上的管理而产生，后来又附入司法、水利与纯政治的利害等。

1　“家父长制”并不就等于苏丹制的意思，而是指以一礼仪上的最高祭司长来呈现世袭性**氏族**卡理斯玛的家父长制。或许，如经典所描述的，最高祭司长的卡理斯玛原先是通过指定继承人的方式来传递，后来才转变成世袭的。

2　在传统型的支配里，支配者所赖以执行统治的典型行政干部中，“客”即为“家产制拔举”下的一类（其他为族亲、奴隶、家臣性附庸、部曲及解放的奴隶)。“客”(Klient) 一词源自拉丁语的 cliens (pl. clientes)，乃隶属民之意。韦伯认为“中国与埃及，家产制官员的主要来源是君主的‘客’”;“他们形成主人的扈从团，并且与主人保持着一种忠诚关系，也由于此种忠诚关系，使得主人与客之间在法律上的事端成为宗教性的违犯。他们与债务奴隶相反的是，若主人将此种客属关系加以经济性的利用，就会被认为有失身份尊严。他们乃是主人个人的、政治的权势手段，而非经济手段。客与其主子的关系是由诚实信义 (fides) 的原则来规制，而此一原则并非由法官来监督，而是由习俗法典监督，违反者要受宗教性的惩罚（被称为 infamis)。”详见《支配的类型》, p. 326。——译注

3　司马迁所著史书（公元前一世纪）已部分由 Edouard Chavannes 翻译编纂出版。P. Tschepe（前引书，p. 7）即以此书为基础，描绘出秦、韩、魏、赵、吴等封建国家的政治发展（Tschepe 的著作有其可观处，然而却难免其“基督教式”的审视，这往往让人有种天真的感觉)。当我们单独引用 Tschepe 的著述时，所指的是秦国史。此外，我们也参照那本时时引用的“Discours des Royaumes”（按：《国语》)。

以示敬意。总之，层层的分封最终是源于拥有“合法的”政治财产之“原权”(Besitztitel)的王，而王则从分封的诸侯那儿收受赠礼。由于此种赠与并非强制性，王权乃逐渐被削弱，并陷于一种艰苦的依附关系。他所授予的品级只限于诸侯，而再下面的封臣就与他没有直接的关系[1]。

由于防卫上的需求而将城邑托管，这是某类采邑的由来，作为封建国家的秦国就常有这类事情的记载。理论上，采邑在继承时要重新呈请，王则有权自由地决定继承人选。根据史书的记载，如果父亲所指定的继承人与王所指定的不同时，王要让步。骑士的采邑，大小差别甚巨。据史书上的一条注[2]，每一个采邑可包括一万亩到五万亩不等（一亩等于 5.26 公亩，因此这是从 526 公顷到 2630 公顷之间），附有一百到五百个住民。另外，每千人提供一辆战车，则是常规[3]。另有一处记载（前 594 年），四个聚落（大小无法确定）共计出 144 个战士[4]。后来又有以一定的聚落单位(后代往往是相当大的聚落单位）来供应定量的战车、甲士、马匹、粮食（家畜）等[5]。后世的租税、徭役、征兵等分配，明显的是继承此种封建时代的惯例而来。较早的时代是征发战车与武士，后来则开始为军队征补兵员、召集徭役劳动者、赋各种实物租税，最后则是货币税，我们将在下面提及。

---

1 此一原则，对于“附庸”（陪臣）而言极具政治的重要性，后来的事实是最好的说明。许多原先是政治上独立的封臣，后来则成为朝贡的诸侯。除了义务性的军事援助之外，封臣的赠礼，即使是呈给王的，还是被视为自愿性的，而王则有回赠的义务。这类情形，参见 E. H. Parker, *Ancient China simplified*, London, 1908, p. 144 f.。

2 参见 P. A. Tschepe（S.J.），*Histoires du Royaume de Tsin*, pp. 777-207。

3 根据 Hirth 对《管子》一书某处的解释，这是在首先被理性化的齐国，依一千个盐的消费者来计算。见 Hirth, *Ancient History of China*（New York, 1908）。

4 此处，E. H. Parker 的陈述（*Ancient China simplified*, London, 1908, p. 83）似乎不足采信。

5 关于这方面，我们下面讨论到土地租税时会再详谈。

此外，还有在长子统率之下的共同采邑，亦即共同遗产（Ganerbschaften）[1]。至于皇室，则长子继承权（Primogenitur），和由统治者或最高的官吏在诸子及血亲之中指定继承者的办法并存。有时，由于舍长子与嫡子而代之以幼子或媵妾所生的庶子，会招来封臣的反叛。后世，直到君主制实行的最后时代，基于与祖先祭祀相关联的仪式上的理由，继承者必须在较死去的君主年轻的一辈里选出[2]。在政治上，宗主的权利被缩减到丝毫不存的地步，因为仅只**守备国境的边防封臣纵横沙场，展现出军事的势力**。或许也就是因为这个缘故，王逐渐成为只是个和平主义的教主。

作为最高祭司长的王，拥有仪式上的特权，成为惟一能供奉最高祭祀的人。封臣对王发动战争，在理论上是一种仪式上的触犯，并且可能因此招致巫术性的灾厄，不过，这并不能防止军事叛变的发生。就像罗马帝国的主教声称在宗教会议上具有主座的地位一样，中国的王，或其特使，也要求他们在诸侯的集会上的主座地位，这在史书的记载上频频出现。当个别的大封臣成为强而有力的宫宰（保卫者，按即霸主）时，对此权利则视若无睹——在经典理论上，这是一种礼仪的冒犯。此种诸侯的集会颇为频仍。例如在公元前650年举行的那一次（按：指公元前651年的葵丘之会），相互约定不可剥夺真正嗣子的权利，不反对官位的世袭与官职的兼任，不对高官处以极刑，不采取“曲防”政策，不禁止

1 照**惯例**，次子的地位都要低于长子。他们不再是“封臣”，而只是官吏（诸公子），在旁系的祭坛里举行祭祀，而不再献牲祀祖庙。参见司马迁所著“礼”书，Chavannes ed. vol. III。

2 结果，在君主制的最后数十年里，未成年的皇帝相续继位，而皇亲（恭王）及皇太后（慈禧）则实际主政。

谷物贩卖（给邻国）；孝行、敬老、尊贤等，都受到称扬[1]。

帝国的统一，与其说是在那些时时举行的诸侯集会里见其端倪，倒不如说是在“文化的统一性”（Kultureinheit）上实际地展现出来。如同西洋的中世纪一般，文化的统一性是由三个要素表现出来：1. 骑士身份性习尚的统一性；2. 宗教、礼仪上的统一性；3. 士人阶层的统一性。

就礼仪与身份两点而言，车战、骑士封臣与采邑封地所有者在身份上的统一性，与西方类似。在西方，“蛮族”与“异教徒”被视为同类，同样地，礼仪上的不端正，在中国则被视为夷狄或半开化的特征。较晚之后，秦侯在献牲上祭时犯了错误，即被指为半野蛮人。对一个礼仪上不端正的诸侯发动战争，则被认为一大事功。后世，中国许多来自北方之异族所建立的征服王朝，若是举止能确切地符合礼的规则（因此也配合士人阶级的权威），则他们在礼仪传统之拥护者的眼里，就是个“正当的”（legitim）王朝。至少在理论上表现出文化之统一性的“国际法”之要求——要求各诸侯遵循，部分是起源于礼仪上，部分则起源于骑士的身份团体。其间，也有过以聚合诸侯来共谋国内之和平的努力。理论上，若是邻国诸侯处于丧服期或贫困的状态，特别是遭受饥荒之时，对其发动战争，就是违反礼仪。饥荒发生时，邻国必须义不容辞地担负起救济同胞的义务以安鬼神。凡是危害自己的领主，或是发动不义之战者，不论是在天上或是在祖庙里，都不会有容身之处[2]。明告会战的时日与地点，是一种骑士的作风；不过，一旦

1　葵丘之会诸侯盟誓的条文，请参见第一章 p. 51 注 1。——译注

2　Tschepe, *op. cit.*, p. 54.

开战，必决胜负，“不可不知谁者胜、谁者负”，因为此乃神判[1]。

列国政治实际所显示出的当然不是那回事，而毋宁是大小封臣间残酷的斗争。小封臣随时伺机争取独立，而大诸侯则一心一意地想趁机吞没邻国，结果，据史书所载来判断，整个时代是个空前的血腥战斗的世纪。不过，理论终究并非了无意义，它毋宁是文化统一性的一种相当重要的表现。此种统一性的代表者是士，亦即具有文字知识的人，诸侯利用他们来理性化行政以增强国力，这和印度的王侯之利用婆罗门、西方的诸侯之利用基督教的教士，如出一辙。

公元（前）七世纪的诗歌里，所称颂的主要乃是战士，而非圣王与士人。中国古代高傲的斯多噶主义（Stoizismus），以及全然斥拒对“来世”的关怀,可说是此一军国主义时代的遗产。不过，（公元前）753 年，秦国曾有任命宫廷史官一职（他们同时也是宫廷天文学者）的记载[2]。诸侯的“典籍”——礼仪之书与史书（往事的集成），成为掠夺的对象，而士人的重要性也明显地提高[3]。他们保管文献，并处理诸侯的外交文书。史书上保存了许多这类书信（或者是将之作为范例而收集起来）。其中往往显示出诉诸武力与外交以打倒邻国诸侯的“马基雅维利式”（machiavellistisch）手段。他们策动结盟并从事战争的准备——主要是通过军队的理性组织、

---

1 Tschepe, *op. cit.*, p. 66.

2 《史记 · 秦本纪》载文公十三年（前 753 年），“初有史以记事，民多化者”。——译注

3 此处我们无法讨论这些古老“典籍”的技术性质。纸是很久以后才输入的产品，而读与写则很早以前、相信早在孔子以前，就已有了。Von Rosthorn 认为（下面会谈到），礼方面的素材是靠口耳相传的,因此“焚书”只是一种传说。de Groot 显然并不以此一说法为然，直到他最近的著作里，都还认为“焚书”是个事实。

仓储政策及税收政策。以此，士人俨然是诸侯的财政预算专家[1]。诸侯互相干涉对方的取士，并离间士人与敌对者的关系。士人则反而互通讯息，互换职事，往往造成一种游历仕宦的局面[2]。他们就像西方的教士和中世纪后期的俗世知识分子一样，遍历于各个宫廷，并犹如后者，自觉为同一个阶层。

战国诸侯在政治力量上的互相竞争，导致经济政策的理性化[3]。士人就是政策的执行者。商鞅，士人的一个代表，被认为是理性化的内政之创始者；另一个士人魏冉[4]，则创建了理性的国家军队制度，使秦国后来得以凌驾于他国之上。在中国，与西方一样，大量的人口，尤其是财富——无论是诸侯的，还是人民的——都成为强化国力的政治目标[5]。和西方一样，诸侯及其士人（即其礼仪上的顾问），首先必须面对的是其家臣的顽强抵抗，此种受家臣威胁的命运，和他们自己以前的封建领主所遭受的一样。诸侯间相互协议不因私恩而随意分封；士人也确立了如下原则：官位的世袭

---

1 史书中（Tschepe, *op.cit.*, p. 133）保存了一份同盟计划里各个诸侯国兵力的计算。根据这些数字，每一千平方里之地（一里 =537 英尺）可提供 600 辆战车、5000 匹马、50000 人员（其中 40000 名为战士，其余为辎重兵）。公元前十二世纪的一份（据称的）租税改革的计划里，则要求从同样的面积征得 10000 辆战车。由近东地区类推起来，我们认为这发生在战车被应用于战争的数个世纪之后。

2 参见 Tschepe, *op.cit.*, p. 67。

3 战国时期的边境诸国，由于夷狄交侵而激起一股强烈的爱国情操，特别是秦国。当秦王被俘时，便有“2500”个家族起而献纳继续作战的资金。112 年，一位汉朝皇帝在财政困难时，也试图诉诸这种“战债”——甚至到了十七世纪，奥地利的李奥波德王朝还作过类似的尝试——但显然并没有多大的成果。

4 德文原著拼音为 Wei-Jan，根据当时法译汉文的发音，Jan 应即“冉”字。然英译本转译为 Wei-Yang，极易令人误以为即是上面所提的 Yong（英译为 Shang-yang）。韦伯原指的是 Yang（鞅）与 Wei-Jan（魏冉）二人，而英译者转译为 Shang-Yang 与 Wei-Yang。英译本的中国读者可能因此怀疑韦伯竟不知商鞅与卫鞅同为一人，此实英译本所引起的误解。——译注

5 Tschepe,*op.cit.*, p. 142.

是有悖礼法的，而怠忽官职则会招来巫术性的灾厄（旱夭）[1]。其中所显示出来的特征，是以官僚体制的行政来取代家臣及具有卡理斯玛资格之强宗大族的行政。

相对应（行政）的变革，在军事的领域里所反映出来的是：诸侯创设了亲卫军[2]，置于职业军官的统率之下，由政府来装备与给养（与租税及仓储政策配合），而取代了招募家臣组成的军队。存在于庶民与具有卡理斯玛资格的强宗大族之间的身份性对立，是贯穿整部史书的一个基本前提。这些强宗大族，驾着战车、带着随从，随诸侯俱赴战场。服制上也有明确的身份规定[3]。“强宗大族”通过婚姻政策以确保他们的地位[4]，这种身份的障碍，即使是在商鞅理性行政改革下的秦国，都还存在。“贵族”与庶民总是区分开的，此处所说的“庶民”，并非农奴，而是指被排除于封建等级制、骑士战斗与武士教养之外的自由平民氏族。我们发现，庶民所采取的政治立场与贵族有异[5]。不过，正如我们下面所要说明的，农民大众的处境是朝不保夕的，只有在家产制国家开始发展时，诸侯才会与毫无特权的阶层结合起来，以对抗贵族。

二、统一的官僚体制国家之复兴

战国诸侯的数目，由于战争而锐减到少数具有合理行政的统

---

1 两者皆见于某人士的谈辩。译词见 Tschepe ,*op.cit.*, p. 77。

2 Tschepe,*op.cit.*, p. 61.

3 Tschepe,*op.cit.*, p. 59.

4 Tschepe,*op.cit.*, p. 14.

5 Tschepe,*op.cit.*, p. 38.

一国家。最后，于公元（前）221年，名义上的王朝及其所有的封臣都被扫除之后，秦王成功地将中国整体统合于"中央王国"(Reich der Mitte）之下，而成为第一位皇帝（秦始皇）。换言之，他将此据为支配者之家产（Patrimonium），而置于其官僚制行政的管理之下。古代的封建枢密院（即三公制）被取消，代之以（左右）二丞相（类似罗马的近卫长官［praefecti praetorio］的形态），一个真正的"独裁政治"（Selbstherrschaft）取代了神权的封建秩序。军政长官与民政长官从而分离开来（就像罗马后期的制度一般），二者皆在君主的监察官的监督之下（和波斯一样），后者在后代成为巡回御使（巡抚使［missi dominici］）。

以此，一个严密的官僚制秩序扩展开来，根据功绩与皇恩而晋升的官职是开放给所有人民的。有助于此种官吏层之"民主化"的，是独裁君主与平民阶层为对抗身份上的贵族所采取的自然的、放诸四海而皆见其功效的结合；与此并行的尚有财政上的因素。如前文所述，史书记载这第一位皇帝（秦始皇）为最早的**卖**官者，并不意外。此一措施必然使得富裕的平民跻身国家俸禄之列。不过，反封建体制的斗争，只是个根本原则——任何政治权力的移转，包括皇族在内，都是被禁止的——但身份制结构仍然保持不变[1]。

当固定的官阶等级制——其萌芽可见之于战国时代——确立之后，出身卑微的官吏之晋升机会大增。不过，等到新的皇权在平民的助力之下战胜封建势力之后，平民出身的人只有属于士人阶级者，以及只有在特殊的情况下，才有可能在政治上具有影响

---

1 据史书记载（Tschepe, *op.cit.*, p. 261），一块碑文上刻着皇帝的话："尊卑贵贱，不逾次行。"另一份碑文则明辨"贵族、官吏与庶人"的分别（贵贱分明）。详见《史记·秦始皇本纪》。

力。打从行政之理性化开始之后，战国时代的史书里就有不少出身贫困卑微的人成为君侯之心腹的例子，他们单凭着自己的知识来获取地位[1]。士人凭着自己的能力，以及熟谙礼仪，要求优先居高位，甚至在君侯的近亲之上[2]，因而引起家臣的抗争。以此，士人往往置身于一种非常类似不管部大臣，或者（如果可以这么说的话）身为君侯之“告解教父”的非官方性地位。

封建贵族，和西方的一样，反对外人出任他们想垄断的官职——这是士人与封建贵族之间的斗争。秦始皇在位初期，就在帝国统一前的公元前 237 年，我们发现有一则驱逐外国士人（以及商人）的记载。不过，由于君主对于权力的关注，结果这项处置被撤回[3]，他的首任丞相（李斯）自称是出身卑微而跃上龙门的一介士人。帝国统一之后，由碑石刻文中透露出[4]：独裁君主之理性的、反传统的专制主义，反过来与这股教养贵族，亦即士人之社会势力发生冲突。

传言谓：“皇帝位尊于古”[5]，意指不得以古制今，古代的诠释

1　见 Tschepe 在其“Histoire du Royaume de Han”（Var. Sinol., vol. 31, p. 43）中所引（马上要讨论到）的一段话（对魏侯而发，时为公元前 407 年）。

2　同上注。

3　传说后来成为权臣的士人李斯，在一份奏议上指陈士人（并且一般说来包括他国士人与商人）对于君侯权势的重要性。Tschepe, *op.cit.*, p. 231. 按：关于秦宗室大臣奏请秦王“一切逐客”的原因，以及李斯（也在被逐之列）上书谏“逐客令”，而后“秦王乃除逐客之令，复李斯官”的内容，详见《史记 · 李斯列传》。——译注

4　例如在司马迁的《秦始皇本纪》（Chavannes, ed. vol. V, p. 166）所保存的刻石碑文中，就可见到“凡是违反**理性**的行为即可加以非难”的文字。其他许多的碑文（上引书）则赞颂皇帝在帝国内所建立起的合理**秩序**。不过此一“理性主义”并未能使他不去赞助长生灵药的探采。

5　秦始皇的这句话记载于司马迁的《秦始皇本纪》（Chavannes, ed. vol. II, p. 162）而流传下来。此外，战国时代的士人卿相，甚至连王安石（十一世纪），原则上并不完全排斥这样的见解。

者亦不得支配君主。如果传说可信的话，那么真是有一场大灾难发生过：始皇帝为了毁灭所有的古典经籍和士人阶层而焚烧经书，并传言活埋了四百六十名士人。于是，纯粹的专制政治开始上场；这是一种以私人宠幸为基础，而无视于出身或教养的统治。其特征由任命宦官（赵高）为宫宰及其次子之教师一事可以显现出来[1]。秦始皇死后，这个宦官和那位暴发的士人即拥立其次子登位，而反对受军队将领（蒙恬）支持的长子（扶苏）。

纯粹东方式苏丹制（Sultanismus）的宠幸政治[2]，以及与之结合的身份平等化和专制独裁政治，似乎就在中国登场。自此之后，通贯于中世纪的几个世纪里，出身文化士人的贵族与此一体制互相斗争，迭有胜负。

皇帝为了显耀其地位的尊荣，将自由民自古以来的称呼“民”取消，而代之以“黔首”（“黑头”或“子民”）之名。为了皇室土木建筑工程，徭役负担大幅增加[3]，这必须毫不留情且无限度地控制住劳动力与租税来源——与埃及法老的帝国一样[4]。另一方面，秦始皇之后嗣（二世皇帝）的全能的宫中宦官（赵高）[5]，史书里清楚地记载他曾建议皇帝与“民众”结合，不必以身份或教养为授官的

1　宦官政治显然在公元前八世纪就已出现。

2　有关苏丹制之定义与内涵，以及宠幸政治与家产制政体的关系，详见《支配的类型》，p. 327, 333。——译注

3　据闻被迫去筑长城的劳役者为数三十万（？）。若计及整体徭役负担，则尚有更高数字的记载。当然，长城是历久经时才完成的。根据 Elisée Reclus 的计算，长城是至少约一亿六千万立方英尺的庞大工程，其所必需的劳动力是可以想见的。

4　其中首要的关注是在供给士兵与劳役囚徒所必需的粮食的问题上。史书上（Tschepe,*op. cit.*, p. 275）的估算数字如下：运粮至消费地点的开销是粮运量的 18200%（据闻由于途中的消耗，182 份粮运只有一份运送到目的地，当然这可能是偶然的一个例子）。

5　Tschepe,*op.cit.*, p. 363，这宦官出身于一个被没入宫中的贵族家庭。

准则。如今已非修文饰而是以武力来支配的时代[1]。这番建议完全符合典型的东方家产制。不过，秦始皇拒绝了巫师们（方士）在提高皇权的理由下，将自己"隐身"的企图[2]。这个建议是将他像达赖喇嘛那样的束之高位，而将行政完全交付在官吏的手里。毕竟，他为自己保留住"独裁政治"的原来意旨。

对抗此一苏丹制酷行的暴力反动，来自古老的家族、士人、军队（饱受筑城工事之苦）与农民氏族（由于兵役、徭役与租税的过度负担）的势力同时并起，暴动的领导者都是出身卑微者[3]。并非贵族阶层，而是一介平民（刘邦）获得了胜利。他倾覆了前朝，并在各个分封王国一一瓦解之后，重新统一了帝国，为新王朝奠下权力的基础。不过，成果最终却落入士人的手里，他们的理性行政与经济政策，在皇权的重建上，又再次地具有决定性。同时，在行政的技术方面，他们也较宠臣和宦官高超，后者是他们长久以来的抵制对象；此外，特别是他们拥有与经典、礼仪和文字等知识——当时是某种神秘的技艺——俱来的巨大威望。

1　此据《史记·秦始皇本纪》，赵高言："今时不师文而决于武力……明主收举余民，贱者贵之，贫者富之，远者近之，则上下集而国安矣。"——译注

2　史书，尤其是《史记 · 秦始皇本纪》（Chavannes, ed. vol. II, p. 178），记载了有关此种企图的一些资料。"卢生"（一名方士）显然是此一计划的主谋者，秦始皇曾委任他去探求不死的灵药。其所谓"真人隐而不现"，这是对老子的某些原则（于后文讨论）的一种特殊应用。然而秦始皇实际上是躬自亲政的，**各家**的"贤者"所抱怨的是他没有适当地咨询他们（*loc. cit.*, p. 179）。继承者二世皇帝如"朕"——即在其宠幸（赵高）监护下的"隐居者"（译按：赵高曰："天子称朕，固不闻声。"）——一般地过活，因此不接见官吏（*loc. cit*,p. 266）。在道教徒与宦官掌握权势时，此乃儒教徒典型的指责。前二者的结盟，将于下文讨论。甚至在汉高祖治下，"随从"，亦即封建领主，于皇帝死后便重掌权势。虽然秦始皇的整个官僚体制仍然维持着，甚至连士人都已恢复踞有影响力的地位，此一情况仍然发生。

3　陈涉，军队暴动的首领，原是个劳动者（译按：农民）；刘邦，农民的领袖，也是汉朝的创建者，原是农村的农事监作人。其势力的核心是由自身的氏族及其他农民氏族所构成。

秦始皇创立了（或至少试图建立）一套统一的文字、度量衡制度，以及统一的法律和行政秩序规则。他自吹自擂消弭了战事[1]，并“夙兴夜寐”而得以树立和平与国内之秩序[2]。并不是所有的制度都被（汉朝）保留下来，最重要的是封建体制被废除了，一个凭个人功绩而获官职的政权建立起来。这些家产制的新政，在汉代保存了下来，最终的获益者独为士人，虽然他们指责这些新政乃是对古来的神权政治秩序的亵渎。

封建制度复起，是很后来的事。在司马迁的时代（公元前二世纪）于武帝与其宠臣主父偃的治下，那新建立起的封建体制——由于授封给皇帝诸子官职采邑而再度产生——有必要加以废止。首先是诸国的丞相由皇帝派遣至封国监理其廷事。其次，于公元前127年，为了削弱封国，于是下令封国之诸子分割封地。最后，在武帝治下，一向为贵族所踞的宫廷官职，封授给出身卑贱的人（其中之一原是个饲猪者）。贵族们强烈地反对此种措施，但是在公元前124年时，士人成功地垄断了高等官职。我们在下文中将会说明，儒士是如何与反士人的道教徒斗争的，后者不仅反对民众教育，并且因其巫术关系，起先是与贵族，后来则与宦官互相勾结。此一斗争，乃是中国的政治与文化结构的关键所在，但在当时并没有获得最后的解决。

强烈的封建遗迹还留存在儒教的身份伦理里。我们可以指出孔子本身虽未明言但却是不证自明地认定：（他本身即拥有的）古典教养是成为统治身份团体之一员的决定性前提。而照惯例，教

---

1 Tschepe,*op.cit.*, p. 159 f（据碑文所记）.

2 Tschepe,*op.cit.*, p. 267 f.

养之获得事实上只限于传统"世家"的统治阶层。以此，用来形容有教养的儒教徒的词汇"君子"，像君侯般的男子——原先指的是"勇士"。甚至对孔子而言，这个名词就相当于"有教养的人"，它起源于世袭性卡理斯玛之氏族才够资格拥有政治权力的身份制支配时代。不过，他们也无法完全撤回对"启蒙的"家产制之新原则的承认：只有个人的功绩，并且只有功绩本身，是取得官职（包括支配者之职在内）的必备资格[1]。社会秩序里的封建要素急遽地消退下去，而家产制则成为（对儒教精神而言）根本的结构形式[2]。

三、中央政府与地方官吏

就像所有幅员广大而交通不够发达的家产制国家结构一样，中国行政里中央集权的程度非常有限。在官僚制国家（Beamtenstaat）建立之后，京畿之内与外地的官吏间，亦即古来皇帝之内家产制所任命的官吏与州郡地方官吏间的对立，及身份上的差异，仍然继续存在。再者，当中央集权化的努力一再失败之后，官职的叙任权——除了某些州郡的最高官职外——以及几乎是整个财政管理系统，最后都一一交给州郡。围绕着这个问题（财政管理的中央集权化），新的斗争不断引发，贯穿于几次大的财政改革时期。和其他改革者一样，十一世纪时的王安石所要求的是有效的财政

1　当然，此一原则的进展异常缓慢，甚至在理论的层面上还时遭退挫的命运。其实际情况，我们下面会谈到。

2　儒教徒与封建家臣之间的敌对，从史书里封建家臣对前者的怨恨及对游走于列国间的学者的责难即可清楚看出（Tschepe, p. 67, 以及前引诸处），亦见商鞅与封臣在孝公廷前的辩论（Tschepe, p. 118）。

统一，亦即税收在扣除征收经费之后全数缴纳中央，以及帝国的预算。由于输送上的重大困难与地方官吏的利益所在，效果总是大打折扣。除非帝国是在一个精力过人的统治者的支配之下，否则官吏往往少报可课征租税的田地面积与纳税的人数，少报之数大约是已公布的土地户籍登记数字的 40%[1]。当然，地方州郡的开销必须扣除，因此，保留给中央国库的租税收入，是非常难以预估的。最后，中央有条件地投降了：自十八世纪起一直到现在，地方督抚（和波斯的总督一样）只输纳一个标准的**定额的**贡赋，并且在理论上，此一定额只有在中央需要时才有所变化。关于这点，下面会谈到。

此种租税配额的规定，对于地方督抚的权势而言，**无论在哪一方面**都有影响。辖区内几乎所有的官职任命都是由他们所引荐的，而这特别是要通过中央权力才行得通。但是，从官方所承认的官吏数目之少[2]，可以推断他们是无法以一己之力来治理其庞大辖

1 尤可显示特征的是马端临所记录的国库总收入数字。中国著述者认为这些数字之所以有如此巨大且完全没有道理地变动，原因即在于此（亦即本文中所说的：官吏少报土地面积与人口）（参见 Biot, *N. J. Asiat*., 3, Ser. 5, 1838, p. 329）。因为，如果甚至在 1370 年时就有 840 万顷（等于 4800 万公顷）的课田登记，不过到了 1502 年却只有 420 万，1542 年 430 万，等到了 1582 年又有 700 万顷（等于 3950 万公顷）计入。1745 年，施行固定税额制后三十年，据说即有 16190 万公顷登记额。

2 在 1879 年底的《京报》上载有已被授予第二等学位（按：举人）因而充分具有任官的资格者的估算数额。此外，也提供了官职候补者——（秀才与举人）这两级分别都定有一最高数额——的平均年龄，及其可能年寿的估算数字：除非高龄及第者的人数并不是相当有限，这数字是太高了；（另一方面）这数字则太低，因为必须加上借着军中资历（特别是满洲人）而转任者的数目，此外，还有那些（以金钱）买得任官资格的人。官职候补者的数目高达 30000 人（而非初算的 21200 人），人口假设是 35000 万人，那么每 11000—12000 人才有一名官职候补者。在十八个省份里（包括满洲），于一独立的国家官吏（知县）治下的最低一级行政区，只有 1470 个（县）。因此（同上述假定），大约每 248000 人才设有一名官吏。若将员额预定的高等级官员也加进来的话，那么每 200000

区的。就中国官吏万般皆管的职务负担而言，我们可以断定，像普鲁士邦那么广大的一个辖区，即使是上百个官吏都无法治理得好的，更别说只有一个了。帝国其实可说是在最高祭司长统领下的一个督抚领区所结合成的联邦（Konföderation）。权力在形式上完全掌握于州省有力官员的手中，帝国统一之后，皇帝便明智地运用家产制特有的手段，以维持其个人的权力。官吏的任期相当短，通常是三年一任，任满之后，必须转往他省就任[1]。禁止官吏就任于自己乡里所在的州省，同一辖区内也同样禁止任用其亲戚。同时还有以“御史”之名所构成的监视系统。实际上，所有这些措施都不足以建立起一套精确而统一的行政体。为何如此？下面我们就来探讨。

就中央的合议制政体而言，一个衙门内的长官同时必定是另外的合议体中的一员、而从属于另一些衙门的长官。此一原则，既妨碍了行政的严密性，本质上又无助于统一。对于地方的州省更是无法发挥其机能。除了偶尔碰到强而有力的君主统治外，地方行政区都在租税征收上扣取自己地区的花费，并且假造土地账册。财政上“较贫乏”的省份，例如边防区与兵器所，则通过一

（接上页注）人方能有一官吏。甚至将部分从属的、临时的官吏也加进来（例如德国的情形），比率上也才不过有大约一千个具候补身份的行政、司法官员。如果我们加入家族及人民中的中国警察（按：地方上的自治警官，详见第四章），则数字便截然不同。1895—1896 年的这些数字的资料出处为教皇使节 Sacharov 的著作 *Arbeiten der Kaiserlich Russischen Gesandtschaft,* trans. Abel & Meckenberg（Berlin, 1858）。根据这些数字，北京及其他两个地区出身的（因此，未被任命于当地的）文、武官，于 1845 年约 26500 人；1846 年，员额内的现任官为 15866 人，待命者为 23700 人（两个难以核算的数字）。显然不只是第二等及第者，连候补者及所有的满洲军官都被包括进来。

1　对一些高级官员而言，此一原则往往必须要打破：例如李鸿章即做了数十年的直隶总督。虽然任期是容许以三年为一期来延长的，不过三年一任的原则至今仍严格执行。

套繁杂的系统，从富裕的省份转运来物资。除此之外，就只有传统的上下其手（Appropriation）与一套不管是中央还是地方都不太可靠的预算。中央当局对于地方财政缺乏明确的了解，其结果我们下面会谈到。

直到最近数十年，州省总督还自行与外国列强缔结条约，因为中央政府的组织不足以胜任。正如我们下面就要指出的，几乎所有重要的行政措施，形式上是由州省总督来制定，而实际上却是由其非在官方编制内的僚属所拟定的。因此至今，下属的官府通常都将中央政府的令谕看做是**伦理性的**、权威性的建议或期望，而不是命令。这是符合皇权之最高祭司与卡理斯玛性格的。此外，一眼便可得知，所有这些（上级的令谕）基本上并不是指令，而是对政务执行的批评。当然，个别的官吏是可以随时任免的，但是中央当局的实权并未因此获得任何好处。对中央当局而言，为了防止官吏变成封建家臣那样拥有独立的权力，官吏被禁止就任于故乡州省，并规定三年一调——如果不是调任他省，至少是调任另一官职。这些措施有利于帝国统一的维持，但其代价则是中央任命的官吏无法于其统辖的地区上扎根。

官绅带领着他的整个氏族成员、亲朋好友与仆客，到了一个人生地不熟的州省去就任。他往往不通晓当地的方言，一开始就必须仰赖通译者的辅助。再者，由于对当地基于惯例而来的法规不熟悉，他很可能因伤及神圣的传统而招致危险。因此，他必须完全仰赖于非官职身份之顾问的指导，后者是身具经典教养的本地人，精通当地的习俗，就好像一名告解教父。官吏往往对这样的人物敬重礼遇有加，并称之为“先生”。再者，官吏也要仰赖**非官方**身份的幕友为助手，并自掏腰包来供养他们。虽然他的官方僚属——领有国家薪俸者——必须是非本地人，而其非官方的助手却是由许多出身本地的官职候补者（按：即通过初级科举的生员）中挑选出来的。既然官员举措无所适从，他就必须依靠这些尚未就任官职、但却熟知地方人情世故的人。最后，当他到一个新的省份任职时，他也必须依赖州省原有部门的各个主事，从他们那儿求取有关庶务与风土的知识[1]。毕竟后者对于地方事务的精通，要长他数年之久。结果显然造成实际权力掌握在非官方的本地僚属手中的局面。官方任命的职位越高的官吏，越是无法修正、监管胥吏们的政务执行。以此，无论是中央还是地方的官吏，对于地方事务消息都不够灵通，因此无法一贯且合理地介入。

中国的家产制用以防止封建身份之兴起，亦即防止官吏自中央权威当局中解放出去的，是一套世界闻名、成效卓著的办法。这些办法包括：实施**科举**，以教育资格而不是出身或世袭的等级来授予官职。这对中国的行政与文化都具有决定性的重要意义，下面我们会谈到。但是基于上述条件，中央政府手中的组织还是无法精确地运转。在下面讨论到官吏之养成的篇章里，我们会指

1 （这些主事）通常最多不过六人。不过，实际上即使像副总督那样重要的官方人物底下，也只有知事、地方判事以及地方财政长等人。地方财政长官原先是惟一的最高行政首长，而知事则由按察使（从前往往由宦官担任）转为常置的治理者。除了这两名负责财政与司法的官员外，其他各部门都是非官方的。甚至官方名衔带有“牧者”之意的最下级官吏（县），也有两名秘书——负责司法与财政。其上司，“府”的首长，掌理林林总总的、至少可具体举出的各项治事（水路、农业、种马饲养、米谷输送、兵员宿营、以及一般警政），然而其本质上被认为是个向上级官府传达政情的中介性监督官职。反之，最下一级的县官则具有百科全书式的功能性格，因为他实际治理且负责一切。在较大的州省中，特别有道台一职，负责盐税与道路工程诸事；此种特任官的委派任命，一如所有家产制国家所发生的情形。至于中国对于“法律专家”（熟知判例者）与辩护人的概念，参见 Alabaster, *Notes and Commentaries on Chinese Criminal Law*（本人至今仍无从取得此书）。

出由于官吏阶级的身份性荣誉所造成的进一步阻碍——此种身份伦理部分受到宗教上的制约。在中国，和西方一样，家产官僚制（Patrimonialbureaukratie）是个强固且持续成长的核心，也是这个大国形成的基础。合议制支配的出现与“专管部门”（Ressort）的发展[1]，都是两地的典型现象，但是就如我们下面所要提出的，官僚制运作的“精神”，在中国与在西方，是非常不一样的。

四、公共的负担：徭役国家与租税国家

纯粹就社会学的机制观点而言，中国官僚制之精神是与**公共负担**制度（System der öffentlichen Lasten）相关联的，而后者则随货币经济的变动而发展。和其他各地一样，中国的部族长或君侯原先是分配到一块田地（公田，相当于荷马笔下的 tenemor，按：希腊的公田，字源是“签”）[2]，由国人一起来耕作[3]。此即共同的徭役义务之起源，而此种徭役义务，随后又在迫切的水利工程需要上找到更进一步的根源。

通过水利工程管理而来的这种农地“构造”，导致后来一再出现的土地皇权所有的思想，并且在术语上保存下来（有如在英国一般）。然而中国的皇帝，和埃及的法老一样，也不太能避免介于两种土地之间的区分，亦即：出租的王有直辖领地（verpachtete

1　关于合议制支配与“专管部门”，详见《支配的类型》，第 8 章；其中韦伯列举了中国衙门、翰林院与谏官所扮演的角色。——译注

2　此解据日译注。此外，原意为“签”的希腊文 kléros，一般说法认为：最初的共同体系以抽签来分配其所有土地。详见《支配的类型》，p. 374。——译注

3　“井田制”——八块正方形田地围绕着一块位于中央的国有田地——亦由此而起。

Domänen）与课税的私有土地（besteuertes Privatland）的区分。根据术语中明显的痕迹看来，租税一部分是由惯例的礼物，部分是由服属者的赋役义务，另外部分则由皇权土地所有之要求而发展来的。土地国有、纳税义务与徭役义务，长久以来即以互为变化的关系并存。以何者为主，端视不同的情况而定，包括：国家的货币经济所达到的程度（如前述，由于币制的缘故而非常不稳定）、国内和平的程度，以及官僚机器可靠的程度。

据闻，（传说中的）“神圣”皇帝禹，排放了洪水，并规划了运河工事；第一位纯官僚制的君主“始皇帝”，则被认为是运河、道路、城堡——特别是万里长城（实际上他只完成了一部分）——的最伟大修筑者。这样的传说，逼真地显示出家产官僚制之起源于洪水的治理与运河的开凿。王权则来自臣民的赋役，这种赋役对水利工程是无可或缺的，正如埃及、中东的情形一样。传说同时也传达了统一的帝国是如何发展而成的：这是由于面对广大的领域，治水的统一管制愈来愈受关注，此一关注则与保护农地免受游牧民族之侵扰的政治需求相关联。

除了灌溉之外，还有国库的、军事的、粮食供给上的建设。像从长江挖通到黄河的有名的大运河，就是用来转运南方的贡米到蒙古大汗营建的新都（北京）的[1]。据官方的记载，一次有五万名服徭役者同时筑堤，然而修筑工程还是逐步完成的，长达数个世纪之久。连孟子都认为徭役是比租税更理想的提供公共需求的方式。君主根据占卜选定新都之后，便不顾人民的反抗而要他们随

1 官方的名称是“转输贡纳的运河”。参见 P. Dom. Gandar S. J., “Le Canal Impérial,” *Variétés Sinologiques*, 4（Shanghai, 1894）。

之搬迁，这和中东地区的情形一样。被处以流刑者和强征而来的士兵被分派监守堤防与水门，并提供修筑工事与开垦的部分劳动力。以此，军队的役夫逐步取得西方边境州郡的沙漠耕地[1]。对于此种单调命运的沉重负担——特别是筑长城的徭役者——的哀叹可见诸现存的诗篇里[2]。经典教训中极力反对君主像埃及那样，将人民的徭役浪费在私人目的的建筑上。在中国，随着公共劳动在官僚制组织下的发展，这样的浪费亦与日俱增。徭役制度一旦崩坏，沙漠便开始延伸至中亚地带，而辛勤开垦的耕地，如今已完全为沙砾所掩盖[3]。此外，帝国的政治力量也随之俱去。史书中常有伤叹农民被驱使于王室领土的劣政的篇章。只有少数卓越的人物才能将组织中央集权化，并领导这个奠基于徭役的国家。

不过，徭役仍然是用来应付国家需要的正统方法。为充分因应国家的需要，是该采取实物经济政策（赋役），还是该采取货币经济政策（发包），十七世纪时，由于运河要作某种重整而必须在两种制度间择一而行，二者间的关系便可由此一问题在皇帝御

1　关于这些经营的记载与（拓地）受领证，部分保存于 Aurel Stein 收集自中亚出土的文件（约当基督公元前后）。在某些地方，干地的开垦，每日只有三步的进度，参见 Chavannes,*Les Documents Chinois découverts par Aurel Stein dans le sable du Turkestan Oriental*（Oxford, 1913）。

2　参见 Chavannes, *loc.cit.*, p. XI ff.。徭役往往几乎长达一生，为人妻者思其夫，儿女似乎最好不要有。

《水经注·河水》引晋人杨泉的《物理论》，其中可见相关史料。“秦始皇，起骊山之冢，使蒙恬筑长城，死者相属。民歌曰：‘生男慎毋举，生女哺用饰。不见长城下，尸骸相支柱。’”（《太平御览》卷 571 引）——译注

3　虽然假定是如此，但我们无法确定气候的变化在其中所扮演的角色。无论如何，徭役制度的崩坏就足以解释了，因为只要不发生“经费”问题的话，这个地区仍然可以维持耕作的。劳动者虽可食用在此地栽种的一种特殊谷物维生，但若要完全赖此生存则是不可能的。显然之所以要使土地保持耕作的状态（即使必须大量地补助），只是为了要供应守备军与使节不易运达的必需品。

前的讨论中显示出来。最后决定以货币支付发包，因为否则的话，重整工程需要十年的时间[1]。承平之时，政府则不断尝试派军队服徭役以减轻一般人民的负担[2]。

除了军事征召、徭役与贡赋义务外，中国早就有租税。诸侯国中的秦国很早（公元前六世纪）就废止了在王领地上耕作的徭役；到了公元前三世纪，秦国君主就成了整个帝国的“第一位皇帝”。

当然，土贡（Abgaben）在很早以前便已存在。皇室的必需品，和世界各处一样，是分别由不同的地区以实物来提供[3]，此一制度的遗迹一直留存到现在。实物贡租制度与家产制军队、官吏系统的创立有密切的关联。和其他地方一样，这两者都由国库来供养，并发展出固定的实物俸禄。不过国家的货币经济也时有进展，如史籍所载，至少在汉代，大约是公历之初，就已经有了[4]。伴随着向货币经济发展的一般性趋势，还有临时性的徭役（特别是为了土木工程、快驿、转运）、规费、实物贡租与货币贡租，以及为了供

1 P. D. Gandar, S. J.*op. cit.*, p. 35.

2 一直到明朝的 1471 年之前，还规定输往京师的米粮，一半由军队运送，一半由一般人民运送。1471 这年，则下令由军队单独负责输运米粮的工作（*Yu-tsiuan tung kian kang mu, op. cit.*, p. 351）。

3 第十、十一与十四世纪的中央政府总岁入，参见附录三。根据史书，实物租税整体是依距离京师的远近来调配的。例如，距离最近的地区输送带蒿的谷物，次近者只输谷粒，然后每退一级就输送更高价值的物品，亦即更高度的劳工附加物。这是相当可信的，并且也符合其他的文书记载。

4 参见 Aurel Stein 所收集的，时当 98—137 年的出土物（Chavannes, ed., *op. cit.*）。军官所收到的军饷固然是货币，然而士兵们的军饷是否以货币支付，仍是个疑问（Nr. 62），虽然他们的军服至少部分是以货币购得（Nr. 42）。此外，某一佛寺的支出账簿上（虽然时间上稍后）也显示出一种完备的货币经济。例如以给薪的办法雇用工匠，以及支付货币的各项支出（Nr. 969）。尔后此等举措皆不复施为了。

应宫廷需要的某些奢侈品的庄宅经济（Oikenwirtschaft）等[1]，这些还一直存在至最近。

此一转向货币税（Geldsteuer）发展的趋势，特别表现在地租方面——直到近代还是最重要的一种租税。此处，我们无意详述其颇有意思的历史[2]，不过与农业制度相关联的要点还是得讨论一下。此处，只消说中国的租税制度，和西方的家产制国家一样，是逐渐发展为合一的税制（虽然有时是相当分化的）；办法是将所有其他的税负都转变为地租的附加税。这是由于非投资于土地的资产对于疏放的帝国行政而言是"看不见的"，也非其征税技术所能为力的。政府之所以采取典型实物经济的措施（亦即，以徭役与贡赋来充分因应国家需要）的一部分原因，或许正是由于无法掌握这些看不见的财富。除此之外，或许真正首要的关键性因素，是通货（极不稳定）的状况。

一般而言，所有疏放行政之家产制国家的土地租税，有两种发展倾向：第一，将土地租税制度转化为货币租税的倾向，并扩及于所有其他的税负，特别是徭役与其他的贡赋义务。第二，将土地租税转变成一概括数额租税的倾向，最后变成根据固定的配额，由各州省征收的固定贡税。此一极具重要性的过程，我们已

1　1883 年，皇帝庄宅即运送了（原价！）值 405000 银两的丝绢与瓷器到宫廷里（《京报》，1883 年，元月 23、24、27、30 日，以及 6 月 13 日、14 日）。除此之外，尚有来自各省的实物贡纳，其中至少部分是输入宫中（如丝、高级纸等等），部分供作政治用途（铁、硫黄等）。1883 年，山西省因为所须贡纳的物品（除了铁之外）本身就不得不先**自外购得**，故而请以货币输纳，然未如愿。

有关"庄宅经济"——例如古代世界的农庄及皇室的家计（所需的大部分物资皆是由徭役或实物贡纳方式来提供）——详见《支配的类型》，pp. 345—346。——译注

2　关于地租，参见 Biot 在许多方面至今皆仍有用的著作，*Journal Asiatique*, 3rd Série, vol. 6 (1838)。

简单谈过。

满洲王朝治下帝国的和平安定，使宫廷得以放弃年年变动的收入，并导致1713年那道有名的敕令[1]。此道诏令被誉为使十八世纪中国重新踏入盛世的泉源。此一诏令旨在使州省的土地租税负担转变成固定的数额，我们马上就会谈到。除了土地租税之外，盐税、矿税、最后是关税，都纳入中央政府的收入。事实上，能够转送到北京的总额，传统式地固定下来。直到与欧洲列强的战争爆发，接着是太平天国之乱（1850—1864）带来财政上的危机，在哈特爵士（Sir Robert Hart）精彩的行政管理下——征收“厘金”（内地的货物关税）[2]——帝国财政才现出曙光。

由于租税的配额规定与随之而来的和平安定，人口大量孳生。进一步的发展，则是徭役的废止以及放弃对职业选择的控制、强制性的通行证件、对自由迁徙的限制、对屋宇之拥有和生产状况的监督控制等等有利于人口增长的因素。根据户口的数据——部分极有问题——中国的人口显然有过大幅度的波动，不过清朝初期的人口数与一千九百年前的秦始皇时的人口数，并没有太大的差距。无论如何，十几个世纪以来，表面上的人口数字均浮动于五千万到六千万之间，但是自十七世纪中叶到十九世纪末叶，人口数则蹿升到大约三亿五千万到四亿之谱[3]。中国人名闻遐迩的营

1 这道诏令于1712年（康熙五十一年）颁布，而于次年实施。此一税制改革，是将劳役转化为丁银，根据康熙五十年的成丁数征收一定数额的丁银，尔后出生者称“盛世滋生人丁”，永不加赋，惟以五十年上报之数为准。——译注

2 当太平军攻陷南京之后，清政府为了挽救在军事与粮食上所陷入的困境，故而有所谓厘金的内地货物关税的征收。——译注

3 当然，这些数字是非常不可靠的。我们必须要考虑到，在1713年的租税妥协以前，官员的利益之所在是将应课租税的人口数额减低或是固定（基于人头税之故）。此种利益关

利欲（Erwerbstrieb），无论是在大规模活动方面，还是零星买卖方面，都展现开来，积聚起相当可观的资产。不过，下面所举的这些，想必是这个时期最出人意表的现象：

1. 人口与物质生活虽有高度的成长，但中国人的精神生活却仍然保持完全静止的状态；经济领域里虽存在极有利的条件，但就是不见有任何朝向现代资本主义发展的端倪。

2. 中国曾经有过的大量的对外输出贸易，并未重新受到鼓舞，反而只开放一个港口（广州）与欧洲人做贸易，且受到严格的监管。

3. 一般人民的努力——有可能受到内心里固有的资本主义式利益的鼓舞——丝毫未能粉碎上述的限制。情形显然恰好相反。

4. 一般而言，在技术、经济、行政等各领域里，都未见到有欧洲人所谓的"进步"的迹象。

5. 帝国的财政力量显然应付不了因对外政策上的需要所带来的沉重压力。

在人口全然异常地明显增长之下（尽管异议无数，仍旧是无可置疑的事实），上述的这些现象该作何解释？**这便是我们的中心问题**。这其中有经济的因素，也有精神的因素。我们将先讨论前者，这是属于国家经济的范畴，因而本质上也就是政治的问题。政治—经济的因素和"精神的"因素一样，是由中国主导阶层的特殊性所造成的，这阶层包括拥有官吏身份者以及拥有官职之候补者

(接上页注) 注随着租税定额制而消退（见下文）。尔后，情形恰好相反，官员们有兴趣的是吹嘘人口的滋盛。这一来只有神祇——民众打交道的对象——才会关注这些数目字。人口数愈高就愈能证明某特定官员的卡理斯玛。因此甚至连十九世纪时的人口数都是很有问题的，例如四川省人口的异常增长。又如 Dudgeon 在其 *On The Population of China* (1895) 一书中，计算出 1880 年代的十四省总人口数为 32500 万。

身份的人（亦即“官绅”[Mandarinen]）。首先，我们要讨论他们的物质状况。

五、官吏阶层与赋税征收的配额化

如前文所述，中国的官吏原先是仰赖国库支付的实物俸禄，后来则代以货币薪俸而持续不变。以此，政府在形式上是支薪给官吏的，而实际上只有担任行政工作的一小部分官员是这样给薪的。薪俸往往实在只是他们收入中微不足道的一小部分。官吏既无法赖其薪俸过活，也无法靠薪俸支付其义务内的行政开销。实际上的情形是这样的：官吏就像个封建领主或总督，负责向中央（下级官吏则向州省政府）缴交一定的租税额，而他自己则从征收来的规费与租税中，支付行政经费，并将余额保留给自己。至少照道理而言，这可不是官方所承认的权利，但事实无疑便是如此，并且确实是由于政府施行租税收入配额化（Kontingentierung）之后所形成的局面。

1713 年施行的所谓地租固定，乃是皇权对官职受俸者在财政及政治上的让步。事实上，地租绝不是就此转变成（像英国那样的）固定的土地租税，而是中央政府**确定州省官吏所辖区域内每年的税收总额**。王室在此一总额中抽取一定的数额，算是州省的贡赋。结果——就其效益而言——只不过是中央政府永久地固定下这些**州省总督**靠着课征租税所能得到的俸禄额度[1]。

1 这层意思明白显露于此一措施中（否则这个措施就只是种无意义的公式化）：州省中的某一定数额的地方单位负有“纳税义务”，而其他的地方单位则完全“免税”。事实上地方上的周期性人口调查就依此登录。当然，这不是说相对数额的人口是免税的，只是官吏并不将他们**列入法定征税**的范围之中。早在 1735 年，皇帝即下令废止人口调查中这两个范畴的区别，因为此乃无谓之举。

通贯于家产制性格中的是：官吏将其行政辖区内所得的收入作为俸禄，事实上与其私人收入并无分别[1]。官职俸禄所有者是绝不愿意将地租或其他租税合算成一个总额向纳税人征收。事实上帝国行政也并不是真正想以这样的方式来固定租税。家产制惯有的原则是：官吏不仅必须从他的收入里支付其行政区域内的民政与司法事务上的开销，并且还须自行支薪给他的行政幕僚。根据专家估计，即使是最小的行政单位（县），幕僚的人数都高达三十到三百人之巨，而这些人往往是由人民中的无赖汉来充任。如前所述，官吏只是个任职州省的外地人，没有这样的一批幕僚是无法安居行政长官之位的。他的私人费用与行政开支并无分别。以此，中央行政当局就无法确知个别州省与地区的实际总收入，而州省总督也无法确知地方府县的收入……

另一方面，纳税人对于**非传统**固有的任何税捐，都采取一种原则性的反抗态度。他们之所以能够在相当大的范围内极为成功地如此做到的情形及其原因，我们下面会谈到。不过，他们对于不断试图扩大税捐的反抗，本质上有赖于当时权力运转的模式，故而颇不稳定。此外，官吏尚有两种增加收入的手段：第一，他

1 在最近的三十年里，所有直接税的课征企图皆功败垂成，原因是这必然要对官绅的俸禄课税。家产制下的官吏收入概念，可以自官吏服丧的种种细节中具体保存下来。自古以来，服丧的意义——在中国的官吏阶层中特别清楚地表现出来——在于使死者之灵的忿怒与怨恨远离那些占有其财产的继承者。姑不论原先其所有物的大部分（包括遗孀及其他陪葬者）皆应与之共赴黄泉的这个事实，继承人也应久久回避丧宅及死者遗物。他们应蔽衣而居于他屋，并忌讳享用遗产。如今，官职被视为不过是俸禄，而俸禄也顶多只是受俸者的私人财产，一旦遇到他应尽服丧义务的人死亡时，结果便是毫无条件地辞去官职。陆续不断地大量空缺、无数官吏的暂时性无法就任、因服丧而失官所累积起来的等待复职者，在在构成政治上的难题——特别是流行病盛行之时。因此，基于国家理由，皇帝往往禁止服丧期的过度延长或因畏惧亡灵而加入服丧之列——若违反此二禁令，则施以笞刑。慈禧太后也曾严厉地命令（虽然结果无效）李鸿章只在官任上稍事休假，而不要因服母丧辞退官职（《京报》，1882 年 5 月 1 日）。

们可以加收至少百分之十的税款来作为征收的经费。第二，对于无法如期缴付者，也可加征类似的税款，不管拖欠的原因是由于债务者本意如此或非故意的，还是（经常都是）官吏有意造成的。再者，实物租税转换成货币税，而货币则转以银纳，再转成铜钱，尔后又再改为银纳，所有变换过程中的兑换率，都操纵在收税者的手中[1]。

特别值得注意的是，依家产制的标准，官吏的每一项职务活动都必须以“礼物”来回报，因为并没有法定的手续费明细表存在。官吏的总收入，包括额外的利得，起先是用来支付职务上实质的杂费及其义务内的行政支出。“国家”在行政上的支出只是总支出中的一小部分。再者，上级官吏的收入是从直接掌握税源的最下级官吏所征得的总额中抽取。下级官吏的职责所在，只是根据传统租税户籍登记，将税款（通常数额并不多）缴交到上级那儿。因此，在其就任之时，以及逢年过节之际，他就必须尽可能地献上“大礼”，以博取对其命运有决定性影响力的上司之欢心[2]。此外，他还必须对其上司的非官方顾问与属官礼数周到，因为他的命运也在他们影响所及的范围之内。假使他想如愿谒见上司的话，就连管门人的礼数都不可缺。此种赠礼层层上达宫中的宦官，他们甚至向朝廷高官收受贡礼。光就地租一项，专家估计，官方宣称的税收与实际的税收，二者间的比率是一比四[3]。

---

1 以此之故，有力人士莫不倾向实物租税，并且总是如愿以偿。

2 这个方式类似于美国的党老大向执政党党魁所任命的官员课收租税一样。他之所以如此做，乃是为了他个人及其政党的收益，其间（与中国）的差异是，这些税额往往是固定的。关于党老大（party boss），请参阅钱永祥编译，《学术与政治》。——译注

3 Jamieson & Parker. 参阅后者的计算与估量，*Trade and Administration of the Chinese Empire*, p. 85 ff.。

1712—1713 年间，中央政府与州省官吏在租税分配上取得妥协。以货币经济形式所做的这项妥协，大致相当于西方的封建义务之实物经济的固定化。不过，这其中仍有相异之处。首先，在中国，犹如所有特殊的家产制国家一样，关键问题是俸禄而非采邑。中央当局典型地仰赖俸禄领受者——俸禄来自规费与租税的征收——提供行政服务，并从他们那儿收受实物贡赋、特别是货币贡赋。而不像西方诸侯那样仰赖自行武装的骑士的军事服务。其次，还有一个重要的差别。西方并不是没有俸禄，实际上规费与租税俸禄都有。起初只真正行于教会领域里，后来家产制国家也起而仿效施行。只不过他们要不是终身俸禄（除非正式免职），就是像采邑一样的世袭性占有。甚至还可以买卖转让。作为俸禄基础的规费、关税与租税，则由特权或惯例加以固定。

在中国，则如我们上面所说的，正式的官吏是可以任意被免职或转任的。再说，一任的时间也不长。这样（主要是）一来有利于中央维持政治权利，二来则让出机会给其他的官职候补者——时有此例[1]。官吏阶层，就**整体**而言，保证能享有来自俸禄的巨额收入，但就个别的官吏而言，其地位是朝不保夕的。取得官位得付出昂贵的代价（求学、捐纳、赠礼与“规费”），任官之后则往往债务缠身，因而不得不在短短的任期之内尽其赋敛之能事。在没有公定税额与保障的情况下，他大可上下其手。不用说，当官确

1　此一概念明白地显露于《京报》（1895 年 1 月 11 日）所登的训令中。其中指责某些（低等）官吏把住俸禄三年以上，因而阻挡了其他人的“机会”。

实是为了敛财，只有在做得太过分的情况下，才会为人所攻击[1]。

不过，此种状况自有其广泛的效用。首先，中央政府的控制地位，在个别官吏的转任制度下，获得最有效的保证。因为在不断改组与机会转换之下，每一名官吏都竞相争取俸禄。个人的利害和人与人之间的利害关系，就不可能统合起来，与上级之间的关系也因而不会稳固。中国官吏阶层的整个权威主义式的内化束缚，与此息息相关。当然，官吏中还是有“党派”存在。他们因同乡的情谊，以及与此相关的、因受教的学派固有的特色而集结在一起。近代，北方省份的“保守的”学派，就与中部省份的“进步的”学派及广东省的“激进的”的学派，相互对立。当时，皇帝的诏令里还提及同一衙门里尚有崇尚宋学与崇尚汉学者的对立。不过，没有任何足以危害到帝国统一的地区性分离主义得以在这样的基础上发展起来，因为原则上，官吏必然是所任职州省的外地人，而且不断地被迁转。此外，中央当局也慎重地将互相敌对的学派成员和乡党成员，混合在同一个管辖区域和相同的职位上。分离主义自有相当不同于此（亦即党派）的基础，我们下面就要谈到。官吏对于其上司所显示的微弱地位，对下（幕僚、胥吏）也一样，其所付出的代价是成为仰赖属下的牺牲品。此一俸禄结构另一个更重要的结果，是其行政上与经济政策上极端的**传统主义**。此种传统主义，纵使源自其特殊的**信念心态**，但也有高度“理性的”基础。

对传统的经济与行政加以任何的干预，都会侵害到支配阶层

1　就像许多诏令所指出的。根据 1882 年 3 月 23 日的《京报》所载，广东的一名官吏，在数月之内就积敛了**比惯常的数额多出**（注意！）十万两的银子。福建的一名受雇的书记，也能买到江苏地方首长的职位。负责关税的官吏每年则能取得十万至十五万两的收入。

在规费与俸禄上不可测知且不胜其数的利益。既然任何官吏都有可能被贬到所得机会较差的地位，所以官吏阶层整体一致地强烈阻止（至少和纳税人一样强烈）每一次改革规费、关税与租税制度的企图。在西方，规费与所得机会的永久性占有，使得相关的利益相当明确。这些利益包括关税、护送税（按：中世纪时，以武装兵护送旅行者而向其课税）、渡桥税、通行税与道路市集权益费。通常特定的利益团体都有机会组织起来，以武力、妥协或特权的方式来解除种种沟通的障碍。

然而在中国，这是不可能的。位于**最高**支配地位的官吏阶层**并不**个别地占有利得机会；利得机会毋宁是由可以任免的官吏所构成的**整个**身份团体所占有。他们**集体**反对干预并极端憎恨地迫害任何号召“改革”的理性主义理论家。只有自上或自下而来的激烈革命，才有可能改变此一形势。一般而言，任何的改革都**有可能**会危害到每个官吏在其规费上现在或者未来的利益，无论这是指以便宜得多的海路汽船来运送贡赋、以取代通航于运河的河船之转运，还是指变更征税、旅客运送、请愿或诉讼之传统的解决方式。只要看看1898年由(光绪)皇帝所提出的一连串改革计划，我们便能明白，即使是部分实施，都将引起所得的巨大翻转。因此，改革毫无希望，这是可以预见的，因为不仅有一股巨大的物质利益与之对立，并且也没有独立于这些利益团体之外、而与利益无涉的执行机构来实现它。

各州省的分离主义，尤以财政上的分离主义为首要，乃是根源于此一传统主义。这是因为任何行政上的中央化都严重地危害到州省官吏及其非官方党羽的俸禄。确实，正是这个因素，使得帝国中央行政的理性化，以及统一的经济政策未能实现。

重要的是，原则上我们要认识到，东方的纯粹家产制国家组织，和我们的预期相反，并没有走上几乎是（所有家产制国家）普遍的命运。**货币**经济不但没有削弱传统主义，结果反倒强化了它。这是因为货币经济与俸禄结合之后，为支配阶层创造了特殊的利得机会。一般而言，如此一来反而更加强了他们的“坐食者心态”（Rentnergeist）[1]，并且使他们对于如何维持各种原有经济**条件**——其俸禄利得的关键所在——的关注达于顶点。我们发现到，在埃及、伊斯兰国家和中国，随着货币经济一次次进展而来的，是国家收入日渐的**俸禄化**（Verpfründung）。俸禄的占有虽然在这期间也有过短暂的成功，但一般而言，对此现象本身，我们通常只能给予“僵硬化”（Erstarrung）的评价。

东方家产制及其货币俸禄所造成的一般性结果是：很典型地，只有在国土为武力所征服的情况下，或者成功的军事革命或宗教革命，才能够瓦解俸禄利益的强固结构，从而缔建全新的权力分配与新的经济条件。任何自内改革的尝试都必受挫于上述提及的阻碍。如上所述，近代欧洲是历史上的一个不凡的例外，这特别是因为缺乏一个和平化统一帝国的缘故。我们也许得提醒，就正是这个在世界帝国中阻碍行政理性化的领受国家俸禄者阶层（Staatspfründnerschicht），在战国时代却是各诸侯国里（在行政合理化方面）最有力的促进者。尔后刺激消失了。这好比市场的竞争会迫使国家经济与经济政策理性化，就像发生在西方与战国时代的中国的情形。在私人经济的领域里，企业的联合垄断会削弱

1　关于坐食者心态，可参见 E. H. Parker, *China, Her History, Diplomacy and Commerce*（London, 1901）。“他是个二十万石者”，意即他每年坐收此一数额的租金；是否为富人，往往依此来划分。

资本主义灵魂所在的理性的计算；在国家方面，权力的垄断则会窒息了行政运作、财政管理与经济政策的理性化。存在于各战国诸侯相争时期的理性化驱动力，在帝国统一后就不复存在，原因尚不止于此。在中国，即使是战国时期，行政与经济的理性化幅度，都比西方要小得多。除了上述所提的差别之外，西方还有一些独立且强大的力量。诸侯的力量可与之结合，以破除传统的束缚；或者，在非常特殊的情况下，这些力量可以用他们自己的武力来摆脱家产制权力的束缚。决定西方之命运的五大革命正是如此：十二世纪与十三世纪的意大利革命，十六世纪的尼德兰革命，十七世纪的英国革命，十八世纪的美国革命与法国革命。我们要问：中国没有这类的力量存在吗？

第三章

社会学的基础之三

行政与农业制度

中国人强烈的**营利欲**（Erwerbstrieb）自古以来即有高度的发展，这是毫无问的。对氏族以外的人的这种不顾情义的竞争，其强烈程度，没有其他民族可与之相比。惟一可能的例外，是批发商人以及（特别是）海外贸易商所属的独占性行会。他们的营利欲强烈地受到（商业）伦理上在商言商的态度所调节。

中国人的勤勉与工作能力一向被认为是无与伦比的。商人行会，如前文所述，比起其他国家都要来得强而有力，其自主权（Autonomie）实际上也是毫无限制的。在欧洲人看来，中国人口自十八世纪以来的高度增长，以及贵重金属的不断增加，照理说应该是资本主义发展的大好机会。再一次，我们又回到起初的问题上来。虽然我们已经讨论过资本主义之所以未能兴起的几个原因，但至此尚未获得令人满意的答案。

中国在发展上的以下几个特征，恰与西方形成尖锐的对比：以十八世纪为起点的这一个时期，乡村农民人口的大量**增加**是其特色，而**不是**像英国那样发生农村人口（相对）**减少**的情形。我们发现（诸如德国东部）农村的典型样式，是愈来愈多农民的零星地经营，而不是大规模的农业经营。最后，连带的是牛只数量的不足。牛很少被宰杀（特别只是为了供奉牺牲的目的）；也没有饮用牛奶的现象；“食肉”就等于是高等身份的同义语，因为它所指的是官员享有分食祭祀牺牲的特权。所有这些到底因何而起？

一、封建制度与财政制度

由于非汉学家所能利用的资料有限，所以想要描述中国农业制度的发展是不可能的[1]。在本文里，我们所必须加以考虑的，只是那些能够透露出中国国家制度（Staatswesens）之特性的农业政策上的问题。我们一眼就可看出，政府的军事政策与财政政策的改弦易辙，决定了农业经济里的根本变迁。因此，中国的农业史所显示出来的，是诸种具有同样可能性的课税原则在单调地来回摆荡，并且自从封建制度崩溃之后，此种摆荡所造成的土地财产处

1　此处我们不可能对中国的史前时期加以讨论，特别是汉学家所主张的原始游牧状态。当然，亚洲内陆的游牧民族甚至在史前时期就已不断地入侵与征服沿河平原。在面对较高的农耕文化时，只有蒙古人曾认真地保持自己为游牧民族的面貌，为此，他们一度禁止开垦京师一带的土地。至于中国人一直未有饮用牛奶的现象，这比任何传统都更能清楚说明其粗耕与细作之间的连贯性。况且，籍田之礼更是皇帝作为最高祭司长之仪式行为的一部分。以此观之，古代统治阶层是否一部分、甚至全部，为游牧民族的后裔，这一点儿也不重要。（前述）“男子集会所”的存在，与“游牧状态”自然毫无关联；这不过是指，在这些社群里，男人所从事的是狩猎与战争，而女人则从事耕种。中国人自古以来显然即不饮用牛奶的这个事实，与游牧的假设恰相矛盾。大型畜类是用来劳作与供牺牲用，只有小家畜才作为普通的肉食。

关于农业制度与国库财政之间的关联，参见 N. J. Kochanovskuj, “Semljevladjenie i semljedjelje w Kdtaje,” *Isvjest ija Wostotschnawo Instituta* d. g. isd., 1907/8, vol. XXIII, W 2（Wladivostok, 1909）& A. J. Iwanoff, *Wang-An-Schii jewo reformy*（St. Petersburg, 1906）。可惜其他的俄国文献我无法拿到，目前也没有弄到 A. M. Fielde 所写的 “Land Tenure in China,” *Journal of the China Branch of the Roya l Asiatic Society*, vol. 23, p. 110（1888），以及此一刊物所刊载的其他任何作品。其他文献的引用，请参见下文。

置方式，便与（农业）内在的“发展”无甚关联。

在封建时代里，农民无疑的是封建主的领民，必须缴纳贡租与提供劳役。即使并非**全然**如此，至少对大部分农民而言是错不了的[1]。史书上所谓“兼并”的情况——无论是由于战争的威胁与时局的不安，或是由于租税与借贷所造成的超额负债，农民因而“蜂拥”到有产阶级那儿，投身为荫户（佃客）——往往受到政府强力的抑制。政府总是设法保持农民直接纳税的义务，以防止政治上具有危险性的庄园领主阶级兴起。然而，在汉代，根据明确的报告指出[2]，至少时有这样的情形存在：地主替他们的佃户缴纳租税。军事“篡位者”王莽，和军国主义的君主秦始皇一样，想要引用皇权土地所有制（das kaiserliche Bodenregal）来摧毁地主的这种地位。显然，他是失败了。

我们对于是否有西方式庄园经济（Fronhofswirschaft）的萌芽，一无所知。无论如何，这样一种庄园经济——如果能证实有的话——或许也不必认为就是（中国农业的）典型现象。更不用认为它是封建制度所造成的结果，因为对于采邑的法律处置方式，并不能让我们确定，西方固有类型的庄园领主制是否能奠基在这样的一种法律制度上[3]。至于非汉学家所能利用的资料，也不足以让

1 因为，进入秦始皇时代，他们似乎保有某种武装的能力。实情即便不是如此，也不必然就可遽以为他们是像西方那样隶属于封建领主下的庄园农奴。情况毋宁是由于治水的缘故——像埃及与中东那样，他们在政治上服属于君侯的治下。

2 参见 Biot 前引书中的描述。

3 韦伯在其《经济通史》（*Wirtschaftsgeschichte*，J. Winckelmann，3 rd. ed., Tübingen：Mohr, 1958）中指出：领主处分权——尤其是西方庄园制度之内部的发展，最先是被政治的及身份阶级的关系所决定的。领主权力包括三部分：土地所有、人的所有、政治权力之专有——特别是司法权之专有，这对于西方的发展是一种最重要的势力。中译文参见郑太朴译，《社会经济史》（即上指 *Wirtschaftsgeschichte* 之中译本，台北，1977），p. 89ff。——译注

我们确定耕地共同体(Feldgemeinschaft)的性质。耕地共同体是否，以及事实上如何，与封建体制连结在一起，还是很成问题的。此种联结算是种通例[1],不过也可能和世界其他地方的情形一样——共同体源起于财政需求（按：国库收入）。

例如，在唐代，为了课税的目的，农民被编制成小的行政区域（乡）(624)。在这些区域里，农民被保证分配到一定的田地，这些田地可能是国有的土地[2]。退出乡里,以及（在此情形下）将土地转卖，确实是被允许的，只不过要以加入另外一个纳税共同体(Steuergemeinschaft）为前提。当然，地主的集团并不就因此而单只是一个相对而言闭锁性的团体。

将人民非常彻底地重组成在纳税、徭役与征兵上负有连带义务的诸团体，表示出以国库收入为目的的土地耕作**义务**，通常是第一要件。由此，便衍生出相对应的土地“权”。

显然，这并不就会导致一种**村落**的共产经济——如日耳曼、俄罗斯与印度的情形。西方观点下的那种村落共享地（Allmende),在中国属于遥远过去的一个现象，只能从偶有的蛛丝马迹里来推论出它曾存在。帝国的税制，并不是以村落，而是以**家族**及其**具有劳动能力**的成员(丁,多半从15岁计起到56岁)为其课税的单位。最迟在十一世纪，而且可能还要早得多，他们就被编列为责任团体（按：如十家为一组的保甲团体)。我们下面会提到，村落毋宁就是在很大一个程度上的自治团体。此处，我们所感兴趣的是，

1　参见Leonhard的论述，在这一点上——而非其他方面，特别是任何有关古代的方面——是正确的。见其对Lacombe那本有价值却稍嫌片面的书*L'évolution de la propriété foncière*（Schmollers Jahrbuch)，所做的评价。

2　此一事实毋庸置疑，因为这个制度也为**日本**所承袭。见下文。

面对着那种强烈的国库干涉，绝非理所当然的一个事实，亦即：原先可能只以贵族家庭为限的一种不同的团体[1]，自我们所无法得知的远古以来，便将（被极为珍视的）农村居民整体都包含在团体里头，并且此种团体并没有因这些国库财政的措施而被摧毁掉。

氏族凝聚之牢不可破且持续性的存在，以及氏族长的优越地位，可以确知已有数千年之久。中国古代的庄园领主制度很可能就是自其中产生出来的。如前所述，兵役以及可能所有的公共负担，起初都是摊派给氏族的。从无数的类推和后代的变化结果来推论，我们可以指出，氏族长是负有分配赋税和劳役的责任的。自从私有财产制度实施之后，亦即，土地（或其使用）为个别的家族正式占有后，氏族长的这些功能（根据1055年的传闻）就通常为最富有的地主所取代。以此，被委托去分派土地租税的“长老”，以及因此而获得聚积财富之机会的人，就是尔后的地主（庄园领主），穷困的氏族成员则变成他的领民。此种变迁还有其他许多众所周知的并行类型[2]。非汉学家是无法判断是否有一个**非**氏族凝聚的农奴阶层与氏族团体——和世界各处一样，通常构成一个要求有土地独占权与拥有奴隶的上等阶层[3]——并存的现象。农奴的存在是可以确定的，并且原先大部分的农民可能都是农奴。公元前（？）四世纪时，只有能任官职的官族有权拥有农奴。农奴并不被课税（地租），也不服役（徭役）。显然，除非他们获得租税豁免，否则他

1 如果图腾团体能够被证实确曾存在于中国——如Conrady所主张的，那么，这点就可以确定。随着氏族的发展，新兴的支配阶层就普遍地撤离具有平民本质的图腾团体。

2 此外，富者的这种“特权”（Privilege）并不真正被认为是优待，毋宁说是一种赋役义务（Leiturgie）。某些人即企图以假造的土地买卖和分家来躲过这些负担。

3 在中国，同样地，拥有奴隶的权利也是高等身份团体的特权。

们的领主就得为其纳税。根据史书所载，个别的家族可以拥有“至多四十个”的农奴。这可让我们推断出，**当时**的庄园领主制与人身领主制（Grund-und Leibherrschaften）的规模并不大。奴隶制在中国一直是存在的，不过，只有当货币资产靠着商业及国家买办而累积起来的时代，显然它才具有经济上的重要性。以此，奴隶的身份形式是债务奴隶和偿债奴工，这我们很快就会谈到。

农业制度的决定性转变，显然一直是由政府发动的，而与兵役及课税的规制联结在一起。据闻“最早的皇帝”（秦始皇）实行农村普遍性的**销兵**（解除武装）。此一政策，无疑地，主要是直接针对着秦始皇所要彻底镇压的封建领主之武装势力而来[1]。同时，（秦始皇）也制定“私有财产制”——此后中国即一再地重申施行。私有财产制指的是：将土地分配给农民家族（是哪些家族，则无法确定）；拥有土地的农民免除既有的赋税（也不知指哪些）；国家新立的赋税则直接向农民课征：部分是课以租税，部分是劳役，部分则是应皇帝之家产制军队的征召。往后的发展则决定于：政府对于防卫、徭役与农民赋税能力的关注相对而言的取舍程度，换言之，是以各种实物来纳税，还是以钱币纳税；与此相关的，军队是征召人民所组成的，还是由佣兵所组成的；最后，政府是以怎样的技术手段来使人民履行这些义务的[2]，这点尤为关键所在。

---

1 但是，由推翻这个王朝的反叛过程看来，显然一直到那时广大的农民阶层仍旧是武装的（正如日耳曼在解除武装——十六世纪农民战争结束后——之前的情况一样）。汉朝的创建者及其他的反叛者，都是农民，并且，至少部分而言，都有赖于其**氏族**的军事支持。

2 例如，儒教模范国鲁国一度分派给当时的每一土地登记单位（64 井）如下的税负：战车一乘、马四匹、牛十头、甲士三名、步卒六十四人。显然此种登记的前提假设是：与每一土地登记单位相联结的氏族会自行认课，提供兵力以应军事需求。毕竟，转而诉诸直接的强制征发终究是补助性的。我们将在他文中（按：韦伯所指的是他随后写的这些构成要素皆有所变化，而诸士人学派间的对立——贯通于整个中国古今的文献中——大多集中在行政的技术问题上。公元十一世纪初，当蒙古人的侵略风暴席卷而来时，此种对立更形尖锐。对当时所有的社会改革者而言——就像对格拉古兄弟（Gracchus）[1]一样——中心的问题是如何维持或建立一个适当的军队来迎战西北方的蛮族，以及如何取得必要的物质——靠货币支付呢？还是实物供给？

中国为确保农民缴纳各式的贡赋所采取的典型（而非中国特有的）手段，是形成负有连带责任的强制团体（由五家或十家组成），以及将有田产者依其财产划分为数个课税的等级（例如划分为五个等级）。这是为了要维持和提高具有赋税能力之农民的数目，以防止财富的累积和未耕地或粗放耕作地的扩展。进一步，不断努力限定财产的最高限额，将土地拥有权和有效的耕作联结起来，开放拓殖地，并在每个耕作农民皆可分配到平均耕地的基础上重

[接上页注]《印度教与佛教》）指出，印度如何在类似的情况下形成俸禄庄园领主制的情形。中国境内的其他地方，军队的召集就直接扩及个别的家族。但这种情形即使发生在鲁国，其意义也只是显示出由家产制君侯来征兵的前一步骤，而非家臣召集；因此，也就表示作为一种军事体制之封建制度的废除。欧洲也出现过类似的现象，关于这些境况之于封建军队的关联，Delbrück 有极佳的记述。

1　格拉古兄弟，公元前二世纪罗马的“护民官”（Tribunus Plebis）。“护民官”起源甚早，其产生是由平民大会推举，作用在保障平民权利以对抗贵族压迫。罗马经公元前三至前二世纪的对外扩张，领土虽急速增加，却也造成许多社会经济问题，例如以奴隶耕作的大庄园的出现，由属地进口粮食，所有这些皆导致意大利本土土地兼并以及小自耕农丧失土地的现象。公元前 133 年 Tiberius Sempronius Gracchus（163—133B.C.）出任护民官，提出土地改革法案，限制每一家族占田最高数额，并将多余土地分配给一般意大利农民，贵族虽极力反对，法案终告通过；不过 Tiberius 在其任满后企图打破定例，再竞选护民官，结果在选举日被暗杀。其弟 Gaius Sempronius Gracchus（前 153—前 121）于公元前 123 年出任护民官，继续其兄改革，并削弱元老院势力，公元前 122 年再度当选护民官，次年欲求三度连任失败自杀。——译注

新分配土地——约略可与俄国的“份地”（Nadjel）相比拟（按：俄国农村，每个人都有要求份地的权利）。

中国的税务机关，由于土地计量技术太差，所以在土地的再分配以及土地登记方面都遭遇重大的难题。惟一真正科学的、“几何学的”著作[1]，是从印度人那儿借过来的，这显示出丈量技术中缺乏三角测量法。个别耕地的丈量甚至都难以和古日耳曼的测量技术或罗马测量技师（Agrimensoren）真正原始的技术相比。惊人的测量错误——与中世纪银行家的错误计算不相上下——简直是家常便饭。中国的测量单位“尺”，虽经始皇帝的改革，显然还是各省不一。皇帝尺（约当320mm）通常是最大的，但还有255、306、315、318到328mm等各种尺度。

田地丈量的基本单位是亩，理论上，一亩地是100步×1步，后来是240步×1步的长条地，一步有时相当于5尺，有时相当于6尺。如以后者计，以一尺为306mm为基础，这个条形地等于5.62公亩。百亩为一顷，等于5.62公顷。在汉代，12亩被认为是一个个人所必须的——以俄国语汇来说，就是“人头份地”（Seele-Nadjel）。每亩能产1石的稻米。根据最古老的记载，在文王统治时代（公元前十二世纪）以前，是以50亩（即3.24公顷）为个人份来计算，其中5亩（即1/10）是为国库收入耕作的公田（王土）。因此，2.916公顷被认为是正规的个人份内财产。然而，此项记载完全不可信[2]。

1 *Suan fa tong tsang*（按：《算法统宗》，明人程大位撰），参见 Biot, *Journal Asiatigue,* 3 rd Série, vol. 5, 1838（据《文献通考》而撰述）。

2 我们必须谨记于心的是，中国历史（据 Chavannes 所译书）的第一个可以相当确信的年代是公元前841年。

数千年（或更久）以来，**家族**，而不是田地单位，才是征税单位（其间即或有所变更，也总是一再地回归到这个课税基准），如上所述，应该就是“丁”，亦即家族中的**劳动**成员[1]。土地则粗略地划分为“黑土”或“赤土”，很有可能是灌溉地或非灌溉地，因此而分别为两个课税等级。或者，根据休耕的程度也可划分为：1. 不休耕地，即灌溉地；2. 三圃式轮耕地；3. 牧草地（Feldgraswirtschaftland）。

根据最古老的记载，一个家族正常的持分地是上田百亩（5.62公顷）；中田二百亩（11.24 公顷）；下田三百亩（16.86 公顷）。这和以每一家族而非每一耕地单位为对象的单一税制相应和。有时由于家族的大小与年龄构成的差异，导致将大家族安置于良质耕地上而将小家族置于劣质耕地的想法。至于实施到怎样的程度，当然大有疑问。可以确定的是，人口的徙置被认为是将生活水准、徭役及赋税能力平均化的方便法门。不过，整个正规的税赋课征不太可能以此种徙置的可能性为基础。有时家族又是以是否拥有耕牛来加以区分（公元五世纪的均田制）。不过，这种人头税的制度（族制度）经常为各式各样的纯地租制度（土制度）所替换。

地租制度可有如下种种：一、按产量比例来课税（Naturalquotensteuer），如秦国（前 360）宰相商鞅所提议施行的。此种税额相当可观，传说是生产量的 1/3 到 1/2；并且也透露出农民在强大的君主权力之前无可奈何的事实。据史书所载，虽

1 依今日的算法，一个五口之家可以仅依 15 亩（约 85 公亩）的耕地——并非完全精耕细作——过活。对我们而言，这仍然是个低得几乎令人难以置信的数目。

然税率是提高了，但土地的耕作却因农民的私利所在反倒繁盛起来。我们发现后代惯常都订定较低的税率（从产量的 1/10 到 1/15）。

其次，根据土地的性质来课征**固定的**实物税，如章帝（公元前 78 年，按：应为公元后）统治时期，以及四世纪（似乎）又再度施行的情形。不管是哪一次，税赋都是基于一种相当粗略的土地分类。

最后，是以钱币纳税。例如每亩课以 15 钱（166）。80 年，由于年岁收成不佳故须课以各种实物税，课税官方便以实物折现后的价格来勘定收取的数量，这导致无止境的滥行征取。但是国家在建立起货币财经管理的尝试失败之后，就一再地转而求助于此种实验。这种做法显然是为了要建立一支有效率的军队，亦即，一支职业军（Soldheere, 亦即**佣兵**）。到了 930 年，在后唐篡位者的治下，税制的形式改变了，各类课征来的实物被“卖回”给纳税义务人。结果可想而知！最重要的是缺乏一个可信赖的税务官僚体制，而宋朝（于 960 年）即试图要将之建立起来。Pao tschi（按：不知所指何人，或许是包拯，然而年代不合）于 987 年的奏议中即描绘出纳税义务人集体逃亡（逃户）的情形，而王安石在神宗治下（1072）想要进行全面性土地登录的企图，也无法遂行。直到神宗朝末了，大约尚有 70%的耕地还没有制定出税率来。1077 年的预算显示出[1]：货币收入已超出实物收入，不过距离以货币为主的预算还差得远。十三世纪时的纸币经济，和一世纪章帝时代铜钱的贬值一样，导致币制的崩溃，最终又回转到以实物纳税的经济。

1　参见附录三。——译注

惟有在明朝，我们才看到有巨量的银，大量的谷物收入和数额颇多的丝。

满洲王朝治下的和平化——部分由于蒙古人被佛教所驯服——加上1712—1713年的租税配额固定化，致使租税下降。十九世纪的前半期，租税都固定在产物的1/10的低税率中，“耕地义务”的最后一点遗迹和对土地耕作的控制，都一并去除了。最近数十年的皇帝谕令中，都**禁止**再要十家之长（保长）担负起赋税的责任[1]。

秦始皇之后的两千年来，土地耕作义务并不只是一种理论。对所有的“丁”而言，它是个再清楚不过的事实：所有可以劳动的人皆有服劳役的义务。这对氏族团体及其以十家为一组的次级团体——负有徭役和赋税的连带责任者——而言，也同样真实。在土地拥有的固定最大限额上和迁居的权利上，也是如此真实。既然租税与徭役是以**家**为单位[2]，财政当局便鼓励甚至**强迫**人民**分家**，以便负有纳税义务的单位数目能增加到最大值。这成为一种通例，因为建立起土地丈量的系统是非常困难的。分家对于中国典型的小农作**经营**方式可能有相当大的影响，不过，从社会的角度上来看，此一影响力毕竟是有限的。

虽然这种处置妨碍了大规模**经营**单位的发展，却有助于凝聚古老拥有土地的农民**氏族**，当皇帝要求土地王有时，他们则要求

---

1 《京报》，1883年6月14日。

2 例如**日本**的户口簿上即并录其所属的持份地，参见O. Nachod所著日本史的描述，Pflugk-Hartung ed., *Weltgeschichte*（Berlin, 1910），vol. III, p. 592 ff.。

有使用的权利。这些氏族[1]**事实上**是纳税责任团体的骨干[2]。带有份地原则的意味，欲使财产平均化的企图是失败了，原因在于缺乏有效率的执行手段。十一世纪时的“国家社会主义的”实验，以及后代某些君主的尝试，都只是基于国库收入的考虑。这些改革所遗留下来的，显然只是一种对于中央集权政治每有干预就会激起反感的结果。在这点上，地方上的官职受禄者与人民的诸阶层是一致的。例如，十世纪时，中央政府要求除了地方上所需要的之外，**所有**剩余的徭役与租税（而非一定的数额）都交由**中央政府**自由处置，但这通常只有在精力过人的皇帝统治下，收到暂时性的成果。此种处置最终逐渐崩溃，如上所述，终于在满洲王朝时放弃。

此种国库收入的农业政策，在某些侧面上，或许还须加以强调，以便能描绘出一个完整的图像来。

在农业经济里占有特殊地位的是供给朝廷使用，以及用来外销的养蚕制**丝**，与“水田式”（即灌溉的）**稻**作。前者是园艺栽培与家内工业的一种古老行当。据史书所载，公元五世纪时，农民家户必须依其土地配额种植及生产定额的果树及蚕丝。后者则或可视为所谓的“井田制”之真正的、或至少是原初的基础。井田制享有中国的论著者所赋予的一种半经典的地位——一种纯正的

1　十家应作为每十个**氏族**的团体来理解。企图将之转变为每十个家庭或个人（而非氏族）的努力，直至晚近才成功。

2　虽然俄国的著述者不免希望在（中国的）一般份地要求上也发现俄国**村落**份地的现象，然而，不容或忘的是，这种纯然基于国库税收所制定的办法，惟其在俄国所具的条件下——特别是**村落**共同体的租税保证——才造成一种**村落**共产制度。但后者（按：村落共同体的租税保证）在中国可说已不存在。

国家土地分配制度[1]。其基本的单位是一块正方形地，每边三分为九部分。中央的那一部分则由旁边八家共同为国家（或为庄园领主）耕作。此一制度的普遍实施之不可思议，部分由于其内在的不可能性，并且也与史书所载之土地所有权的发展互相矛盾。秦国于公元前四世纪时废除井田制，或许就等于是**全面**以租税代替"王领耕地"（公田）制度的意思，也就是替换掉（显然是不成功的）"井田制重建"。可以肯定的是，井田制是具有地方性的：本质上无疑只发生在稻田的灌溉之际，充其量只不过一时被转作耕地。无论如何，在历史上，它并非（如先前有人主张的）中国农业的基本制度。它只不过是古老的公田（王领耕地）原则的一种形式，偶尔被应用于水田式的稻作。

虽然农业制度有了变化，但王族采地与授封采邑仍占有一种特殊的法律地位。如果有适任的子孙能担负起应尽的义务，则这些采地通常会被一再地终身封授。显然它们部分是用来作为俸禄，授给战士以维持生计——或许在他六十岁归隐之时，就像日本的"隐居"(inkyo)那样。这些军事采邑——依军士的阶级而分等次——特别是在公元一世纪以降，与七世纪到九世纪之间粉墨登场，一直到明代都还扮演着角色。在满洲人的治下，它们衰微了，或者毋宁说，是被满洲人的"旗地"所取代。同样的，在各个时代里，都有取代实物供给而授给官吏的官田，特别是在作为实物供给之

1 中国字"井"——将一正方形区域划分为九等分的形状——或许即是井田制这个称呼的由来。不过，如此称呼**尚有**其他缘故：亦即灌溉沟渠、管线，以及长期泛滥威胁下的低地堤防等，为水稻耕作所不可或缺的护田机能。通贯于整个亚洲（包括爪哇岛），这都带有土地财专有之彻底改革，以及特别是（无论何处）国库财政干涉的意味，其基础即在于治河通渠的不可或缺。不过，这个通常被认为相当古老的制度，很有可能是从原先由氏族领民耕作其部族长农地的情形合理进展而来的。

基础的仓储制度衰落之时。授封采地的其他一些部分是被课以各种赋役义务的平民小采地，这些赋役义务包括：治水、修路、架桥等徭役，就和西方古代（前111）的土地法（lex agraria 亦见于中世纪）[1] 所制定的一样。在中国，这类资产至迟在十八世纪时又重新确立起来。[2]

自从秦始皇创设了所谓“私有财产制”之后，土地分配便有了式样纷呈的变化。在国家发生极大变乱的时代里，可以见到大庄园领主制的兴起。这是毫无防卫能力而四处飘零的农民自愿投靠和（对农民）强行买占所造成的结果。拥有田产之最高上限的理念，自然又将农民一再地束缚于乡土，或毋宁说束缚于共同责任团体中。在形式上，决定此等干预的，只不过是因为此乃国库与徭役之利益所在。因此（顺着较早时期的一些萌芽发展）东晋在公元四世纪宣布**土地为国家所有**[3]。据载，其决定性的意图在于方便普遍地整顿徭役。

所有从十五到六十岁的人，都有均等的“人头”持分地，并且理论上（！）每年都进行土地重分配的思想，于三世纪的三国分立时代兴起。当时，将人头税（以每个丁男为对象）与土地租税（起初是简单地以每一户为对象）结合起来的一个相当粗略的制度，导致令人相当不满的结果。

485年（按：北魏太和九年，均田令颁布）及七世纪时的唐代（初

1　在格拉古兄弟彻底的土地改革失败之后，种种将土地由富人之手夺来分配给贫民的措施，都渐次地废弛了，公元前111年的土地法即在此种情形下制定，据此，私有土地得到法律上的承认，于是一切又回到改革前的状态。——译注

2　沿着大运河居住而负有河运之赋役义务的人民，在太平天国之乱中扮演了相当重要的角色。

3　这是指东晋时所实施的“占田法”，亦即将当时广大的无主荒田（事实上为国有地）分配给农民定住耕作的办法。——译注

期颁行的均田法），提供独身老人、退伍军人及类似的其他群体以各别田舍的理念，出现在各种“社会政策”里（在理论上）。以此，世袭而可以转承的产业（像巴登尼亚 [Badenia，按：位于德国南部] 的“共有耕地”）[1]，或按阶级而定的财产，便可以各种方式互相结合。624 年，唐皇朝准许每户有一定数量的土地作为世袭财产，并容许每户按人口多寡而增加耕地。谷物贡租及徭役奠基于据此而制定的纳税单位上，部分是累积性的，部分则是可以相互代换的。

十一世纪之初，土地所有按等级来分类，如果土地不足时，则允许迁徙。当时北方还有许多可以开垦的土地，所以此一政策至少暂时尚有可行的余地。如果因为迁徙，或者可用的耕地超出于标准量时，也准许土地自由买卖。此外，除非是“真正穷困”（譬如欠缺丧葬费用），由自己所属的氏族先申请将田地买进之后，才准许将土地自由卖出。事实上，土地很快地就相当自由地转手，特别是 780 年实施的新税制里[2]，行政当局对于人民履行军事及徭役之能力的关心再一次消退之后，想要使土地所有平均化的企图，终归失败。

如前文所述，所有这些措施，都与国库收入和军事上的需求有关联。土地所有平均化的政策一旦失败，行政官方所能够保护农民的，只有插手干预佃租的敛取一事。十世纪时，官方即必须一再重申禁止为私人的利益而征调农民服劳役，特别是传信与强迫供给驿马等禁令。免除徭役的官吏即利用此一机会来聚积土地财富。因此，1002 年便制定了官吏所能拥有的土地最高限额，据

1 详见郑太朴译，《社会经济史》，p. 35。——译注

2 此即唐德宗建中元年所施行的“两税法”。两税法以地税和户税为主，地税向土著的主户征收，户税则不分主户客户一律按财产多寡分为九等，于春秋二季照级课税。——译注

史书所载,土地所有因此一干涉而显现出异常不安定的性格。再者,加上土地上的赋役义务，更是极度妨碍了土地的改良。

“赋役国家”（Leiturgiestaat）总是在国库收入上与军事上饱受机能失调的威胁。这些困难激起许多土地改革的尝试。十一世纪时,著名的王安石改革方案，即是一例——主要且始终是以军事财政为取向的一次改革。这次的改革到底承受着怎样的制约，且让我们稍作一番考察。

二、军事制度与王安石的改革尝试

正如秦始皇在其告谕中一再宣称的，通过武装的解除，他所寻求的是帝国永久的和平化。传说中指出，为了达到此一目的，官吏于三十六个郡中收集兵器，并将之熔铸为大钟。不过，边境的城寨仍需安置守备兵。因此，人民便被强募轮番——理论上是一年——移戍边地，以及服建造皇帝宫陵的劳役。以此，随着统一帝国之建立而来的，便是一般人民在帝国建设上沉重的徭役负担。军队在本质上是 种职业性的禁卫军，这样的军队则造成一种长期慢性的内乱。因此，汉代便试图以征召的方式来取代（至少是补充）职业军队。每一名年满二十三岁的男子便须服一年的常备兵役（卫士），和二年的民兵役（材官士）。弓射、骑马、车战的训练，一直安排到年满五十五岁为止。徭役的义务是每年一个月，准许雇人顶替。

建构一支强大军力的这些个计划，到底实现到什么程度，很值得怀疑。无论如何，六世纪时，人民的徭役负担是很沉重的。就官方而言，每个家庭的成丁，每年在秋收之后，都要服十到三十天的徭役。除此之外，还有军事训练，以及远戍西方边境的勤务。中国诗词中特别伤叹的，就是后者所导致的家庭多年的流离分散。唐代施行土地“改革”之际，徭役增加了，免于课税者要服到五十天的徭役。传说有时为了大规模的河川工事，就有上百万的人同时被征集。在形式上虽有一普遍性的民兵义务，但这显然只是空文，阻碍了建立一支具有技术效率之军队的发展。宋代的常备军，除了禁军外，尚有诸州军团（厢军）与民兵（乡兵）的编制，但它们一旦融合之后，便告瓦解。当时，为增补“禁军”，便强行征募（至少在某些州省是如此），并且烙上印记，这和近东地区于 1042 年所施行的一样。根据所有可靠的记载显示，军队的核心完全是由佣兵所组成，主要仰赖于常规的薪俸，其可靠性是很成疑问的。

1049 年，当时正有来自西北的蛮族侵袭，但由于长期财政危机，又必须裁减军队。于是王安石试图加以理性的改革，以建立一支适当有效的国家军队。他所尝试的被称作“国家社会主义的”改革。如果以埃及托勒密王朝（the Ptolemies）时所施行的独占性银行政策与谷物仓储政策——基于一高度发展的货币经济——为准，这样的称呼，就算在**方式上**不尽相同，在狭义上倒还适用。

实际上[1]，中央当局是想要在谷物生产上作计划性的补助与调节，并以货币税代替徭役和实物税的方式（均输法）来独占且制度性地处理谷物的买卖。希望能借货币税的提高来建立一支庞大、有纪律而训练良好的国家军队，随时可无条件地为君王效力。理论上，每两名成年男子之一就必须应征召集。为此，成立了户籍

1　见王安石之奏议，Iwanoff, *op. cit*, p. 51 f.。

登记制度，并恢复十家集团的制度（保甲法）。此一制度是以被选出的长老为首，负责惩戒与分派夜间轮番警戒的勤务。此外，被分派到地方民团的应召者，则由国家配给武器（弓矢）。此外，国家并购买马匹，分配给征召来的骑兵负责饲育照管，每年接受检查，可能有额外津贴。

在以前，国家的库藏是由实物调发来供给，并由有资产者通过赋役义务的方式来负责。这使得有产阶级几乎破产，并导致任何可以想得出的巧取豪夺。现在，国家仓储是由领有薪俸的官员来管理，他们在金钱的运作上是要有制度地培植货币经济的发展。行政当局以借贷的方式分发谷物种子（青苗），并以二分利贷给各种实物或货币。土地资产则重新估价并重新分等。租税、徭役（募役）与个人持份，都由（土地资产）等级来决定。徭役以金钱折算来取代，并以此纳税钱来雇用劳工。

除了货币税的实施以外，谷物买卖的独占是改革计划的核心，并一再地改换方法。政府在收成的时节，以廉价购得谷物，加以储藏，尔后以借贷的方式分发出去。借此，政府获得投机的利润。改革的施行是要通过**专业**官员，尤其是训练有素的**司法人员**所组成的行政体，工作包括草拟并做成由所有地方官府所呈报的年度预算。以此，使得一个中心的、统一的国库行政，在经济上有形成的可能。

王安石的反对者（儒教徒）所批评的几点是：1. 此一制度的军国主义性格；2. 武装人民，认为此将招致叛乱并危及官吏的权威；3. 削弱商业，将会危害到赋税的能力；4. 特别是这点，皇帝的“谷物暴利”——要付利息的苗贷[1]——以及货币税制的实验。

王安石的改革，就在组织军队这个决定性的一点上，完全失败。推论起来，这无疑是由于缺乏一不可或缺的行政干部之故，也由于在当时的农村经济组织下不可能很快地征收到货币税。王安石于 1086 年死时所被赋予的神格化以及为其制定的供奉，都在十二世纪时被撤销了。十一世纪末，军队也再度由雇佣兵来组成。士人在其俸禄利益受到威胁之时，是懂得如何去破坏专家公务系统之建立的，而这些利益便是整个决定此一斗争——支持或反对改革——的力量。为皇太后们所使唤的宦官早就见到此一新秩序对其权力所可能带来的危害，打一开始便对改革采取反对的态度[2]。

王安石的改革在关键点上是失败了，但是却在中国的“自治组织”上，留下了深刻的痕迹。通过我们常常提及的十家、百家团体的**这种**合理化过程，此一结构保存了下来，其残存的影响至今仍在。

后世，政府仍一再地干预土地所有的分配。1263 年，在与蒙古人作战时，政府为了资金的调度，便以发行国家债券的方式，没收超过某一田土上限(“百亩”)的所有土地资产。以后的时期里，时而施行的没收充公,大大增加了国有财产（浙江于明朝初兴之时，大约只有 1/15 的土地是为私人所有）。

国家仓储制度（均输）本身是古老的[3],甚至在王安石改革之前

1　参见苏轼反对王安石的两份奏议，Iwanoff, *op. cit*, p. 167, 190 f. ；以及诸多反对者（司马光为其中之一）的异议，Iwanoff, *op. cit*, p. 196。

2　以上诸点皆与内部行政结构有关，将于下文讨论。

3　传闻甚至在八世纪时即有为丝与麻所设的仓库。

就已相当重要。自十五世纪起，此一制度树立了永久的运作形式：秋冬之时，收购谷物，春夏之际将之售出，逐渐成为调节物价的方法，以及维持国内安定的基础。起初，政府之收购并非任由人民自愿出售，而是强制执行的。收购量则以租税来折算，惯例是保持在全年收成的二分之一左右。税率有从 1/15 到 1/10 之间的大幅波动；如前所述，汉代的正常税率是相当低的。不过，额外的徭役必须加入考虑，因此，将税率加以详细地分析描述，是很无谓的，因为它们并不能表示出真正的租税负担。

三、国库对农民的保护，及其对农业制度所造成的结果

国家在土地改革上（带有国库财政性格）的种种努力，导致以下两个结果：1. 理性而大规模的农业经营**无法**成立；2. 整个农民层对于政府在土地所有与土地利用上的干预，有着深刻的疑虑与反感。许多中国的财政学者所持的自由放任学说，愈来愈博得农村人口的好感。当然，控制消费与预防饥馑的政策，还是必须要保留。其余，则只有政府**保护**农民的政策受到人民的支持，因为这是个反对资本主义式积聚——亦即将通过官职、包税与贸易所蓄聚的财富转变成土地资产——的政策。就是基于人民的这种心情,才有可能立法（我们已讨论过一部分）深入干预富者的资产。这项立法，源起于独裁政府与封臣及贵族氏族（早期惟一具有充分资格从军者）的斗争，其后则一再用来对抗资本主义式的庄园领主制之复兴。

正如我们上面所叙述的，干涉的方式变化很大。据史书所载，

秦国（秦始皇出身之国）[1]，于孝公在位之时（前361—前338），其宰相，士人卫鞅，教他所谓“最高智能”的“如何主宰封臣”之术。首先是土地分配与税制改革，特别直接指向以一般性的地租来取代土地耕作的徭役。办法如下：户口登记、家族共同体的强制分割、分家后的租税奖励、高度生产的徭役减免、禁止私斗。这是对抗庄园领主制之兴起与建立的典型手段；同样地，也显示出鼓吹人口增殖的政策是如何典型地与国库政策联系在一起[2]。

如我们所见的，立法时有变动。政府的做法来回摆荡：先以限制自由迁徙的方式，将没有土地的农民交付给大地主，或者干脆准许他们投靠为隶农，然后又再将他们解放。不过大体而言，保护农民的倾向是占决定性优势的。485年，（北）魏王朝统治时期，政府显然是为了人口增殖的缘故，准许人民出卖剩余的农地。为了保护农民起见，后代政府下令禁止土地买卖，特别是在653年，政府下令禁止富裕者买占田地。此一禁令的目的，和（1205）禁止土地买卖、不准卖方的农民居留原地作为买主的隶农，所下的禁令一样[3]。后面这两道规定，可以让我们充分地认识到，在立法革新之时，甚或更早以前——根据其他的记载——事实上可让渡之土地私有财产制就已存在。这类禁令的目的，在于防止扩张，就像世界各地也往往发生的情形一样，特别是早期的希腊城邦。例如雅典，经由贸易或政治途径所积蓄的货币资产，即寻求土地投

1　参见 P. A. Tschepe（S. J.）的史书摘录“Histoire du Royaume de Tsin, 777-207,” *Variétés Sinologiques*, vol. 27, esp. p. 118 f.。

2　所谓典型的人口增殖鼓吹论者之国库主义，是指欧洲于十七世纪的重商主义时代，人口论者——与十八世纪末的马尔萨斯相反——主张以人口的多寡（就人民作为租税的负担者、产业活动与军事力的承担者而言）来作为国家富强程度的指针。——译注

3　此一禁令似乎真的抑止了隶农制的发展。因为直到现今，小佃作似乎并不多见。

资的机会。做法是将欠债农民的土地买来，并将他们当作债务奴隶、佃农或隶属农，役使于买来的小块田地上。

多举这些单调的反复出现的例子，也不足以描绘出实际的“经济史”来。到目前为止，关于价格、工资等关键性的资料，我们都没有。根据前文所述，土地所有权极度不稳定的性格，明显地贯穿于长远的世纪，亦即，有一千五百多年之久。土地所有权此种极为不合理的状况，是基于国库收入之政治策略的缘故，此一政策在任意的干涉与完全自由放任之间来回摆荡。士人反对法典**编纂**的典型议论，是如此一来人民就会**知道**自己的权利所在，而轻视主导阶层。在此情况之下，团结**氏族**以作为一**自助团体**，乃是惟一的出路。

以此，中国**现今的**不动产法，在表面的现代特征之外，尚留存着最古老结构的痕迹[1]。由于普遍的土地登录，以及种种的财政规定，使得土地的移转让渡获得很大的方便（只需经由文件上的更换）。换言之，国库规定——经常受挫于民间的抵制——每一笔地券的买卖都要经官厅收取手续费和押印（税契）；同样地，取得不动产的权利状、土地登记抄本与支付租税后的收据，被确认为拥有资产的证明。每一份买卖状（卖契），都要有下面这个条款：资产变卖是“基于真正需要货币，并用于合法的目的”。如今这个条款不过是个惯用的具文。不过，当我们将之与前文提及的485年的明文规定合而观之，就能很肯定地推出一个结论：土地买卖，原先只有在“真正穷困”的情况下，才被准许。附带于此的亲戚

1　此处，满人军队的旗田，以及负有赋役义务的边防兵、临近运河与大道的住民所拥有的世袭性土地俸禄，并不在考虑之内。

的优先购买权[1]，在今天虽然纯粹徒具形式，但在往昔却无疑是一种义务。更进一步，这类措施还受到下面这个事实的肯定（虽然在今日看来，这是种“恶习”）：那就是在穷迫之际，根据单契（“billet de géminance”）[2]，要求买主（在某种情况之下，买主的子孙）追加一次或数次的付款，作为“善施”[3]。

在中国，犹如古代的西方城邦，典型的土地买主，是债主或拥有货币资产的富人。然而，土地所有权起初是与拥有先买权的氏族联系在一起的。因此，真正本土的让渡形式，并不是无条件地永久卖断，而是：

1. 保留着再度买回权利（刁买）的买卖（这种紧急交易的情形遍布于世界各地）；或者，

2. 保留住永佃权者（Erbpächter）权利的买卖。因为相对于“田底”——土地拥有者——的，是“田面”——表面的持有者，显然是世袭的佃农。通常适用于农地的是当质契约（Antichrese）——典当；抵当权（Hypothek）——抵押，则只惯用于都市的土地。

农业制度里的所有其他层面，都显示出同样一个方向。譬如固着于土地的古老氏族与拥有货币力量的土地购买者互相斗争，家产制官方则本质上基于国库利益的考虑加以干涉。《诗经》与汉代史书中的官方术语，和罗马法一样，只区别私产与公产，耕

---

1 族人间的不动产先买权，在中国是行之有素的习惯法。如卖契上多数记载着：“虽悉告诸亲房叔伯，然皆不买，不得已乃请中介者某某谈合而卖给某某……云云。”——译注

2 P. Pierre Hoang（黄伯禄）如此翻译。参见其“Notion technique sur la propriété en China”（Shanghai, 1897），*Variétés Sinologiques*, vol. 11, Ch. 20。

3 并且，这是受到法庭强力支持的！判官理所当然地会回绝（买主的）诉愿，他往往“劝告”买主不要太冷酷，而应付款了事。只有有势力的人才可能例外。见 Hoang, “Notion technique sur la propriété en China”。

种皇田的官方佃农与耕作私人田地（民有地、民地）的纳税者。不可分割或让渡的祖产（用作墓地与维持祖先之供奉的田地），是家族财产。元配的长子及其子孙[1]，是具有继承地位的承继者（Erblasser）。不过，在家产制获得最后的胜利之后，包括土地在内的所有资产，在法律上都实质地分配给所有的子嗣。承继者之指定一事，被认为只不过是个伦理上的义务，就像是确切意义下的"信托遗赠"（Fideikommiss）[2]。

租佃的形式最终是分益性佃作、纳物佃作（物租）与纳钱佃作（物租）相互并存。佃农可根据"保证金"的支付（按：即获得永佃权所支付的押租），来免于地主宣布解约的威胁。惯常的农作契约显示出[3]，佃户被认为就像西方古代及南欧之耕作小农地的佃农（colonus）。与此权利并行的是佃农有耕作田地的义务，并且通常维持着佃农对地主负有债务的局面。典型的地主，是将其分散各处的田地分租出去以利用田产的大地主贵族，尤其常见的是氏族共同体的庄园领主制。这类氏族继承或购入无数分散的小农地，再将不动产权利状保存与登录于特殊的档案和财产目录中[4]；在土地登录簿中，所有的田地都登录在一个共同体的特殊名号之下[5]，就像

1　祖田经常在《京报》里提及。

2　在罗马遗赠形式里，遗言人委嘱自己所信赖的人在他死后将其财产之一部分或全部交予特定的第三者，此即"信托遗赠"的处置方式。——译注

3　例子见 Hoang, "Notion technique sur la propriété en China," Appendix XXIII, p. 119。我们上面已经提过小佃作，相对而言，并不是非常多见。除了 1205 年下达普遍不准蓄隶农的禁令外，**收集**佃租的困难似乎才是最主要的因素。

4　Hoang, "Notion technique sur la propriété en China," p. 12, Nr. 31, p. 152, 157 f.

5　"永和家"即为一例。

为所有的子公司成立一个母公司一样[1]。悬挂在堂屋上的匾额，书写的是同样的名称。通过长老，家族以家父长的姿态统治其佃农，跟西方古代、南欧的庄园领主或英国的大地主（Squire）一样。通常，古老有力的家族，以及在贸易上或政治上得利的富裕者，在家族共同体里牢牢地保持住他们的财富与世袭的地位。很清楚地，这种形式是古代贵族优越的身份地位被家产制瓦解之后，以经济方式来取代。

大地主制（Bodenmagnatentum）在某些地方有相当程度的发展[2]，只可惜我们无法在统计上加以确定。只有部分是渊源已久的，

---

1 土地登录簿与土地登录制度的这层关联，首先由 Bumbaillif 在其报告“Land Tenure in China,” *China Review*（1890/1）中加以阐明。土地登录单位是一整个氏族的土地财，在制作登录簿时由氏族长将之登记于氏族祖先的名下。若是已经分家，则登录部分财产。甚至在土地分割或地权易主的情况下，原先的登录号数与名号还是被保留下来，不过只记录应征的税额与应缴该税之部分或全部数额的家族。十个（或十个左右）氏族长组成一集团，根据古来的法律，对租税负有连带责任。他们同时也是治安的维护者，并轮流管理且持有共同体耕地（无论自耕或放租）。各个氏族长负责征收其氏族的租税，凡是未能在 11 月 16 日以前提出缴税凭证者，就会被十人集团没收农地。如果某一家族无法支付租税，那么祖田便会被没收。十人集团的组合是会变更的。上述的那篇报告提及：某一氏族（或部分族人）之长提出与其他另外九位氏族长新组一个十人集团的议案。氏族资产的多寡，差异性相当大；由多少个十人集团组织成一个更高的单位，也多半不一，同样地，端视原先的军事与赋役负担而定。其他有关氏族各点，参照下文。

2 将邻接的土地资产总合起来达 300 公顷的情况是有的，不过属于个别庄园领主之基本上较大的土地单位则不多见。最后这一个月我才注意到 Wen Hsian Liu 的（法兰克福大学）博士论文 *Die Vorteile des ländlichen Grund und Bodens und Seine Bewirtschaftung in China*（Berlin, 1920），不过他也没有列出数字来。

英译者按：J. L. Buck 计算出自耕农的耕地平均为 4.22 亩，半自耕者为 4. 25 亩，佃农为 3. 56 亩。他估计约有 17%的农人为佃农，是半自耕农的 1/3 弱，自耕农的 1/2 强。参见其 *Land Utilization in China*（Chicago, 1937），p. 192。根据 Chen Han-seng（陈汉升）的报告，广东省的某些地区，所有农地的 40%是土著氏族所有，参见其 *Landlord and Peasant in China*（New York, 1936），pp. 37-41。H. T. Fei（费孝通）则举出一些云南省之氏族庄园领主制的资料，见其 *Earthbound China*（Chicago, 1945）。长期以来的战乱，通货膨胀与高利贷资本主义，自然大大增加了农民的负担，许多人被迫举债、破产及失去土地。Leonard T. K. Wu 提到，在 1936 年时，“农民只能选择让自己的经济状况继续衰败下去，或者是完全转而向高利贷商业地主体制低头”。参见其“Merchant Capital and Usury Capital in Rural China,” *Far Eastern Survey*, March 25, 1936, p. 68。——译注

不过无论如何,大抵是由分散的小块农地所构成。此制仍留存至今，并且在以前可能要更发达；与此一制度相连属的，是家产制国家典型的佃作制度（Kolonat)。

庄园领主的权力，在中国受到两种特有的情形所抑制：氏族的势力（马上会讨论到)，以及疏松和无大作为的国家行政与司法。一个冷酷的庄园领主如果想要肆行其权力时，他很少有机会能迅速得到司法上的有力支持，除非他有私人的关系可凭借，或者利用贿赂买通官府。但是当国家官员试图为庄园领主从佃农身上榨取租税时,他就必须小心谨慎,就好像他是在为自己榨取租税一样。因为所有的动乱，都被认为是巫术性灾厄的凶兆,一旦引起中央政府的忧虑，这个地方官就要准备丢官。地主和债主的这种极具特色的习惯，显示出此一情况防止了对佃农的过度榨取。小农作的劳动集约性[1]、与经济的卓越性,在农地价值之珍贵[2]、与农业信用贷款利率之相对低廉中明白显示出来[3]。技术上的改良,由于土地极度的零碎化而几乎是不可能的；尽管货币经济有所发展，传统总是支配着一切。

社会平均化的倾向是与家产官僚体制相呼应的。以稻作之劳动集约技术为基础的农业生产，几乎完全操在小作农的手里，而工业生产则操在手工匠的手里。

土地的分割继承，最后则大大加强了土地所有的民主化，虽然在个别情况下，由于共同继承的缘故，此一趋势有所减缓。拥有数亩的耕地，被认为是够大的了。而拥有不到一公顷（15 亩 =

1　(每年）只有十五个公定假日，星期假日是没有的。

2　到了二十世纪初，平原地区的精耕细作田地每公顷叫价 750—1000 美元。这还是尚未把西方货币在东方高度强势的购买力计算进去的情形。收益性约 7%—9%（更正确地说，应是“劳动收益”，因为根据可靠的数据，当土地品质上升时，此一“地租”的百分比就下降)。

3　农业方面是 8%—9%，而中小盘商与工业则为 12%—30%。

85公亩）耕地，即使没有园艺耕作，也认为足供一家五口的生计。

社会秩序里具有封建成分的身份性性格，至少在法律上是被消除了。虽然最近的官方公报，还总是说农村的“名门望族”是社会上的主导阶层。但是此种农村名门望族的“乡绅”(Gentry)，并未享有受到国家保证（相对于下层社会）的地位。按照法律，直接位于小市民与小农民之上的，是家产官僚制的机制。西方中世纪时那种封建的中介阶层，无论在法律上，还是实际上，都不存在。

另一方面，直到近代，在欧洲的影响下，才产生了典型西方形式的资本主义式依存关系。为什么？

第四章

社会学的基础之四

自治、法律与资本主义

一、资本主义依存关系之阙如

在各国竞相争取政治权力的战国时代里，存在着一种诸侯的御用资金借贷者与御用商人的资本主义，不仅仰赖于政治，并极具重要性。一般而言，利润似乎不低。中国此种类型的资本主义，亦常见于其他家产制国家。除了受到政治制约的交易外，矿业与商业也都是聚积财富的资源。亿万富豪（以铜钱计）据说在汉代就有了。当中国在政治上统一为一个世界帝国之后，就像帝制罗马所统一的全世界（orbis terrarum），这种本质上由国与国之间的竞争所维系起来的资本主义就衰退了。

另一方面，惟自由交易机会是求的纯粹市场资本主义，则还处于萌芽的发展阶段。就工业而言，商人的地位显然要高于工艺者。这个情形在合作经营的（genossenschaftliche）企业里也一样，下文会述及。商人的这种优势地位，从利润通常在组织里分配的方式上即可明白看出。地方与地方之间的企业往往也获得可观的投机利益。甚至在公元前一世纪时，即使自古以来对于农业这个神圣职业的古典敬重（按：农本主义），也阻止不了工业有较高的利得机会、而商业则有最高的利得机会的这种评断（根据《犹太法典》Talmud，类似的发展也出现在中东地区）。

然而，这种资本主义的追求形态，并不是近代资本主义发展的起点。迄今，由中古城市发达的市民阶级所发展出来的、风格独特的各种制度，要不是完全不存在于中国，就是典型地展示出一种不同的面貌。资本主义“经营”的法律形式与社会学基础，在中国的经济里是没有的。在中国，经济上未曾出现理性的切事化（Versachlichung，按：就事论事、不因人而异）的特色，而可与意大利城市的商业法——企业非个人化之无可置疑的起点——相比拟。个人信用在中国早期历史里的一个可能的发展端倪，是氏族的共同保证。这在租税法与政治上的刑法里保留下来，但并未进一步发展。当然，在有产阶级里，有以家族共同体为基础的继承人所组成的营利团体。此种团体所扮演的角色类似于西方的家族联合体，这是后来（至少在意大利）孕生出“贸易公司”的母体。不过，在中国，其经济的意味，有性格上的不同。

一如家产制国家里所惯见的，表面上是个**官吏**，而实际上却是个租税征收者的人，最有聚积财富的机会[1]。退休的官吏将他们

1　例如广州海关监督及负责人（hoppo），就以拥有极大的敛财机会而闻名。第一年的收入二十万两，是用来当作买官金；第二年的收入则用来准备“赠礼”；第三年的收入则据为己有（根据“North China Herald”的计算）。

按：“hoppo”一职（广东的海关关税长）于1904年废除，而此一名称系外国人依汉字发音的讹转，但究竟从何讹转而来，倒未有定论。例如根据Samuel Couling, *The Encyclopedia Sinica*, 此字是由代表财务官职的“户部”（hu pu）一词音转而来；另外，亦有一说认为此乃“粤海关部”（广东海关关税长）之广东话简称Hoi-pu的讹转；另一说则认为起源于河伯（ho po）一词。——译注

（或多或少是循合法途径而得的）财富投资于土地。其诸子为保全财产与影响力，以共同继承人的形式保持继承的结合体，并以此共醵资金，使家族的某些成员得以进学。既然这些成员有机会登入收入颇丰的官职里，他们往往回过头来，希望能更增加共同继承者的财富，并提供官职给氏族的成员。

于是，通过政治性的财产积聚，便发展出一个放租小农地的土地贵族阶层。这个贵族阶层（虽然并不稳固）并不带有封建或者市民的色彩，而是处处伺机于纯粹政治性的官职剥削。家产制国家里典型的财富累积，基本上并不是一种理性的、经济的利得，而特别是——除了同样导致将货币利得投资于土地上的商业之外——一种政治性的掠夺资本主义（innerpolitischer Beutekapitalismus）。因为如上述所观察到的，官吏是以操纵赋税来聚敛财富的，也就是说，恣意地订定通货的兑换率，而此兑换率又是纳税义务所必须据以计算的基准。科举考试也形成分一杯羹的安排。因此，科举名额总是被重新分配在各个省份，只有在例外情况下才会限制固定的配额。所以，中止某一地区的科考，是对于相关的名家望族的一种最为有力的经济制裁。明显的是，家族的这种营利共同体与理性的经济经营共同体的发展是背道而驰的。特别是此种共同体是由严格的**氏族**纽带来维系住的。这就将我们带入到氏族团体这个重要的话题上。

氏族，在西方的中世纪时实际上已销声匿迹了，在中国则完整地被保存于地方行政的最小单位，以及经济团体的运作中。并且，氏族发展的程度是世界其他各地，甚至是印度，所不能及的。自上而下的家产制统治，遭遇到氏族强大对抗势力自下而上的抵制。直到晚近，凡具有政治危险性的“秘密帮会”，有相当比率是由氏族所组成的[1]。村落往往以在村落里具有独占性的、或压倒性的代表氏族来命名[2]。有时乡村社会就是氏族的联合。古老的界石表示出土地并不是划归给个人，而是划归于氏族。氏族共产制（Sippenkommunion）是维系此种状态的重要因素。

村长——通常是支薪的——是从人数最多的强大氏族中选拔出来的。氏族的“长老”从旁协助这位村长，并有罢免他的权力。个别的氏族，这是我们必须首先讨论的，要求有权处罚其成员，并能贯彻此一要求，虽然近代的国家权力官方丝毫不加以承认。只有皇族对其成员的家内权（Hausgewalt）与司法权才受到官方的承认。

氏族的凝聚，无疑地，全然仰赖于**祖先崇拜**。氏族抵制家产制行政毫不留情的干涉——包括机械式建构的责任团体（按：保甲制）、迁民移居、土地的重新分配、以丁（亦即有劳动能力的**个体**）为基准来区分人民。

祖先崇拜（Ahnenkult）是惟一不在政教合一的政府及其官吏掌理之下的民间崇拜：家长，犹如家里的祭司，在家族的襄助下掌理祖先崇拜事宜。无疑地，这是一种古典的而又悠远的“民间祭祀”（Volkskult）。甚至在远古的军国主义时代的“男子集会所”里，祖先神灵似乎也扮演了某种角色。我们要略微一提的是，“男子集会所”的存在，似乎与真正的图腾信仰（Totemismus）并不一致。这提示我们，男子集会所——最古老的组织形式——有可能是从君侯及其扈从的**扈从制**性格（Gefolgschaftscharakter），以及由此而

1　我们可以举太平（天国）之“乱”（1850—1864）的核心为例。根据《京报》，太平教的创建氏族洪（氏）一党，一直到1895年还因其为秘密帮会而受到迫害。

2　根据 Conrady 前引书，张家庄就是“张氏家族的村落”的意思。

发展出来的**世袭性**卡理斯玛（Erbcharisma）所演化出来的[1]。不过，不管怎样，在历史时期里，中国人民最根本的信仰是对于祖先——虽然并不止于自己的祖先，但特别是对自己的祖先——的神灵力量的信仰[2]。仪式与文献证实了对于祖先神灵的信仰，以及他们作为将子孙的愿望呈现在天灵或天帝面前的**中介**角色[3]。进而，更相信以牺牲来满足鬼神与赢得他们的好感，乃是绝对必要的。皇帝的祖灵几乎是与上天之灵的伴从者同列的[4]。一个中国人若没有男性子

---

1 男子集会所的两种形式——“同辈的”与“领主的”——可能在各个不同地方同时存在。**大体而言**，Quistorp 前引书中所收集的证据较有利于前一个类型。不过，若就传说中的帝尧在**祖庙**里将政权禅让给后继者舜，以及有位皇帝直以**封臣**们的**祖灵**之怒来威胁他们等等，这些例子（Hirth 在其 *Ancient History of China* 中所举证的）却又支持领主的男子集会所这个类型——如《尚书》里的商王（Legge, *op.cit.*, p. 238），又如某皇帝失政，其祖灵即要求其为此事提出解释。图腾信仰的遗绪在 Conrady 前引书中已列明——虽然重要，但并不足以令人完全信服（参见第一章 p. 57 注 1）。

按：商王盘庚欲迁都于殷，乃昭告其臣民：“失于政，陈于兹，高后乃崇降罪疾，曰：曷虐朕民！”意思是若王久居于不适民生的奄兹故地，那么就是失政，先王之灵便要降罪责问他为何虐待子民。因此，臣民必须与他同心谋生，若是“汝有戕则（贼）在乃心，我先后绥（告）乃祖乃父，乃祖乃父，乃断弃汝，不救乃死”。这或许就是韦伯所谓皇帝会以祖灵来威胁其封臣的典故。详见《尚书释义》（台北，1983），pp. 92—93。——译注

2 前文提及要从宽对待被推翻的王朝的最后一代子孙，乃是基于祖灵必不可被干扰的顾虑，毕竟即使是前一个王朝的祖灵，也还是颇具威力的。《京报》1883 年 4 月 13 日与 7 月 31 日登载明朝（遗族）代表 Tschang Tuan 有关开垦明祖先地的诉愿。本文下面就要提到过继养子及前述为死后无子嗣者所行的国家祭典。

3 参见《尚书》所载周公之语（Legge, p. 75）。他为患病的皇帝向**祖先**（而非上天）**祝祷**（Legge, p. 391 ff.）。

按：武王染疾，周公为他向太王、文王与王季之灵祈祷。详见《尚书 · 金縢篇》。——译注

4 de Groot 在天人合一观（Universismus）的论证中明白显示出，上天之灵被当作是同侪之首（primus inter pares）。1898 年 9 月 29 日《京报》所刊登的诏敕中指出：皇帝与康有为（当时）受挫的改革尝试是有罪的，此种判定出自“祖先神灵”。上天除了**个人的**事功外，并且还考量其**祖先**的功绩（de Groot, *The Religion of the Chinese*, New York, 1910, p. 27f.）。以此，衍生如下的儒教学说：上天会暂时忍受某一王朝之罪，直到它完全腐化之时，才会加以干预。无论如何，这倒是一个相当变通的“神义论”。

嗣，他就确实必须采取收养的方式，如果这点也没做到，那么他的族人就会为他在死后立一个虚拟的养子[1]。这么做并不是为了他本身着想，而是为了他们可以因此而与他的鬼魂相安无事。这些支配性的观念所产生的社会功效是很明显的：1. 家父长权力获得大力的支持[2]；2. 加强了氏族的团结。在埃及，是**死者**崇拜而不是**祖先**崇拜，支配了一切，氏族的团结在官僚体制与国库政策的影响下被打破，与后来美索不达米亚所发生的情形一样。在中国，氏族的影响力持续增长，直可与支配者权力（Herrengewalt）相匹敌。

二、氏族组织

原则上，一直到现在为止，每一个氏族在村落里都有其祖宗的祠堂[3]。除了祭祀的设备外，通常还有一块书写着氏族所公认的"道德规条"（按：家法、家规、家宪之类）的木板，因为氏族有其无可置疑的权力为其成员立法——此一权力不止具有超越法律（praeter legem）的效力，并且在某种情况下，甚至是在宗教惯习的问题上，还具有抗拒法律（contra legem）的效力[4]。氏族在面对外界时，是团结一致的。虽然除了刑法外并没有连带责任，但是，

1　不过也有因为危及对生父的祭祀而取消过继的情形（《京报》1878 年 4 月 26 日）。

2　弑父被认为是如此令人觳觫的事（罪可至处"凌迟"之刑），地方官会因此——就像遭遇天灾一样——而丢官（《京报》1894 年 8 月 7 日）。1895 年，某人喝醉酒杀了祖父，他的父亲也一并受罚，因为他没有教会儿子"即使遭到长上最严厉的责罚时，仍应领受"。

3　有时支系氏族也有"支系祖祠"。

4　根据古礼，只能在氏族之中过继养子。不过，各家法对于这点——即使是在同一村落内——也有非常不同的处置。部分古礼几乎一般都已不再被采用了。譬如已嫁之女不再如官方礼法只服其翁姑之丧，并且也服其父母之丧。"重丧"也不只对亡父——如官方所制定的——也包括对亡母。

只要有可能，氏族总会为其成员解决债务。由长老所主持的会议中，氏族不止可施行鞭打或者除名（褫夺公权的意思），而且像俄罗斯的共产村落（mir）那样，还可以宣布惩罚性的放逐。时而发生的消费贷款的紧急需求，基本上也由氏族内部来解决；氏族中有产的成员在道义上应伸出援手。当然，在无数的叩头之下，族外的人也可以得到贷款，因为没人敢招惹鬼魂的报复——万一这个走投无路的人自杀了的话[1]。似乎没有人是自愿偿还债务的，尤其是当债务人知道他的背后有个强大的氏族支持着。然而，依例只有氏族有明白的义务要救助急难和施予借贷的援手。

如果有必要，氏族会领导族人与外界械斗[2]。此时，个人的利害与私人的关系受到危害之际，族人义无反顾的勇猛恰与政府军——由强募来的新兵或佣兵组成——的"怯懦"（相当被夸大）形成最强烈的对比。同样地，必要的话，氏族会提供药物、医师与丧葬的料理，抚恤老人与寡妇，并且特别是设立义塾。

氏族拥有财产，尤其是地产（祖产，氏田）[3]，富裕的氏族往往拥有广大的慈善用地（按：义田、义庄）。氏族以放租的方式

---

1 因此，A. Merx 的译文是真实得多的：他的译法是"什么人也不指望"，而不是"什么也不指望"。同样地，此处我们也面对向神"哭号"的恐惧与对那不幸者——如果自杀的话——之"幽灵"的恐惧。

按：韦伯此处指的是 A. Merx 对《圣经·路加福音》第六章三十五节的译法，参见《宗教社会学》，p. 275。——译注

2 与外界械斗通常是为了租税分配、报复仇杀，以及特别是风水（亦即堪舆地相）所引起的近邻间的冲突。所有的建筑物，特别是新造的墓，都可能危害到既有墓地中的祖灵，也可能会引起山石、川流及丘岳之灵的不快。由于**双方**对于风水问题的关注，想要调停这类的械斗几乎是不可能的。

3 例如 1883 年 12 月 14 日的《京报》即报道了以 17000 两购入 2000 亩（1 亩 =5.62 公亩）田地的实例。除了提供祭祀所需外，还明白提及孤儿寡妇的供养抚恤，以及用田租来维持义塾。

(通常三年开投一次)来利用这些族产，但让渡只有在四分之三的族人同意下才得实行。利益所得则分配给各家之长。典型的分配方式是：所有的男子与寡妇各得一份；五十九岁以上者二份；六十九岁以上者三份。

通行于氏族里的，是世袭性卡理斯玛原则与民主原则这二者的结合。所有已婚男子都有平等的投票权；未婚男子则只能列席；女人完全被排除于氏族会议与继承权之外(只享有获得嫁奁的权利)。执行委员会是由长老所组成，每人代表氏族里的各**支房**。不过，长老是由全体族人每年选举一次。长老的功能是收取年金(佃租、贷款等)、活用族产、分配收益，最重要的是照管祖先的供奉、祖宗祠堂、与义塾。退休的长老依据年龄长幼提名后继人选；如果当选人拒绝，则推举次一顺位者。

迄今，经由买卖或租佃共同取得土地，再将之分配给各家长的情形是很普遍的。官绅、商贾，或其他(氏族内)得离开乡土移居他处的人，除了收到份地的偿金之外，还会收到一份家族登录簿(祖谱)的抄本作为身份证明。他们仍然是在氏族的裁判权管辖下，并且也能买回他们的持份权(Anteilsrecht)。凡是旧有的状况仍保持优势之处，世袭的土地很少会落入外人的手里。

由于妇女的家内纺纱业、织布业与裁缝业，特别是妇女也贩卖她们的成品[1]，使得独立的纺织工业只能维持在一个有限的规模。头巾、鞋袜也都是自家所制。氏族团体强力地支持家计的自给自足，因此限制了市场的发展。就**社会**而言，氏族是其成员——离家讨

1　我们可以参照 Eugene Simon, *La Cité Chinoise* (Paris, 1885)，以及 Leong and Tao, *Village and Town Life in China* (London, 1915)。

生活的人，特别是住在城市里的成员——的一切仰望所在[1]。之所以如此，显然，而且很重要的，是基于以下的因素：

1. 对个人而言最为重要的祭典（特别是一年两度的祖先祭典），是以氏族为单位来进行。家长必须记录的家族史，也是以氏族为总目。

2. 迄今，低利贷款给缺乏资金的学徒与受薪的雇工，以使他们成为“自营”的手工业者，仍被认为是氏族的事（Sache der Sippe）。

3. 如前所述，氏族的长老挑选出够资格的年轻人进学，并供给他们应举前的教育、应试，以及买官等所需的费用。

如前文的一般性提示，“城市”对于其大多数的居民而言，从来就不是“故乡”（Heimat），而毋宁是个典型的“异乡”（Fremde）。城市，如前文所述的，**缺乏**见诸**村落**的组织化**自治**，而更加强化了它的异乡性格。如果我们说中国的行政史上充满了皇权政府试图将其势力贯彻于**城外**地区的实例，是一点也不夸张的。就此而言，除了在赋税上的妥协外，帝国政府的努力只有短暂的成功；就行政所面对的广大领域而言，是不可能长期成功的。这种行政的疏放性（Extcnsität），亦即每个行政单位仅有少数现职的官吏，是由于国家财政上的限制所致，而反过来又限制了国家财政收入。

事实上，皇权的官方行政只施行于都市地区和次都市地区。因为在这儿，它不用面对在这些地区以外所遭遇到的、强固的氏族血缘纽带的对抗，行政便能有效地运作于商人与工匠的行会。

1　直至 1899 年，（官方）还严命警察不可将那些在其祖田上有名分的人视为“身份不明的外地人”，而只有已离乡背井者才可如此视之。

出了城墙之外，行政权威的有效性便大大地受到限制。因为除了势力强大的氏族本身之外，行政还遭遇到**村落**有组织的自治体之对抗。城市里也住着许多农民，既然城市不过是“农耕者的都市聚落”（Ackerbürgerstädte），那么城市与村落之间，仅有行政技术上的差别罢了：“城市”就是官员所在的非自治地区；而“村落”则是无官员的自治地区！

三、村落的自治

在中国，基于安全的理由而有乡村聚落[1]。这是缺乏任何“警察”（Polizei）概念的帝国疏放行政怎样也无法顾及的。最初，现今也常见，村落是筑有堡垒的。它们不但像古代城市那样，有栅栏的防护，而且通常还有城墙环绕。村落雇有支薪的巡哨人，因此其成员可以免除轮番警卫的义务。

村落有时聚居数千人口，其与“城市”[2]之差别，仅在于其通过**自身**的组织来运转。**村庙**是主要代理人，因为中国的法律及农民的思考方式里自然没有任何“社团法人”（Korporations）的概念。近代，村庙里所供奉的通常是民间神祇之一[3]，例如：关帝（战神）、北帝（商业神）、文昌（学业神）、龙王（雨神）、土地公（非古典的神，一旦有人死亡，就必须要向他告知，以确定死者在彼世的**“行**

1　个人财产往往是由五到十五个部分构成的分散所有形态——由于分割继承的结果。

2　如上所述，在城市里，霸占了广泛自治机能的，往往是**行会**。

3　这必须参见上面所引的两位中国学士的论文（按：p. 142 注 1）——讨论**村落**的部分**远比**讨论城市的部分好。我们简直无法将“城市”当作是个社会结构来加以讨论。类似的情形也见于日耳曼律法。

状")，以及其他诸神。庙宇要供奉哪位神祇，显然无关紧要。就像在西方的古典时代，庙宇的"宗教的"意义[1]仅止于一些仪式的进行，以及个人偶尔的祈祷。除此以外，庙宇的意义在于其世俗的社会与法律功能。

和祖宗祠堂一样，庙宇也有财产，特别是不动产[2]，通常也有货币财产以供借贷（并不总是以低利率贷出）[3]。货币基金主要得之于传统的市场钱（Marktabgaben, 按：场钱）。和几乎世界各处一样，市场露店总是受到地方神的保护。庙田也和祖田一样，是放租的，一般而言，放租给无产的村民。同样地，由此而来的田租收入，以及庙宇所有的总岁收，一般而言，由包税者每年承包。扣除了经费之后，所获纯利则分配给大家。

庙宇的管理职务主要是由村落族长负责，他们也以赋役（Leiturgie）的方式提供庙宇财政所需。他们一家一家地轮流担任，并且以此之故，村落划分为一百到五百个居住区。除了这些管理人之外，还有村落的"名门望族"（Honoratioren）、氏族的长老，以及读书人等，名义上领有酬劳者。行政当局并不认可社团法人及其代理者的合法性，只承认**他们**（名门望族）是村落的惟一代表者。不过，名门望族反而以"庙宇"的名义而行事，至于"庙宇"则通过他们为村落缔结契约。

"庙宇"拥有小官司诉讼的裁判权，并且往往独揽了各式各样

1　村庙**并不**被视为"道教的"庙宇（参见第七章）。

2　特别是由庙僧来掌管的庙田。如果庙宇是捐建的，捐建人便被酬以善主、少师等尊号。庙僧赖（诵经取得的）报酬与（在秋收时课取的）谷物贡租过活，因此，庙宇越多，村落便越穷。不过，众庙之中惟有一座是"村庙"。

3　向庙宇借贷算是一桩功德。关于这点，参见 Doolittle, *Social Life of the Chinese*（London, 1866）。

的诉讼。只有牵涉到国家利益时，政府才会加以干涉。人民信赖的是庙宇的裁判，而不是国家官方的法庭。"庙宇"照顾道路、运河、防务与治安；分派轮番的警卫义务——事实上这些义务大多以金钱偿付免除。庙宇还负责防御盗匪或邻村(的侵扰)，提供义塾、医师、药物、与葬礼——当氏族无法或不愿这么做的时候。庙宇是村落的武器储藏所。由于有庙宇，村落无论在法律上或事实上都具有地方自治团体（Kommunalkörper）的行动能力，这是"城市"**无法**做到的。实际上，**村落——而非城市**——才是**有能力保卫**其住民之利益的防御团体。

正如旧政体的最后时期（清朝）所显示的，政府对这种非官方的自治并不总是采取一种自由放任的立场。例如汉代，政府即寻求制定规则以召唤村落长老担任地方政府职务（三老），而放弃秦始皇的纯粹家产制绝对专制。以此，他们（汉朝的皇帝）试图规制与合法化原始的村落自治[1]。村长(守事人)必须在地主们保证其品行的端正之下，被选举出来且受到认可，不过，实际上这是偶尔才有的事。政府一再地忽略了村落之为一个个体，而往往将国库的利益摆在前头。王安石，如同我们在其他章节里所提到的，特别是从这个观点上来做制度之理性化的工作。

---

1 有关**氏族**长老的记载，各个时代皆有。在汉代，还有以各种方式组成的次团体来协助他们。他们通常是在五十多岁时**被选**为官吏，而课以治安、连带责任、惩戒的职务、监督祭祀、分配徭役、征收租税及因此而来的纳税保证等责任。在某些情况下，他们也被赋予治安裁判权与教化庶民的职责；有时他们还得负起召集与训练民兵的责任。根据汉代所实施的新办法，以八家族为单位，每九个单位由官方制定一个里；十里一亭，拔举一长老为亭长；十亭一乡，拔举一人为"三老"，负责教化庶民。此外，还有啬夫，担任赋税监督兼治安长官，以及游 ，担任（捕捉盗贼的）捕头。（此一新制度的）主要目的是军事。参见 A. J. Iwanoff, *Wang-An-Shi i jevo reformy*（St. Petersburg, 1906）。

直到如今，每十家形式上在一个首领之下形成一个“牌”，每一百家在一个“保甲”[1]——通常称为“地保”——之下，形成一个“甲”。不管是在村落或在城市，家家户户都挂有一个门牌，只要是保甲传统还保存的地方，就都挂着此种门牌，上面写着屋号、甲、牌、户主、家长、本籍（乡土权）、家族成员与寄居者及各人的职业、不在家的成员（离家的时日）、租赁与纳税义务、使用与出租的房间数目等。

保甲负有治安、监视罪犯与秘密帮会的官方责任。后文会提及的帝国**宗教**警察的任务，也是他很重要的职责。此一代理人（地保）的意义即在于衔接自治行政与政治当局。在保甲制度运作良好的地方和运作良好的时候，他通常会花些时间待在县衙里报告地方诸事。不过到了近代，所有这些都变得相当形式化；地保的职务经常——据中国作家所载，大抵如此——就转变成一种非古典的、因此也较不受人喜欢的公职。

实际上，国家必须要顾虑的势力，是隐身于村落行政背后的氏族长老，他们可能会有一种秘密裁判（Veme）的功能，在发生冲突的时候，可能具有危险性。

中国村落里的所有种种农民生活，绝不可将之想象成一和谐的、家父长式的田园牧歌。个别的农民常常遭受到外来械斗之威胁。并且，氏族的势力与村庙的行政往往无法充分发挥保护财产的功能，特别是巨额的资产。软弱的农民（人称之为“老实”），经常处于“光棍”或（套句俄罗斯农民的术语）“库拉吉”（Kulaki）——（俄罗斯富农的）“拳头”——专横的摆布之下。但他们并没有置

1　通常称为“甲长”或“甲头”，而非“保甲”。——译注

身于"村落的布尔乔亚"——高利贷者及其同类人，例如俄罗斯的库拉吉——的支配之下，中国农民较易获得人间与神界的援助，来对付这些人。实际上，农民是在光棍所组织的**无产村民**控制之下[1]，因此，布尔什维克主义（Bolschewismus）所谓的"比耶德那塔"（bjednata），即"村落贫民"，**就这点而言**（亦即类似贫农结盟的组织形态），在中国是可以找到受欢迎之理由的。对于此一组织，别说是个人，就是大地主集团也完全是无法防范、无可奈何的[2]。最近几个世纪，较大的庄园在中国已属例外，这可说是由**此种**情形所造成的，也就是说，是由于一种在氏族势力有力的调节下的、伦理的、素朴的农民布尔什维克主义，也由于缺乏国家强制保证产权的结果。

在县治之下的地区，约当英国一郡（county）的地境，**只有**那种当地的——就官方而言，是名誉上的官职，实际上，通常是像"库拉吉"那样在运作的——自治官府。不过，与上达州省地区的官方行政**平行**运作的，往往还有各种委员会（Personengremien）。在官职上，委员会是三年一派或"委任"的，并且可随时取消。实际上，他们是通过被承认的、或僭取的卡理斯玛而得其职位，向官吏"进言建议"[3]。此处，关于此种体制的结构，我们将不多费笔墨。

---

1 关于这点，参见 A. H.Smith, *Village Life in China*（Edinburgh, 1899）。

2 光棍通常是受过体力技能训练的。就像 Camorrist（按：意大利的那布勒斯之秘密组织 Camorra 的成员）与 Mafiusu（按：西西里的秘密组织 Maffia 的成员）一样，他会寻求与对他无可奈何的县官衙门之间的非官方关系。受雇于村落者、兼任村长的调停人，或者反之，乞丐，都可以是个光棍。如果他有点学识，或者还与知县有点亲戚关系，那么在此情况下，其他的村民可就没什么指望了。

3 《京报》的训令里，称他们为"乡绅与名士"，征询他们的建言是必要的。

四、氏族对经济的羁绊

无论什么时候，有任何的变革，例如提高传统的赋税，都必须要与此一体制——一个坚固凝聚的地方望族阶层——取得协议。否则，国家官方就必然和地主、放租人、雇主，以及一般而言任何氏族之外的“上司”一样，会遭到顽强的抵抗。当任何一个氏族成员感觉自己蒙受不平待遇时，氏族就会全体一致地起而支持他[1]，氏族团结一致的抵抗，自然要比西方自发形成的工会（Gewerkschaft）所发动的罢工，还要来得有威力。因此之故，现代大型企业特色独具的“劳动纪律”与自由市场的劳工淘汰，在中国便受到阻碍。同样的，所有西方式的理性管理也遭到阻碍。对身具经典教养的官员而言，最强而有力的对抗势力便是无学识的**老人**本身。无论官员通过了几级的考试，在氏族传统固有的事务上，他必得无条件地服从全然未受教育的氏族长老的处置。

在实际上，此种侵越政权而被加以容忍的自治——一方面是氏族，另一方面是村落贫民组织——在很大的程度上与家产制的官僚政体相对抗。官僚体制的理性主义所面对的，是一个坚定的、传统主义的势力之对抗；大致上此一势力终究是较为强大的，因为它能贯彻运作，并受到最紧密的私人关系团体的支持。再者，任何的改革都可能引起恶灵干扰。尤其是财政上的改革最受怀疑并遭到激烈的反抗。没有任何农民会相信有“非图利的”动机之存在，这点类似托尔斯泰的《复活》一书里的俄罗斯农民。

此外，氏族长老的影响力是宗教改革被接受或斥拒——这是

1　1895 年 4 月 14 日《京报》的报道：有两个氏族团体放走了一名被收税者逮捕的人。

我们特别关心的——的最关键因素。自然，而且几乎毫无例外地，他们是倒向传统这一边的，尤其是当他们感到敬祖的孝道受到威胁的时候。此一严格的家父长制氏族的巨大权力，事实上是中国受到多方讨论的“民主制”之担纲者，它与“现代的”民主制**并无丝毫**共同之处。它所体现的毋宁是：1. 封建身份的废除；2. 家产官僚体制行政的疏放性；3. 家父长制氏族完整的活力与无所不能。

超越个人营业范围之外的经济组织，几乎全部奠基于真正的、或模拟的私人性氏族关系上。首先，我们想要探讨的是宗族共同体。此种氏族组织除了祖庙与私塾外，还拥有贮藏用的族屋、米谷加工和熏腊的器材，以及纺织和其他家内生产所需的装备。可能还雇用一名管事。此外，宗族在其成员有困难的时候，会通过相互扶助及免息或低利贷款等手段来施加援助。准此，具有所谓宗族共同体形态的氏族，也就是被扩大成一种生产组合的氏族共同体、累积性的家共同体。

另一方面，在城市里，除了个别的工匠所经营的店铺外，还有个别的经营共同体。它们本质上是小资本主义的，并且被组织为具有密集分工的公共作坊（Ergasterion）[1]。进一步，技术与商业上的经营管理往往都已专门化，利润的分配则部分是根据资本的比率，部分是根据商业上或技术上特别的成绩。类似的情形也发生在希腊古代，以及伊斯兰的中世纪。中国这种公共作坊，似乎特别是为了方便季节工业在清淡期的共同维持，以及，当然，为

1 Ergasterion，其中世纪名称为 Fabrica，此词多义，可以释为一群工人所租用来作为劳动场所的窖室，也可以释为强迫工人使用的庄园工资工场制度。详见郑太朴译，《社会经济史》，p. 188。——译注

了便于筹措资金及生产的专门化。

这些较大的经济单位之创设形态，在其社会的层面上，具有一种独特的“民主的”性格。它们保护个人免于无产阶级化与受资本主义压迫的危险。当然，从纯粹经济的观点来看，如果资本家大量投资而不亲自经营，并给予雇用的业务经理人高度权力以及利润分配，则这种危险还是有发生的可能。不过，在西方引发资本主义压迫的代工制（Verlagssystem），（在中国）一直到现在都还明显地限制在手工业者对于商贾之纯粹实际依赖的各种形态上。只有在个人的产业经营里，代工制才提升到家内劳作（Heimarbeit）的水平：即备有（介于商贾与工匠之间的）中介完工作业场与贩卖中心事务处。现今，代工制已经在远地市场的营运上有大规模的进展。正如我们已提及的，其中的决定性因素在于：想要**强制**所属的工人尽力工作，并如期地缴交合乎规定的品质与数量的产品，其可能性是非常渺茫的。显然地，私人的资本主义式大工厂在历史上几乎无迹可寻。可能没有任何生产大众消费物品的工厂存在，因为它们并没有稳定的市场。例外的是可以上市的丝织品，但纺织工业甚至在边远的地区也很难和家内工业相匹敌。不过，远程的贸易是被属于皇家庄宅的丝织品商队所独占的。

金属工业由于矿产的生产量低，所以只能发展到有限的规模。造成此一阻碍的一般性原因，我们上面已经提及（第 1 章），下面还会再讨论到（第 7 章）。关于茶叶的制作，具有专业分工的大型工厂，出现在图画里，可与古埃及的绘画相比拟。国营的制造业通常是生产奢侈品，和伊斯兰教徒统治下的埃及一样。国营的金属工业，基于货币本位的因素而有所扩张，但也只是一时的。

规制学徒（身份）的行会，上面已经论及，至于特殊的职工团体（Gesellenverband）则闻所未闻。只有在个别的事件中，工人才会联合起来对抗师傅，否则他们几乎不曾发展出一个属于他们自己的阶级，原因类似于三十年前俄国的情形。就我们所知，工人是拥有平等权利的行会成员。说得更精确一点，行会一般而言并不垄断性地排除后进者，这一点倒还符合工商业的小手工业本质——连小资本主义都谈不上。同样地，由于**赋役**义务而常出现的职业固定，在某些时期里显然是贯彻的。这很有可能形成种姓制度（Kastenbildung），但却不曾发生。史书上曾具体提到此种企图，一直到六世纪末时都还有，最后还是失败了。不过，某些巫术上属于“不净的”族类与职业仍然留存了下来。通常[1]，有九种遭人贬斥的“种姓”被区分出来：某些种类的奴隶、某种奴隶与部曲（kolonen）的子孙、乞丐、谋反者的子孙、入徙内地的夷狄之子孙（客族）、乐师、参与家族仪式（婚、冠、葬、祭等）的优伶，以及如西洋中世纪时的演员与变戏法者。不清白职业的主顾关系（Kundschaften），和印度一样，有三种类型：固定的、世袭的、可让渡的。他们没有（与一般平民的）通婚权、同桌共食权，以及取得功名的资格。不过，根据皇帝的恩赦，那些放弃不清白职业的人，可以采取法律行动以恢复他们的法权（例如迟至 1894 年，还有赦免这些种姓的诏令）。奴隶制度源自战争俘虏、父母贩卖的（子女）、或政府的一种惩罚。就像在西方，被解放的奴隶必须服从他的恩护者，并且不能得到功名。契约劳动者（雇工）在其服勤期间必须顺从主人，并不得与之共食[2]。

---

1 S. Hoang, “Mélanges sur l’administration,” *Variétés Sinologiques*, 21（Shanghai, 1902）, p. 120 f.

2 部曲与土地劳动者——以前是贵族阶层的奴隶（Helot）——并不包括在这个范畴内。

这种类似种姓制度的现象，仅仅只是以前的身份制结构的一点微不足道的残迹而已。其主要的结果是特权身份（亦即“士人”与“世家大族”。用“百姓”来表示“国家”，即点出后者的阶层）可以免除徭役与鞭笞的刑罚。对他们，徭役与刑罚可以折以金钱或拘留，或者可能贬为“庶民”阶层。以世袭性卡理斯玛为基础的古老的身份制结构，基于国家财政的理由，早就被一再完全根据**财产**来分类的现象所破坏。

晚近中国（至于过去，局外人是没有确切证据的）[1]，在氏族、商贾与工匠的行会之外，又有俱乐部社团（会）的兴盛。会涵盖了所有的生活领域，特别是在信用的关系上[2]。至于此一发展的细节，此处且略而不谈。近世，在平等主义的中国和在民主主义的美国所发生的情形一样，成功的人都试图加入一个有声望的俱乐部，以证实他们在社会上的地位。同样地，中国的商店里高悬行会会员证，是对顾客保证其商品的品质[3]。这些现象是由于家产官僚体制的疏放性与缺乏由法律所保证的身份性结构所造成的。

在近代，除了一种空有头衔的贵族外，中国人本身并没有任何依据出生的身份性差别存在。这是抛开满洲军队里家籍登记有

1　关于这类社团，最近的一些好的博士论文我并未取得。

2　此种社团的形式可被视为一种会社。一信用组合（社）可积聚一笔货币基金，再将之投资于市场或以标会的方式加以利用（Smith, *Village Life in China*）。资金可能是向朋友筹措的，借贷者成为会首，借着会的名义，会首将贷款分期付给会员（债权人）。Doolittle举了些这类会社的实例（*Social Life of the Chinese*, p. 147）。领回贷款者（的顺序），通常以抽签的方式来决定。这种人为拟设的办法，是用以取代古老邻里信用与**破产**管理者的替代品。

3　或以同样性质的一种口号：“不二价”、“真正不二价”，来标示其定价的交易原则（依据Doolittle, *Social Life of the Chinese*）——不过，与清教徒相反的是，是否紧钉住原则，就没人敢保证了。

严格划分的情形不谈，那是十七世纪以来就已存在的外族统治的一种表现。早在八世纪，“市民”阶层就已成功地松弛了警察国家的锁链。十九世纪时，也有了迁徙的自由，虽然这显然是早已存在的，然而官方的律令并不承认这点。自由定居在本乡村里以外的共同体中，并获得土地，正如西方一样，由国家税政当局所强制推动。自 1794 年起，只要真正取得土地所有权，并缴纳了二十年的税赋之后，就可获得聚落归属身份（Ortszugehörigkeit），因而注销原来的聚落归属身份[1]。职业的自由选择是长久以来就有的，虽然 1671 年（清乾隆五十九年）的圣谕里仍奖励人民固守本业。在近代，我们未发现有出示通行证件的义务，就学的义务以及兵役的义务。这儿没有管制高利贷的法律，也没有限制交易的类似法令。

虽然以上种种情况似乎非常有利于市民的营利事业的自由发展，但是具有西方性格的市民阶层却没有发展出来。正如我们所观察到的，甚至西方在中世纪时已有的资本主义企业形态，在这儿都未完全发展成熟。再一次，我们又回到老问题：从纯粹的经济角度而言，一个真正市民的、工业的资本主义，是有可能从我们上面提到的小资本主义之萌芽里发展出来的。一连串的理由——大多与国家**结构**有关——可以让我们明了资本主义之所以没能发展出来的这个事实。

1　国家对于此一问题的关心点在于科举的申请报名，因为每一州省都分配有固定的俸禄数额。即使在汉代，官方名簿上所登记的候选者姓名之前，都加上其所属聚落或地区的名称，和军队名簿一样。当时，所谓地区，无疑就是氏族所在地（按：例如“琅邪王氏”，琅琊为王氏一族所在的本籍）。

五、家产制法律结构

在家产制国家里，行政与造法原则（Rechtsfindung［法发现］）[1]的家产制性格所造成的典型结果是：一个被根深蒂固且具神圣性的传统所盘踞的王国、一个帝王具有绝对自由裁量权与恩宠（Gnade）的王国。**产业的**资本主义对这些政治因素的感受度特别敏锐，其发展也因此横遭阻扼。（因为）产业发展所必须的理性的、**可计算的**行政与法律机能，并不存在。举凡在中国、印度、伊斯兰、或一般而言理性的法律创制与裁决未能获胜的任何地方，“自由裁量高于一般法”（Willkür bricht Landrecht）[2]的命题是通用的。然而这样一个命题并没有像西方的中世纪那样，促成资本主义式的法律制度之发展。（这是因为在中国）一方面，作为政治单位的城市缺乏法人团体的自治（Korporative Autonomie），另一方面，依据特权所确立并受到保证而具有决定性的法律制度，也不存在。然而，所有适合于资本主义的法律形式，正就是得力于以上各种原则的结合，这在西方的中世纪时就已创造出来。

在很大的一个程度上，法律已不再是因为古已有之而因之妥当的规范，公道也不再只有通过巫术性手段才能“发现”。因为帝

1　所谓“法发现”，又称“律例的发现”，在传统型的支配里，尽管是新创的法规典制，只有在宣称为“古已有之”（如今只不过是经由睿智再度发现）的情况下，才能取得正当性；法规只能求诸传统文献。详见《支配的类型》，p. 325。——译注

2　brechen（bricht 的原型）原为打破之意，此处指“使无效”或“优先于”的意思。西方中世纪盛期，以传统为依据的规则，以及非官方的自治（根据身份团体或利益社团的自由结社所订立的法规而衍生出来的秩序），被承认为法源，而此种小地域的法源优先于大地域的法源。关于种种法源的冲突，参见 Max Wcber, *Economy and Society*, pp. 753—754。——译注

王的行政，在大量的制定法（Staturrecht）的创制上是成果丰硕的。特别是其法令（Bestimmungen）——与印度佛教君主的家父长式的训诲与劝诫相对比，尽管**伦理的**或行政上的指令多有与之相类似之处——至少，在真正的**法律**领域里，都因其相对的简明与实事求是的形式而著名，并且，例如在刑法的领域里，正如寇勒（J. F. Kohler）所强调的，在犯罪构成要件上已有相当程度的提升——将犯罪的动机也加入考虑。这些法令也已经有系统地汇集于《大清律例》中。不过，在我们西方人的观点里应列为最重要事项的诸种私法的（privatrechtliche）规定，却几乎完全没有（有的话，也是间接性的）。真正受到保证的、个人的“自由权”（Freiheitsrecht），是根本不存在的[1]。

举个例子：在战国时代（公元前 563 年的郑国），士人官僚的理性主义得以表现在法典的编纂上（将法令刻于金属板上）。但根据史书的记载[2]，当士人阶层对于这个问题加以讨论时，晋国的一位大臣（叔向）即有力地反驳道:“民知有刑辟，则不忌于上”[3]。有教养的家产官僚体系所具有的卡理斯玛威信似乎因而被危及，所以此等权势利益再也不容许有这样的念头产生。

行政与法律的制定（法发现），虽然在形式上是通过财税书记（按：负责钱谷的幕僚）与司法书记（负责刑名的幕僚）各有所司的双轨原则而分离开来，但是在实行方式里实际上并未分离。政

1　所谓“自由权”是指：为法律所认可而得以不受来自第三者妨害的活动权力，例如：自由迁徙权、良心的自由、私有财产的自由处分权等。——译注

2　这点参见 E. H. Parker, *Ancient China Simplified* (London, 1908)，p. 112f.。

3　事见《左传 · 昭公六年》。郑子产铸刑书公布于国中，这是成文法典的初次公布。晋大夫叔向致书责让，而有此语。——译注

府官员以家产制的方式，自费雇用仆役来担任治安与细琐的公事。官绅行政基本上反程序主义的、家父长式的性格，是错不了的——遇有冒犯的行为，不需要引具体的法规就可加以惩罚。最值得注意的是法理的内在性格。以伦理为取向的家产制，所寻求的总是实质的公道，而不是形式法律。因此，尽管是传统主义，却没有任何**官方的**判例集成，因为法律的形式主义是被拒斥的，并且特别是因为没有像英国那样的中央法庭。官吏在地方上的“指导者”，是知道先例的。中国官吏接受（这些指导者的）劝告而遵循既有审判模式的司法程序，在外表上和我们西方的陪审推事引用“类似事件”（Similia）的裁判习惯相同。只是后者所背负的无能之名，在中国却是无上的美德。

皇帝所颁布的行政令谕，大抵上和西方中世纪的教皇敕令中所特有的训诲形式相吻合，只是没有类似的、严密的法律内容。最为知名的诸令谕，并不是法律的规范，而毋宁是法典化的伦理规范，并具有高超的文学素质。例如，最后第二个皇帝（光绪帝）还在《京报》上宣布，一个远祖的训令已重新被发现，不久将被颁布为生活的规范。整个帝国行政既是以正统为取向，因此它便处于一个本质上是神权政体的士人官府的控制之下。这就是我们屡次提及的“翰林院”，它不但护卫着儒教的正统教义，并且可能还可与教廷的主教会议相媲美。总之，司法行政大致上仍停留在“卡地”（Kadi）裁判，或者“王室裁判”（Kabinet Justiz）的程度上[1]。

1　甚至在最近数十年，皇帝在敕令中都还根据有力人士所写给他的书信来干涉司法判决（《京报》，1894 年 3 月 10 日）。皇帝的敕令中将诉讼的无法定案归之于恶劣的天候（久旱不雨）或祝祷的无效（《京报》，1899 年 3 月 9 日）。确实的法律保障是完全没有的。在敕令的字里行间，可以发现官吏因为设立工厂之事所引起的敌对及党派阴谋这情形也和英国的郡长（sheriff）与其下层阶级间的司法关系一样。不过，在英国，为了处理对于资本主义而言具有重要性的财产转移事务起见，而设有先例法及与其配合的担保法相对应。这是在利益团体不断的影响下所创制出来的，他们的影响力之所以有效，则是因为法官是由律师中选拔出来的。此种法律虽然还谈不上是合理性的，但却是**可预先估量的**，并且使契约的自律性（Vertragsautonomie）有广大的活动余地。

然而，在中国的家父长裁判下，西方观念中的律师，根本无法占有一席之地。氏族成员里若有受过典籍教育者，就成为其族人的法律顾问。否则就请一位略通文墨的顾问来写成书面诉状。这个现象是所有典型的家产制国家，特别是带有东方印记的神权的、伦理—仪式主义的国家，所具有的特色。换言之，除了靠着纯粹政治性官职俸禄与租税俸禄来聚积财富的那种最重要的、然而非“资本主义的”泉源之外，尚有一种“资本主义”，亦即国家御用商人及包税者（所构成）的资本主义——政治资本主义——欣欣向荣。在某些情况下，这种资本主义是真正被热衷追求的。此外，纯粹经济的，亦即纯粹赖“市场”而活的、商人阶级的资本主义（Kapitalismus des Händlertums）也有发展。

（接上页注）（《京报》，1895 年 3 月 4 日）。

所谓“卡地裁判”：卡地是伊斯兰教国家的法官，特别负责有关宗教事务的裁决。以卡地裁判为代表的审判，基本上重视实质公道、平等或某些实际的目标，而漠视法律或行政在形式上的合理审判。集权君主的“王室裁判”、神权政治或家产制君主的审判，都具有此种性格：司法判决并非来自一般律法之适用于某一事实本身，而是取决于法官“在一个别案例中的公正感”。在韦伯看来，这种缺乏“游戏规则”（rules of the game）的司法环境下，个人便丧失预测其行动之法律结果的可能性。参见 *Economy and Society*, p. 811。——译注然而，现代发展里所特有的理性的产业资本主义（gewerblicher Kapitalismus），在此种政体下，则无立足之地。投注于产业“经营”的资本，对于这种非理性的统治形式，感应过于敏锐，并且也太过于依赖国家机器平稳而有理性之运作的是否可以估量，以至于无法在这种类型的行政下发生。不过，从资本主义的角度来看，这个国家的行政与司法，为什么会**停留**在这么非理性的一种状态下呢？这是个关键性的问题。我们已得知某些利害关系与此有关，但仍有详加探讨的必要。

在中国，正如同没有一种独立于实质的个体化与恣意判断之外的司法裁判存在一样，资本主义在此也就缺乏政治上的先决条件。私斗诚然并不或缺：整部中国历史里满载着大大小小的私斗，包括无数个别的村落之间、团体之间与氏族之间的械斗（Kampft）。然而，自从这个世界帝国和平化之后，就不曾有过理性的**战争**（Krieg），更重要的是，没有数个互相**竞争**的独立国家随时准备应战之情况下的武装和平。因此，因应此种形势，亦即为了战争的目的而发行战时公债与进行国家补给的形势——而发展的资本主义现象，并没有出现。

西方各个国家当局，无论是在古代（世界帝国成立之前），还是在中世纪或近代，都必须为了自由流动的资本而竞争。在中国，帝国统一之后，和罗马帝国的情形一样，为了谋求资本的政治性竞争便消失了[1]。中国的统一帝国也没有海外的殖民地关

1 同时，就我所知，只有 J. Plenge 曾在其独立的思考下，就此一脉络来论述，显然他是十足认清了以政治为取向的资本主义之所以崩溃的重要因素。可惜我现在无法指出其论述刊于何处。

按：韦伯认为列强的竞争——特别是欧洲近代——为近代资本主义主要动力之一。

系，这也阻碍了西方古代、中世纪与近代所**共有的**那些（海外殖民）资本主义类型的发展。这是指各式各样的掠夺资本主义（Beutekapitalismus），像是殖民地资本主义、与海盗行为挂钩的地中海的海外贸易资本主义。然而（中国）海外扩张的阻碍，部分是由于大内陆帝国的地理条件，部分则如我们已见的，是**伴随着**中国社会一般的政治与经济特性而来。

在西方产业里找到其独特据点的、理性的经营资本主义（der rationale Betriebskapitalismus），在中国不仅因缺乏一种在形式上受到保证的法律、一种理性的行政与司法而受到阻碍，并且也受阻于俸禄的体系；而基本上，是缺乏一种特殊的**心态**（Gesinnung）。特别是根植于中国人的"精神"（Ethos）里，而为官僚阶层与官职候补者所特别抱持的那种态度，最是阻碍的因素。这就将我们带入到中心的主题上了。

（接上页注）"无论如何，从那时起，欧洲庞大的、大致相等的纯政治性的结构之间的竞争性斗争，有其全球性的影响。众所周知，此一政治竞争仍然是资本制度保护主义的最重要动机之一……不了解这段奇特的政治竞争，以及在过去五百年来存在于欧洲各国间的'均势'……我们即无法了解现代国家的贸易及金融政策——最与现代经济制度核心利益息息相关的政策。"参见 *Economy and Society*, p. 354；中译见康乐编译，《经济与历史》，第 2 章第 5 节。——译注

第五章

士人阶层

一、中国的人文主义之礼仪的、以行政技术为取向的性格；和平主义的转化

十二个世纪以来，社会地位在中国主要是由任官的资格，而非财富，所决定的。此项资格本身又受到**教育**，特别是科举所决定。中国之一意地将人文教养作为衡量社会声誉的指针，其程度远超过人文主义时代的欧洲，或者在德国的情形。甚至早在战国时代，受过人文教育——原先指的仅是具有**文献**知识（Schriftkenntnis）——而有志于官职的阶层，就已遍布于各个诸侯国家，这些士人乃是将行政导向合理进展的人，并且也是一切“知性”（Intelligenz）的担纲者。

就如同印度的婆罗门一般，中国的士人正是体现文化统一性的决定性人物。就正统的国家观念的模式而言，凡是不在受过人文教育的官吏所管辖之下的领土（以及化外之地），都会被认为是异端与野蛮，就像那些在印度教的领域里不在婆罗门治理下的部落地区，或者像那些希腊人还未组织成“城邦”（Polis）的地方一

样。中国的政治及其担纲者日益发展的官僚体制结构，已在整个中国人文传统上刻画下独具特色的印记。两千多年来，**士人**（die Literaten）无疑的是中国的统治阶层，至今仍然如此。虽然他们的支配地位曾经中断，也经常受到强烈的挑战，但总是能再复苏，并且更加扩张。根据史书所载，1496 年，皇帝首次称呼读书人（而且也只有他们）为"先生"[1]。

在中国文化发展的样式上，具有无比重要性的，是这个知识的领导阶层从不曾具有像基督教和伊斯兰教的教士，或者犹太教的律法学者（Rabbis）、印度教的婆罗门、古埃及的祭司，或埃及与印度的书记（Schreiber）等所具有的性格。值得注意的是，中国士人阶层的发展虽说是来自礼仪的训练，不过他们却也是在一种优雅的**世俗**教养(Laienbildung)下所培育出来的。封建时期的"士"，以及尔后官方所称的"博士"——亦即"活书库"之谓，最重要是指对礼仪的精通娴熟。然而他们并不是出身于某种祭司贵族门

1　《御撰资治通鉴纲目》（Delamarre trans., *Yu tsian tung kian kang mu*, Paris, 1865）, p. 417。

按：1496 年为明孝宗弘治九年，查当年的《纲目》（四库全书本）并无相关记载。倒是《明孝宗实录》有类似资料，《实录》卷 123，弘治十年（1497）三月："上遣太监韦泰至内阁，召大学士徐溥、刘健、李东阳、谢迁至文华殿御榻前，上出各衙门题奏本，曰：'与先生辈商量。'"傅维鳞的《明书》卷 126《徐溥传》也有类似记载。韦伯提到的应该就是这件事，问题是《纲目》弘治十年虽有召见徐溥等人议政的记载，却没有提到孝宗以"先生"来称呼徐溥等人，不知韦伯从何得到此一印象，或许《纲目》译者 Delamarre 根据的版本与四库全书本有异。其实中国的君主对士人以"先生"相称，恐怕要早至战国时期，参见钱穆在其《两汉博士家法考》中有关稷下先生的讨论，该文收于《两汉经学古今评议》（香港，1958），pp. 165—166；以及余英时对此一论点的发挥，《中国知识阶层史论——古代篇》（台北，1980），pp. 72—75。就算在明代，早在朱元璋时就已称呼读书人为"先生"了，参见《御撰通鉴纲目》洪武二年（1369）五月："御史中丞章溢"条。——译注

第，例如《梨俱吠陀》(*Rigveda*)[1]里的Rishi部族，或者出身于某种巫师的集团（Zaubergilde），就像《阿达婆吠陀》(*Atharvaveda*)里的婆罗门一样。

在中国，士的根源至少大体上可以追溯到封建家族的后裔，或许是长子以外的儿子；他们接受人文教育，尤其是书写方面的知识，而其社会地位也正是基于这种书写与文献上的知识。平民也可以追求书写的知识，然而就中国文字系统的困难性而言，这是不容易的。不过万一这个平民成功了，他就能分享其他任何学者所享有的声誉。即使是在封建时期里，士人阶层也并非世袭或封闭性的——这是与婆罗门的另一不同之处。

一直到较晚近，吠陀教育都还是以口耳相传；它不喜以文字将传统固定下来，这也是所有组织化的职业巫师团体所不乐为之的。与此相反的是，在中国，举凡礼仪之书、历表、史书的撰写，都可以追溯到史前时代[2]。甚至在最古老的传统里，古代的文书记录

1　依其表现形式，《梨俱吠陀》又译为《诗篇吠陀》。"《诗篇吠陀》的圣歌，荷马的史诗，《旧约》的诗篇都是古代歌谣，是赞颂吟咏各个民族日后开创的历史和命运的序曲。印度《诗篇吠陀》成于公元前十三世纪左右，绝对年代虽较古远，比之日本的《万叶集》，同具古代歌谣的类似性质，皆是先人的歌集。"见白川静著，杜正胜译，《诗经研究》（台北，1982），p. 13。——译注

2　关于这点，von Rosthorn这位杰出的权威学者持有异议，见其"The Burning of the Books," *Journal of the Peking Oriental Society*, vol. Ⅳ, Peking, 1898, p. 1ff.。他相信那些神圣经典一直是以口耳相传到汉代的，因此，与普遍盛行于印度早期的（口头传说的）传统是一样的。外行人自无资格妄加断言，不过我们或许可以这么说：至少史事编年是无法光靠口头传说的传统来达成，何况由日食的计算显示出，这些史事可推溯到公元（前）第二千年。同样，**如果**我们将这位杰出专家的观点**扩展**到礼仪文献（亦即已采取诗歌形式的文献）**之外**的话，那么许多有关君侯之记事、文献与士人往来文书之重要性等等的报道，在在都与上述（专家）的看法不相符。不过，关于这点，只有汉学专家才能下最后的定论，出自一个非专家的"批判"，毋宁是僭越的。严格的口说传统之原则，几乎

也被认为是具有巫术性的[1]，精通它们的人即被认为具有巫术性的卡理斯玛。正如我们在下文可以看到的，这在中国乃是个源远流长的事实。士人的威望并非基于一种由巫术般的咒术力量所构成的卡理斯玛，而毋宁是基于此等书写与文献上的知识；或许他们的威望最初也还靠着天文学的知识。然而诸如通过咒术来帮助个人、医治疾病等巫术的施为，可就不是他们的事了。此等事会有其他专门的行家来做，我们在下文里还会再讨论到。当然，巫术在中国的重要性，就像在其他任何地方一样，是件不证自明的事。然而只要是事关共同体的整体利益时，即交由（共同体的）代表们来与鬼神交涉。

作为最高祭司长的皇帝，以及各诸侯王，代表其政治共同体（与鬼神交涉）。至于家族，则交由氏族长及家族长来做。共同体的命运，尤其是有关收成一事，极早即已通过理性的手段——亦即水利的整治——来处理，因此，行政上的端正“秩序”（Ordnung），一直是影响鬼神世界的基本手段。

除了作为通晓传统之手段的经典知识外，为了明辨上天的意旨，特别是何为吉日（dies fasti），何为凶日（nefasti）[2]，历法与星象上的知识也是必备的；而且似乎士人的地位**也是**由宫廷占星者

（接上页注）在世界各处都只适用于卡理斯玛的启示，以及对于这些启示的卡理斯玛式诠释，而不适用于诗歌与教授。（中国）文字之古老悠远，可从其象形字样及其铺陈安排中印证出来：后世以直线划出直栏（按：行）的办法，仍反映出原先竹片并排时（按：中国的竹简）的沟痕。最古老的“契约”，是竹制的割符或绳结；（后世）**所有的**契约、文件皆为一式两份的形式，被认为或许正是此种古制的遗习（Conrady）。

1 这也说明了文字在如此早期的发展阶段时就已定型，其影响力甚至因此仍及于现今。

2 此为古罗马时期由执政官所判定的可行日与不可行日，韦伯借以为模拟。——译注

的尊贵角色演化而成[1]。这些文书之士（也**只有**他们），能从仪式上**了解**此种重要秩序（并且原先或许也是用占星的办法），并用来**劝诫**特定的政治当局。中国史书上的一段记载即显示出此种劝诫的特殊效果[2]。

封建王国魏国，有一名战功彪炳的将领吴起——传为一兵书的作者（按:《吴子》），在兵法谋略上的权威性至今仍持久不衰——与一文士（按：田文）争夺首相之位。在此士人终被任命为相后，两人之间起了激烈的争辩。他（士人）承认无法一如将军那样领兵作战，亦无法掌理类似的政治事务。就在将军据此而宣称自己乃更胜一筹的人选时，士人乃言朝中有革命的威胁；至此，将军即毫不犹豫地承认，那位士人是防止此一事变发生的更好人选[3]。

惟有精通文献与传统的人，才被认为是够资格在仪式上与政治上，正确地指导**国内的**行政，以及君侯正确的卡理斯玛**生活样式**（Lebensführung）的人。与犹太教先知——他们的兴趣基本上是在外交——最尖锐的对比是，在礼仪熏陶训练下的中国文人政治家，是以内政问题为其主要取向，虽然这些问题牵涉的是绝对的强权政治，并且在处理君侯间的文书往来或公务时，他们也可能会不由自主地深深卷入外交的决策中。

---

1 E. de Chavannes, *Journal of the Peking Oriental Society*, vol. III, 1, 1980, p. IV, 他和一般人一样将**太史令**译为“大占星师”而非“宫廷史官”。但是后来，尤其是现今，人们才知道士人代表与占星者是死对头。详见下文。

2 P. A. Tschepe（S. J.），“Histoire de Royaume de Han,” *Variétés Sinologiques*, 31（Shanghai, 1910），p. 48.

3 魏武侯（前 395—前 370）以田文为相，吴起不悦，与田文论功。吴起以将三军、治百官、守西河等三事相问，田文皆自称不如，但田文反问吴起:“主少国疑，大臣未附，百姓不信。方是之时，属之于子乎？属之于我乎？”吴起默然良久曰:“属之子矣”，乃自知不如田文。详见《史记 · 孙子吴起列传》。——译注这种对于国家"正确的"内政不断关注的取向，对于导致封建时期的知识阶层产生一种影响深远而又实际的、政治的合理主义，具有决定性的影响。与后世僵硬的传统主义相反的是，史书经常会揭露出士人是果敢的政治改革者[1]。他们极端自负于其本身的教养[2]，而君侯——至少依据史书所载——则对他们礼敬有加[3]。自始即为家产制君侯服务的这层紧密的关系，对于士人之独特性格有着决定性的影响。

士人阶层的起源我们已无由得知。表面上看来他们显然曾经是**占卜师**。中国皇权之具有最高祭司长的政教合一的性格，以及中国文献因而具有的特色（诸如官方的史书、具巫术效果的战争

---

1 公元（前）四世纪，秦的封建秩序代表，特别是那些既得利益的王室贵族，反对国家官僚化的企图，他们指出："先王以教化治民，而不是行政的变革"（这与后来的儒教正统理论完全符合）。对此，那位士人新宰相（商）鞅以极非儒家的态度答辩："匹夫匹妇才遵循传统**过活**，高居其上者则**创造**传统，礼仪在非常的事端上并不能给我们指示。百姓的福祉才是最高的律法"，这得到君王的赞许（参见 Tschepe, "Histoire du Royaume de Tsin," *Variétés Sinologques*,27 ,p. 118）。当儒教正在编修与净化史书时，很可能大量地删除与修改了这些史实，以利于后来所认定的传统主义。另一方面，对于下面所引的所有文章——其中给予早期士人极高的敬意（！）——我们必不可单纯地信以为真。

按：韦伯上引商鞅的话，原文是"民不可与虑始而可与乐成。论至德者，不和于俗。成大功者，不谋于众。是以，圣人苟可以强国，不法其故；苟可以利民，不循其礼"；反对者甘龙则说："不然，圣人不易民而教，知者不变法而治。"详见《史记·商君列传》。——译注

2 魏太子虽下车骑以待宫廷士人（田子方），但这样的礼遇并没有得到这位平民发迹者相对的响应。对于"富贵者骄人乎？且贫贱者骄人乎？"这样的问题，这士人的回答是："亦贫贱者骄人耳"，并且说这是因为他可以随时就任于其他宫廷的缘故（Tschepe, "Histoire du Royaume de Han," p. 43）。另外一位士人则因为君侯之弟被认为比他更适合担任宰相而"忿然作色"（同上）。

按：这两则史事皆见于《史记·魏世家》，兹不赘引。后一则中的士人是翟璜。——译注

3 魏国国君都站立着听取士人——孔子之弟子——的建言（参见上注）。

按：《史记·魏世家》载："文侯受子夏经艺，客段干木。过其闾，未尝不轼也。"史记正义引《吕氏春秋》云："魏文侯见段干木，立倦而不敢息。"——译注

与祭礼的颂歌，还有历书以及仪式与祭典方面的书籍），决定了他们的地位。士以其知识来支持国家之教会机构的性格（kirchlicher Anstaltscharakter），并且以此认为国家乃是个不证自明的存在。

士人在其文献中创造出“官职”（Amt）的概念，尤其是“官职义务”（Amtspflicht）与“公共福祉”（öffentliches Wohl）的精神[1]。如果史籍所载可信，那么士人打从一开始就是封建体制的反对者，并且是具有强制性机构之本质的国家的官僚组织的支持者。这是相当可以理解的，因为就他们关注之所在的立场看来，只有那些身受人文教育熏陶的人，才够资格担任行政[2]。另一方面，为了**自身**利益，他们指导君侯使行政趋向自主，指导君侯垄断武器的制造与堡垒的修筑，所有这些方法都是使君侯成为“国主”的手段[3]。

士出仕于君侯的这层紧密关系，乃是在君侯与封建势力的斗争中建立起来的。这使得中国的士与希腊以及古印度受过教育的俗人有所分别，而较接近于婆罗门，不过，士人仪式性地臣服于一个政教合一的最高祭司（皇帝），这又使得他们与婆罗门大为不

1　参见 Tschepe, “Histoire du Royaume de Tsin,” p. 77。

2　宰相职位的世袭继承在士人看来是不合礼制的（Tschepe, “Histoire du Royaume de Tsin,” p. 77）。赵国国君曾命其宰相为多位有功的士人寻觅适当的土地作为采邑，这位宰相在三次督促之下，三次说明他仍未寻得合适的土地。最后，国君终于有所领悟，于是任命这些士人为官吏（Tschepe, “Histoire du Royaume de Han,” pp. 54-55）。

按：上述史事与史书所载不符。据《史记 · 赵世家》的记载，赵烈侯（前 408—前 387）好音，欲赐郑国歌者枪、石二人田万亩，使宰相公仲连觅之。烈侯三问公仲“歌者田何如”，公仲始终曰：“方使择其善者。”另一方面，公仲向烈侯进士三人（牛畜、荀欣、徐越）。三人皆贤，以王道约烈侯，君悦纳且止歌者田，并分别任三人为师、中尉、内史。由此可知，原本并非为士人觅田，士人之任官乃因其贤能且能任事。——译注

3　参见 Tschepe 叙述吴王对这几方面的询问，“Histoire du Royaume de U,” *Variété Sinologiques*, 10 (Shanghai ,1891)。

同。此外，在中国也没有种姓秩序，这点跟人文教育以及臣服于一个最高祭司长有密切的关联。

士与**官职**的关系样式自然是有所变化的。在封建诸国的时期里，各国宫廷竞相争取士，而他们也正寻求获取权力的机会，以及，我们可别忘了，争取收入的最佳机会[1]。一个四处周游的“处士”（Sophist）阶层于是兴起，可比之于西方中世纪时期游历四方的武士与学者。正如我们下面将会看到的，也有某些中国的士人，**原则上**绝**不**出仕[2]。此一自由且流动的士阶层，乃是当时哲学派别的形成与对立的担纲者，就像印度、古希腊，以及中世纪时期的僧侣与学者。虽然如此，中国的士人却觉得他们自己是个一体的**身份团体**。他们要求同样的身份荣誉[3]，同时由于感觉自身为同构型的中国文化之惟一担纲者而结合起来。

就一个身份团体而言，中国的士人一般皆以出仕于君王作为其正规的收入来源与活跃机会而尽力争取出仕，因此，使得他们有别于西方古代的哲人，并且至少也异于印度受过教育的俗人（他们的重心是在官职之外）。孔子，与老子一样，在其作为一个不再与官职有任何关联的教师与著述者之前，就是个官吏。我们即将了解到，与国家的（或者“教会国家的”，kirchenstaatlich）官职的这种关系，对于这个阶层的心态本质，具有根本的重要性。特别是，

1　此一（收入的）目的，在史书里是不待明言即可了然的。

2　此处所指的是老子、庄子及其追随者等隐逸之士，详见韦伯在第七章里的讨论。——译注

3　某位君侯的美妾有一次嘲笑某位士人，所有君侯门下的士人皆离去，直到此妾被杀为止（Tschepe，“Histoire du Royaume de Han，” p. 128）。

按：赵平原君不杀嘲笑跛者的美人，“宾客门下舍人稍稍引去者过半”。直到平原君了解众士人是“以君为爱色而贱士”才离去的缘故后，斩美人头以谢罪，“其后门下乃复稍稍来”。详见《史记·平原君虞卿列传》。——译注

此一取向**演变得**愈益重要且愈趋于专一。诸侯竞相争取士人的这种机会，在帝国统一后即已不再。士与其门徒此后竞相争取既有的官职，而此一发展无可避免地造成了一个与现状相配合的统一的正统学说。这就是**儒教**。

随着中国国家制度之日趋俸禄化（Verpfründung），士人原先的精神自主性也就停止发展了。早在史书及士人大部分的系统性著作开始产生之际，以及那些被秦始皇焚毁的经书又“重新被发现”之时[1]——它们之所以“重新被发现”，为的是可以重新修订、润饰与解释，从而取得圣典的地位——此一变化即已在全面发展中。

从史书上可以证实，此一发展是与帝国的**和平化**（Befriedung）同时出现的，或者更应该说是在这个时期里发展到一个圆熟的局面。不论何处，**战争**都是**年轻人**的事，“六十回桥”之语[2]，就是**战士**们用来抵制“长老”（Senat）的口号。然而中国的士即为“老人”，或者说他们代表了“老人”。根据史书，（秦）穆公在一次典范性的公开告白中表示，他犯了听从“年轻人”（即战士们）而不听从“长者”的过错，“长者”虽无勇力，却有经验[3]。事实上，**这正是**转向和平主义、继而转向传统主义的关键点。传统取代了卡理斯玛。

---

1 此事让人想到约书亚与犹太人之“发现”圣律。当时的大史家司马迁并没有提到此事。

2 “sexagenarios de ponte”，是指古罗马的人民大会并不将年满六十岁的人包括进来，而将他们推回桥的那边去。通俗的用法是老人不再管事的意思。——译注

3 Tschepe，“Histoire du Royaume de Tsin”，*Var. Sinol.*, 27, p. 53.

按：秦穆公不听百里奚与蹇叔这两位年过百岁的贤者之劝谏，出兵袭击郑国。结果正如这两位老人所预言的，秦军终遭惨败。详见《史记·秦本记》。——译注

二、孔子

与孔子（作为一个编纂者）的名字联系在一起、经典作品中最古老的一些部分，可以告诉我们一些卡理斯玛战争君主的情形（孔子殁于公元前478年）。《诗经》里的英雄史诗，如同希腊与印度的史诗一般，吟咏着进行车战的君主。然而综观其整体性格即可得知，即使是这些诗歌，都不再是赞颂个人的，并且一般而言，也不是像荷马或日耳曼的史诗那样纯粹是歌颂人类的英雄精神。当《诗经》编纂时，君主的军队已无丝毫从征武士的浪漫气息，或者如荷马史诗式的冒险的浪漫精神。那时的军队已具备纪律的尤其是已置有“军官”的官僚化性格。在《诗经》里，君主甚至都不再只因为他自己是个较伟大的英雄而打胜仗，他们战胜，是因为——就精神上而言，此乃关键所在——在上天之灵（Himmelsgeist）面前，他们具有道德上的正义，并且也因为他们具有较高超的卡理斯玛美德；反之，他们的敌对者，不但压制与毁坏自古以来的良风美俗，并侵扰了其臣民的幸福，因此已丧失了他们的卡理斯玛，是为神所厌弃的罪人。胜利与其说是享受英雄式的喜悦，倒不如说是一个道德上的反省时机。将中国的经典与几乎所有世界其他伦理的经典相比，我们会立刻觉得诧异的是，其中竟没有任何“不入流”的描述，也没有丝毫可以察觉到的“非礼的”印象。显然的，这些书经过了一种非常有系统的净化工作，而这很可能就是孔子的特殊贡献所在。

通过士人及官方史学的努力，中国的古代传统被实用性地转化到史书中，显然是要超出《旧约圣经》（好比《士师记》）中所表现出来的僧侣式典范。被视为孔子所作的那本编年史里（按：

《春秋》)，即包含了关于军事征伐与肃清叛乱之最索然无味与最严整的编列；在这方面可比之于亚述人的楔形文字记录。如果孔子真的——如传统的看法——说过他的性格可以很清楚地从这本书里得知[1]，那我们就不得不同意那些（中国与欧洲的）学者对此一说法的解释：他的独特成就在于，从"礼"（Schicklichkeit）的观点，将事实做了一个有系统而具实际教训意义的修正——在这点上，他的著作对于其同时代的人而言，其意义显而易见，然而对我们而言，它的实际教训意义大半都变得隐晦不明了[2]。

经典中君侯与宰辅的言行举止都像是统治者的典范——他们合于伦理的举止会受到上天的报偿。官吏阶层以及官吏之凭功绩升迁，都是受推崇的理想之制。虽然诸侯国仍行世袭制；某些地方官职也是世袭性的采邑；然而经典对世袭此一制度持怀疑态度——至少是那些世袭性的官职。根本上，它们认为此一体制只不过是暂时性的。在理论上，这甚至可以推到帝位的世袭本质。传说中理想的帝王（尧与舜），从宰辅中指定继承人（舜与禹）而置于他们自己的儿子之上。不管这些继承人的出身如何，而完全根据朝中重臣对他们个人卡理斯玛的认定。帝王也以同样的方式指定其宰辅，而只有第三个帝王，禹，没有任命他的首相（益），而是提举他的儿子（启）作为其继承人。

与古老而原始的史料及碑铭不同的是，我们无法从大多数的

---

1 按：参见《孟子 · 滕文公》，孟子曰："……世衰道微，邪说暴行有作；臣弑其君者有之，子弑其父者有之，孔子惧，作春秋。春秋天子之事也。是故孔子曰：'知我者，其惟春秋乎！罪我者，其惟春秋乎！'"——译注

2 少数的隐晦处被确认出来（例如，吴国之攻击他的母国鲁）。至于其余，若就材料上的贫乏而言，我们很可以严肃地提出这样的问题：我们是否宁可将他的著作当作是对史书的一种伟大且带强烈道德评断的**注释**。

经典著作中找到纯正英雄式的心灵。孔子所持的传统观点是：谨慎要优于勇力，他不认为有智能的人应当将其生命拿去做不合宜的冒险[1]。特别是在蒙古人的统治结束后，举国的太平盛世更大大增强了此一心态。这个帝国变成一个和平的帝国。由于帝国被认为是个统一体，根据孟子的说法，在帝国的境内是没有“义”战的[2]。就帝国的版图而言，相形之下，军队最后变得非常的弱小。在武人的训练与士人的训练分开之后，皇帝在为士人举办的国家考试之外，也保留了武人实际技艺与笔墨的竞赛，并发给武事方面的资格证明书[3]。然而长久以来，获得这种资格证明书与在军中的实际资历几乎毫无关系[4]。事情的结果是武人在中国被蔑视，就像在英国武人在这二百年来所受到的蔑视一样；一个有教养的士人是不会在社交场合中与武官平起平坐的[5]。

---

1 子曰：“暴虎冯河，死而无悔者，吾不与也；必也临事而惧，好谋而成者也。”（《论语·述而篇》）此一传统观点恰相对于卡理斯玛的第一种类型“暴虎之勇”（berserker）。参见《支配的类型》，p. 62。——译注

2 孟子曰：“春秋无义战，彼善于此，则有之矣。征者，上伐下也，敌国不相征也。”（《孟子·尽心篇》）朱注：“征，所以正人也。诸侯有罪，则天子讨而正之；此春秋所以无义战也。”——译注

3 1900 年，慈禧太后对于一位御史提出废除此种武官证状的建议，还非常不高兴。参见《京报》上关于“正统军”的敕令（1899 年 1 月 10 日），以及关于中日（甲午）战争中“检阅”之事（1894 年 12 月 21 日）、军阶之意义（1898 年 11 月 1、10 日）等敕令，又如较早发布的（1878 年 5 月 23 日）等等。

4 关于此种措施，参见 Etienne Zi（S.J.），“Praoique des Examens Militaires en Chine,” *Vatiétés Sinologiques,* No. 9。考试的项目是弓射与勇力比试；先前还试一篇策论，不过自 1807 年起，则要求撰写一段一百字取自《武经》（战争理论）——相传成于周代——的论文。有许多武官都未取得任何资格证明，而满洲人则是完全不用参加考试的。

5 有个军人出身且因战功而转任文官的道台（地方首长），其行事颇受议论。对于这一点，皇帝在一道诏令中评论道：虽然这名官员备受争议的行为，客观而论并没有错；不过，他在举止中已显露出“粗暴的军人作风”，“因此我们要质疑他是否具备了处于他那种等级与地位的人绝对必要的**有教养的仪态**”。以此提示他再回任军职。想将古来的弓射与武艺等

三、考试制度的发展

在君主集权的时代，士大夫阶层（der Mandarinenstand）成为一个有保证资格要求官职俸禄的身份团体，中国所有的公职人员皆取自这个阶层，而他们所适合的官职与品位则取决于通过考试的次数。

这些考试主要有三个等第[1]，由于有次试、复试、初试以及其他许多特殊的条件而显得相当庞大[2]。光只最初等的考试，就有十种不同的科类。对一个不明身份的陌生人，最先提出的问题通常是："通过了几次考试？"因此，尽管是在祖先崇拜的信仰里，有多少个祖先并不是决定其社会地位的要素。情形恰好相反：一个人是否能有祖庙，乃视其官位的高低而定（一般非士人阶级则只有一个祖宗牌位）。一个人可以崇拜多少个祖先是取决于其官阶[3]。甚至连城市神明在众神中的地位都得看此一城市官员的品位而定。

在孔子的时代里（公元前六到前五世纪），取得官职的途径以及考试制度，显然尚未出现。通常，至少在封建诸侯国里，权力是掌握在几个"强宗大族"手里的。一直要到汉朝——由一个布

（接上页注）"军事的"训练要素加以废除，根据礼制——其起源可能与"男子集会所"相关联——几乎是不可能的。因此慈禧太后之回绝改革提案，其中的道理在此。

1 法国的著述者大抵是将生员、秀才称为"baccalaureate"（学士），将举人称为"licentiate"（硕士），进士为"doctorate"（博士）。在最低的等第里，只有那些最出类拔萃者有权要求学俸。得到学俸的学士称为廪生（国库俸禄领受者），由学政选拔出来并送往都城的称为拔贡，其中被准许入太学的，称为优贡，至于那些用金钱买得学位的，称为监生。

2 例如乡试的初试为"科试"，复试为"举人复试"；在"会试"与"殿试"之间又插入"会试复试"等。——译注

3 子孙的卡理斯玛禀赋就等于是其氏族（因此也就是其祖先的）卡理斯玛之明证。秦始皇时，认为为人子者不得评断其父祖，故而废止了此种惯习。然而尔后，几乎每一新王朝的建立者都莫不追加其祖先封号。

衣所建立的王朝——根据才能功绩来授予官职才成为一种确立的原则。而直到唐代（690）才设立了取得最高职位的考试章程。正如我们上面所提过的，人文教育最初极可能（或许有少数例外）无疑地——或许还是法制上规定的——是被那些“世家”所垄断，就像早期吠陀教育在印度被垄断的情形一样。此种遗绪一直延续到最近。皇族成员，虽然未能免除所有的考试，但初试是可以免掉的。每位应试者的保证人，直到最近代为止，都必须指出并保证应试者乃“良家出身”。到了近代，这项保证只意味着将理发师、狱卒、乐师、家仆、役夫及其他类似人等的子孙排除在外。然而，与此种检窍并行的，还有“荫补”的制度。也就是说，在各省所容许的考生最大配额里，这些高官的子弟享有特别优先的地位。在升等的名单上，有“官宦出身、庶民出身”的官方用语。功勋卓著的官员之子弟都可以拥有最低一级的品位，以为荣耀。这些都是古代（身份）状况的遗习。

自七世纪末以来，考试制度即已彻底实行。此一制度乃是帝国家产制支配者用来防止封闭性的身份阶层之形成的手段之一，以免封建藩臣（Lehensleute）与家士（Ministerialen）独占了官职俸禄的权利。考试制度的最初迹象，**似乎是**出现在孔子（与 Huang Kong, 按：不知何人）时代的秦国——这个后来成为独裁制的诸侯国。选官任职，基本上是取决于**军功**。然而，在《礼记》与《周礼》中，都以相当理性主义的方式[1]，要求地方首长定期考核其属下——以他们的**道德**为考核对象——并据以呈报皇帝，以作为晋升依据。在汉皇帝的统一帝国里，和平主义开始成为选举官吏的主导因素。

1 顺带一提，这难道不就是它们**晚出**的证据吗？

在士人将正君光武皇帝（于21年）成功地拥上皇位，并支持他对抗受拥戴的“篡位者”王莽之后，士人的势力即大大地强化起来。在这以后发生的俸禄斗争里（我们在下面会谈到），士人发展成一个互通声气的**身份团体**。

就中国之盛世与文化的真正创造者而言，唐朝的光芒至今仍闪烁不息。唐朝首次（七世纪）规制了士人的地位，并设立了教育他们的大学（按：即正式的国学、大学、四门学及旁列的崇文馆等）。另外又创建翰林院，即所谓的“学院”（Akademie），它首先编纂史书以了解前贤往事，然后再用来控制皇帝行为的正否。最后，在经历了蒙古人的风暴后，中国人建立了明朝（十四世纪），并发布了基本上确立不移的法规[1]。每个乡村必须立学，每二十五家设一所。但由于学校并没有受到补助，所以此一法令形同具文——或者不如说我们已知道是什么力量控制了学校。官吏们选取最好的学生并将一定的员额送到大学（按：即国子监）。大体上，这些大学已经残破，虽然它们有一部分是新近才成立的。1382年（按：明太祖洪武十五年），政府提供这些“学生”（按：即监生）米粮以为俸禄[2]。1393年，学生员额固定下来。在1370年后，就**只有**考试合格的人才有任补官职的资格。

各地区之间很快燃起战火，尤其是南北之间。虽然南方所提供的应试者都较有学养，并且出身一个较为复杂多变化的环境，但是北方却是帝国的武力基石。因此，皇帝干涉并**惩罚**（！）了

1　关于这点参阅 Biot, *Essai sur l'histoire de l'instruction publique en Chine et de la corporation des Lettrés*（Paris, 1847）。此书仍有参考价值。

2　明代的太学生由国家给予衣食住宿及医药杂费等补助，他们的妻子眷属亦领有粮饷。——译注

将“榜首”颁授给南人的主考官。南北因此分榜[1]。然而，一场官职**叙任权**的斗争却也因而立即拉开了序幕。虽然在1387年（明洪武二十年），举办了一场武官子弟的特考，然而无论文官或武官都更进一步要求有指定他们继承人的权利，这等于是要求再封建了。1393年，此一要求被接受，不过最后是修正过了的：被荫者有进入国子监的优先权，并确保其俸禄的享有[2]。1465年时可荫三子，1482年则限一子。到了十五世纪，我们看到有纳钱以进入国子监的（1453年，按：即“例监”、“纳贡”之制），以及买卖官职（1454）的，这都是由于急需军费所致。虽然这些措施在1492年（明孝宗弘治五年）时被废止，但1529年又再恢复。

同样地，**朝廷的各部门**间也互相倾轧，自736年（唐玄宗开元二十四年）后，礼部即负责考试，然而官员的铨叙却由吏部负责。考试合格者不免经常受到后者的杯葛，而前者便在主试时回以痛击。形式上是礼部尚书，而实际上却是吏部尚书（即宫宰，Hausmeier）在最后成为中国最有权势的人。尔后，商人——被期望是较不“贪婪”的一些——也进到官职（体系）里来，当然，此种期望是相当没有道理的[3]。

---

1 据《明史》卷七十（pp. 1697—1698）载：“初制，礼闱取士，不分南北，自洪武丁丑（1397），考官刘三吾、白信蹈所取宋琮等五十二人，皆南士。三月，廷试，擢陈郭为第一。帝怒所取之偏，命侍读张信等十二人覆阅，（陈）郭亦与焉。帝犹怒不已，悉诛（白）信蹈及（张）信、（陈）郭等，戍三吾于边，亲自阅卷，取任伯安等六十一人，六月复廷试，以韩克忠为第一，皆北士也。然讫永乐间，未尝分地而取。洪熙元年（1425），仁宗命杨士奇等定取士之额，南人十六北人十四。”——译注

2 按《明史》卷六十九（p. 1682）：“明初因前代任子之制文官一品至七品，皆得荫一子以世其禄。后乃渐为限制，在京三品以上方得请荫，谓之官生；出自特恩者，不限官品，谓之恩生。或即与职事，或送（国子）监读书。……嘉（靖）、隆（庆）之后宰相之子有初授即为尚宝司丞，径转本司少卿，由光禄、太常以跻九列者。”——译注

3 马端临在其著作中即对此有所怨叹。译文见 Biot, p. 481。

清人好法古，因此重士人，并在尽可能范围内使授官任职较循“正途”。虽然如此，跟往日一样，这时仍有三种猎取官职的途径：1. 皇帝恩宠的“公侯”子弟（考试恩典）；2. 握有荐举之权的高级官员为其**属官**所行的简单考试（每三到六年举行一次），每次这种考试无疑可使这些属官升到更高的位置；3. 惟一合法的途径：纯正适法地以考试获取资格。

大体而言，考试制度的确能圆满地达到皇帝所想要的功能。有一次（1372）有人——我们可以想得到是哪一类人——向皇帝提议道，根据正统的道德卡理斯玛所得到的结论，应该**废止**考试制度，因为**只要**道德一项就足以证明谁可以正当且合格地（取得官职）。这个建议很快就撤回了，这倒是不难理解。毕竟皇帝与应试者在考试制度里存在着利害关系，或者至少**双方**都如此认为，从皇帝的立场而言，考试制度扮演的角色，正如俄国专制君主用来操纵其贵族的品位秩序（Mjestnitshestwo）[1]——虽然就技术而言，手段并不相同。此一制度导致候补者互相竞争俸禄与官职，因而使得他们无法连成一气地形成封建官吏贵族。获取官职的机会对任何人开放，只要他们能证明自己有足够的学养。考试制度也因此而完全达到了它的目的。

1　在彼得大帝之前，俄国有封建旧贵所依循的“旧的品位秩序”。彼得大帝则制定新的“官阶表”，使全国公民皆可依官僚体制的晋升之道（即视其事功而定）获得种种特权，成为新贵族。韦伯认为，由于“品位秩序”制度的制定，导致旧领主贵族地位的崩溃，及由此而来的旧贵族与官僚贵族的融合，这是官僚制发展中极具特色的转承现象。——译注

四、儒家教育在社会学教育类型里的定位

现在我们要讨论一下这个教育体系在一些较大的教育类型中所处的地位。当然我们在此无法附带提出一整套关于教育目的与方法的社会学类型，不过，或许一些短论也就可以交代了。

就教育的**目的**而言，从历史上看来有两种极端对立的类型：一种是要唤起卡理斯玛，亦即唤起英雄的资质或者巫术的天分；另一种是予以专门化的专家训练。第一种类型相应于卡理斯玛的支配结构；后者则相应于**理性的**及（现代）官僚式的支配结构，这两种类型虽然对立，其间并非没有任何的关联或过渡。武士英雄或巫术也需要专门的训练，而专门官僚一般而言也不完全只接受知识上的训练。然而，它们是教育类型上的两个极端的敌体，并且也形成了最根本的对比。在二者之间则存在着各种类型，其目的无非是要**养成**学生某种特定的——无论其为俗世的或宗教性的，总之，是一种身份性的——**生活样式**（Lebensführung）。

巫师与武士英雄所给予其子弟的那种古老的巫术性禁欲精神及英雄式的卡理斯玛教育，乃试图帮助新受训者获得一种带着泛灵意味的“新灵魂”，并且由此而获得新生。以我们的话来说，这意指他们无非只是希望去**唤起**（wecken）那种被认为纯粹是个人天赋的资质才能，并加以试炼。因为卡理斯玛是教不来、也训练不来的。它要不是原先即已存在，就是得通过一种巫术性的再生奇迹而溶入——除此之外，别无他法可想。

另一方面，专门教育的类型，则在于**训练**学生能够实际符合行政目的的需求——诸如于公共行政、商业公司、工厂、科学或工业的实验室，以及有纪律的军队等组织里。原则上，任何人都

可以受训以达此一目的，虽然程度各有不同。

最后，陶冶教育（Kultivationspädagogik）则是企图教育出一种文化人，至于这种文化人的性质如何，则得看各个社会的主导阶层对于教化的不同理想而定。这意味着**培养**一个人某种内在与外在的生活态度与样式。原则上这在每个人的身上都可以做到，只是目标各有不同。如果主导性的身份团体是由一个身份殊异的武士阶层所形成的（例如日本），教育的目标就在于把学生塑造成某种典型的武士宫臣，他们鄙视那些刀笔文士，就像日本的武士（Samurai）所鄙视的一样；在某些情况下，这样的（主导）阶层也有可能会呈现出差异极大的面貌。如果具有主导性的是一个教士阶层，那么其目的便在于使门徒成为一个（圣典）律法学者（Schriftgelehrte），至少是成为一个知识分子；同样地，其间也有极为不同的特色。在真实里，这些类型从未以纯粹的形式存在过。无数的综合型与过渡型，我们都无法在本文里讨论。此处，重要的是要以这些类型来将中国的教育加以定位。

原始的卡理斯玛再生训练的遗习，诸如乳名、前已论及的少者成年礼（按：即冠礼），以及新婚改名等等[1]，在中国长久以来就是与教育资格测试并行的一种仪式（正如基督新教所行的坚信礼一般）。资格的测试由政治当局所垄断，然而以其所用的教育方式视之，教育资格测试——就一种普通教育的意义而言——又是一种“文化的”资格教育。正如西方**人文主义的**资格教育，但又别具特性。

1　按：古人加冠行婚礼后即取字，其后多以字行，乃是对成年人的一种尊称。参见杨宽，《冠礼新探》，《古史新探》，pp. 239—247。——译注在德国，此种教育一直到最近为止，都还是走向民政及军政领导地位的官职生涯所必须通过的一个先决条件。同时，此种人文主义的教育也在准备从事此种生涯的学生身上加盖了印记，表明他们**在社会上**是属于有“文化教养”的身份团体。然而在德国此种身份资格教育已加入了理性的、**专业化**的专家训练，并且部分地取而代之——这是中国与西方非常重要的区别。

中国的考试并不测试任何特别的技能，如我们（西方）现代为法学者、医师、或技术人员所制定的理性官僚制的考试章程。中国的考试也不考验是否具有卡理斯玛，如巫师和男子集会所实行的典型试炼。当然，我们稍后就会理解到，此一论断的限度，然而至少就考试技术方面而言，这个说法并没错。

中国的考试是要测试考生的心灵是否完全浸淫于典籍之中，是否拥有在典籍的陶冶中才会得出的、并适合一个有教养的人的**心术**（Denkweise）。对于这种特殊资格的要求，在中国要比德国的人文主义式的文科高等学校（humanistisches Gymnasium）更为强烈。今天我们已习于赞同文科高等学校，认为通过古典的研究可得到正式教育的实际价值。就此，如果我们以中国的低年级学生的毕业测试的试题来加以评断的话[1]，它们非常类似于出给一个德国人文高等学校最高年级学生，或者更恰当的，出给一个德国女子学院优等班的论文试题。所有的阶段都是在测试书法、文体以及对古典经籍的通晓[2]，最后——和我们的宗教、历史与德文课程类

1　关于所出的题目，Williams 有举例，参见 Zi, “Praoique des ExamensMilitaires en Chine,” *Vatiétés Sinologiques,*No. 9。

2　在第二级考试里特别是如此：试题多半是要求对某经典文句作一种旁征博引的、训诂的、文献的与历史的分析。参见 Zi,*loc. cit.*, p. 144 所举的例子。

似的——能够与被要求的精神表现相契合[1]。此种教育，一方面在本质上纯粹是俗世的，另一方面则被局限于经典作者所提出的正统解释的固定规范里；此乃一种极度封闭且墨守经文的教育，就我们讨论的脉络而言，这点是极关紧要的。

印度、犹太教、基督教与伊斯兰教的教育之所以具有的文献性格，乃是由于教育是完全掌握在受过文献教育的婆罗门及律法学者、或圣典宗教的圣职者与修道士[2]——一群受过专业文献训练的人的手中。当教育仍然是希腊式（hellenisch），而非“希腊化式”（hellenistisch）的时期[3]，有文化教养的希腊人主要仍保持作为一个壮丁（Ephebe）与重装步兵（Hoplit）的身份。最能够清楚说明此一事实的，莫过于《会饮篇》（*Symposium*）中的对话：在柏拉图传述下的苏格拉底说道，他在战场上——套个学生的用语——从来也不曾“龟缩”过；因为柏拉图所说的这话显然至少与他借阿希比阿地斯（Alcibiades）之口所说出的话具有同等的重要性。

中世纪的骑士军事教育与后来文艺复兴的沙龙士绅教育，对早期经由典籍、教士及僧侣所传授的教育提供了一种旗鼓相当的补充——虽然其社会意义并不相同。在犹太教与中国，此种可与之相抗衡的教育，部分而言是完全没有，部分则几乎同样是付之阙如。印度，就像中国，文献教育的内容，实质上是诗歌、掌故，

1 这特别是就最高一级的考试（“博士级”，按：殿试）而言，殿试通常是由皇帝亲自出题，并定出考生排名。习惯上，主题多半是与行政上的权衡问题相关——特别是唐（？）帝的“六问”之一。参见 Biot, p. 209 注 1；Zi ,*loc. cit.*, p. 209 注 1。

2 所谓“圣典宗教”是指，此种宗教之定型化是由于：宗教命令基本上是文书形式的启示，并且启示的灵感是由被写下的文字中得到。传统之由来是根据祭司阶级的教义（Dogma）。——译注

3 希腊化式，指亚历山大大帝东征以后的大希腊时期的文化形式。——译注

以及仪式、典礼上的决疑辩难。然而，在印度这一方面还有宇宙创生、宗教，以及哲学的思辨来支撑。虽然此种思辨在中国古典经文及历代注释里，并非完全缺乏，但显然地，它们只扮演着极不重要的角色。反之,中国的撰述者发展了出合理的社会伦理体系。在中国，受过教育的阶层，直截了当地说，从来就不是个像婆罗门一样的自主的学者身份团体，而是个官员与官职候补者的阶层。

中国(古代)高等教育的特色并不一定就跟目前所表现的一样。封建诸侯的公家教育机构（泮宫），除了传授礼仪与文献上的知识外，还教导舞蹈与武艺（按：即六艺中的“射”与“御”）。只是当帝国成为一个家产制的统一而和平的国家，并且最后只由考试制度来选拔官员后，与早期希腊教育极为相似的古老教育，就被转变成一直流传二十个世纪之久的这个样子。中国中古时期的教育，虽然主要的是如《小学》那样权威主义及正统的教材，舞蹈与音乐仍有相当分量。当然，古代所留下来的战舞似乎只是一种相当粗糙的形式，不过，在其他方面孩童还是得按照年纪学习某些舞蹈。其目的据书载，是为了抑制有害的情欲。如果小孩在受教时表现不佳，则应令他舞蹈与歌唱。音乐可以陶冶性情，而礼乐则是自制的基础[1]。在这些方面,音乐所具有的巫术性意义乃是最重要的。正音——亦即根据古老的规矩使用音乐，并严格遵守古老的方式——“可以宁鬼神”[2]。到了中世纪晚期,射与御仍然被认为是士绅子弟的一般教育项目[3]。不过这基本上只是个理论。细查小

1 *Siao Hioh*（《小学》），ed. de Harlez, vol. V., p. 11, vol. I, pp. 29, 40。朱子的引言 ,p. 46。关于年龄阶段的问题参见 vol. I , p. 13。

2 *Siao Hioh*, I, 25, 及 2。导论 no. 5 f.。

3 这也有文献上的规则。

学之书，我们会发现，家庭教育——从七岁起就依男女之别而分隔开[1]——主要是在灌输一种大大超乎西方人所能想象的礼仪；那是一种特别强调对父母、对所有的长辈及一般长者恭顺与尊敬的礼仪。至于其他，《小学》讲的几乎全部是自我抑制的规则。

此种家庭教育更济之以学校教育。每一个县照理应该设有一所小学。更高的教育则以通过第一关的入学考试为先决条件。

中国的高等教育因此而具有两个特点：第一，就像所有僧侣集团所树立的教育一样，它是完全非军事、而纯粹为文献性的；第二，所谓文献性的，依字面的意思，其**书写**的性格，发展到极端。这一点部分是由于中国文字的特殊性使然，并且也是因此特殊性而产生的文学艺术所造成的结果[2]。

由于（中国）文字一直保留着图像的特色，并未理性化为地中海商业民族所创造出来的拼音字母的形式，而使得文学作品立即诉之于眼睛与耳朵，并且在本质上较倾向诉诸前者。任何古典经文的“朗读”，本身就是一种从图像文字到（非书写）话语的转译。视觉的特性——特别是就古老的字体而言——其本质就与口说的语言距离遥远。单音节的语言[3]需要听觉，以及锐音音调的感应，再加上它的严整简洁及其句法构筑逻辑上的拘束性，使得它与纯粹视觉性的文字有着极端不同的对比。除此之外，部分也因为——如葛禄博（Grube）正确指出的——它在结构上的异常理性的特质，

1　按：《小学》内篇中有男女七岁不同席，不同食的记载。——译注

2　此处，关于语言与文字的叙述**只不过**是采自那些杰出的汉学家，特别是已故的 W. Grube 之教授普通人的纪实，而**并非**笔者自己的研究所得。

3　此乃中国语言的一大特征。由声母与韵母来组合字音，结果文字的数量大大地超过了发音类别，因此必须以声调（平、上、去、入）来区分同音异字。以此，也就免不了由大量的同音异字所带来的不便。——译注

使得中国的语文无法发展出诗与系统性的思维。也未能如希腊文、拉丁文、法文、德文及俄文等诸语文的结构那样，各以适合自己语言的方式发展出雄辩术来。比起必然受局限的单音节语言而言，书写的文字符号是要丰富多了。因此，所有的幻想与热情就自然远离贫乏且形式化主智主义的口说语言，而转向寂静优美的书写文字符号。一般诗体的**口语**根本上是从属于文字。具有艺术价值的，不是口语，而是书写与阅读，这也是被认为适合君子的——因为他们对文字所造成的艺术性产品具有敏锐的接受能力。口语是属于庶民的事物。这点正好与希腊文化极端相反：希腊人认为谈话就是一切，所有的经验与沉思都得转译为对话方才被接受。在中国，文学艺术里最鲜丽的花朵可说是既聋且哑地交织在如丝缎般的光华中，其价值远高于戏曲，后者只有在蒙古统治时期才有显著的发展。

在著名的社会哲学家中，孟子系统地使用了对话的形式。这正是为何在我们的眼中，他是惟一完全达到"明晰性"的儒教代表人物。(如理雅各所称的)"孔子的语录"(按：即《论语》)之所以给我们如此强烈的感受，也是因为在中国（偶亦见于其他各种文化），学说教理乃是以宗师回答弟子的隽语——部分或许是真的——形式来表达。因此，在我们（西方人）看来，这就是被转换成**口语**的形式了。此外，叙事文件中尚有早期军事君主对军队的训诫（按：即《尚书》中的诸篇诏诰），其语言简洁雄浑，予人极深刻的印象。另外，带有教训意味的史书（按：即《左传》、《国语》等）之中，也有一些演说词，其性格相当于教皇的"告谕"(Allokutionen)。除此之外，演说在官方文件中就插不上一脚了。其无法发展的缘故，正如我们就会了解到的，是由于社会与政治上的因素。

尽管语言有其逻辑的特性，中国的思想还是一直停滞于相当具象且描述性的状态。逻辑、定义与推理的力量，尚未为中国人所理解到。然而，就另一方面而言，这种纯粹的文字教育使得思想得以与动作及姿态分离，其分离的程度，比起其他任何一种具有文献性格的教育都要来得更大些。在学生了解字义**之前**两年，要学写大约两千个字。其次，考生则要将注意力集中在文体与韵文的技巧、古典经文的娴熟精通以及，最后，集中于表现出来的精神。

没有任何**算术**的训练——即使是小学教育里——是中国教育非常奇特的一面。然而，在公元前六世纪时，亦即战国时代，中国已发展出进位的**观念**[1]。商业往来上所具有的“计算态度”，已弥漫于各个阶层，而行政官员之决算的精密程度，却与这些数目之难以核算的程度不相上下，其原因则如上述。中古时期的教科书(《小学》第一篇，第二十九章）里，也将算学列于“六艺”之中。战国时代的数学据说就包含了比例法（Regeldetri）[2],以及商业计算上的三角法。或许这些文献及残卷等，在秦始皇焚书时，全都消失了[3]。无论如何，算术在后代的教育学里再也没有被提及了[4]。

在官绅阶级的教育里，算术随着历史的流转而节节隐退，最

1　J. Edkins, “Local Values in Chinese Arithmetical Notion,” *Journal of the Peking Oriental Society*, I, No. 4, p. 161 f. 中国的算盘所采取的是十进制法。已经失传的古老进位法似乎源于巴比伦。

2　所谓比例法，是以三个已知数来求出第四个未知数的方法。——译注

3　De Harlez, *Siao Hioh*, p. 42, 注③。

4　Timkovski 也强调这点，见其 *Reise durch China*（1820—1821），Schmid 德释本（Leipzig, 1825）。

后终于完全消失。受过教育的商人则在他们的营业场所学习算术。自从帝国统一而理性的国家行政管理开始式微后，士大夫就变成了缙绅阶级的读书人，他们再也没有关心计算能力之有无的“闲情逸致”。

此一教育的俗世性格，使得它与其他文献性质的教育体系极为不同。中国的文献考试纯粹是政治事务。学业的传授部分来自个别私人的教师，部分则来自大学所设立的官师团，而没有任何的教士参与其中。

西方中世纪时的基督教大学之成立，是源于实际上与理念上的需要：需要一种合理的、俗世的、教会的法学，以及一种理性的（辩证的）神学。遵循着后期的罗马法律学校与基督教神学的模式而建的伊斯兰教大学，则从事圣律与教义的决疑论难，（犹太教的）律法学者则做法律的诠释工作；而婆罗门的各哲人学派则专注于思辩哲学、仪式与圣律。一般而言，总是由教会的高级人员或神学家来组成惟一的教学团，或者至少是其基本的成员。另外则有俗世的教师，他们负责传授其他的学问。在基督教、伊斯兰教与印度教里，俸禄即是目标，为了俸禄，教育文凭便成为追求的对象。此外，当然追求者也希望能获得从事仪式活动与拯救灵魂的资格。至于“不领酬劳的”古犹太教师（律法学者的前身），其目标则只是想取得指导俗人律法事务的资格，因为此种指导在宗教上是不可或缺的。不过，不管怎么说，在所有上述的这些文明中，教育永远无法离开神圣的或祭典的经书。只有希腊的各哲派纯粹从事俗人教育工作，解脱所有经典的束缚以及对俸禄的直接关注，而完全投注于希腊式的“绅士”（Kaloikagathoi）教育。

中国的教育虽然注意到俸禄问题，并且也离不开经书，但它同时也是一种纯粹的俗世教育，一方面具有一种仪式、典礼的性格，另一方面又具有传统主义的、伦理的特性。学校教育对数学、自然科学、地理学及文法学等都没有兴趣。中国的哲学并不像希腊的哲学那样，具有一种思辨与系统性的特质，并且部分而言——在一不同的意涵上——也不具有像印度教及西方神学所具有的上述特质。中国的哲学也没有像西方的法律学所具有的理性—形式化的特性，并且也不具有像犹太教律法学者、伊斯兰教，以及部分而言、印度的哲学所具的那种经验的决疑论之特性。中国的哲学并没有蕴生出烦琐哲学，因为它并不像以希腊思想为基础的西方与近东哲学那样的深入于专门的**逻辑学**（fachmaβige Logik）。逻辑学的概念一直与中国哲学无关，它不仅离不开经书、不带辩证性，而且也始终以全然实际的问题与家产制官僚体系的身份利益为其（思考的）取向。

这意味着西方哲学里的所有基本问题皆为中国哲学所无，这个事实很明显地表现于中国哲学家——尤其是孔子——的思考形式中。由于极度实用性的实事求是，思想的工具停留于寓言的形式，使人觉得更接近印第安酋长的表达方式，而非理性的推论。对一些被认为孔子所言的真正精妙的话，这点特别真确。由希腊城邦首先发展出来、作为达成政治与诉讼目的的理性手段的辩论术，是不见之于中国的。在一个没有形式化之司法的官僚式家产制国家里，辩论术显然没有发展余地。中国的司法裁判一直是，部分说来，类似简化式（由高级官员主持）的王室裁判。另一方面，完全依靠文书作业。案件不经口头辩论，只有书面申诉与口头讯问的两遭而已。中国的官僚体系注重传统的规范，这些束缚结果是阻碍了法庭辩论的发展。官僚体系认为，辩论“终极的”思辨问题，在实际上毫无用处且不合宜，何况还可能带来革新而使他们本身的地位不保，因此加以排斥。

如果科举考试的技术及其实质内容，在性质上全然是俗世的，代表一种“给士人的教养试验”；那么，一般民众对他们（士）的看法就完全是另一回事了：它赋予他们一种巫术性卡理斯玛的意义。在中国一般民众的眼里，一个高分通过科考的候选人与官吏，绝对不仅只是个在知识上够资格做官的人。他已证明拥有巫术性的特质。此种特质，我们将会看到，附着于一个检定通过的士大夫，就如同一个神宠教会组织中检定合格且通过试炼的教士所拥有的一样，或者亦如同一个通过其行会考验并证明的巫师所拥有的一样。

那些通过考试的候选人与官员之地位，在几个重要的方面，都与（例如）天主教的助理司祭（Kaplan）有相似之处。对一个学徒而言，完成了课业与考试，并非即意味着他的未成熟期已告结束。通过了“学位考试”（Baccalaureat，按：即生员、秀才）后，还是身处教谕与考官的控制下。如果表现不佳，则会遭到除名。在某些情况下他还会被打手心。在地方考试（按：即在贡院举行的乡试）的闱场里，考生罹患重病或甚至自杀的情形，也不少见。根据将考试当作是一种巫术性“试炼”的卡理斯玛式诠释，此类事件的发生，即被认为是个人恶行的明证。等到寻求官职者在严密的隔离下幸运地通过了较高级的考试，最终达到一个与他所通过考试次数与等第相应、并由其保荐者所推举的官职后，终其一生，他仍然是在学校的控制之下。除了置身于上司的权威下之外，他还得接受来自御史的不断监视与批评。他们的批评甚至可及于天子在礼仪上的正确与否。弹劾官员被认为自古已然[1]，并且具有像天主教的忏悔那样的价值。定期的（通常是三年），他的行事记录，根据御史与他的上司之调查所写成有关其功过的一张清单，就会公布在《京报》（*Imperial Gazette*）上[2]。根据此一公开的等第表，来决定他是否留任、荣升或者左迁[3]。通常，决定这些行为记录的因素，不只来自客观的事实，更重要的是“精神”，亦即：在官职权威下，终其一生的试主门生关系（Pennalismus）的精神。

五、士人阶层的身份性格；封建荣誉与学生荣誉

作为一个身份团体，士人拥有特权——即使是那些只通过考试而未任官者。在他们的地位稳固后，很快地，士人就享有其**身份**特权。最重要者有三：1. 免除**徭役**，亦即“卑下的劳动”；2. 免除笞刑；3. 享有俸禄（包括学俸）。长久以来，由于国家的财政状况，第三项的特权经常遭到相当大的减损。虽然生员每年仍能拿到十个银元的学俸，条件是每三到六年之内必须参加举人考试；这当然无法解决一切。正如我们已经看到的，修业期与待仕期间的负担，事实上都是由**氏族**来承当的。氏族希望能看到他们的成员最

1　例如一名守边武官之自诉其疏失（时为汉代，因此是早在考试制度施行之前），见 E. de Chavannes ed., Aural Stein 所集文件 No. 567。

2　现今的《京报》之起源可以推溯到唐朝（618—907）的第二位统治者（太宗）。

3　在《京报》上确实可以看到，参照部分出自御史、部分来自上司的报告，有功的官吏被奖赏与提升（或类似的允诺），资格不足的官员被贬任他职（“如此可再资经历”，《京报》1897 年 12 月 31 日，及其他许多用语）；还有停职待命的、完全不够资格而被除名的，或者业绩卓著但与其失误相抵、必得改善其疏失方得晋升……几乎所有的处置都有详细的理由。这类公告通常特别选在年末岁暮，不过其他时候也不少。也有（显然）**死后**方被贬降而判以笞刑的情形（《京报》1895 年 5 月 26 日）。

后终于获得一官半职，以便收回投资。实质而言，前两项特权还是很重要的。因为，徭役无论减低到何种程度，总是无时不课的；并且笞打还是一种国家的处罚形式。笞打是从中国小学中的恐怖体罚教育就开始的。这种教育的特色——让人想起我们的中世纪时期，但显然发展得**更**极端的多了——据说包含了以下几个特征[1]。

当氏族或村落的长老收集了“红卡子”，亦即学生的名单（馆单）之后，他们就在无官可任（**随时都有**）的多余士人中，聘请一位来做某个期间的学校老师。祖庙（或其他闲置的空屋）常被用为教室。从早到晚，都可以听到同声齐唱书上诸“行”的声音[2]。镇日里，学生都处于一种“精神困惑”的状态之中，这可用一个中国字来加以表达：蒙——象征一只猪在草丛里[3]。（府县学）的毕业生（按：秀才）以及学生，仍然会受到打手心的惩罚，而不再打在旧式的德国母亲所用的术语——所谓“上帝所允之处”（按：臀部）上。得到较高学位的人（按：举人以上），只要他们不被降级，则得以完全免除此种处罚。

徭役的免除，是中世纪时就已确立的。只是，虽然（而且正因为）有这些特权，**封建的**荣誉观是不可能以此为基础而发展的。因为，正如我们所观察到的，这些特权是不稳固的，它们随时会由于遭受贬斥而被**剥夺**，况且这种事情经常发生。在这样的基础上——以考试证明作为一种身份的资格、可能遭受贬斥、青年时期遭到

1 参见 A. H. Smith, *Village Life in China*（Edinburgh, 1899）, p. 78。

2 此处是指从《三字经》、《百家姓》、《千字文》等，到四书、《诗经》、《尚书》、《易经》及《春秋》种种的教科书。所谓“行”作诵读时的间距解，如《三字经》为每三字、《百家姓》为每四字一顿，其他经书则依句读而定。——译注

3 “蒙”，指被教的小孩所处的“蒙昧”状态，与《易经》蒙卦之意相同：蒙者，微昧暗弱之名。——译注

体罚、即使到了老年仍然不免于遭到常见的贬斥等——封建荣誉是不可能发展的。但是此种封建荣誉观念，在过去**曾经**强烈支配过中国人的生活。

古史中称颂“诚”（Offenheit）与“忠”（Loyalität）为首要德目[1]。“不辱而生”是古之警语。“遭受不幸而不知何以自尽为无勇”，这话尤其是对一位不战“至死”的军官所发的[2]。对一位战场失利的将军而言，自杀而死被尊为一种**特权**。**允许**他自杀，表示放弃处罚他的权力，因此被认为有必要好好考虑[3]。

这些封建的概念，经由家父长制的孝道观念而被转变：为了主人的荣誉，即使结果是毁言加身甚或牺牲性命，也必须加以忍受；一个人可以，一般而言也应该，基于**忠诚**而去补偿主人所犯下的**一切**过错，这**就是**孝。在父亲、兄长、债权者、官吏，以及皇帝面前所做的叩头，自然绝非一种**封建**荣誉的表征；反之，要一个品德方正的中国人向其**爱人**下跪，则完全是种禁忌。所有这些都是与西方的骑士与扈从（cortegiani）所持的立场相反。

在相当程度上，官员的荣誉具有一种由考试的成就，以及上司的公开评论所规范出来的学生荣誉（Scholarenehre）的成分。即使在他通过了最高一级的考试后，依然如此。就某个意义而言，每个官僚体系无不如此，至少在较低的层级上是如此；而在乌腾

1 以下参见 Kun Yu, *Discours des Royaumes, Annales Nationales desétats Chinoises de X au V siécles*, ed. de Harlez（London, 1895）, p. 54, 75, 89, 159, 189, 及其他各处。

2 Tschepe, *Variétés Sinologiques*, 27, p. 38. 这名武官**自请**处分。类似的例子见 A. Stein 的文件，No. 567。

3 参见 1895 年 4 月 10 日《京报》上的敕令。在威海卫失守之后，那些自杀的武将被追加官称（显然是因为他们将罪过**加诸己身**，而免除了此一耻辱对皇帝的卡理斯玛所造成的伤害）。

堡（Württemberg），则有著名的“甲等—费雪”（Note-I-Fischer），即使是处于官职的最高位上[1]；只是在中国，发展的程度大不相同罢了。

六、君子理想

由考试制度所培养出来的这种独特的学生精神，与中国正统的（甚至也几乎是所有异端的）学说所依据的根本前提，是紧密关联的。神与鬼、善与恶、属天的阳气对属地的阴气等，此种二元论也同样存在于个人身上，这就使得扩展人的灵魂中的阳气成为教育（包括修身）的惟一课题[2]。凡是能使自身阳气压倒附在己身的恶灵（鬼）力量的人，就会拥有支配鬼神的力量；根据古老的观念，他就是个具有巫术力量的人。善灵指的是那些守护世界之秩序、美与和谐的神灵。因此，使自己达到完美并反映出此种和谐，便是个人可以获得此一力量的重要且惟一的手段。在士人活跃的时代里，君子（贵人）——以前则是“英雄”——就是那些圆满完成自我的人。就文献传统所贯注于其信徒的那种古典的、

1　Fischer 正确为 Friedrich Theodor von Vischer（1807—1887）。此人于 1884 年在乌腾堡地区的首邑斯图加特（Stuttgart）以史瓦本地区（Schwaben）的方言创作了一出喜剧《非甲上》（*Nicht Ia*）。故事的主要人物为牧师、牧师夫人、助理祭司与牧师之女。牧师在困难的神学考试中得到最高的 Ia 成绩，因此希望他的女婿也能够获取这样的好成绩而有利于将来的官职。牧师之女的恋人助理祭司，在最初的考试中只得到 IIb 的成绩，这时有四名歹徒利用革命的不稳定时机袭击牧师寓所，助理祭司于此表现了他的勇气与沉着。尔后，虽然他在考试中又只获得 IIa，但在牧师妻女的恳求下，终于被许以婚事。此剧旨在描写旧习与民主的纷争，然而以其带有史瓦本方言的趣味，因此只有史瓦本当地的业余表演方能真确地表达出来。有名的“Note-I-Fischer”即因此剧而来。——译注

2　不过，至少在某个地方有一太极庙，太极是原初物（混沌），据说由其中再分离开展出两个实体（按：即“太极生两仪”）（《十六国疆域志》，trans. Michels, p. 39）。

具有永恒价值的、精神之美的准则（Schönheitskanon）而言，他们已成为一种“艺术作品”（Kunstwerk）。另一方面，至迟从汉代起[1]，士人即坚信，鬼神会报偿在社会或伦理上表现卓越的“善行”（Tüchtigkeit）。因此，由古典的（也就是合于准则的）美所节制的善行，便是自我完成的标的。

达到合于准则的圆满与完美，乃是每一个学习者最高的憧憬，也是考试所想证明的最高资格的终极判准。李鸿章年轻时的野心便是想成为一个完美的文人[2]，亦即，一个通过最后一级考试的“桂冠诗人”（按：进士）。他一直以自己是个写得一手好字的书法家，且能默诵经典（尤其是孔子的《春秋》）而自豪。他的叔父在确认他有此一能力后，即原谅他年轻时的过失并为他谋取官职。对李鸿章而言，其他的知识（代数、天文）都只不过是“成为一个伟大的诗人”不可或缺的手段罢了。他为慈禧太后所作的祭嫘祖庙的祈祷文，由于达到古典诗的完美，因而得宠于皇太后。

语带双关、委言婉语、引经据典，以及洗练而纯粹的文学知性，被认为是士绅君子的会话理想。所有的现实政治都被排除于此种会话之外[3]。对我们（西方人）而言，显得有些奇怪：这种紧守经典而高尚的“沙龙”教养，如何能治理广大的疆土。而事实上，即使在中国，也的确无法光以诗来处理行政事务。但中国的官职受禄者却通过其文书形式之合于准则的正确性，来证明其身份特

1　根据 de Groot。

2　参见 Gräfin Hagen 摘译其回忆录（Berlin, 1915），p. 27, 29, 33。

3　参见陈季同写给欧洲人的那些绝妙精巧（虽然相当肤浅）的篇章：*China und die Chinesen*, A. Schultze 德译（Dresden und Leipzig, 1896, p. 158）。关于中国的会话，Hermann A. Keyserling 的某些观察与上述颇相符，见其，*Reisetagebuch eines Philosophen*, trans. J. Holroyd Reece, *The Travel Diary of a Phliosopher*（New York, 1925）。

质，亦即其卡理斯玛。因此，此种形式便在官方的文书往来中占有相当的分量。无数重要的皇帝诏书——皇帝扮演文艺大祭司的角色——用的就是训诫诗的形式。另一方面，官吏必须以其行政的“和谐”来证明其卡理斯玛，也就是说不允许有任何由于自然或人事的不安而造成纷扰。实际上的行政“工作”则可由下层官僚来负责。我们已提过，在官员上面的，是身为最高祭司长的皇帝、他的士人学士院及其御史团。他们可以公开给予官员报偿、处罚、叱责、警告、激励或称赞。

由于有“考课表”（Personalakten）的印行，以及所有那些报告、奏议与审查文书的发表，官吏的行政经历及其命定的前途，以及他们的辩解，都在广大的群众面前摊开来，其公开的程度远大于我们（西方）任何一个处于议会监督之下的行政——一种极端重视“官方秘密”的行政。至少根据官方的说法，中国的《京报》乃是皇帝呈之于上天与其臣民之前、一份不间断的报告书。《京报》，就此而言，乃是附随着皇帝的卡理斯玛所应有的特殊责任的古典表现。无论实际上官方的辩解与所公布资料的完整性有多么暧昧不明（毕竟，我们的官僚系统所传达给议会的也是如此），中国的这套程序，至少在公众对官方行政意见的压力间，设置了一道相当强韧而且经常有效的安全瓣。

七、官吏的威望

在所有的家产制国家里——包括中国及其他国家——所常见的憎恨与不信任，主要都是针对着与人民实际接触最密切的下层统治者。人民对政治的冷漠及其逃避与“国家”的任何接触（这种接触并不绝对必要)，在中国是典型的，其他的家产制体系也是一样。但此种政治冷漠的态度并不减损塑造中国人民性格的官方教育所具的重要意义。

训练期间的严格要求（部分是由于中国文字的独特性使然，部分则是由于教材的特色所致)，以及等待科考合格（通常相当长）的期间，迫使那些无法靠着自己的财产、或举债、或我们上述的家族积蓄过活的人，在还未完成他们的学业时，就得找一样（从商人到巫医等各式各样的）实际行业。因此，他们并没有学到经典原著，而只是学到最高的（第六级）教本《小学》[1]——此书因其年代久远而受到尊崇，包含的主要是经典选粹。将这些圈子与官僚体系分隔开的，只是这种教育**水准**的不同，而不是教育**种类**的不同。因为经典教育是惟一的。

落第者占考生的比例极高。由于（各省举人的）配额是固定的[2]，较高一级的考试合格者在比例上要更小，但他们总是要比官职缺额多出好几倍。于是他们就借着私人的保举[3]、靠着自己(或借来)

1 《小学》(trans. de Harlez, *Annales du Musée Guimet*, XV, 1889) 为朱子（十二世纪）所著。他的根本贡献是以其体系化形式将儒教彻底圣典化。关于朱子，参见 Gall, “Le Philosophe Tchou Hi, sa doctrine etc.,” *Variétés Sinologiques*, 6 (Shanghai, 1894)。《小学》基本上是以历史实例来解《礼记》的注释书。在中国，它是所有的小学生都熟知的。

2 各州省都有“举人”的配额。当某种紧急筹款发布时——甚至在太平天国之乱后——筹集到至少某一金额的省份通常都会被答应提高配额。每回科举，只取十名“进士”，其中的前三名享有特别的尊荣（按：即各被冠以“状元、榜眼、探花”的荣衔)。

3 私人保举的支配地位可以从三名获得最高等第者的出身地与最高级官员的出身之比较上印证出来，见 Zi, “Praoique des Examens Militaires en Chine,” *Vatiétés Sinologiques*, No. 9, Appendix II, p. 221 注 1。在 1646 年到 1914 年间，高级官吏虽有 748 名，但满洲人就占了 398 人，而其中只有三人得到最高等第（由皇帝取置榜首的三名进士)；光是凭着曾家的权势地位，湖南省也占去 58 席，也就是所有最高**官位**的六分之一，然而几近三分之二的**高等第者**是出身于其他各省，不过在高级官职中总共才占了百分之三十。

的金钱购买，来竞争这些俸禄。俸禄（官职）的贩卖，在中国与在欧洲的功能是一样的，是一种为了国家目的来筹集资金的手段，而且时常就取代了正常的考试取士[1]。改革者反对卖官鬻爵的抗议一直持续到此一古老体制的最后一天，正如在《京报》上的无数类似的诉愿书中所表现的。

官吏任期之短（三年）——与伊斯兰教类似的制度相似——使得通过行政有力而理性地干预经济一事，只能断断续续间歇不定地进行。虽然在理论上国家行政是全能的，实情却非如此。行政组织认为够用的专任官吏，其数目之少，令人惊讶。单只这个数目就足以显示，通常事件都得放任其自行发展，只要其发展不与国家的权力及财政的利益相抵触，只要传统的势力，诸如氏族、村落、行会以及其他的职业团体，仍然是正常秩序的维护者。

不过，虽然一般民众持着我们刚刚所提到的那种政治冷漠的态度，官职候补阶层的观点却对中产阶级的生活样式产生相当大的影响。其原因主要来自一般人认为通过科举取得任官资格者具有**巫术性**卡理斯玛。借着通过考试，考生证明自己显然有“神”的护佑。高级官员被认为具有巫术性资格。如果他们的卡理斯玛被“证实”，则在他们死后、或甚至在生前，就经常会成为被膜拜的偶像。书写的作品与文件所具有的原始的巫术意义，赋予他们的印玺与文书驱邪的、治疗的作用，并且也可扩展到考生的应试

---

1 明朝皇帝于1453年首先有系统地运用这个办法（不过，就作为一种财政手段而言，秦始皇早已采行）。最低职级的买官金原先是108piaster（按：中东、埃及等地古代货币的最小单位），约当学俸的资本价格，后来则是60两。在一次黄河泛滥后，为了扩大市场以筹集到相当的资金，价格一度滑落到20—30两。自1693年起，买到生员资格的人也准许参加高等的科考，买到道台之位及其所有附带的费用，约需4万两。

用具上。凡有子弟被皇帝考取为状元的省份，莫不认为这是一项荣誉，同时也是一份利益[1]，而所有通过考试题名金榜的人，都会“名闻乡里”。所有重要的行会与其他会社，都必须有一位士人来担任秘书，这些及类似的职位都开放给那些分配不到官职的有功名者。拥有官职者以及官职候补者，由于他们的巫术性卡理斯玛，以及他们的保举关系（尤其当他们是出身小市民阶级时），他们就理所当然地成为“告解神父”及其氏族之所有重要事务的顾问，在这点上，他们类似于在印度发挥着同等功能的婆罗门（导师［Guru］）[2]。

与国家御用的大包商及大商人并列的，官员——就我们所知——是最有机会累积财富的。因此，不论是在经济上或人事方面，这个阶层的影响力之巨大，不管在其氏族之内或之外，差不多等于埃及的书记和祭司联合起来的影响力。不过在氏族内部，长老的权威，正如我们先前所强调过的，还是个强大的制衡力量。文献教育所建立如前所述的威望，与**个别**官员的“声望”并不相干（在通俗戏曲中，他们时常被嘲弄），**这样的**威望深植于民众心中，一直要到西方训练的现代官员阶层出现才被摧毁。

八、经济政策的见解

受教育阶层的社会性格也决定了他们在经济政策上的立场。

---

1 这就是为什么皇帝在拔取榜首时，在某种情况下会考虑到候选人是否属于那些从未出过状元的省份。

2 Guru 在梵语中有“重”之意，引申为可尊敬的人、教师，特别用来指青年人的精神指导者（directeur de l'âme）。——译注据其相传有数千年的说法，（中国）此一政体具有一种宗教—功利主义的福利国家性格，这点与此一带有神权政治印记的家产官僚体制结构的许多其他典型特征倒是一致的[1]。

诚然，自古以来实际的国家政策——基于上述我们提过的因素——就不太干涉经济营运，至少在关于生产与营利方面。中国的此一现象与古代近东的情形一样——除非有新的移民、进行水利工程以改良土地，以及财政或军事的利益等因素介入。但是军事及军事财政上的利益往往会导致对经济生活赋役式的干涉。这些干涉所根据的乃是独占专卖或国家税收的理由，而且经常是非常激烈的，这种干涉部分是重商主义的规制，部分则是依身份等级区分的规制。

军国主义时代结束后，此种计划性的“经济政策”终归崩溃。政府意识到其政治机器的脆弱，因此只局限其注意力于水运的通畅与维护，这可是供应首要几个省份米粮所不可或缺的；至于其他方面，则保持着典型家产制应付饥馑与消费的政策。具有现代意味的“商业政策”是没有的[2]。官员在水路沿线上所设立的税收站，

1 关于家产制政体与福利国家性格的关联，韦伯在 *Economy & Society* 一书中有详细的说明，其中极精要的一段论述：“民间神话中所理想化了的，不是英雄，而是‘明君’。以此，家父长家产制不论对自己或对子民，都必须正当化其自己为子民之‘福祉’的监护者。‘福利国家’是家产制的迷思；它并非源自那种宣誓互相忠诚的自由的同志关系，而系根基于父子之间权威主义的关系。‘君父’（Landesvater）乃家产制国家的理想。因此，家父长制乃成为特殊的‘社会政策’的担纲者，而当它有充分理由必须要确保子民大众对其保有好感时，它实际上也经常推行社会福利政策。”详见《支配的类型》，pp. 31。——译注

2 司马迁的贸易均衡论著（《平准书》，Chavannes ed., No. 8, Ch. 30, vol. III），是关于中国财政学的一篇相当具有代表性的模板，也是中国经济学现存最古老的一份文献。依我们看来，不属于“贸易均衡”的主题有如下这些：战国时期的巨大贸易利得，国家统一后商人地位的下降及其被拒于官职之外，薪资的固定及**随之而来**的地租之固定，商业、山林、沼泽（为豪族所专有）的租税课征，私铸货币的问题，私人财富过巨之危险（不过，有

据我们所知，只是基于国家税收上的理由，而不是为了任何经济政策。如果撇开紧急状态——对具有卡理斯玛本质的政治当局而言，这往往会构成政治危机——不谈，政府大体上只注意国库的需求与监督性经济政策的利益。就我们所知，曾经怀有最宏伟之企图、想要建立起一个统一的经济组织的人是王安石，他在十一世纪时曾试图建立一个涵盖整体生产所得的国家贸易独占。除了国库的收入之外，此一计划首要的目的是平抑物价，以及相关的土地租税改革。这个尝试失败了。

由于经济上大幅度的放任，讨厌“国家干涉”经济事务成为一种持久且基本的情绪。此一情绪特别针对独占的特权[1]，而独占恰好又是任何家产制政权习惯用来解决财政问题的手段。不过，人民的福利乃系于统治者的卡理斯玛，这种信念导致许多相当不同的态度，而此一（反对干涉的）态度只不过是**其中之一**；这些态度往往不经意地与讨厌国家干涉的根本情绪比肩而行，致使家产制政权典型的过分统御（Vielregiererei, 按：国家对于所有事务的过度干涉）总是——至少是时而出现的现象——一再发生。再者，政府当然有权在饥馑时管制消费——此一政策也是儒教理论的一部分，反映在各式各样有关支出的许多特别的规范中。尤其是，无论何种官僚体制，对于那种在纯粹的经济方式下，由于自由的

[接上页注] 财斯有德，乃是个相当儒教的想法），运输花费，收买爵位，盐铁专卖，商人**注册**，国内关税，安定物价政策，对抗委任国家御用商人（而非直接委托手工业者）的斗争等。此种国库财政政策的目标并不在于对外贸易的均衡，而是通过安定性来达成国家**内部**之秩序。

1　公行商人在惟一部分对外人开启的广州港口之贸易独占权，一直持续到1892年，此一措施是为了阻隔中国与蛮夷的大量接触。此种独占所产生的巨额利得，使得相关的俸禄官职者拒斥既有状况的任何自发性的变革。

市场交换所带来太过尖锐的社会分化，都有着根本的嫌恶。

由于此一世界帝国在经济方面基本上自给自足、在社会方面同构型又强，在此条件下，经济情况愈来愈趋稳定，因此如十七世纪英国文献里探讨经济问题的现象从未发生。当时存在于英国的、为政府所无法忽视、并且还有“小册子作者”为其利益仗笔直呼的自觉性市民阶层，（在中国）是根本没有的。如家产制官僚政体所习见的，政府基本上是采取一种“静态的”方式，只有当传统以及行会的特殊权利之维持受到威胁时，才会特别注意到商人行会的态度。不管怎么说，商人行会从没有主动取得均势，因为没有足够强大的扩张性资本主义的利益（已**不复**存在了！）——如英国那样——可迫使国家行政体系为其服务。

九、士人的政敌——苏丹制与宦官

只有当我们对士人所必须对抗的势力有所认识之后，他们的整个**政治**处境才可能被了解。此处，我们且先搁下异端不论，因为后面（第七章）我们将会谈到。

在早期，士的主要对手是那些封建时代的“世家”，他们不愿放弃对官职的独占。由于必须适应家产制政体的要求与文献知识的重要性，他们设法建立各种管道与手段，利用皇帝个人的宠幸来为其子孙铺路。

接下来是那些资本主义的买官者：这是身份上的平等化与财政货币经济所造成的自然结果。（士与买官者的）斗争无法得到**持久**与最后的成功，最多只是相对性的，因为每次战争的需求总会迫使贫穷的中央政府以出售官职**俸禄**作为应付军需的**惟一**手段。

这种手段一直持续到近代。

士人也必须要应付政府对**专家**官吏的**理性主义的**兴趣。专家、专门的官吏早在601年的（隋）文帝治下就出现了。到了1068年，正当宋（与西夏及辽）进行艰苦的战争时，在王安石当政下，专家官吏享有一段短命而全面的胜利。但传统又再次击败他们，而这一次是永远的。

然后士只剩下一个主要而且是永久的敌人：苏丹制与支持此制的**宦官**当政（Eunuchenwirtschaft）[1]。儒士因而对于后宫的势力怀有很深的疑虑。若对此一斗争毫无所知，那么中国历史会是最难以理解的。

士与苏丹制之间两千年来持续不断的斗争，是从秦始皇时就开始的。此一斗争发生在每一个朝代，因为有能力的统治者不断想要借助宦官与平民崛起者，来摆脱有教养的、士身份阶层的束缚。无数对此独裁形式采取反对立场的士，为了维持其身份团体继续掌权，必须牺牲自己的生命。不过，最后而且再次的，都是士人获胜[2]。每一次的干旱、日食、战败、以及所有一般具有威胁性的事

1　这不只充斥于官修明史中（参见下注），也出现在《十六国疆域志》里（*Histoire géographique des XVI royaumes*, ed. Michels, Paris, 1891）。1368年，在翰林院的请求下，宦官被逐出国家政事之外（p. 7）；1498年，宫中大火，翰林院的代表提出请求“自由议论”（灾异发生时的典型要求），对抗宠幸的宦官（参见下注）。

2　关于此种斗争，例如在《御撰资治通鉴纲目》里就可以找到无数的实例。就十五世纪而言：1404年，一名宦官担任**军队**的统领（De lamarre 译本，p. 155），此后即常有此例，如1428年（p. 223）。1409年，宫中内官侵入到行政体系中（p. 168）。1443年，一名翰林大学士请求废止机密官房统治、减轻徭役，尤其是皇帝召**文士**开廷议，（结果）为宦官**所杀**（p. 254）。1449年，一名受宠幸宦官在文学士的要求下被杀（p. 273），不过，1457年又为其立了几座**庙**。1471年，廷臣与皇帝的往来必须通过宦官（p. 374）。据闻（秦）孝公时（前361—前328）也是如此。1472年宦官拥有秘密警察身份（p. 273），而于1481年在御史的要求下**废止**（p. 289）。1488年，旧有的体制又恢复了（此种情形不时发生）。

件，都会很快使权力再度落入士人的掌握中。因为这些事件都被认为是与传统脱节以及废弃古典生活方式所造成的结果，而此一传统与生活方式乃是士所护持、并以御史及“翰林院”为其代表的。当这些事件发生时，“自由发言”被准许，谏路广开，其结果往往是非古典的政府形式被除去，宦官遭到杀害与放逐，行事再回复到古典的范型，总之，切合于士人的要求。

由于王位继承所采取的方式，后宫体制的危险性是相当大的。未成年的皇帝处于妇人的摄护之下，通常此一裙带政府即成为真正的统治。最后一位摄政太后慈禧即曾试图借宦官之力统治天下[1]。我们此处不讨论道教徒与佛教徒在这些贯穿于整个中国历史上的斗争中所扮演的角色——为什么，以及到何种程度，他们特别成为宦官的自然同盟者？他们又是在何种局面下联合起来？我们愿略微提及，至少在近代的儒教看来，占星术被认为是一种非古典的迷信[2]。它被认为是皇帝赖以治理天下的、具有卡理斯玛意义——也是**惟一**——的“道”的竞争者。原本情形并非如此。翰林院与钦天监之间的部门竞争或许扮演了一个决定性的角色[3]；或许源于耶稣会的天体观测仪器也在此中插上了一脚。

儒教徒确信：宦官所讲求的巫术会带来所有的灾难。陶模在其 1901 年的奏议里指责皇太后于 1875 年不顾御史的抗谏——御

（接上页注）1418 年，士人经历了一场挫折，因为一名宦官被罢黜的同时，也发现了一份**贿赂**这名宦官的士人名单。结果士人成功地隐藏了这份名单，并找到其他的借口将贿赂者一一去职（p. 422）。

1　参见 E. Backhouse & J. O. P. Bland, *China under the Empress Dowager*（Heinemann, 1910），以及反对慈禧太后使用宦官的陶模写于 1901 年的著名建言书。

2　1441 年，为占星师所预言的日食并**没有**发生，礼部为此向皇帝道贺，不过，却为皇帝所拒。

3　见翰林院于 1878 年向太后所上的奏议（前文已引）。

史吴可读为此而自杀——而废立应当登基的真正继承人。陶模遗留给皇太后的奏折，及他写给儿子的书信，都以其雄浑之美而著称[1]。其真诚与坚定的信念是无可置疑的。同样地，皇太后与许多亲王之相信义和团的巫术性卡理斯玛（单就此一信仰就可以说明她的整个政策），当然是要归咎于宦官的影响[2]。在其**临终**时，这位令人生畏的女人留下了她的谕告：1. 永远不再让**妇女**来统治中国，2. 永远禁绝**宦官**当政[3]。如果报道正确的话，这个谕告却以一种无疑与她原先所期望的不同方式实现了。然而，我们也不必怀疑，对于一个真正的儒教徒而言，此后所发生的一切事件，尤其是“革命”与王朝的覆灭，只不过肯定了此一信念的正确性——此即相信王朝所具有古典卡理斯玛美德的重要意义。现实里未必有但也可能发生的儒教复辟事件里，此一信念可以在这个观点上被加以利用。

儒教徒，根本上是个**和平主义的**、以内部的政治安宁为其取向的士人，当其面对**军事的**强权时，自然会出之以厌恶或缺乏理解的态度。我们已说过他们与武官之间的关系，而且我们也看到所有的史书上都充满了此种范例。史书里可以看到对“禁军”(Prätorianer) 出任**御史**（及官吏）的抗议[4]。由于**宦官**特别容易像纳尔塞斯（Narses）[5]那样成为受宠幸的将军，因此（士人）对于纯粹

1　Backhouse & Bland, *China under the Empress Dowager*, ch. IX, p. 130 f.

2　见太后于 1901 年 2 月所下的诏书。

3　Backhouse & Bland, *China under the Empress Dowager*, p. 457.

4　例如《御撰资治通鉴纲目》(ed. Delamarre, p. 167, 223) 第 1409 与 1428 年条。甚至在 1388 年时，也有一类似的谕令颁给军人，禁止其干涉行政。

5　纳尔塞斯，东罗马帝国查士丁尼一世时代（527—565）的宦官。查士丁尼的征服事业主要是由他与另一位将军贝利沙里（Belisarius）领导完成的。——译注

苏丹制的家产军队之敌视，是不证自明的。士以曾经推翻受人拥戴的军事篡位者王莽而自豪。**平民**参与统治的威胁性，在独裁者当道时，总是极大的，不过在中国我们只知道有这么一次而已。

然而，士在**事实上**是臣服于已建立的政权的，即使此一政权就像汉朝一样纯粹是经由篡夺而建立，或者如蒙古或满洲人的政权，是由征服而建立的。即使他们必须有所牺牲——满洲人占去了百分之五十的官位，而这些人并未具有教育的资格证明，他们也臣服了。**如果**统治者能屈从于士人对仪式与典礼的要求，士人就会臣服于统治者；**惟有如此**，以现代的话来说，士人方能安顿自己而有个"以事实为基础"(auf den Boden der Tatsachen)的立场。

"根据法典"(konstitutionell)——这是儒教徒的理论——皇帝**只有**在任用够资格的士作为官员时，方能统治；"按照传统"(klassisch)，他只有任用**正统的儒教**官员才配统治。凡是与此律则有所违背，就可能会带来灾祸，而如果还是执迷不悟的话，那么皇帝就会垮台，而王朝也会覆灭。

那么，对于国家行政与支配阶层的精神，起着决定性作用的这个身份团体——士人，其正统的伦理之**实质**内涵究竟为何?

第六章

儒教的生活取向

一、官僚制与教权制

（中国的）家产官僚体制（Patrimonialbureaukratie）不曾受到一个独立自主的**教权制**（Hierokratie）的制衡，就像它从未受到一个不断扩张的封建制度、或一个从未得到发展的市民阶层势力的侵扰一样。像中东、伊朗或印度那种在社会上拥有势力的先知预言（Prophetie）是闻所未闻的[1]。这里没有以超俗世之神的名义而揭示伦理**“要求”**（Forderungen）的先知；宗教意识的原始性质尚未突破，并且也排除了先知的伦理要求。最高祭司长（Pontifikat）——政教合一的（cäsaropapistische）统治者——所要认真对付的是封建贵族，而非先知。只要有一点先知运动的蛛丝马迹出现，它就会将之当作异端的邪教而猛力地、有计划地加以扑灭。

中国人的“灵魂”**从未**受过先知革命的洗礼[2]。也没有属于个

1　关于早期的隐士，参见第七章。

2　关于佛教，参见 Max Weber, *Hinduismus und Buddhismus*（*Gesammelte Aufsätze zur Religionssoziologie*, vol. II, Tübingen, 1921）。

人的“祈祷”。受过礼仪训练且精通典籍的**官员**，以及——最重要的——皇帝，照料一切事务，而且也**只有**他们**能够**如此。

尽管容许道教存在，但就我们由历史所知，从没有出现过强而有力的教士阶层。更重要的是，根本就不曾有任何独立的宗教力量足以开展出一套救赎的教义、或一套自主的伦理与**教育**。因此，属于官僚阶层的那种主智主义的理性主义得以自在地伸展；与其他文明相同的是，此种主智主义打从内心里就**蔑视**宗教——除非宗教成为驯服一般大众所必须的手段。主智主义之所以容忍职业宗教人的存在，是因为关系到官方威望——为了使民众驯服，这种威望是不可或缺的，即使在面对受传统束缚而势力强大的地方氏族，这种威望也强固不移。其他所有宗教性内在、外在的进一步发展，都被断然斩绝。祭拜皇天后土以及一些相关的神化英雄和职有专司的神灵，乃是国家事务[1]。这些祭典并不由教士负责，而是由政权的掌握者来主持。由国家所制定的这种“俗世宗教”(Laienreligion)，乃是一种对祖灵神力之崇奉的信仰。而其他一般民间的宗教信仰，原则上仍停留在巫术性与英雄主义的一种毫无系统性的多元崇拜上。家产官僚体制在其理性主义的立场上，对于此种根本为其所蔑视的混沌状态，几乎毫无加以系统性转化的意图，而毋宁只是接受了此种状态。

另一方面，从儒教的国家理由（Staatsraison）的立场而言，宗教则必须是“为民而立”的。根据夫子所言，世界的秩序是靠着信仰才能够维持得住的。因此，宗教信仰的维护，对政治而言，

1　参见第一章。

甚至比民生的顾虑要来得重要[1]。另一方面，皇权本身即是个至高且经宗教性圣化的结构，从某种观点上而言，它超出民间所崇奉的众神之上。皇帝个人的地位，正如我们所见的，完全是基于他作为上天（其列祖列宗所居的上天）的委任者（"天子"）所具有的卡理斯玛。不过，正如我们先前所说的，个别神灵是否受人崇拜及其重要与否，仍得视其卡理斯玛的灵验程度而定，就像那布勒斯的车夫与船夫所信奉的圣徒一样[2]。此种宗教卡理斯玛的特性，对于官僚阶级的自我保全而言，倒是颇能配合。因为任何降临到国家的灾难都不会使官僚体系自身遭到否定，最多只是显示个别的官吏或皇帝个人已被剥夺了他们神圣的正当性；**要不然**就是使某位职有专司的神灵遭受唾弃。

由于对现世秩序这种特殊而非理性的执着，在官僚势力的正当性与超现世（及其地上代表）的势力之间，便产生一种极妥善的结合：后者仅止于绝对最小限度的独立性，否则就会被认为要与官僚体系相抗衡。反之，任何民间信仰（Volksglauben）的理性

1　此处对夫子之言的解释异于一般通释。《论语·颜渊篇》：子贡问政。子曰："足食、足兵，民信之矣。"子贡曰："必不得已而去，于斯三者何先？"曰："去兵。"子贡曰："必不得已而去，于斯二者何先？"曰："去食。自古皆有死，民无信不立。"根据朱注，夫子最后这句话的意思是指"民无食必死，然死者人之所必不免，无信则虽生而无以自立，不如死之为安。故宁死而不失信于民，使民亦宁死而不失其信于我也"。很明显地，这是将"信"解释为统治者与被统治者之间使彼此宁死不相弃的"诚信"、"信赖"。然而就韦伯本文观之，他是将此诠释为中国家产制中所保留的巫术性卡理斯玛信仰。我们在下文中将会看到韦伯上面所说"在中国，宗教理念的原始性格还停留在未被打破的局面"，这原始性格他又称之为"宗教的卡理斯玛性格"，实包括皇权卡理斯玛、祖先神灵的卡理斯玛与鬼神效应的卡理斯玛。——译注

2　此圣徒之名为 Christophors，原意为基督的背负者。根据传说，有一名巨人似的船夫将化身为小孩模样的基督背负在自己的背上渡过河水。这位被称做 Christophors 的圣徒便成为车船驾驶人的守护者。——译注

化——成为一个超俗世取向的独立宗教——都无可避免地会构成一股与官僚体系相对立的独立势力。此一“事态”(Pragma)的紧张程度，从官吏断然抵制任何企图松动此一历史巨厦之一砖一石的行动中，可以不断地感觉到。

中国的语言里没有特别指“宗教”(Religion)的字眼。有的只是 1.“教”(Lehre)——士人学派的(教)；2.“礼”——在本质上并不分辨其为宗教性的或因袭性的(礼)。儒教(Konfuzianismus)的中国官方称呼即为“士人之教”(Lehre der Literaten)。

中国的宗教——无论其本质为巫术性或祭典性的——保持着一种此世的(diesseitig)心灵倾向。这种倾向此世的态度较诸其他一般性的例子，都要远为强烈并具原则性。除了崇拜伟神巨灵的国家祭典之外，长寿的祈求在最受重视的祭祀里，扮演了主要的角色。这可能是因为“神(仙)”这个概念在中国的原始意义，便是能够不死并且永生于幸福之国的最最至高完美的人[1]。

无论如何，一般而言，我们可以说，正统的儒教中国人(而不是佛教徒)，是为了他在**此世的**命运——为了长寿、为了子嗣、为了财富，以及在很小的程度上为了祖先的幸福——而祭祀，全然不是为了他在“彼世的”命运的缘故。这与古埃及人形成强烈的对比，他们之在乎死者完全是基于对人在彼世之命运的关注。长久以来，开明的儒教徒就有一种非官方的、但却盛行的见解：人死后，灵魂便化为乌有，流散于大气之中，要不然即是死灭。

1 参见 Chavannes 编译司马迁《封禅书》的序言，*Journal of the Peking Oriental Society*, vol. III, No. 1(1890)。

按：神仙思想之表达中国人普遍的一种人生欲望，可参阅闻一多，《神仙考》(《神话与诗》, pp. 153—180)。——译注此一说法，受到儒学权威王充的支持，并且，正如我们曾经提及的，他对于神的概念并不是那么前后一致的。神，照他的看法，不应该以一种人神同形同性的概念来加以理解，而是“实体”(Leib)，一种无形的流体，在人死亡——亦即对个体而言是一种“消亡”(Verlöschen)——之际，基本上大致相同的人的精气即再度化为此种无形的流体[1]。

十二世纪的唯物论与无神论者朱夫子（朱熹）则完全摒除了人格神以及不死的观念。然而这并不能防止后世正统的哲学家对于人格神之信仰的出现。不过，官方儒教，也就是康熙皇帝在十七世纪时所颁布的（十六条）圣谕，仍然保持着唯物论者与无神论者的立场。

无论如何，儒教总是弥漫着一股绝对的不可知论以及根本上的否定气氛，反对任何对于彼世的冀望。即使是在此一观点尚未普及之处，或者由于受道教或佛教的影响而有所改变的地方（下面我们会讨论到），人们对于彼世命运之关注，还是完全摆在可能对此时此地的人生有所影响的神灵的关注之下。

就像几乎所有其他的家产制组织一样，在中国也有“弥赛亚的”祈望，渴望出现一位此世的救世主皇帝（Heiland-Kaiser）[2]。但是此

1 按：人死后即魂离魄散的儒家观念，见之于《礼记》之《郊特牲》《祭义》诸篇。东汉学者王充（27—96）在其《论衡·论死篇》中，将人死后“魂气归于天，形魄归于地”的观点进一步推为“精气散亡”，强调的是形体既朽，灵魂亦消亡。关于这方面，可参阅余英时，《中国古代死后世界观的演变》，《中国思想传统的现代诠释》（台北，1986），pp. 123—143。——译注

2 参见公元（前）三世纪的“屈原”诗（按：屈原在其《楚辞·离骚》中，以“美人”隐喻理想中的明君）。另参见 Conrady, *Hochschulvorträge für Jedermann*, vol. xix, xx（Leipzig, 1903）。

一祈望并**不是**像以色列人那样，冀望于一个绝对的**乌托邦**。

由于没有其他任何的末世论（Eschatologie）、或救赎教义（Erlösungs-lehre），或者对于超越的价值与命运的任何渴望，国家的宗教政策依然保持着简单的形式。一方面，此一政策将祭祀的重典交付给国家，另一方面，它又容许那些承袭自古、并且是个别人民所不可或缺的私人职业巫师阶层的存在。

国家祭典是异常严谨素朴的；它是由供献牺牲、仪式性的祝祷、音乐、律动的舞蹈所构成。很显然地，所有狂迷的成分都被严格而有意地摒除。这也表现在官方的五音元的音乐中。在官方的祭典里，几乎所有的忘我、禁欲与冥思[1]，都不存在，这些都被认为是扰乱秩序与不合理兴奋的成分。这是官僚体制式的理性主义所无法容忍的，就像罗马的官僚贵族眼里的酒神祭典那样地具有危险性。当然，官方儒教并没有西方意味的那种个人祝祷，所知惟有礼仪规范。传闻孔夫子生病时，拒绝他人为其祈福祝祷，并且据说他已久不祈神祷告了[2]。反之，为了祈求政治群体的福祉而由君主

1　有关其萌芽的讨论，参见第七章。

2　英译者（H. Gerth）认为韦伯的诠释似乎有点问题，并且提出杭州国立浙江大学的陈教授（prof. L. Chen）值得注意的论点。陈教授（及其他人，如 William Edward Soothhill）将这段告别的话译为“我已祷之久矣”。Authur Waley 则译为“夫子曰：我已获赎久矣！”，他的批注似乎与韦伯的看法一致。Waley 的批注是：“在上天的眼里，能证明我的就是生命。而我已完成了。如今再也不需要任何的仪式了。”《庄子》轶书中有一段与此相应证的情节：子路想要占卜孔子得以康复的机会，而夫子说：“我已卜之久矣！”（《太平御览》[*T'ai P'ing Yu Lan*]，849，fol. I, verso）Authur Waley 的译注，见 *The Analects of Confucius*（London, 1938），p. 131。

按：《论语·述而篇》记：子疾病，子路请祷。子曰：“有诸？”子路对曰：“有之，诔曰：‘祷尔于上下神祇。’”子曰：“丘之祷久矣。”朱注指出圣人“素行固已合于神明，故曰丘之祷久矣。……孔子之于子路，不直拒之，而但告以无所事祷之意。”又《困学记闻》引《太平御览》引《庄子》：“孔子病，子贡出卜。孔子曰：‘子待也！吾坐席不敢先，居处若斋，食饮若祭；吾卜之久矣。’”与《论语》所记相类。——译注

与礼官献上的祈祷，从古到今一直都被认为是具有效力、而为人所珍视的。

由于这种种缘故，儒教自然缺乏人类之（宗教）**禀赋不平等**的想法（也可以说这反正无关紧要），也没有任何宗教性“恩宠状态”之差异的观念：此种概念本身一向不存在于儒教。

家产官僚体制在政治上是与封建体制及任何以血缘世袭为基础的身份结构相对立的。此种对立亦呼应于古典儒家的伦理学说：肯定人基本上的**平等**。此一观念，正如我们所说过的，并非固有的。

封建时期基本的理念是“贵胄”氏族与庶民二者之间有着卡理斯玛的分别。士人的支配则在受教育者与未受教育者（或“愚民”）——十四世纪时的明朝创立者这么称呼他们——之间划下深刻的鸿沟。不过官方理论依然主张：原则上教育（任何人都可接受），而非出身，才是具有决定性的。“平等”当然并不是指在所有自然禀赋上的无条件平等。有人很可以因为较高的天赋而（轻易）做到他人得尽全力才能做到的事。但是每个人至少都可以做到儒教官僚体制下的国家理由与社会伦理的要求——这绝非一种无法企及的伦理。

如果国家治理的情况良好，那么，每个人就必须在他自己身上寻找（内在或外在的）成功或失败的缘由。人性本善，恶乃是通过感官侵入内心的；资质上的差异是指个体之和谐发展上的差异，这个特殊的观点自然是由于没有一位超现世的伦理神的典型结果。再者，这些观念也反映出家产制国家里的身份状况。有文化教养的人，自然希望能流芳百世，不过，只有基于他个人功业的因素。

二、自然法与形式的法理思想之阙如

原则上，只有生活境遇上的差别使人与人之间有所等差。相同的经济状况与教育造成人根本上相同的性格。如前文所述，我们可以想见，（儒教）与所有基督教派公认一致的看法形成尖锐的对比：**物质的**富裕在伦理上并不被认为是一个首要的诱惑之源（不过当然也承认有种种的诱惑）。财富实际上被看做是足以提升道德的最重要的手段。下面我们会了解到这其中的道理。

另一方面，此处毫无自然法认定（naturrechtliche Sanktionierung）的任何一种个人的自由领域存在。在（中国的）的语文里，没有“自由”（Freiheit）这个字眼。这倒是可以从家产制的国家的本质与历史的轨迹来说明。

实际上，私人的物质财产所有，一直是被维护得很好的一个制度。然而此一制度是在私人领域长期受到赋役义务之否定后才出现的，并且就西方的观点而言，也**没有**得到保证。除此，并没有任何受到法理保证的“自由权”存在。“私有财产制”（Privateigentum）事实上只有相对性的保障，它并没有享受到像克伦威尔（Cromwell）对平等论者（the Levellers）所发表的声明里、那种具有神圣性的光轮[1]。

在家产制的理论里，当然，皇帝对于任何人而言都不是客，

1　在 Clerk 集录文件中，出自军营的速记文书里便可见到这种以自然法的观点来讨论平等的**选举权**（das gleiche Wahlrecht）的事实，这在世界史上还是**头一回**。

按：The Levellers 是英国内战（The Civil War）时期里的一个激进党派，他们主张实行以自耕农与小市民为基础的彻底的民主制。由于他们要求将财产平等化，敌对的一方便以 the Leveller 称之。克伦威尔本人是属于由资产家、商人等所组成并主张共和制的独立派。——译注

而上级官吏也不是其下属的客，因为属下的全部所有，都正当地属于上司。不过，根本上，这只具有典制上的意义。官方多半只在纯粹国家财政的理由下，偶然强烈地干涉到土地的耕作与分配。然而，数千年来，此种干涉（除了其他影响外），使得半传说性的井田制度之光环及其家产制规范下的“土地权”，散放出光彩来。

在此种（井田制的）理想里，并且又显露出一种倾向，亦即：为了维持社会的稳定，而在粮食政策上有尽量让财产的分配平等化的倾向；为了对抗粮荒时的物价飞涨，此种倾向又与埃及式的国家仓储政策（Magazinpolitik）相结合。在这个领域中，就像在其他的领域里一样，家产制的理想是实质的公道（materiale Gerechtigkeit），而非形式的法律（formales Recht）。因此，财产与营利（Eigentum und Erwerb），一方面是个现实权衡的问题，另一方面却又是个供养群众的社会伦理关怀的问题，而不是个自然法意义下的个人主义式的社会伦理的问题——这类问题乃是起源于西方近代形式法与实质公道之间的**紧张关系**（Spannung）。因为，从中国人看来（这点倒是很可理解），受过教育的统治阶层本来就应该是最富有的阶层。不过为了众民的满足，最终的目标仍是使财富达到最普遍的分配。

神圣而不可变的自然法，只存在于神圣祭典的形式中（其巫术效力是自远古以前即已证实），以及对祖先神灵的神圣义务里。带有现代西方印记的自然法之发展，除了其他因素外，主要是以既有的法律之理性化为前提的，一如西方的罗马法所具有的特性。不过，此种理性化，第一，是自治的商业生活——须要一套定制的诉愿程序——的产物；第二，它是罗马法学望族阶层之理论技巧理性化的产物；第三，它是东罗马帝国的官僚体制的产物。

在中国，没有司法阶层的存在，因为缺乏西方意义下的律师职务（Advokatur）。之所以如此，是因为中国福利国家的家产制特色及其微弱的官方职权，并不在乎世俗法律之**形式的**发展。更不用说我们已经提到过的，地方性习俗甚至基于“自由裁量高于一般法”的原则而抵制法律（contra legem）。此外，中国的法官——典型的家产制法官——彻底家父长式的审案断狱，也就是说，只要他是在神圣传统所赋予的权衡余地下，他绝对**不会**按照形式的规则——“不计涉及者何人”来加以审判。情形大多相反，他会视被审者的实际身份以及实际的情况而定，亦即根据实际结果的公平与妥当来加以判决。这种“所罗门式的”卡地裁判（salomonischer Kadi-Justiz）也不像伊斯兰教那样有一本神圣的法典为依据[1]。系统编纂而成的皇朝法令集成，只因为它本身有具强制性及巫术性的传统来支撑，所以才被认为是不可触犯的。

在此情况下，神圣的律法与世俗律法之间的紧张性——存在于西方与伊斯兰教里，以及某种程度上存在于印度——便完全没有了。古代（尤其是斯多噶学派）以及中世纪人们眼里那种先验式的自然法学说，显然是不可能在儒教产生的。那是由于哲学上或宗教上的要求与“俗世”之间的紧张而造成的一种“原初状态”的学说[2]。这种学说的中心的、先验的伦理概念，是为儒教所不知的。

1 在伊斯兰教的国度里，世俗法的发展受到神圣法的阻碍。被用来作为司法裁判的参考典章，都是由大多数的法学者以《古兰经》或对《古兰经》的解释为依据而共同编纂成的。——译注

2 原初状态是指人类在堕落以前的理想状态。自然法即对此一状态的预想，并且，本质上是斯多噶学派的创造物。关于斯多噶学派与西方中世纪时期的自然法观念的形成与发展，可参见韦伯的同时代人特洛尔奇（Ernst Troeltsch, 1865—1923）的巨著《基督教社会思想史》(*Die Soziallehren der christlichen Kirchen und Gruppen*, Tübingen, 1908-1911)，戴盛虞、赵振嵩中译，香港：基督教辅侨出版社，1960，pp. 44—47、172—193。——译注

这点下文会再提及。

我们西方**近代的**法律的理性化，是由两股力量并肩运作而造成的。一方面，资本主义关心严格的形式法与司法程序。它倾向使法律在一种**可以预计的**方式下运作，最好就像一具机器一样。另一方面，集权国家的公务系统之理性化，导致法典系统与同构型法律必须交由一个力图争取公平、地方均等之升迁机会的、受过合理训练的官僚体系来掌理。只要这两股力量缺乏**其一**，便无法产生近代的法律体系。近代资本主义，正如盎格鲁－撒克逊的习惯法（Commom Law）所显示的，确实可以在一个用以保障经济强势阶层的、无系统的法律园地中茁壮起来。这的确是一个缺乏严格逻辑—法理的结合体，但却是由一个**律师**阶级所创造出来的形式法律，他们的法理思维模式是受到罗马法与教会法之深刻影响的。

另一方面，在形式上，理性化的官僚体系所最深切关注的，是法令的简要撮集、官吏普遍的可任用性、法的一致性，以及特别是**政府当局**的律令所具有的最高主导性：高过于传统的不可侵犯性，亦即在地方上或社会上所分化出来的法律所具有的自行裁量权。然而，在内容上，官僚体制支配之处，受关注的不仅是法律形式在法理上的完美，更受注意的是其**实质的**“公道”——本身可与官僚体系的内在精神（Ethos）相对应。

除非在经济上有强而有力的资本主义利益或者社会上有强而有力的司法阶层来加以制衡，否则官僚体系便会从实质上将法律理性化及系统化，并且会摧毁并不在乎实质“公道”的形式法律技术。中国的家产制政体，在帝国统一之后，并没有面对强而有力且不可制御的资本主义利益，也不必顾虑一个自主的司法人员阶层。然而，它必须顾虑能保证其正当性的传统的神圣地位；并且它也必须了解到行政组织力量的局限。因此，不仅形式的法律学未能发展，并且也从未设想要有一套系统的、**实质的**且彻底理性化的法律。一般而言，司法的本质仍然维持着（经常是）神权政治的福利公道的特色。

三、自然科学思维之阙如

以此，除了没有哲学与神学的“逻辑”（Logik）之发展外，法学的“逻辑”也没有发展的余地。而且，体系化的、自然主义式的思维亦无法开展。西方以数学为基础的自然科学，是理性的思维形式与技术的“实验”两相结合而成：理性的思维形式是在古代（希腊）哲学的沃土上生长出来，而技术上的“实验”——一切自然主义的规律所具有的那种特殊的现代质素——则是在文艺复兴的沃土上成长茁壮起来，重要的是，起初并不是从科学的领域而是从**艺术**的领域中发展出来。“实验精神”——文艺复兴的伟大艺术——是两种要素独特结合下的产儿：西方艺术家以手工业为基础的经验性技巧，以及他们在历史的与社会的条件下，所产生的理性主义的雄心。他们把艺术提升到“科学”的层面，以求取其艺术的永恒意义，以及自己的社会声誉。这点是西方所特有的。另外，如我们所知，还有一种极强烈的“回归”到古代的动机。除了达·芬奇（Leonardo da Vinci）所呈现的艺术风格外，音乐，特别是十六世纪的键盘音乐（查琳诺）[1]，乃是以典型文艺复兴

1　Zarlino（1517—1590），意大利音乐理论家、作曲家。——译注

艺术家的“自然”概念来运作的巨擘努力的中心点。将艺术活动推向高度竞技状态的特殊社会条件，就像古代那样，蓬勃跃动着。北欧经济在经济上与技术上的关注，尤其是矿业的需求，则助长了将实验转化为自然科学的知识力量。细节此处从略[1]。

在最高超洗练的中国艺术里，全都缺少这种促成（西方文艺复兴意味下的）理性主义野心的诱因。在家产官僚体制的制约下，支配阶层的竞技完全只限于受俸者和士人猎取功名禄位的竞争，其他所有的追求都被窒息了。此外，相对而言发展相当有限的产业资本主义，也无法提供足够的经济报偿，而这种经济报偿对于将经验性**技术**转化为理性**技术**却是必须的[2]。因此，一切都停留在精纯的经验层次上。

结果，实践的理性主义（praktischer Rationalismus）——官僚体系对于生活的最根本态度——摆脱了所有的竞争，而得以完全的伸展。没有理性的科学、没有理性的艺术活动、没有理性的神学、法律学、医药学、自然科学或者工艺学；没有任何神圣的或者人类的权威能和官僚体系相抗衡。只有一种切合于官僚体系的伦理得以产生，只有在顾虑到氏族内部传统所具有的势力，以及鬼神信仰时，此一伦理才会受限制。与西方文明不同的是，没有其他

1　详细过程，参阅康乐编译，《经济与历史》，第 2 章第 7 节。——译注

2　（中国人）所发明的包括：罗盘针，用于河川航运及亚洲内陆的使节来往指引；书本印刷，用来克服效率差的手抄本以达行政的目的；火药、纸、瓷器、丝绸、炼金术，以及天文学（用于国家所需的占星目的）。火药被派上**军事**用场，可能是在十二世纪，不过确定的是在十三世纪，不管怎么说都要比一般认为佛罗伦萨首次使用火药于战事的时间早了一个世纪。然而，中国人却是以一种相当原始的方式使用火药，由于帝国的和平化，所以火药并未受到刺激而改良发展。似乎中国人之畏惧洋枪洋炮，起初特别是因为它们被认为具有**巫术**的效力，所以才试图引进。关于种种发明，参见 W. A. P. Martin, “Chinese Discoveries in Art and Science,” *Journal of the Peking Oriental Society*, vol. IV, p. 19 ff.。

特别是**近代**理性主义所具有的要素来支持官僚体系、或与之相抗衡。(中国的）官僚体系是被接植于古老的地基上而延续下来的，而此种地基在西方早就因古代城邦的发展而崩解了。准此，这个官僚体系所担纲的文化，可以被作为一种实验：测试官职俸禄阶层的支配所秉持的**实践**理性主义，纯粹就其立场，会产生怎样的结果。正统的儒教就在这种状况之下产生。

正统教义的支配是随着具有神权政治性格的世界帝国之统一与官方规制的教条而来的。在斗争激烈的战国时期里，我们发现诸多争取支配地位的、活泼的知识潮流，就像西方古代的城邦文化一样。中国哲学，尽管有各种对立分化的状态，大约与（西方）古代哲学是在同一时期里发展的。自从帝国统一稳固化后（大约在公历公元开始的时候），就再也没有完全独立自主的思想家出现过。只有儒教徒、道教徒与佛教徒继续斗争着。尽管在公认的儒家教义里仍存在着哲学上的，以及（与之相关的）政治行政上的各个学派的斗争，但满洲人的（入主）统治，也还是坚定不移地崇奉儒教的正统学说。

四、儒教的本质

儒教，就像佛教一般，只不过是种伦理——道[1]，相当于印度的“法”（Dhamma）——罢了。不过，与佛教形成强烈对比的是，儒教完全是入世的（innerweltlich）**俗人**道德伦理。并且，儒教是要去适应这个世界及其秩序与习俗。基本上，它所代表的只不过是

1　此一字多义难解，我们下文还要再详论。

给世上受过教育的人一部由政治准则与社会礼仪规制所构成的巨大法典。这点与佛教的对比更大。

这世界的宇宙秩序被认为是固定而不可违反的，社会的秩序不过是此一秩序的一个具体类型罢了。宇宙秩序的伟大神灵显然只在于企盼世间的和乐，尤其是人类的幸福。社会的秩序亦如此。只有当人能将一己融入宇宙的内在和谐之中，那么心灵的平衡与帝国的“祥和”方可且当可获得。如果有人无法达到这一点，那么人的愚昧以及（尤其是）国家与社会的领导无方，就该为此负责。因此，在一道十九世纪的诏敕里，即将暴风席卷某省的原因归咎于当地治安的缺失，像私纵嫌犯以及拖延诉讼等，诸事引起了鬼神的不安。

皇权之具有卡理斯玛的观念，以及将宇宙秩序与社会秩序等同起来的观念，决定了这些基本的前提。凡事都取决于官位任职者的行事作为，而这些人是要对这社会——一个庞大的、在家产制支配下的共同体——的领导负起责任的。君主必须将未受教育的平民大众当作子女般来对待。他的首要任务便是在物质上与精神上照料好官吏阶层，并且与他们保持良好的、可敬的关系。

个人敬事上天最佳的方法便是去发展自己的真实本性，因为如此一来，每个人内在的善性无疑地便会涌现。因此，所有一切皆是个教育的问题，而教育的目的即在使人自其天然禀赋中开展自我。没有所谓根本的恶（radikal Böse）。

我们只有回到公元前三世纪才能找到抱持异端学说——肯

定人原始的恶性——的哲学家[1]。（对于正统儒教而言，）只有过失（Fehler）的存在，这是因为教育不足所致。世界，特别是这个社会所在的世界，确实是（就其本来那样）像人类一样不完美。善神与恶煞是并存的，然而，如果分别就人所达到的教育水平，以及统治者所具有的卡理斯玛特质而言，世界是再好也没有的了。世间的秩序是文化的需求与无可避免的分工——这点则导致利害的冲突——所自然发展的结果。根据孔夫子尚实主义的观点，人类行为的基本动力是经济的与性欲的。因此，生物的恶根性与“原罪状态”（Sündenstand）的理由，不足以说明强制性力量或社会服属关系的必要。后者被认为只不过是经济造成的状态：相对于不断增长的欲求而言，维持生存的财富是不足的。如果没有强制的力量，人与人之间就会发生战争。因此，强制秩序本身、财产的分化，以及经济利益的斗争，原则上，根本是当然的。

五、形而上学的摆脱与儒教的入世本质

儒教虽然发展了一套宇宙创成的理论，但本身却极无形而上学的兴趣。这个学派在**科学**上的成就很微小。数学虽然曾进步到

1 他们提出一个极非基督教式的结论：人的善乃是后天人为的文化产物。此一结论甚至造成比正统学说还更肯定对于教育与“文化”所在的“此世”之强调。

我们可以指出它的某些形而上学论点（参见 F. Farjenel, *Journal Asiatigue*, G. Soc., 20, 1902, p. 113 ff.）。他们主张物质本身的永恒性，而将其精神原理（太极）泛神论式地理解为一种善的原理，并且生成这个世界。自十一世纪起，这个论点就以一个正统的经典注释学派为代表；看似合乎逻辑，不过却很不透彻。此外，甚至连孔子也被假定（根据司马迁的描述）相信以占星术为基础的宇宙创成论（五行是以古代统治者的形态继起相胜的）。参见 Chavannes 编译的 *Se Ma Tsien*（Paris, 1895），vol. I, 序言，p. CXLIII；并参见下文。

三角法[1]，但是却因为没有被采用而很快地衰微了[2]。孔子显然对早为中东地区所知的岁差运动（Präzession der Aequinoktien）[3]一无所知。

1　中国的算术据说在六世纪时就已经有了数字进位的观念。参见 J. Edkins, "Local Value in Chinese Arithmetical Notation," *Journal of Peking Oriental Socielty*, vol. I, No. 4, p. 161 f.。他将此一知识推溯到巴比伦（？）。此一传闻中的知识仍有待考察。诚如上面提及的，十九世纪时的算盘是以**珠粒**来定位的。

2　不过，算术至今仍被包括在升等附加考试的九个项目中，通过此一测验，或者可以获得升迁，或者可免于贬降。

3　此据 Eitel, *China Review*, vol. XVIII, p. 266。T. de Lacouperie 则坚持中国古代文明源于巴比伦的看法（*Western Origin of the Ancient Chinese Civilization*, London, 1894）。

按：关于岁差运动，《中国大百科全书 · 天文学》中的"岁差和章动"（precession and nutation）条（pp. 338—339）所做的解释为："在外力作用下，地球自转轴在空间并不保持固定的方向，而是不断发生变化。地轴的长期运动称为岁差，而其周期运动则称为章动。岁差和章动引起天极和春分点（见分至点）在天球上的运动，对恒星的位置有所影响。公元前二世纪，古希腊文学家喜帕恰斯在编制一本包含 1022 颗恒星的星表时，把他测出的星位与 150 多年前阿里斯提留斯和提莫恰里斯测定的星位进行比较，发现恒星的黄经有较显著的改变，而黄纬的变化则不明显。在这 150 年间，所有恒星的黄经都增加约 1°.5。喜帕恰斯认为，这是春分点沿黄道后退所造成的，并推算出春分点每 100 年西移 1°。这是**岁差现象**的最早发现。

四世纪，中国晋代天文家虞喜，根据对冬至日恒星的中天观测，独立地发现岁差，并定出冬至点每 50 年后退 1°。《宋史 · 律历志》记载：'虞喜云："尧时冬至日短星昴，今二千七百余年，乃东壁中，则知**每岁渐差**之所至。"' 岁差这个名词即由此而来。

牛顿第一个指出产生岁差的原因是太阳和月球对地球赤道隆起部分的吸引。在太阳和月球的引力作用下，地球自转轴绕着黄道面的垂直轴（黄道轴）旋转，在空间描绘出一个圆锥面，绕行一周约需 26000 年，在天球上天极绕黄极描绘出一个半径约为 23°.5（黄赤交角）的小圆，即春分点沿黄道每 26000 年旋转一周。这种由太阳和月球引起的地轴的长期运动称为**日月岁差**。德国天文学家贝塞耳在 1818 年首次得出日月岁差为 5,034″.05（1755），今值为 5,025″.64。

地球自转轴在空间绕着黄道轴转动的同时，还伴随有许多短周期的微小变化。英国天文学家布拉得雷在 1748 年分析了 20 年（1727—1747）的恒星位置观测资料后，发现了另一重要的天文现象——章动。月球轨道面（白道面）位置的变化是引起章动的主要原因。**白道**的升交点沿黄道向西运动，约 18.6 年绕行一周，因而月球对地球的引力作用也有同一周期的变化。在天球上，表现为天极（真天极）在绕黄极运动的同时，还围绕其平均位置（平天极）作周期为 18.6 年的运动。同样，太阳对地球的引力作用也具有周期性变化，并引起相应周期的章动。岁差和章动的共同影响，使得真天极绕着黄极在天球上描绘出一条波状曲线。

除太阳和月球的引力外，地球还受到太阳系内其他行星的吸引，从而引起黄道面宫廷天文学者，亦即历法的制作者，必须与**宫廷占星师**——既是史官也是个具有影响力的顾问官——划分开来。前者是个秘密知识的持有者,其官职也是世袭的。然而相关的知识却没有什么发展,这点只要从耶稣会士所带来欧洲天文器材（在中国）所获得的极大成功即可得知。自然科学整体而言仍停留在纯粹经验性的层次。似乎只有一些从古老的植物学（亦即药理学）著作——相传是一位皇帝所作（按：指神农的《本草》）——引用出来的语句，被保留了下来。

历史学科则得益于古代的重要性。考古学的研究似乎在十世纪与十二世纪达到顶峰，而编年历史的技艺则随后同样地得到发展。王安石曾经试图创制一个专业的**司法**阶层来担任官职，却徒劳无功。因为正统儒教除了纯粹的古物研究或者纯粹的实用项目以外，其他概无兴趣。(这个论点的限度会在第七章里加以说明)。

儒教徒，**原则上**，与犹太教徒、基督教徒和清教徒一样，**怀疑**巫术的真实性。新英格兰地区虽有焚杀女巫的事，但巫术对**救赎**而言并没有意义，这点是很重要的。犹太教的律法学者坚信:“对以色列而言，星宿并不决定什么”，因此对于虔信的人来说，占星决定论在耶和华的意志之前便显得**软弱无力**。相对应地，儒教也认为巫术在面对**德行**（Tugend）时，是无计可施的。凡是以古典的生活方式过活的人，就不必**畏惧**鬼神；只有踞高位而不德者，

(接上页注) 位置的不断变化，这不仅使黄赤交角改变，而且还使春分点沿赤道产生一个微小的位移（其方向与日月岁差相反），春分点的这种位移称为**行星岁差**。它可根据天体力学理论精确地计算出来，由已知的行星质量和行星轨道要素的数据可算出行星岁差使春分点沿赤道每年东进约 0″.13，这个量习惯上用 λ 表示。”——译注

才会使鬼神有施力之处。

此外，儒教完全排斥佛教圣者与其道教的模仿者的那种冥思。根据传闻，孔夫子拒斥“素隐行怪，后世有述焉”（按：语出《中庸》），这可说是对老子的神秘道论带有讥刺的论点。对于过去某些儒家的圣贤而言——传说他们孤隐于世——此一态度确实是有些转折了：认为只有在天下无道时，一个人才可以隐退。此外，夫子有时断言：能知未来的禀赋，乃是一种德行完美的报偿。这是惟一具有神秘性色彩的一句话。不过，再加以仔细推敲的话，就会发现它不过是指正确地解释预兆（Omina）的能力。这话是为了不让职业的占卜师专美于前而说的。至于冀望未来有一位模范的皇帝出现的“弥赛亚式”冀望——如上文所说，这是世界各处皆有的，并且起源颇具普遍性——儒教对此既不反对也无兴趣（这个关于一位模范皇帝的神话故事被接受之后，发展成会有一只凤凰出现以为先兆）[1]。儒教所关注的只是此世，而且就是如此存在的此世事物。

六、“礼”的中心概念

受过传统习俗教育的人，会合宜且虔敬地参加古老的仪式典礼。他会根据他的身份习尚与“礼节”（Schicklichkeit）——儒教的根本概念——表现优雅而庄重地控制着自己所有的举止、身形姿态与动作。典籍中常喜详尽地描述孔夫子以如何完美无缺的恭谨典雅来行事：作为一个世上的人，他懂得依据身份等级与最为繁复的礼仪形式来揖让进退所有参加典礼的人。“高等的人”，“王

1　参见《十六国疆域志》，trans. Michels, p. XXI，诸批注。

侯似的”、“高贵的”人，是反复出现在夫子所留下来的话里的一个中心概念。这样的人，无论是内在或是与社会的关系，都保持和谐，并且在任何的社会状况下——无论等级是高是低——都平稳镇定；他行事世故而无害于自己的尊严。在一种合于礼仪秩序的宫廷沙龙气氛下，自制的沉着与正确无瑕的态度，展现出这个人的典雅与尊严的特性。

跟古代伊斯兰教的封建武士所有的热情与狂放比较起来，我们在中国发现的是警觉性的自制、内省与谨慎的特色。尤其是，我们会发觉到，所有热情的形式，包括欣喜在内，都受到压抑，因为热情会扰乱了心灵的平静与和谐。而后者则是一切善的根源。不过，此种摆脱并不像佛教那样扩展到所有的欲望，而只是针对所有不合理的欲望。之所以这么做，并不像佛教那样是为了脱离此世得到救赎，而是为了能融入此世。当然儒教伦理中并没有救赎的观念。儒教徒当然没有被“拯救”的欲望：不管是从灵魂的轮回，还是从彼世的惩罚当中被拯救。这两个观念都是为儒教所不知的。儒教徒无意于弃绝生命的救赎，因为生命是被肯定的；也无意于摆脱社会现世的救赎，因为社会现世是既有而被接受的。他只想通过自制而谨慎地掌握住此世的种种机运。他没有从原罪或人的堕落中——这是他所不知的——被拯救出来的渴望。他希望被拯救的，没有别的，或许只有无尊严可言的粗野不文。只有侵害到作为社会基本义务的**恭顺**(Pietät)时，才构成儒教徒的“罪”。

七、恭顺（孝）

封建制度以荣誉（Ehre）为基础，而家产制则以恭顺（Pietät）

为基础及首要德目[1]。封臣之忠诚的可靠性奠基于前者，而领主之仆人与属官的隶属性则基于后者。其间的不同并非相反，而只是强调点的差异。西方的封臣将己身“托付”（kommendieren），并且，像日本的藩臣一样，他有恭顺的义务。自由的官吏自有其身份的荣誉，也是他行为的动机。这在中国与西方都是如此，而与中东和埃及形成对比，那儿的官吏是从奴隶升上来的。无论何处，文官武将与君主的关系都留存着某些封建的特征。即使在今天，个人对于君主的宣誓（Eid），都还是这种关系的特征。君主通常因王朝的理由而强调官职关系中的这些要素，而官吏之所以如此则是出自身份利害的考虑。封建制的残余仍然强烈地存在于中国的身份伦理中。对封建主的恭顺（孝），是与子女对父母的孝顺、官职层级结构中（下级）对上级的恭顺，以及一般人对任官者的恭顺并列的，因为孝这个共同的原则是适用于所有这些人的。

实质上，封建的忠诚（Lehenstreue）已被转化为官吏之间的恩护关系（Patronagebeziehung）。忠诚的基本特性是家父长式，而非

1　“家”，是恭顺（Pietät）与支配的原始基础，也是其他许多团体的基础。就“支配”而言，家是（1）较强者，以及（2）较富经验与知识者支配的基础，因此是男子对妇孺，有体力者对能力较小者，大人对小孩，长老对年轻人支配的基础。再就**恭顺**而言，家是臣属者对拥有权威者之恭顺的基础，也是他们彼此间相互恭顺的基础。由于对祖先的恭顺，恭顺乃渗透入宗教。又因为家产制下的官吏、随从、封臣的恭顺，而渗入这些原具有家之性格的诸种关系内。就经济与人际关系而言，“家”，就其纯粹的形式——不一定是原始的形式——实具有一种团结性，它处理不管是对外、财产共有，以及家族内共产制下的共同消费的问题（*Economy and Society,* Vol. I, p. 359）。Pietät，此处译为“恭顺”，在中文或较近韦伯原意。韦伯所谓的“恭顺”，大致而言可说是一种骨肉之情，对长上孝悌恭顺，对手足则发挥兄弟爱、骨肉爱，而与所谓的客观性、就事论事（Sachlichkeit）、计算（Rechenhaftigkeit）等一般说来是相对立的。**恭顺**虽是以**家**为其原始母胎，但逐渐会渗透到原有的**家**之外，而成为许多其他人际关系的基础。见《支配的类型》第3章《传统型支配》。——译注

封建的。最为绝对根本的德行，并一贯地灌输给孩童的，是对父母亲的无条件的孝道（schrankenlose Kindespietät）[1]。当（种种德行之间）发生冲突的时候，孝先于一切[2]。

孔夫子曾赞赏一位高官，他出于孝心，为了不使父亲遭到否定而继续容忍再明白不过的恶行。他之所以如此，是因为他父亲出任同一职位时也是如此容忍的[3]。然而，这与《书经》里头的一段记载形成对比：其中叙述皇帝任命一个儿子继任其父亲的官职，以补偿其父在任时所犯的过错[4]。任何人，除非遵守为父母服丧的方式，否则就无法达到夫子的标准。在一个家产制国家里，孝被转化到所有的从属关系里；我们很容易即可了解：一个官员——孔子也曾是个宰辅——会认为孝是所有其他德行的源头。孝被认为

1　这（不只是对父亲）对母亲亦复如此。有个酒醉的儿子粗暴无礼地对待斥责他的母亲（1882）。这母亲便雇了数人将儿子捆绑起来，即使在参与行动的众人苦苦劝求下，还是将他给**活埋**了。众人因行事方式欠妥而受到处分，不过不久也就被赦免了。至于对这位母亲施加刑罚，自然是没有的事（1882 年 3 月 13 日《京报》的一则敕令）。

2　也优先于对君侯的服从。封建时期里，有位君侯命令一名官吏拘捕其犯重罪的儿子。这官吏却拒绝如此做，因而被下令逮捕；但受令逮捕这不服从命令的父亲的官吏，也同样拒绝这样做。结果这位父亲自杀了，而传统则责成这位君侯承担他所犯下的过失。见 Tschepe, *loc. cit.*, p. 217。

3　《论语》中有两则类似的孔子言。一则为《子张篇》中，曾子曰："吾闻诸夫子：孟庄子之孝也，其他可能也；不改父之臣与父之政，是难能也。"然孟庄子之父献子有贤德，似乎与韦伯此处所叙述的不符。另一则于《学而篇》中，子曰："父在观其志，父没观其行。三年无改于父之道，可谓孝矣。"朱注引尹氏曰："如其道，虽终身无改可也；如其非道，何待三年。然则三年无改者，孝子之心，有所不忍故也。"又引游氏曰："三年无改，亦谓在所当改，而可以未改者耳。"朱注所引之说与韦伯此处的诠释较相契。——译注

4　参阅 1896 年 6 月 8 日《京报》所登关于牛庄司令官之子的陈情奏疏。这名司令官被控于对日战争时怯战，因而被贬斥到西境去做修筑驿道的强制劳役。司令官之子请求让他自己能身替已积劳成疾的父亲，或者能以四千银两来为父亲赎罪。这份陈情书晋呈给皇帝时，附有一则评语，指出请愿人之孝心值得赞扬。

按：韦伯所述《尚书》中的记载，即鲧治洪水失败，舜命鲧之子禹继父职以偿其罪的故事。见《尚书》之《虞夏书》诸篇。——译注

是无条件的纪律之奉行的试金石与保证，是官僚体制最重要的身份义务。

军队从英雄的格斗转变为训练有素的部队，这种社会学上的基本变化，中国在史前时期就已完成。对于纪律之无所不能的普遍信仰，从很古老的传闻里就可以发现，而在孔子同时代人心目中则已牢不可破。“反抗比思想卑劣更坏”。因而“无节制”，亦即奢华浪费，比俭约更糟[1]。不过，也有反对的讲法；俭约会导致“卑微的”、或小民的想法，这与有教养之人的身份地位是不相称的[2]。因此，俭约不应该被赋予正面的评价。此处，就像在每一种身份伦理中所看到的一样，对于经济的态度，是个消费、而不是工作的问题。生计经营（das Wirtschaften）是不值一个“高等”的人去学习的；实际上他这么做也不得体[3]。这并不是在原则上拒绝财富本身所造成的结果，相反的，在一个治理良好的国度里，人民是以其穷困为**耻**的。若是天下无道，则人民以其拥有财富为耻[4]，因为这或许是任官时利用卑劣的手段而获得的。有关财富的**取得**，也只能是有所不为（Vorbehalte）。经济的文献就是士大夫的文献。

儒教伦理，就像其他任何官僚体制的伦理，拒斥官吏直接或间接地进行营利的行当。这被认为是道德上的暧昧不明，并且

1　此处引言不知所出何处。或许出自《论语 · 八佾篇》中，孔子对于季氏与管仲破坏上下身份规制之僭上奢侈行径的斥责。——译注

2　《论语 · 述而篇》，子曰：“奢则不逊，俭则固。”朱注：固，陋也。按：即因陋就简，不及于礼之意。又《八佾篇》中记载：子贡欲去告朔之饩羊。子曰：“赐也，尔爱其羊，我爱其礼。”——译注

3　《论语 · 卫灵公篇》，子曰：“君子谋道不谋食。耕也，馁在其中矣！”——译注

4　《论语 · 泰伯篇》，子曰：“……邦有道，贫且贱焉，耻也；邦无道，富且贵焉，耻也。”——译注

与其个人的身份地位不相符。官员在实际上愈是利用其职位来谋利，这一点就愈被坚持。其俸禄并不高而且，就像在古代，是以实物支付。不过，此一既非封建，亦非禁欲，而是功利的伦理，并没有发展出原则上反货殖的理论（prinzipiell antichrematistische Theorien）。相反的，儒教产生了极具现代意味的需求与供给、投机与利润的理论。与西方相对比的是，货币的收益性（Rentabilität）并没有被提及，而理论上显然也不反对生息一事。利息，在中国与希腊一样，被称为资本的“子息”。有某些皇朝的律令确实是反对一些“高利贷”行为的。不过，作为一个以私人利害为关注所在的资本家是不会成为一名官员的，而受过教育的知识分子也超脱于货殖之外。举凡对营利动机本身产生社会性质疑之处，此种质疑在本质上是政治性的。

八、儒教的经济心态及其对专家精神的排斥

孔夫子认为利得乃是社会不安的根源。显然他所意指的是在商贾或独占者的利益与消费者的利益之间所引起的典型的、前资本主义的阶级纷争。自然，儒教主要采取倾向消费者的政策，不过，对于经济利得的敌意并不强，一般民众的心理亦如此。巧取豪夺和不公正的官吏，尤其是税吏和其他的胥吏，在戏曲里都被痛加挞伐，然而对于商贾与放贷者却都似乎不太加以指控或嘲弄。儒教对于佛教寺院的敌对愤恨，导致（唐）武宗于 844 年的毁教之役。然而儒教所持以反对的根本理由在于：寺院将人民引离了有用的劳作（实际上，则如我们所知，“货币政策”在其中扮演了要角）。

在整个正统学说的文献里，随处可见对于经济活动的高度地

赞扬。孔子本人都可能会致力于求富，“虽执鞭之士吾亦为之”，只要这种努力的**成果**有相当保证[1]。然而**此一**保证未必真有，这个事实**导致**关于经济利得的一种真正根本的保守（态度）：换言之，心灵的平静与和谐会被营利的风险所动摇。因此，官职**受禄者**的立场便以神圣化了的伦理形式（ethische Verklärung）出现。由于只有官职地位能够使个人人格臻于完美，因此它是惟一适合君子的位置。孟子曾说：“无恒产而有恒心者，惟士为能。若民，则无恒产，因无恒心。”（《孟子 · 梁惠王篇》）经济营利的、医药的，以及卜巫等收入，都是些“小道”——会导向职业的专门化，这是很重要的一点，并且与我们上文所述的紧密相关。有教养的人所应致力的是通才（Allseitigkeit）的养成，这在儒教的眼里只有教育能够做到，并且也是官职所特别要求的。此一观点刻画出家产制国家里，官职功能缺乏合理专门化的特性。

然而，正如王安石在政治上的改革企图走向专业化，文献里也有人主张：以现代官僚体制里具有专业能力的官员，取代传统通才式的官员，因为没有人能无所不通。不过，中国古老的教育理想与此等功能上的要求强烈相反，并且，连带地，也与我们欧洲机械主义态度下对于行政之理性的客观化的诉求，形成强烈的对比。

孕育自古老传统的儒教官职追逐者，自然而然会将带有西方印记的、专门的、职业的训练，视为只不过是受到最卑微的实利

1 《论语 · 述而篇》，子曰：“富而可求，虽执鞭之士，吾亦为之；如不可求，从吾所好。”此处之“可求”、“不可求”，韦伯解之为致力求富是否真有成功的保证，大约是采自朱注：“然有命焉，非求之可得也。”——译注

主义的驱使[1]。这无疑是许多主要的反对“改革”(就西方意义而言)的关键所在。“君子不器”这个根本的理念，意指人的自身就是目的，而不只是作为某一特殊有用之目的的手段。在完整教育之下，儒教的“君子”,或如德沃夏克(Dvorak)翻译下的“贵人”(fürstlicher Mann)，所赞同的是一种教养的身份理想，而与以社会为取向的柏拉图式理想恰巧相反。

柏拉图的理想奠立于城邦的沃土之上，并且以人能只因精通一艺而实现自我的信念为出发点。儒教的理想与禁欲的基督新教的职业概念之间，甚至存在着更强烈的紧张性。

奠基于通才或自我完成上的儒教美德，比起因某一方面的贯通而得来的富裕，要来得崇高。即使是处于最具影响力之高位的人,若不具备从教育里所养成的美德,在世上便会一无所成。反之,无论个人有何美德，若是不能居于有影响力的地位，那么也会一无所成。因此，“高等”的人遂惟此地位是求，而非营利。

总之，这些就是有关职业生涯与财富的态度，一般而言被视为夫子所主张的基本命题。

九、君子理想

儒教对于职业生涯与拥有财富的态度，跟大量保存于古代伊斯兰教先知叙述中的封建贵族之奢华享乐相反，也与佛教的拒绝沾染俗世物质相反。与之相对立的尚有印度教严格的传统主义的

1 导致1905年9月2日废除古来“文化”测试那道敕令的奏议,本质上是无甚新意的。基本上,其意见只不过是：由于每个人都想借着科考来夺取一份俸禄官职，因而对国民教育的热切有所妨害。

职业伦理，以及清教奉之为神圣的、于一合理专门化的职业中、入世的禁欲与营利劳动。如果我们能暂时将此一根本的对比略去不谈，那么，我们便可在儒教与严谨的清教理性主义间，发现各种独特的相似性。

君子要避免美的诱惑。因为正如孔夫子所说："吾未见好德如好色者。"根据传闻，心怀忌妒的邻国君主为了逼使夫子去位而献给鲁侯一群美丽的女子，她们为这位在道德上听信谗言的鲁侯所带来的欢娱，要比他的政治告解者的教诲所带来的大得多[1]。总之，孔子将女人看成完全是非理性的，通常与仆隶一样难以应付[2]。亲近她们，会使她们忘了该保持的分寸，反之，疏远她们，又会招致她们的怨恨。佛教徒对女人的嫌恶，主要源自其遁世（的理念），而儒教相类似的轻蔑女子，则是源自其理性的清明。当然，儒教从不禁止纳妾，为了繁衍子孙，妾必须与明媒正娶的妻同被接纳。屡被提及的封建诸侯盟书里，就坚决拒斥给予妾之子相同于嫡子的权利，而对于宫闱中不正当影响力的抗拒，则披以反对阴（女性）胜于阳（男性）的外衣。

对朋友关系的忠诚被高度地赞赏。人都需要朋友，但必须在同等类中选择。对于身份不如己的人，必须扩展一己的仁心善意。至于其余，则此一领域中的一切伦理都回溯农民邻里组织的基本交换原理："我之待你一如你之待我"。这种"互惠精神"

1　司马迁所著孔子传（《史记 · 孔子世家》），ed., Chavannes, p. 336。

2　为所有美德之敌的"情欲"，甚至在古书里被视为**无药可救**的（《国语》[*Discours des Royaumes*]，p. 163，一位侍医对于君侯之疾病如是说）。对于情爱与国是之间的纷争，绝对是以后者为重来加以解决的。此种状况的"悲剧性"，至少**一度**被采入诗歌之中。

按：孔子之言，见《论语 · 阳货篇》，子曰："惟女子与小人为难养也。近之则不逊，远之则怨。"——译注

(Reziprozität) 是孔夫子在答问中所提示的社会伦理的基础。

不过，过激的神秘主义者（老子、墨翟）那种对敌人的爱，则被断然拒斥，因为这与国家基本的利害背道而驰。以**义**待敌，以爱待友——倘若以**爱**待敌，那么又将以何待**友**[1]？总而言之，儒教之有教养的君子是个以“仁”兼“勇”，以“智”兼“直”的人。然而，所有这些都必须受到（一般人所缺乏的）“戒慎”之节制，否则就会被拒于“中庸”之道外。此外,此一伦理的特殊印记在于，凡事的进行都必须在社会礼仪的限度之内。因为只有在礼仪的意念下,才能将“君子”形塑出儒家理念里的“人格”(Persönlichkeit)。因此，作为元德的诚，乃是以礼节的规范为其界限的。不只是孝的义务具有无条件的优先性（为了孝的缘故，有所隐瞒是被允许的）[2]，根据传闻描述的孔夫子的亲身实践，社会礼仪也是具有优先性的。“三人行必有我师”，据闻夫子曾这么说，这意指：我遵从**多数**[3]。他依据此一“礼节”来采择古典经书。司马迁认为孔子大约

---

1 《老子》第六十三章云：“大小多少，报怨以德。”《论语·宪问篇》载：“或曰：以德报怨如何？子曰：何以报德，以直报怨，以德报德。”韦伯此处以“义”与“爱”来解“直”与“德”。——译注

2 参见《论语·子路篇》：“叶公语孔子曰：‘吾党有直躬者，其父攘羊，而子证之。’孔子曰：‘吾党之直异于是。父为子隐，子为父隐，直在其中矣。’”——译注

3 《论语·述而篇》，子曰：“三人行必有我师焉，择其善者而从之，其不善者而改之。”朱注云：“三人同行，其一我也。彼二人者，一善一恶，则我从其善而改其恶焉。是二人者，皆我师也。”然而韦伯说孔子此语是“我遵从多数”的意思,这个解释较接近刘宝楠在《论语正义》中的批注。刘氏引钱坫之说：“善与不善，谓人以我为善不善也。我并彼为三人，若彼二人以我为善，我则从之；二人以我为不善，我则改之。是彼二人者，益为吾师。”其义或从《尚书·洪范》中“三人占，则从二人之言”得之。——译注

在诗经三千首（？）中，择取出了三百零六首[1]。

只有通过不断的学习，才有可能臻于完美，而这指的是文献经典的学习。“君子”凡事都不断且重新地反省与“学习”。据说，在国家官职考试中，九十岁的应试者并不稀奇。不过，此种不断的学习只能说是消化既有的思想。根据一则关于孔夫子的传闻记载：夫子在年老时想要凭一己的心灵来创造，却徒劳无功，只好又回归到书本的学习。在他看来，除非读书，否则心灵不过在原地空转罢了[2]。“缺乏理解的概念是虚妄的”这个命题，遂由“不经阅读所得的思想是死的”来取代[3]。因为不经学习，如前所说，追求知识就只是浪费精神，仁慈会成为愚蠢，正直变为别扭，直行成为粗野，胆识导致不服从，而性格的刚毅则导致不循常轨[4]。如此一来，对于这个适应社会的伦理而言，为最高之善的“中庸”就达不到了。

恭顺——纪律之母——是**惟一**真正绝对的义务，而人文教养则是人格完美的普遍性手段。不过，君主治国的智能，如孔子曾

---

1 《史记 · 孔子世家》记载孔子删诗作书传之事：“孔子之时，周室微而礼乐废诗书缺。追述三代之礼、序书传……故书传礼记自孔氏。……古者诗三千余篇，及至孔子，去其重，取可施于礼义……三百五篇。”韦伯将中国经典之纯净化的特色推为孔子的独特成就所在，即秉太史公之说。然而据后人考证，太史公此说是不足信的。其实孔子并未删诗，而是“对于它确曾用过一番重编或整理的功夫”，至于《尚书》，则“尚书之有异本，先秦已然”，只不过今本为“儒家所传”罢了。参见屈万里，《诗经诠释 · 叙论》，pp. 7—11；《尚书集释 · 概说》，pp. 7—9。日译本亦注太史公说之不确。——译注

2 《论语 · 卫灵公篇》，子曰：“吾尝终日不食，终夜不寝，以思。无益，不如学也。”——译注

3 前一个命题大约是基于康德之语：“无内容的思维乃是虚妄的，非概念的理解则是盲目的。”后一命题则为子曰：“思而不学则殆。”——译注

4 以上顺序与《论语·阳货篇》所载不同，但内容是一样的。孔子告诉子路所谓“六言六蔽”：“好仁不好学，其蔽也愚；好知不好学，其蔽也荡；好信不好学，其蔽也贼；好直不好学，其蔽也绞；好勇不好学，其蔽也乱；好刚不好学，其蔽也狂。”——译注

面告哀公的，在于选择（古典意义下的）“正确的”**宰相**[1]。

十、经典的重要性

此种教育只能通过经典的学习来传递，而经典之具有绝对准则性的威信与正统的纯粹化形式，是不容置疑的。

确实，我们有时会发现这样的意见：人们以现在的问题质之于古代，是会造成祸害的。然而，就像理雅各（Legge）所认为的，这必须被解释成对于古老封建时代的一种排拒，而不是反传统主义。儒教整体已成为一种传统彻底的神格化之物。

李斯著名的丞相奏议就真正是反传统的，它直接**针对**儒教而来，并于公元前213年帝国统一与官僚体制诞生时，导致一场焚书的大灾难。奏议中说：士人集团以贬损现今来颂扬古代，因此相教以蔑视皇帝的法令，并依据相传的士人权威典籍来批评法令。有用的书籍只是那些关于农业、医药、卜筮的书——与儒教价值取向恰恰相反[2]。这是这名封建制的摧毁者（李斯）的彻底的功利式理性主义，他为了个人的权力地位，便将所有那些传统的束缚——儒教理性主义一贯的屏障——摆脱开。但如此一来，他便动摇了统治阶层在**权力**上与在**正当性**上的利害权衡之间所做的妥协，而这个体系的存在理由便奠基于此一妥协之上。

无疑地，基于自身安全的理由，汉朝很快地又回复到儒教的

---

1 此据《论语·为政篇》的记载，哀公问曰：“何为则民服？”孔子对曰：“举直错诸枉则民服；举枉错诸直则民不服。”——译注

2 详见《史记·秦始皇本纪》，秦始皇三十五年下令诸臣议博士淳于越所进封建、师古之言，而引出丞相李斯一番焚书、禁偶语及以吏为师等完全反传统的奏议。——译注

路线上。一个家产官僚阶层（Patrimonialbeamtentum），发现自身处于一种绝对权力的地位并独揽庶务与神职的功能时，除了抱持一种注重典籍的传统主义心态之外，别无其他选择。只有典籍的神圣性本身可保证秩序——支持此一阶层之地位的秩序——的正当性。

在这点上，家产官僚阶层就必须限制它本身的理性主义；同样地，在面对民众的宗教信仰时，它也必须如此。民间信仰能保证民众的顺服，并且如我们已注意到的，并可使民众对政府组织的批评有所限制。个别的统治者可能会是个差劲的统治者，因此，并不具有卡理斯玛。果然如此，则这名统治者便不是依天命而统治，可以像任何不称职的官吏一样被夺去权位。然而，整个体制却必须基于恭顺上，而每一次传统的动摇，都会危害到此种恭顺。

基于这些众所周知的理由，儒教一点也不曾企图要在伦理上理性化既有的宗教信仰。由皇帝与官吏来主持的官方祭典和由家长来主持的祖先祭祀，被儒教预设为既有俗世秩序的构成要素。《书经》里的君主在做决定时，不仅要征询国中的诸侯以及“国人”（当时，无疑指的是军队）的意见，而且还要征之于两种传统的占卜方式。如果这两方面的判断相冲突时，行事的过程便在决疑论断上引起争辩[1]。特别是因为教育阶层所抱持的这种态度，想要得到心灵之慰藉与宗教之指引的个人需求，便停留在巫术的泛灵

1　在《尚书 · 盘庚篇》中，我们可以看到商王盘庚为迁都之事而与不愿跟从之“民”协议的情形。这些“民”即“都伯师长、百执事之人”，以及有力的公卿等。同样地，在《洪范篇》中也记载：“汝则有大疑，谋及乃心，谋及卿士，谋及庶人，谋及卜巫”，至于汝、龟、巫、卿士、庶人这五个决疑的因素，何者从、何者逆，从与逆的比例决定行事的吉凶，皆有详细叙述。——译注

论（magischer Animismus）、与崇拜功能性神祇的水平上。除非有先知预言的介入，否则这些现象总是可以想见的，然而中国并未有先知预言的兴起。

十一、正统教义的历史发展

中国的思维已将巫术的泛灵论调和到一个高延（J. J. M. de Groot）称之为“天人合一观”（Universismus）的体系里。然而，此一体系并非儒教所独力创成，我们必须考虑参与其中的种种势力——在儒教的观点中，它们都是异端。首先，我们必须了解，儒教是诸种士人学说中，最终被单独采纳的一个学说，然而，并不**总是**惟一被接受的一种。

儒教从来就不是惟一为国家所认可的中国哲学。《洪范》，亦即“宏伟的计划”，就是这种学术的表现。愈往前溯，则士人阶层愈不认同于儒教正统。在战国时代，有各种相竞争的哲学派别，它们之间的竞争即使在帝国统一之后也未曾消失，而且每当皇权低落时，就会更激烈。儒教的胜利是在公元第八世纪时才尘埃落定的。此处并不适宜综述中国哲学的历史，不过，正统教义的发展倒可以借以下的事实来加以具体说明。

我们且将老子及其学派的立场略而不谈，因为其（与正统）相距甚远。在孔子**之后**，我们还可以见到像杨朱、墨翟这样的哲学家。前者是个伊壁鸠鲁式的宿命论者，他反对儒教徒并贬斥**教育**的意义，因为个人的独特性是他无可逃避的“命运”。后者则在相当可观的程度上将自己从传统当中解放出来。孟子的时代前后，皇权低落的公元前四世纪时，孙卿[1]——某一诸侯国里的一名活跃的官吏——站在反儒教的立场上，认为人性本恶。辩证家、禁欲者、和纯粹的重农主义者（如许行），都各自采取一套相去甚远的**经济**政策而彼此对立。迟至二世纪时，崔寔的《政论》采取一种严厉的反和平主义的立场，认为在长期**太平**时代里，风俗的堕落会导致放荡与官能的逸乐[2]。

所有这些都是非古典的异端，孟子即与其时代的异端奋战不已。然而，他的同时代人荀子，却在儒家的观点下认为人性之善乃是人**本身**（而非神）的一种后天的产物。因此，在政治上，他主张："神是民众之心的**表现**"[3]。同样地，彻底悲观论者杨朱与孟子的看法也相去甚远，他认为智能的极致即在于背负生命并抛却对死亡的**恐惧**。神的意志是"无常"的，这往往成为善人之所以遭受不幸的解释。

司马迁（其父似乎是属道家）[4]在其著述中即对诸对立学派作过

1　日译者指出韦伯原文拼音为 Sun Kung，而英译者改为 Sung K'eng。依音译应推为宋径，此人见于孟子书中，时代亦相符。不过，依文意推断，又似乎应为荀况（Sun K'uang），即孙卿（Sun King）。可能是韦伯所依据的文献有些问题。此处暂依文意，译为孙卿。——译注

2　Fr. Kuhn, *Abhandlungen der Berliner Akademie*（1914, 4）.

按：详见《群书治要》，卷四十五引崔寔之《政论》，与韦伯此处所述相关的一段为："凡天下之所以不治者；常由人主承平日久，俗渐弊而不寤，政浸衰而不改，习乱安危，逸不自睹。或荒耽嗜欲，不恤万机；或耳蔽箴诲，厌伪忽真……"据此，则前日译本译者（细谷）以为此处典出徐幹《中论》，或英译本将原文 Tschung Lun des Tsui Schi 改译为 Chung Lun of Chun Hsi，均不正确。——译注

3　《荀子·性恶篇》言："凡礼义者，是生于圣人之伪，非故生于人之性也。"《大略篇》曰："礼以顺心为本。"——译注

4　参见 Chavannes 编译太史公书的前言，p. xiii。

一番系统分类[1]。他分别出六个学派:第一，形而上学者，基于天文学的阴阳思辨;第二,墨翟（墨子及其学派),受到神秘主义的影响,力主节葬及行事的彻底简朴（即使是皇帝）;第三，语言学者的学派,他们注意字义的解释与观念上的实在论,比较上是非政治的（学派)，并且从诡辩者的时代就流传下来的;第四，法律学派，他们（如后代的崔实）是权势理论（Abschreckungstheorie）的代表者;第五，道家，我们于下文中（第七章）再加以讨论;第六，士人学派，即司马迁所追随的儒教。不过，司马迁所代表的儒教立场，在很多方面后来都显示出是非古典的。

十二、早期儒教的“激越”

司马迁以为那位有名的皇帝——黄帝——羽化登仙去了，这就带有道家的意味[2]。他的宇宙创成论,即五行说,显然是起源于占星术。正统的儒教徒当然会赞同他对于财富的推崇，他们也会同意他认为只有富者可诱之正确遵从于**礼**。虽然他对以经商为营利之手段的推许,颇令儒教徒惊异[3],但他们之中也有不少人并不会反

1 《史记·太史公自序》中，论六家之要旨曰:“《易大传》:‘天下一致而百虑，同归而殊途。’夫**阴阳**、**儒**、**墨**、**名**、**法**、**道德**，此务为治者也，直所从言之异路，有省不省耳。尝窃观**阴阳**之术，大祥而众忌讳，使人拘而多所畏;然其序四时之大顺，不可失也。**儒者**博而寡要，劳而少功，是以其事难尽从;然其序君臣父子之礼，列夫妇长幼之别，不可易也。**墨者**俭而难遵，是以其事不可遍循;然其强本节用，不可废也。**法家**严而少恩;然其正君臣上下之分，不可改矣。**名家**使人俭而善失真;然其正名实，不可不察也。**道家**使人精神专一，动合无形，赡足万物。其为术也，因阴阳之大顺，采儒墨之善，撮名法之要，与时迁移，应物变化，立俗施事，无所不宜，指约而易操，事少而功多。儒者则不然。……”——译注

2 Edkins,“The Place of Hwang Ti in Early Taoism,” *China Review*, vol. xv, p. 233 f.

3 对此并不赞同的,参见 Chavannes 编译《太史公书》, Appendix II 中的 Pen Piao（班彪？）。

对司马迁对“天意”（Vorsehung）之绝对命定论的疑惑，因为，确有有德之人因饥饿而死[1]。汉朝的碑刻上也有类似的言论[2]。

尽管司马迁认为英雄精神可能是“无用的”，这与被认为源自孔夫子的后代学说是一致的，然而，他的立场也不能毫无保留地接受。因为，认为声名是一切，美德是“目的本身”，或者君主必须被教诲引导等，就不是古典的了。然而这些却都是**受过宫刑的**司马迁所教的。司马迁以其大师的手笔，极端符合孔子自身所实践的精神，在史书中表现出一种决然平静的色彩。司马迁写给他的朋友任安的书信[3]，以其最为正统的儒教风格而令人动容。后者当时受到拘禁而求助于司马迁，但却无效。曾因政治事件而被怀疑并受**宫刑**惩罚的司马迁[4]，在复职之后，回信道：

他**实在**无法也不愿援救他，因为害怕招致危险。“**已行于悠远之路**”的灵魂[5]，可能会积怒于他（即司马迁），也因而降害于他，他希望能够说明之所以不援救任安的理由，因为“士为知己者

1　此处指伯夷、叔齐饿死首阳山之事。太史公于《史记 · 伯夷列传》中即发出“余甚惑焉，傥所谓天道，是邪非邪？”的感慨。——译注

2　例如，汉代的一块墓碑上（约公元前 25 年）有一段哀吊死者早逝的铭文是这样的（*Journal Asiatique,* vol. x, Série 14, 1909. ed. Chavannes, p. 33, 36）：“人生自古即有行事无瑕而未获报偿者”、“**音容**犹在”（参照 Chavannes 编译《太史公书》）、“他会荫庇其子孙”（这是**古老的**世袭性卡理斯玛的观念；如前文所提，较新的观念已相异于此）、“他已归赴阴府”。

405 年的一段墓铭上记载着：“凡人皆有死。”完人也不期有**个别的**特例（他已与道合一，参阅第七章。可能受到庄子的影响？）。

对于官场进退得失的**淡然**，受到赞扬。升迁乃是决定于“正直”、“孝悌”与“对死者的恭敬”。不过，一般的感受是“天无悲悯，既病且死”。“上帝”则从未被提及。整个心态、情绪大体上是与司马迁相类似的，完全看不到后代那种有力的**乐观主义**。

3　关于此人，参见 Chavannes, vol. I, App endix I, p. ccxxvl f.。

4　对中国人而言，基于**祖先**崇拜的缘故，宫刑是一种特别恐怖的厄运。

5　不死的信仰不是古典的。此处只是个**鬼神**信仰的问题。

按：《报任安书》中有“则长逝者（指任安）私恨无穷”之语。——译注

用”——道地的儒教表现。他并不详细谈论惨痛的命运，而只是揭露出**自己的**不幸，亦即他所受的宫刑。这位执笔者是如何能忍受他所遭受的痛苦呢？他列出主要的四点：

第一，为了不使**先人**受辱；第二，为了不使**自己**的声名不闻；第三，为了不损及理性与尊严；第四，为了不侵害“维系一切的律则”。对司马迁本身而言，他会以完成**他的著作**来洗雪耻辱。

这整封书信，让我们想起了阿伯拉尔（Abelard）写给爱洛伊丝（Héloise）的信件，其中冷然的教诲姿态（推测是为了同样的理由！）伤痛人心。然而，这种人与人之关系的**冷静的**调节，是真正儒教式的。虽然有些事我们在感情上可能无法认同，然而我们不要忘了那些高华而傲然的文书（如我们上章末尾所引述的），可都是在儒教精神下完成的。司马迁所引述的秦始皇刻石里[1]，即规诫非“理性”的行为应加以拒斥。这在司马迁与儒教徒的解释下，意指**惟有**通过学习与**知识**[2]，方能得到合理行为的指引。对儒教而言，最终的裁判在“知”——通过经典的研读所得到的古典规范与传统的知识。就此一强调的重点而言，我们将会看到儒教对于世界的态度已与中国的其他派别**截然**不同。

十三、儒教的和平主义性格

儒教的“理性”（Vernuft）是一种**秩序**的理性主义（Rationalismus der Ordnung）。陈季同说：“宁作太平犬，不作离乱民。”[3]

---

1 见《秦始皇传》（法译《史记·秦始皇本纪》），ed. Chavannes,p. 166。

2 赞扬之辞见于前引汉代碑铭中。

3 *China und die Chinesen*（A. Schultze 德译本，1896），p. 222。

正如这句话所显示的，儒教的理性，本质上具有**和平主义的**性格[1]。在历史上，此一特殊性格在乾隆皇帝御批的明代史（按：《御撰资治通鉴纲目》）中强调到最高点[2]："惟有**不嗜杀**人者能一之。"因为"天道无常，惟**理**是辅"[3]。**这**就是统一帝国发展下的最终产物。相反地，孔子是主张要为父母、兄长以及朋友的被杀害**复仇**的，这是一种男子的义务[4]。不过，此种（儒教）伦理仍是和平主义的、入世的，纯粹以敬畏**鬼神**为取向的。

鬼神并非没有道德评判资格，相反地，在中国，正如在埃及一样，可以看到司法裁判上的非理性是建立在这样的信仰上：受冤屈者的哭号会引来鬼神的报复。这在受害者是由于自杀、悲怨和绝望而死时，尤其如此。最晚起于汉代，这种坚定的信仰是从官僚体制与诉之于天的权利的理想化投射中萌芽的。我们也已看到伴随着真正的（或自称的）被冤屈者的大众的呼号，对于官吏的约束有多大的力量。对于鬼神之报复的认同信仰，迫使每一位官吏在面对可能造成自杀危险的群众狂乱的情况时，不得不让步。

一个将其厨房小厮毒打至死的官员，在群众的**要挟**下被宣告

1　孔子甚至自称无资格谈论军事上的事。

按：《论语·卫灵公篇》载：卫灵公问阵于孔子。孔子对曰："俎豆之事，则尝闻之矣，军旅之事，未之学也。"明日遂行。——译注

2　《御撰资治通鉴纲目》, trans. Delamarre（Paris, 1865）。

3　《御撰资治通鉴纲目》洪武二年五月"御史中丞章溢卒"条载："太祖聘之，与刘基、叶琛、宋濂同至应天。帝劳之曰：'我为天下屈四先生，今天下纷纷，何时定乎？'溢对曰：'天道无常，惟**德**是辅。不嗜杀人者能一之耳。'"韦伯此处引文"惟**理**（Vernuft）是辅"并不正确；与其说是"本质上具有和平主义性格"的"儒教的理性"，倒不如说是儒教对于君主之卡理斯玛古典美德的要求与德治思想。——译注

4　《礼记·曲礼上》有"父之雠弗与共戴天，兄弟之雠不反兵，交游之雠不同国"的经文。——译注

处以死刑（1882）[1]。对于鬼神及其功能的信仰，是中国平民大众惟一一份极具效力的大宪章（Magna Charta）。不过，鬼神也监视着所有种类的契约。他们拒绝保证强制性的或非道德的契约[2]。因此，合法性（Legalität）作为一种美德，具体地受到泛灵论式的保证，而不只是一种整体人格的总体习性（Gesamthabitus）。不过，以一救赎宗教促成一种有规律的**生活样式**的中心力量，则**并不存在**。

1　Giles, *China and the Chinese*（New York, 1912）, p. 105.

2　“要盟也，神不听”，甚至在最古之时已有此种主张。参见 E. H.Parker, *Ancient China Simplified*（London, 1908）, p. 99。

按：孔子此语乃针对子贡问“盟可负邪”的回答。孔子去陈过蒲而遇难，蒲人与孔子弟子斗甚疾，蒲人惧，谓孔子曰：“苟毋适卫，吾出子。”与之盟，出孔子东门，孔子遂适卫。以此遂有与子贡一番问答。详见《史记 · 孔子世家》。——译注

第七章

正统与异端[1]

一、教义与仪式在中国

中国官方的国家祭典，就像其他地方一样，都只是为了共同体的利益而举行；而祖先的祭祀则是为了氏族的利益。此二者都与个人的利益本身无关。自然的巨灵愈来愈非人格化[2]，对它们的祭祀被简化为官方的仪式，而此种仪式逐渐地掏空了所有的感情要素，最后变得只等于是社会的惯习。这是有教养的知识阶层所完成的工作，他们全然不管平民大众的典型的宗教需求。高傲地弃绝来世（Jenseits）、弃绝当下现世之个人的宗教性救赎保证，也只

---

1 有关道教，参见 de Harlez 与 Legge 所译出的文献。至于一般性的论述，参见 W. Grube 杰出的遗著 *Religion und Kultus der Chinesen*，以及特别是 de Groot 所著的 *Universismus, Die Grundlagen der Religion und Ethik, des Staatswesens und der Wissenschaft Chinas*（Berlin, 1918）（此书以下简称 *Universismus*）。

2 此处所谓自然的巨灵（grosse Naturgeister），是指天地山川风雨等神灵。——译注

有在高贵的知识人阶层里才行得通[1]。(存在于群众与知识分子之间的）这道鸿沟，并不是将儒家的态度强加于非士人身上——亦即灌输以古典的教诲，此乃惟一可行的方法——就可以抚平的。

紧接着孔子之后，各式各样的功能神祇和神化的英雄人物突然地出现在文献上。这些神祇直到此时才开始出现的发展过程，实在令人费解，因为在其他地方，此一现象是属于较早期阶段的。某些像雷、风等典型的功能神祇（“主事”)，是早期的农民宗教所特有的；神化的英雄则体现出封建的英雄战斗，在中国那是属于远久以前的。然而，功能神祇的分殊化与固定化（甚至还有厕所的守护女神)，就像古罗马时代努米那（numina）崇拜的分殊化一样[2]，可能是在官僚体制的统治下，逐渐扩展的祭典因袭主义(kultischer Konventionalismus）所造成的。

孔子之被圣化，是历史人物成为祭祀对象的第一个确定的例子[3]。图像的描述比起模糊的官方术语所涵盖的无数面貌，还更能让我们认清，原来天帝是被认为像个人的样子。如我们所知，直到公元十二世纪，这位天帝的非人格化才达到唯物论的地步。人民

1　除了前面所引的碑铭资料外，我们还可以征之于中国的文献。就此，de Harlez 所译的启蒙书《小学》中，即告诫不可信那些为死者求取来世之福的佛教僧侣之骗术。其中的道理在于：随着肉体的腐朽，人的精气亦告消散，所以我们对于死者是既无法加惠、又无以加害的（Book V, no. 86)。

2　古罗马的宗教是于公元前二千年雅利安人入侵意大利半岛时期开始的。起先人们所崇拜的是与农耕、畜牧有关的自然现象之神。在这段为时甚长的泛灵鬼神崇拜里，所被信奉的神灵即努米那。但尔后努米那崇拜即有了个别化的现象，人们逐渐信奉个别的神灵，如守护家户、炉火、农园等诸神。——译注

3　就像天主教教会一样，家产制的恩宠机构于此会做一种区分，亦即被列为神的人所享有的只是（以天主教的用语来说）“尊奉”(Verehrung)，而不是像自然的巨灵所受到的“崇拜”(Anbetung)。不过，这样的区分，当然，和其他类似的事情一样，在一般民众的心里只不过是个形式而已。

大众被摒弃于直接参与对非人格化之最高存在的国家祭典的祈祷与供献牺牲之外[1]。对他们而言,原初的“天帝”——后来有关他的诞生、统治、隐逸与升天等传说都被添加进去——似乎一直还活着,并且在家庭的祭祀中受到崇奉。职掌祭天的官方祭典代表,自然是无视于此的。

现今所知的其他民间神祇,同样很可能是从古代的功能神祇演变而来。官方祭典略去了这些(神祇),而儒教只将他们置诸“鬼神”之中。关于这些神祇原来的性格与后来的形象到底有何关联的问题(亦即“泛灵论”之地位的问题),异常棘手,只有专家才能处理;也只有专家才能够掌握自然物与人工物(按:诸如先史时代的器物)、如何被视为具有奇迹性的方式,从而确定“拜物信仰”(Fetischismus)的问题。此处,我们并不想在这些问题上费心。我们有兴趣的,是官职教会(Amtskirche,按:指成为官方宗教的儒教)的立场与非古典的民间宗教的立场二者间的裂痕。而且,我们希望能探察出后者是否(或已是)一种在取向上有别于儒教的生活方法论(Lebensmethodik)的泉源。事实似乎看是如此。大部分民间神祇的祭拜,除非他们起源于佛教,都被认为是一种宗教流派的一部分。此一流派一直被儒教及在其支配之下的救赎机构(Heilsanstalt)视为异端。就像以儒教为取向的恩宠机构(Gnadenanstalt)本身一样,此一流派一方面是祭祀的(与巫术的)实践,另一方面也是种**教义**(Lehre)。我们很快就要讨论到。不过,为了方便起见,我们似乎应该先进一步澄清,古老的民间神祇与

1 此一“非人格化的最高存在”,具体而言,是指冬至日于国都南郊所祭的“天”,及夏至日于北郊所祭的“地”。此种“天地之祭”乃是天子的特权,一般庶民是不得参与的。——译注

儒教的伦理学说之间的根本关系。

我们可以利用手边最方便的实例：让我们考虑一下古希腊的社会伦理的哲学派别、与古希腊的民间神祇之间的关系。再次地我们发现到那种令人**迷惑**的现象，此一现象原则上是无论任何时代的教养知识阶层，在面对固有的粗野民间信仰时，都会发生的。希腊的城邦国家让形而上的、社会伦理的冥思默想有充分活动的余地。国家只要求（人民）遵行留传下来的祭祀的义务，因为一旦忽略了它们，就会给城邦带来不幸。希腊的哲学派别与儒教的相似处，在于其社会伦理的取向，以及古典时期的主要代表人物；就像儒家的中国知识分子，他们根本上对神灵置之不论。大体上他们只是单纯地支持古代传下来的仪式，就像中国的官绅知识圈子和一般而言我们现在类似的圈子，所做的一样。虽然在某一点上，这其中有个重大的差别。

为了教育上的目的，儒教所编纂的古典经籍，不仅成功地驱除了这些民间的神祇，并且也消灭了所有足以冲犯其伦理因袭主义的事物。这正如我们已经指出的，或许就是孔子所做的最大贡献。

我们只消读读柏拉图在《理想国》里有关荷马的讨论，就会认识到：古典的希腊哲学在社会教育学方面，**有多想**做到（与儒教）同样的事。虽然在伦理上的理性国度里，荷马并没有地位，但他在传统的骑士教育里却有巨大的影响力，而且被认为是古典的。在好战的城邦里，荷马及其英雄神的角色是不可能为行政当局与教育者所忽视的，在那儿也不可能建立起一个以经典（和音乐）——经过伦理上的净化——为基础的纯粹的文人支配（就像中国的家产制就其政治利益所在而实行的）。再者，甚至在城邦已被征服，换言之，和平化的帝国内部政治障碍已告铲除之后，当时并存的各哲学学派，也没有一个能像儒教在中国那样，成功地取得独占性的正统地位。如果依此（以中国为例）推论，则表示要接受某一派别的哲学来作为惟一正确的国家**哲学**，换言之，就好比假设罗马皇帝只容许斯多噶派的哲学，并且只任命斯多噶派的哲学家担任官职。这在西方是不可能的，因为没有任何一个哲学学派为自己宣称（或得以如此要求）那种绝对传统主义的**正当性**（Legitimität）——就像孔子为其教理所要求的那种正当性，并且极为刻意地表现出这种立场。以此，希腊的各哲学派别，无法做到像儒教学说那样，为一个俗世的统治者及其官吏提供政治性的服务。

希腊哲学家，就其最为内在的本性而言，注意的是自由城邦的诸问题。“公民”的义务，而不是“子民”的义务，方为他们的基本课题。（他们和）古老而神圣的宗教性恭顺戒律间缺乏一种内在的联系；此种戒律是可以为一位以正当性为关注目标的家产制支配者提供服务的。绝对地适应此世，以及拒绝所有可疑的形而上学思辨，对于在政治上最具有影响力的（希腊）哲学家的内心需求而言，都是邈远陌生的；由于没有这种思辨，使得儒教如此紧密地贴合于中国的当权者。斯多噶学派一直到安东尼王朝（die Antonine）的时代[1]，都还保持其为一种与机会主义相敌对的反对派教理。直到塔西佗（Tacitus）时期，反对势力消失之后，才使得罗马皇帝接受了斯多噶派的理论。情形之所以如此，是由于古代城邦的独特性，并且，或许就是它在**观念史上**所留下的最重要结果。

1　138—180年间安东尼家族先后有两人担任罗马帝国的皇帝，此一时期为罗马帝国的黄金时代。后一任即为有名的马克·奥里略。——译注以此，西方在公元前就已发生的哲学理论与社会伦理相对立于民间宗教的紧张性，即以如下的状况持续下来："荷马时代"的英雄神祇与民间神祇崇拜，被发展成**官方**制度；而哲学家的学说则成为任由公民**私下**崇信的对象。这和中国的情形正巧完全相反：一套被奉为圣典的**学说**和在宗教上被神圣化的国家**祭典**，与众神并存；对于众神的崇拜，只有部分是官方来执行（在某种程度上只是容忍而已），另一部分则被认为属于**私人**事务，不过还是受到怀疑。当然，和官方的诸神祭祀并行而不为官方所承认、并且受到怀疑的祭祀，也存在于西方古代。这类私下的崇拜里，有的会以其自己的一套救世论及与其相配合的伦理而名噪一时。从毕达哥拉斯学派（Pythagoränismus）开始，到罗马皇帝时代的救赎者崇拜，这种情形持续不竭。中国的某些非官方的崇拜亦是如此。

不过恰成对比的是，西方的发展导致官方势力与这些救世论的社团之一——即基督教会——达成世界历史性的结合，此一结合至今仍具影响力。中国的发展则取径迥异。有一段时期，佛教在中国似乎也可以扮演类似的角色，因为它已被皇帝正式接受。然而，佛教却被限制在一种受到容忍（虽然具有影响力）的崇拜的地位上，而与其他的崇拜并列。这是由于我们已经提及的种种利害关系的缘故，诸如儒教官僚体系的反对、重商主义与货币本位政策，以及最后的一场大灾难（按：指发生在唐武宗会昌五年，即公元 845 年的灭教事件）所造成的。尤其是佛教在中国的影响，正如我们下面会看到的，对于我们此处特别关心的课题，亦即经济的心态（Wirtschaftsgesinngung），相对的少有关联。

在中国，大多数古老的民间神祇，以及一整批新出笼的神灵，都处于一个教士阶层的恩护之下，此一阶层之所以受到容忍，是因为它宣称自己乃源自一位哲人——老子——及其教理。此一教理的意义最初基本上与儒教的并无不同。后来它却与儒教成为对立的关系，最后则彻底被视为异端。我们无可避免地要一窥此一异端之究竟。

二、隐逸思想与老子

个人神秘的或禁欲的救赎追求，对于（古典的）儒教而言，是完全陌生的一种关注。在印度，此种救赎的追寻源自未曾遭受教士所束缚的俗人教养阶层。此种救赎追求，正如其在任何官僚体制的生活样式里所遭遇到的情形一样，当然不会受到中国官僚体系的理性主义一丁点儿的重视。

隐逸者在中国一直都有[1]，并且也不仅只是根据庄子书中所说的[2]。在古来的图画里，留有他们的影像，而儒教徒本身也知道他们[3]。某些注记甚至可以让我们做如此的推论：起初，那些早期的英雄与文士，在年老之后便退隐到山林里过着独处的生活。在一个纯粹由战士所组成的社会里，被认为毫无价值的“老人”通常会遭到遗弃；很有可能的是，那些隐逸者的“年龄阶级”（Altersklassen）最初就是来自这样的老人。不过这些推断还不确定就是了。进入历史时代后，老年人过一种隐逸的生活，从来不被认为是正常

1 “至”为圣人之意，“遁、逸、隐”即隐逸者。“仙”（此字从“人”，从“山”）为隐士。

2 参见 de Groot 在其 *Universismus* 中的叙述。此外，A. Conrady, “China,” J. von Pflugk Hartung ed.,*Weltgeschichte, die Entwicklung der Menschheit in Staat und Gesellschaft, in Kultur und Geistesleben*（Berlin, Ullstein, 1910），vol. III, pp. 457-567；另参见 Chavannes 编译的太史公书中的注释。

3 图画中常将神仙（Rishi）描绘成乡野草民。

的——不像是在印度。

尽管如此，只有从“尘世”中抽身出来，才会有余暇与气力来**思索**，以及捕捉神秘的**感觉**。孔子和他的对手**老子**一样，独居而不任官职。惟一不同的是，神秘主义者——老子与庄子——是因为他们的救赎追求而**拒绝**担任官职，而孔子则觉得是不得志于官场。对于政治上**失意的**文士而言，隐逸的生活比起自杀或自请处分[1]，被认为是从政坛上引退的一种较为正常的方式。诸侯国中的一位君侯之弟，吴国的仲雍，就退而隐逸[2]。庄子也曾说那位有成的帝王，黄帝，是退位而成为一名隐者的[3]。我们要了解到，早期隐逸者的“救赎目标”，首先是以长寿之术，其次是以巫术，为其取向的。长寿与巫术力量，是大师们以及那些随侍他们一起隐居的一小群弟子的目标。

---

1 在史书上可以见到的一个实例是越国的大臣范蠡。当他的君主失陷了某个都城后，他即表明：若按古来的规则，他必须自杀。不过，他并没有这么做。这人后来显然是因其为大臣而在一次对齐的胜战之中聚集了大量的财富。尔后他果真将其财富分赠亲友并转而归隐去了，这就像印度的大臣直到现在都还这么做的。参见 Tschepe, “Historie du Royaume de Ou,” *Variété Sinologiques*, 10（Shanghai, 1891）, p. 157, Appendix I。

2 Tschepe, *loc.cit*（公元前六世纪）.

按：《论语·微子篇》中载有逸民虞仲，孔子谓其“隐居放言，身中清，废中权”。朱注：“虞仲即仲雍，与泰伯同窜荆蛮者。”日译者木全德雄认为此一虞仲应是仲雍之曾孙周章之弟，韦伯称之为仲雍，是受了朱注的误导（木全德雄的说法应是据《论语稽》的论证）。不过，无论韦伯指的是吴太伯之弟仲雍，还是周章之弟虞仲（详见《史记·吴太伯世家》），都是公元前十二世纪左右时人，而非公元前六世纪。——译注

3 黄帝得道成仙之说，见《庄子》之《大宗师》、《在宥》诸篇。——译注

三、道与神秘主义

可与上述情形衔接起来的，是一种处世的“神秘”态度。一门哲学是有可能奠基于此一态度之上，而且事实上也正是如此。**只有**从现世中隐退，尤其是从俗世的高官厚爵中隐退的人，才能够受到圣人的指引，这是黄帝这位帝王在问道时所得到的回答[1]。隐者就是“处士”，亦即不任**官职**的学者。这已预示了后来与儒教追逐官职者相对立的关系，因为隐逸者的“哲学”已远远超乎于此。对所有真正的神秘主义而言，绝对的**不关心**世事乃是不证自明的道理；**并且**，我们不可或忘的是：**长寿**，如前文所说的，乃是隐逸者所致力的目标**之一**。根据原始的“形而上学”，以俭约而理性的方式处理（也可说是“管理”）那显然是带动生命的呼吸，似乎是桩重要的事[2]。呼吸的调息可以有助于某种特殊的精神状态，这个在生理学上可获得支持的事实，导致了更彻底的结论。“至人”必须是“不死不生”的，并且行止如无生者[3]。老子肯定其自身之至圣说：“我**愚人**之心也哉”，因此已离逸于俗世的智能。庄子则不欲

1 《庄子 · 在宥篇》记黄帝立为天子十九年，往见达于至道的广成子，问“至道之精”；得广成子之言后，“黄帝退，捐天下”云云。——译注

2 在道教中，有为达长生之目的的“胎息”法，大抵即是以深吸缓呼、惜取大气为其秘诀的呼吸法。——译注

3 《庄子 · 大宗师》记圣人之道：在外天下、外物之后，“吾又守之九日，而已外生矣。而后能朝彻，朝彻而后能见独，见独而后能无古今，无古今而后能入于不死不生”。所谓行止如无生者，即“堕肢体，黜聪明，离形去知，同于大通”的“坐忘”，亦与《齐物论》中所说的“槁木、死灰”等同义。——译注

为官职所“拘执”,而宁愿生活得“像条在污泥里打滚的猪”[1]。“与天地万物一气”,“抛脱肉体”,乃是其标的[2]。

对于调息呼吸这种相当古老的现象是否曾受到印度的影响，专家们各有不同的意见[3]。在逃避官职的隐逸者中，最著名的人物——传说中比同时代的孔子较为年长的老子[4]——身上，印度的影响似乎并**不是**完全无迹可寻。

四、神秘主义的实际结果

此处,我们所关怀的并**不是**作为哲学家的老子[5],而是他在社会学脉络中的地位与影响。其与儒教的对立,甚至在术语上就很明显。在孔子之孙子思所著的《中庸》里，一位卡理斯玛皇帝治理下的和谐状态，被描述为就是一种均衡的状态（按：即“中和”）。在受到老子的影响或自称奉行老子之道的著作里，此种状态被称为**虚**或无，可以经由**无为**或**不言**而达到。这显然是属于典型的神秘主义范畴，并且不独是中国才有的。

根据儒教的教义——“礼”，祭典与仪礼规范才是产生“中”

---

1 《史记 · 老子韩非列传》载：“楚威王闻庄周贤，使使厚币迎之，许以为相。庄周笑谓楚使者曰：‘千金，重利；卿相，尊位也。子独不见郊祭之牺牛乎？养之数岁，衣以文绣，以入大庙。当是之时，虽欲为孤豚，岂可得乎？子亟去，无污我，我宁游戏污渎之中自快，无为有国者所羁，终身不仕，以快吾志焉。’”——译注

2 前者见《庄子 · 人间世》，后一语见《庄子 · 大宗师》。——译注

3 de Groot 反映出中国古代即受此一影响的说法。

4 de Groot 赞同此一传说。

5 今天我们可以说他是个风行的哲学家。老子之作为一半神话性的人物，《道德经》被强烈怀疑有大量的插句，或者被证明只是后世的作品，这都不是我们所关心的。甚至即使老子只是个虚构的人物，但学派的对立仍是个存在的事实，这才是我们此处最关心的。

的手段[1]；而神秘主义则视此等手段为一文不值。能够获得道士（可说是道博士）之法力的一种内在的态度，就是要像**失了**心神那样的行止，因而将心神自感官里解放出来。像儒教徒一样，被认为是老子所作的《道德经》教导人[2]：生就是拥有“神”[3]，因此长生之法就是养神。虽然长寿的观点相同，不过二者的手法互异。

我们已不断地面对“道”这个基本范畴；基于这个道，异端的道教徒与儒教徒后来才分道扬镳。这**两个**学派，以及大体说来**所有的**中国思想，都共同抱持道这个概念。所有**古代的**神祇也是这两者所共同的。不过一些被正统（儒教）认为是非古典的神祇（主要是一些被神格化的人——长寿信仰的一个面相），统统被道教收纳到万神殿里来。两者有同样的古典经籍，但是异端（道教）将被儒教徒指斥为非古典的老子《道德经》与庄子的著作**加**了进来。如高延所极端强调的，孔子本人并未拒斥其对手的各个**基本**范畴。孔子**也**没有斥绝无为（自由放任），而且显然地，他**有时**也相当接近巫术性卡理斯玛的说法——在“道”而言，这点意指人全然端拱无为。让我们进一步追索二者间的对立状态。

五、正统与异端学派的对立

儒教将祭祀中所有忘我的（ekstatisch）、狂迷的（orgiastisch）遗迹全都清除掉，就像罗马的官职贵族一样，将这些皆视为不庄

1　“中”即均衡之意（英文是 weak）。这个儒教的基本概念，在道教里被转释为“虚”。

2　三十章。参见 de Groot, *Religion in China*（London, 1912）。

3　此处所谓的“神”，与“养神”的神字，所指的是与“精神”之意一样，而不是神明的意思。——译注

严的，而加以拒斥。不过巫术的**施行**（Praxis），此处也和世界各处一样，仍然是忘我、狂迷的。巫（男或女）与觋（男）、古代的郎中与祈雨师，至今仍然存在并且史不绝书。在庙社的祭祀里，他们仍进行着**狂乱的**舞蹈。起先，他们吸取巫术的“力”，再来是“灵”，最后则是“神”到自己身上，然后借此而产生作用。巫与觋给予**后世**“道教的”印象，而今人也还如此认定他们。然而，在初期阶段，老子与其门徒并**不是**以狂迷的忘我为其寻求标的，对于这些他们必然会将之当做是不庄重的而加以摒拒；相反地，正如同所有的神秘主义知识分子一般，他们所寻求的实际上是**不动心的**（apathisch）忘我。下面我们会看到，只有后代的巫师才会**一致地**认为他们自己是老子“道教的”继承者，并且将他视为始祖，因为他恰巧是或被认为是读书人（士）之一。神秘主义者在**现世性**（Diesseitigkeit）、长生观方面，比儒教徒要更为彻底。到底这两者的中心教义之实质为何？他们不同之处何在？相对于儒教而言，所有的异端都被称之为“**道教**”。

“道”本身是个正统的儒教概念。它意指宇宙的永恒秩序，同时也是宇宙的运行：在所有缺乏通贯性辩证结构的形而上学里，通常将两者认同为一的那种情形[1]。就老子而言，道，与神秘主义者典型的追寻——追寻神——拉上关系。道就是那不可变更的要素，因而也就是绝对的价值；它指的是秩序与万事万物的实在根源，是所有存在的永恒原型总体的理念。简言之，它是神圣的总体与惟一。一如所有的冥思性的神秘主义，一个人只有将自身完

1　以下请特别参照 de Groot 的论述，他极力强调此一分裂（按：道在儒道二教概念上的分别）的后天因素。

全脱离俗世的关注及血性的欲望，直到摆脱所有的行动（无为）时，才能及于道[1]。不只孔子自身，连同他的门派也都能够并且也的确接受这点。道对于孔子与老子而言是一样的，并且是具有同等妥当性的一个概念。

然而，儒教徒并不是神秘主义者。想要借着冥思而获得与神圣的实在合而为一的这种关注，应该使得老子（就像大多数的神秘主义者一样）完全贬低以入世的文化作为宗教性救赎之资源的价值。就某种程度而言，老子的确有这样的看法。对他来说，最高的救赎（按：至善），是一种心神的状态，是一种神秘的合一（unio mystica），而不是像西方的禁欲主义那样，得从积极的行动中来证明的恩宠状态。

和所有的神秘主义一样的，此种状态是由心理方面所制约，而不是以一理性的方式来外在地运作。普遍的无差别主义的（akosmistisch）慈爱心，乃是随着此等神秘主义者所特具的、不涉及对象的快感与**不动心的**忘我，所产生的典型的附带现象；或许正是由老子所开创的。此种纯粹属于心理的状态，此处也被加以合理的解释。天与地被正当化为最伟大的神灵，因为它们对人类之完全大公无私的照拂，并且也因为只有神性才具有的无条件的慈爱[2]。教理中的长生主义要素构成了自然力之永恒存在的基础，而此一自然力（天地）最少已接近了那惟一永恒的道。神秘主义者即以此为模范而行止。

由生理所制约的内在状况也同样地被加以合理的解释。无论

1　《老子》四十八章："为学日益，为道日损，损之又损之，以至于无为。"——译注

2　《老子》第七章："天长地久。天地所以能长久者，以其不自生，是以圣人后其身而身先，外其身而身存。以其无私，故能成其私。"——译注

何处，神秘主义者实质上都是维持一己的慈爱与谦虚而过着一种隐匿于世的生活[1]。这构成神秘主义者与现世特殊的破裂关系。行动要不是被绝对的扬弃，便是被减低到最小的程度，因为这是惟一可能**证明**达到神秘主义者所追求的神宠状态的方式。并且也惟有这样才可能保证不受俗世的干扰。根据老子的教诲，这也同时是使尘世生命永存**不绝**，或者甚至在此世之后仍继续存在的最佳保证。老子或其诠释者并未发展出关于不朽的真正教义；这似乎是后代的产物。个人一旦完全得道便能踏入永恒之乐土的想法，虽说是个相当早期的观念，但并不居支配性地位。

就老子而言，行动之缩减到最小的限度，这至少主要是神秘主义式圣灵附体直接的结果。老子只是点出——而非发展出——某种神秘性的宗教信仰。被老子奉为比儒教的“君子”理想更高的“圣人”，不仅不需要俗世的德行，并且在基本上视之为危险的——可能会危害到自身的救赎追求。作为一种中国人所偏爱的吊诡的（理念）建构，老子认为俗世的德行以及对此德行的尊重，就是俗世已变成非神圣的、没有神在的一种征兆。对他而言，以儒教的元德“礼”，亦即“礼节”来维系的世界，是层次最低的[2]。然而，这个世界终究是这样地存在着，因此重要的是要使自己去顺应于它。

此种顺应只有通过某种方式的相对化才有可能。老子并未做出毅然地斥绝俗世的结论。尤其是他在原则上也并不摒弃有教养的绅士（君子）的理想——这对作为一个身份团体的官绅阶级是

1 参照《老子》二十章中“众人”，“俗人”与“我”之对举。——译注

2 《老子》三十八章：“故失道而后德，失德而后仁，失仁而后义，失义而后礼。夫礼者忠信之薄，而乱之首。”——译注

极重要的。如果他有过拒斥的想法，那么他的思想恐怕也就流传不到今天了。

确实，在对现世的适应上，他所要求的是与儒教的“小”德（按：下德）相反的“大”德（按：上德）。这表示他所要求的是完全绝对的伦理，而非社会化相对性的伦理。然而，这样的要求，最终并不会使他走向禁欲的结论，也不会让他在社会伦理的领域里做出积极的要求。之所以会如此，一部分是因为冥思的神秘主义并不能产生出这样的要求；一部分也是因为最终的结论还没有归结出来。

根据传统的说法（虽然这个说法的实际内容不无疑问，但仍为某些杰出的汉学家所坚持），孔子与老子人格上的对立，关键端在于老子的神秘主义所抱持的**政治**理想带来某种相对化所造成的结果。一方面，理性主义的士人倾向于根据理性与官僚体制，以中央集权制（Zentralismus）的方式来统治一个福利国家。另一方面，神秘主义者则鼓吹国家个别部分最大可能性的自主（Autonomie）与自足（Autakie），因为这些小共同体可能成为包含有朴素的农民或市井小民的美德的地方。神秘主义者所抱持的言论是：尽可能**减低**官僚体制的成分，因为他们的自我完成是不可能由国家繁忙的文明政策来促成的。在老子与孔子那场著名的相会里，传说前者曾劝诫孔子：“去子之骄气与多欲、态色与淫志。”除此还加上一段对神秘主义者而言是显而易见，对理性主义的社会伦理学者而言却是无法接受的议论：“是皆无益于子之身。”亦即，无益于达到与神圣的原理“道”的“神秘的合一”。神秘的开悟（明）意指万事万物皆自具于人的眼前。但是如果我们从他（孔子）所传下来的话语中加以推论的话，可知这是儒教的创立者个人所无法达成的目标，并且也在他的能力范围之外。传说在震惊下，孔子尊称老子为“龙”，这也说明了他自己的局限[1]。

神圣的概念（圣），对于老子而言是基本的，在儒教的体系里却没有分量。这并不是说他们不知道这个概念，而是孔子认为此种状态从来就无人达到过，甚至他自己也未曾达到。因此，这个概念与儒教的君子理想——“有教养”的人——不发生关联。神圣，就孟子而言，基本上被视为一种君子美德所能达到的最完美的一种境界[2]。

老子的神圣性观念表现在经文上则为谦卑。老子的“神圣”概念，作为一个严密的个人主义式自我救赎的范畴，结果是指向一个与儒教的理想正相反的方向。后者所接受的准则是教养，以及适应于如此存在的世界与社会。老子拒斥那些有典籍教养的学者——他们在中国代表神学；西方的神秘主义者也基于同样的理由拒斥神学：因为它导致背离上帝。就像所有彻底的神秘主义救赎全都会遭到以支配、整顿现实生活为目标的社会伦理学者指斥为“自我主义”（Egoismus）一样，老子的神秘救赎也典型地、当然地遭到他们的非难。彻底地实行起来，神秘主义者也确实只能追求自己的救赎；若要影响他人，他们也**只能**以身作则，而无法

1 以上孔子问礼于老子，详见《史记 · 老子韩非子列传》。孔子对弟子所说的话是：“鸟吾知其能飞，鱼吾知其能游，兽吾知其能走。走者可以为罔，游者可以为纶，飞者可以为矰。至于龙，吾不能知。其乘风云而上天。吾今日见老子，其犹龙邪。”——译注

2 子曰：“若圣与仁，则吾岂敢？抑为之不厌，诲人不倦，则可谓云尔已矣！”（《论语 · 述而篇》）虽然孟子在阐明义理为人心所同然，人性之皆善时，曾说过“圣人与我同类者”、“圣人先得我心之所同然耳”的话（《孟子 · 告子篇》）；但是当其弟子公孙丑问他“然则夫子既圣矣乎”时，孟子却说：“恶！是何言也。……子贡曰：‘学不厌，智也；教不倦，仁也；仁且智，夫子既圣矣！’夫圣，孔子不居。是何言也。”——译注

用传道或者社会行动的方式。当神秘主义完全贯彻之时，现世的行动就会被完全弃绝，因为那与灵魂的救赎并不相干。我们也可以发现相当清楚的政治冷漠态度（Apolitismus）的萌芽。不过，在政治冷漠这一点上的前后**不**一致，则具有老子体系的性格特征，也是其体系里所有吊诡与疑难的本源。

老子（或其诠释者）和孔子一样，属于同一个阶层，因此，就像所有的中国人一般，视某些事情为当然。其中首要的是肯定统治的正面价值，这必然与超越于此世的自我救赎目标相矛盾。之所以肯定统治此一价值，乃是由于统治者的卡理斯玛天职（charismatischer Beruf）普遍被接受为一前提。对老子而言，人民的幸福，同样地，终究要仰赖于统治者的素质。据此，神秘主义者的结论是，统治者必须具有与道神秘地结合为一的卡理斯玛，进而通过统治者性格上卡理斯玛的效用，神秘的救赎就可以作为神之赐物般地普及于所有的臣民。然而，对于非神秘主义的社会伦理学者而言，只要统治者本身被上天所确认，并且他的德性（就鬼神的立场观之）切合于**社会伦理**的美质，那么也就够了。

孔子与老子，或者至少他们的继承者，都共同有鬼神信仰并接纳官方的万神殿(虽然《道德经》显然大大地摆脱了巫术的束缚)。一个有教养的中国人，即使一心向于实际的政治，也无法排斥所有这些。一个超俗世的人格神——是创造者，也是世界的统治者，支配着所有在他裁量之下的被造物，在他面前所有的被造物都是**非神圣的**，等等这些观念，都无法为中国的教育、或大致上印度的教育所接受。因此，将上帝与被造物对立起来的禁欲伦理走向便被排除了。本质上是泛灵论的既有宗教，对于寻求救赎的神秘主义者而言，终究是无关紧要的，这是自明的道理。我们注意到，并且也必须不断加以留心的是，在儒教熏陶下的社会伦理学者也是这么认为的。

儒道两者都确信，俗世统治中的良好秩序是使鬼神安静的最好办法。这种鬼神信仰的卡理斯玛转化，也正是老子的门徒之所以无法走上极端政治冷漠态度的原因之一。另一方面，可以理解的是，家产制国家里的官吏与官职候补者这个知识分子阶层，既不承认个人主义式的救赎追求，也不会接受神秘主义者那种一筹莫展的谦卑。尤其是他们不会接受（神秘主义者）认为支配者及行政官员要具备**神秘的**卡理斯玛禀赋的要求，这就好像罗马的主教教会不会承认**个人的**圣灵的卡理斯玛一样。进而更加可以充分理解的是，理性主义者的官僚体制权力国家会将一切纳入国家的政治实务里。这就是为什么（而且经常可以感觉到），一个中国人能够正确而详尽地阐述儒教，但对于道教却无能为力。欧洲的研究者一般皆认为：今日没有什么真正的中国人能够以完全同情的了解，深入老子（或其诠释者）原来的、内在的经验脉络里，来了解老子（或其诠释者）的观点。

老子的神秘主义，对其继承者（或号称为其继承者）的伦理影响，有助于儒教确保其优势地位。这是由于神秘主义者的态度内在的不连贯（innere Inkonsequenz）所造成的。

所有基于宗教性的、与此世界的**正面**对立，在老子身上是找不到的：正如大多数冥思的神秘主义一样，在冥想的制约下所提出的要求——理性的寡欲（rationale Genügsamkeit），乃是基于可以延年益寿的动机。然而所有存在于神圣的与被造物界间的紧张性（Spannung）——因坚持有一位绝对超越于生物界与俗世的人格性造物主兼世界的统治者，而被确证的紧张性——都不存在。

同样地，对老子而言，人性之善乃是个不证自明的出发点，他所下的结论也不是真正地漠视世事或甚至拒绝俗世，而只是要将俗世的行动降到最低点。只有被提升成快乐主义的儒教所持的经济的功利主义，才能恰如其已发生的效果一样，使现世的社会伦理在实际上发生作用。

神秘主义者“享有”道。其余无法做到这一点，或者无意于此的人，则享受那些他们比较受用的。在这一点上，可以明显地看出关于人在伦理与宗教方面的资质，（道教）与儒教有基本上的对立。在儒教徒看来，相对于较优越者的普通人，也就是那些只考虑肉体欲求的人。他期望见到此种没有尊严的状况，能够经由生活境遇的富庶与由上至下的教化来加以改善。因为美德本身是人人都可以企及的。正如我们已察觉的，人与人之间并没有资质上的根本差异。然而，对于**神秘主义的**道教徒而言，存在于开悟的神秘主义者与世俗人之间的差异，是在卡理斯玛**禀赋**上的差别。所有神秘主义里的、内在的救赎贵族主义与恩宠个别主义，都表现出人在宗教方面有资格**差异**的经验。没有悟性的人就属于（用西方的字眼来说）恩宠之外。他不得不继续待在原来的状况下。

对于士人，老子的学派通常被认为抱持着一种无比神秘的敌意，他们有如下独特的结论：“统治者应充实其人民的肚腹，而不是他们的心灵；应该强健他们的四肢，而不是他们的性格。”[1]

老子甚至有这样的见解：国家最好只限于顾虑人民的生计。这个见解根源于他对于典籍知识的嫌恶，认为这有碍于真正的了悟。如果已神秘地彻悟了的统治者，无法仅就其一己的存在而散

1　原文见《老子》第三章：“圣人治：虚其心，实其腹，弱其志，强其骨。”——译注

发出一种卡理斯玛的、模范的影响力，那么他最好什么行动也不要有。应该让百姓与万事都顺其所能地去发展。不管是被统治者有太多的知识，或是国家管理太多，都是极为危险的罪恶[1]。只有绝对顺从那无可改变的宇宙的、社会的秩序，才能导致"寂静"并抑止冲动。在老子的救赎教义里，这也可以经由音乐、虔敬的仪式练习、静默与不动心的训练来促成。被推为老子所著的《道德经》，结果——在如前文所述的限制下——要求最大可能程度地不干预。此一要求与古典儒教教义里对人民施予家父长式教化的一般倾向，恰相对立。《道德经》里主张：促进人民的幸福最稳当的办法就是依循和谐的宇宙之自然法则。

我们注意到，不干预的理论也见于正统的（儒教）教义。它们可以由世界之无上的谐和（道）的理念，很轻易地推衍出来。在很早的时期里，他们就已导出几乎是巴斯夏（Bastiat）[2]式的阶级利益调和的理论。这些理论，与行政力对于经济生活事实上相当薄弱且断续的干涉情况相对应。异端的道教所采取的立场甚至更为彻底。基于"职业伦理"（Berufsethik）的积极动机，在这种中国的尤其是道教的"自由放任主义"（Manchestertum）里，当然是完全付之阙如了。原因就在于道教冥思的、神秘的基础。

只有从上帝的意志与俗世的秩序之间的紧张性所导引出的一种禁欲取向的俗人道德，能够提供这样一种积极的特性。因此，

1　例如《老子》第五十七章即云："天下多忌讳，而人弥贫；人多利器，国家滋昏；人多伎巧，奇物滋起；法物滋彰，盗贼多有。"第七十四章则归结为"以辅万物之自然而不敢为"。——译注

2　Bastiat（1801—1850），法国的政治经济学家。作为一名自由经济论者，他将亚当·斯密等人的思想加以推展，认为自由放任应以一般福祉为导向，这才是适合法国之农业、贸易与商业的。——译注

俭约，这个被特别强调的道教德目，并不具有禁欲的性格，而在本质上毋宁是冥思性的；与正统说争论的主要具体项目即是节约丧葬费用的问题。

对于一再被提及的老子的“后继者”与“门徒”这点，我们必须了解到，这样的称谓与事实是不大相符的。老子，无论他个人的学说究竟是什么，很难说他立了个“学派”。不过，早在司马迁以前很久的时代里，就有援引老子学说的哲学家了。其后，在中国后代的历史时期里，我们可发现某些至少部分自认是老子“门徒”的、神秘主义的著名人物。这个发展，于此并无多大关系。

半传说性的传统说法里，描述了孔子与老子个人之间的**对立**。然而关于“学派的对立”，尤其是关于**这**两位敌对者的明白分野，都还未曾有个清楚的分说。诚然，在**气性**（Naturen）、生活样式以及态度上，尤其是对于实际的国家问题（官职）的态度上，两者存在着尖锐的差异。然而**学派**的对立（参照高延的说法）显然一方面是由于孔子的孙子子思，另一方面是由于庄子的尖锐论争，才清楚明朗起来。可以确定并且为专家们（如高延）所强调的是：神秘主义者为了自身或者一般人的幸福而拒斥理性的**知识**，在理论上乃是个最重要的命题，可是却无法为儒教徒甚或其夫子所接受。除此之外，其他的一切倒都还可以容忍。高延强调，“寂静主义”（无为）对于儒教徒而言并非全然陌生。古代（儒家与道家）所共同的“思想家阶层”之孤隐方式，与此逃不了关系。战国时代的“辩士”在当时政治压力下，原有古老的圣贤形态已有了相当大的转变。倘若不具备有关真正礼仪的确实知识——那些“古人”所具备，并且只有通过学习方能拥有的知识——又如何能适应于道？在这种态度转变的背后，当然就是神秘主义的漠视现世与儒教的适应现世、改良现世之意志这两者间的深刻对立。

庄子尖锐化了老子的论点，借此突出其与儒教徒相异之处。1. 追求“智能”，是执着于外在事物；2. 追求“理性”，是执着于声音（话语）；3. 追求“人间之爱”，是混乱一己德性的修炼；4. 追求尽一己之义务，是违反了自然的法则（全能的道）；5. 固执于“礼”（规则），是执着外在；6. 喜好音乐，是沉溺于恶习；7. 固执于神圣性，是耍弄伎俩；8. 追求知识，是穿凿附会[1]。

第 1、2、5、8 诸点论难，是儒教徒所最不能兼容的，因为身为儒教中人，四个最主要的德性即为：仁，也就是爱人；礼，亦即生活的规则；义，是慷慨（义务）；智，即是知识。这其中以礼和智最为重要。凡是偏离于此的，就是异端的、非古典的（不经）、不正的（不端）、道德上有问题的，以及误了道的（左道）。

孔子与老子的信徒之分裂，自子思的攻击后就已存在。不过双方反目之加剧，是由于学派的发展，以及彼此竞争俸禄与权势所造成。后代自任为老子之后继者的士人，**尽管**有无为的原则与任官的忌讳，至少也都不时想要建立一个类似于儒教士人的组织。

《道德经》并没有被儒教徒绝对而全然地指斥为异端，但是像庄子与管仲的著作就一直是被视为非古典的。不过《道德经》并**没有**被列入“圣”书之中。虽然曾经（至少是一段短时期里），皇帝也将《道德经》置于经典之列而成为参加科举考试者的必读之书。

儒教徒反之则主张“知识”对于**帝王**的重要性，并视之为帝王必具的美德。如果他是个学者，或许他就会“缄默地”举止，而且也**只有**在这样的状况下，才会如此做。儒教徒以编纂大部头

1 de Groot, *loc, cit.*

的官方百科全书（于 1715 年印行的《古今图书集成》），将此一主旨付诸实现。（儒道）双方皆对帝王之卡理斯玛的极端重要性——这点已明白地包含在《尚书》里——毫不置疑，只是**诠释**上有所不同罢了。

六、道教的长生术

中国的价值体系中某种一般性的倾向，有利于一个以老子之教说为基础的特殊教派之发展。这种倾向就是对自然**生命**本身的珍重；故而，重视**长**寿，以及相信死是一种绝对的罪恶。因为照理说来，一个**真正**完美的人应该是可以避开死亡的。一个真正完美的人（"真"、"清"、"神"）势必具有不可毁伤的异禀及巫术力量[1]；否则其完美又有什么办法可加以证明[2]？这个判准自古已然。普通的蓍草获得相当的重视，其组合形式在《易经》著名的卜卦系列中扮演着重要的角色。用于占卜的动物乌龟，也同样是如此。这两者都因为长命，而得以扮演这个角色。依据儒教的信念、修德，特别是学习，是具有长生效果的；还有沉默、多多少少活动一下但避免筋骨操劳，也有同样的效果。上文提及的调息，被当作是一种长生手法而特别发达。长命的植物成为特殊的药材，而探采长生灵药的行动也是惯见的。我们也看到了秦始皇即基于此而恩顾这门学派。一切的经验显示：抑制兴奋与平静过活，都具有长生的效果。避免激情乃是长生术的**首要**法门与第一德目——

1　如 Wan Fei（三世纪，按：不知所指何人）。参见 de Groot, *loc. cit*。

2　关于这点，参见前面所引的铭文。

所以隐逸者与神秘主义者遂以无为是尚——这似乎是个无可争议的命题。

以此为起点，加上两家所共同的鬼神论的影响，此一发展继续扩大。长生术(Makrobiotik)一旦有了体系化的进展,所有除厄的、治疾的巫术之走向理性化，也就很容易明白了。事实的确如此，并且，**理论上的**成果，基本上成为两教所共有的财产；然而，**实际上的**运用则委之于非古典的学派。这是因为对儒教徒而言，凡是与(以古典为取向而)无所不能的**道德**这个教义有**任何**偏离的话，就会危及伦理的统一性，**并且**，我们也不要忘了，通过后宫的势力，皇帝经常受制于巫术理念的影响之下。

正是老子之道的教说里，这种**纯粹**巫术的转化，有助于将整体古代巫师引导转入这个（道教徒的）共同体。他们在最为富庶的南方农耕地带，为数最伙，而此一发展也在那儿最为蓬勃。

道师与其弟子聚居而隐于城市之外，成为中国“道”观的核心单元，这与印度的情形一样（而不同于西方）。当然，老子（无论其精神上的独立性有多高）受到印度传来的影响有多大，仍有争论的余地；不过这个问题难以用道观的形成来解答。道教的隐逸之处可能为佛教铺下了道路，而佛教的竞争也带来了道教的僧院运动——可能是促使隐逸者组织社团的步伐加快的一种运动。道教之自主性的最有力保证是：并非**所有的**成员，而是只有最具特别性格的组织成员（巫师），才居于僧院共同体之外[1]。道教是在士人的遁世思想与古老的、入世的巫师**行业**相**融合**下，兴盛起来的。

1　当然，就出家人即俗世僧而言，大乘佛教的情形也是如此。只不过此一现象的后天性格，在佛教来讲是相当清楚的，在道教便不然了。

"道士"，是指过着俗世的生活、婚姻嫁娶，并且将他们的技艺当作一种职业来经营的人。他们为各路的圣灵大量设立祭坛，不过由于这些圣灵的不灵验，祭坛通常成立不久即告结束。十六世纪时，他们制作出法规与典章的大部头官方集成（按：指明万历年间刻印的《正统道藏》）[1]，并借此机缘而介入政治。

七、道教的教权制

道教在尚未一般性地扩展开来之前，就采行了一种坚定的教权制组织。江西省的一个世袭性卡理斯玛氏族（按：指张氏家族），垄断了长生灵药的制造[2]，并且独占了"天师"（上天指派的导师）的名号。曾担任汉朝宫廷顾问，并写过有关吐纳技艺之书的张陵，有个后代，在汉朝衰微不安的时代，创立了组织。这个组织有其行政干部、税收与强制性的严格纪律，并成功地与政治当局相抗衡。最后，在四川建立起一个事实上自治的"教会国家"（Kirchenstaat）[3]。起初，它确实像是个卡摩拉（Kamorra）式的秘密组织[4]，也就是太平道（太平之国，我们下面会讨论到的一个近代组织的先驱）。

这个教会国家于 184 年被一个叛教者所告发，而遭到汉朝廷的查禁与迫害。这个教会国家，一个南方与北方相抗的典型组织，继续以所谓的"黄巾之乱"——一种凶残的宗教战争（也是这类

1　就我所知，《道藏》尚未有翻译；（即使有的话）我也无由得见。

2　参见 de Groot 的著作，他所依据的是葛洪的《神仙传》。

3　张角于东方将信徒编组成一种军队组织，后来张修则于四川成立所谓的五斗米道。按：韦伯此处似乎将领导"黄巾之乱"的张角，与在汉中建立政权（以五斗米道为基础）的张鲁混为一谈。——译注

4　Kamorra 是 1820 年左右意大利人所组成的秘密会党，以强盗、勒索等恶行闻名。——译注

战争的第一次）——持续下去。一直延续到 215 年，世袭教主（张鲁）认为投到魏（曹操）将军的麾下做一名朝贡诸侯是较为明智的抉择为止[1]。由于此一角色，他受到高度荣耀的肯定与承认。他的世俗权力则因政府的行动而大大削弱；在官方他变成一个只负责追谥死者为圣灵的工作，照葛禄博（Wilhelm Grube）悦人的说法，就是“众神档案的管理人”。以此，他也就不是惟一居于此位的人。除了祖先崇拜之外，**人**的神格化（Menschen-Apotheose）是“非古典的”、“道教的”诸神之来源。他们虽然为数异常庞大，但未受官方祭典所正视。其中最高的神祇——天帝盘古，与其妻居于西方的碧玉之山而君临天下。他的形象乃来自古代一个被视为上天之主的人格神的观念。

于是，道士以其自称的支配**鬼神**之力为基础，开始踏上**政治的**路途。因为在士人与其敌对势力的斗争中，我们总是看到道教徒与反对士人的派系站在一起。起初，道教徒是“贵族的”：无教养的封建压力团体，利用他们作为工具。他们反对儒教的仪式、典礼及对秩序与教育的热衷[2]，而确立“人民应处于无教育状态”的立场。在司马迁的时代里，他们即抱持着这样的立场，一直要到 124 年，士人才成功地压倒道教徒的势力。他们将**所有的**俸禄都视为是为他们保留的，七十个宫廷士人的席位（按：指五十名博士

1 我所利用的是 de Groot 的著作及一般流通的文献。de Groot 于比较宗教学会第二次国际会议中发表的演讲文稿（*Transactions of the Third International Congress of Religions*, Oxford, 1907, vol.I），我未能用到。同样未能得手的资料，尚有 Imbault-Huart, “La Légende du premier pape des Taoistes et Iéhistoire de la famille pontificale des Tchang,” *Journal Asiatique*, Nov. Dec., 1884, p. 389。

2 关于此种敌对，参见 Chavannes 编译的太史公书《礼书》（vol. III. 210），注释 1。

弟子的员额，七十应是误记），则要从帝国的各处征集而来[1]。

然而，封建制一旦终了，士的主要对手变成由宦官、将军与不学无术的宠幸所支持的苏丹制（Sultanismus）。道教徒照例是站在后者这边。宦官势力的每一回高涨，都带来巫师影响政治的结果。这种斗争一再地以士人的胜利来收场，而最具决定性的胜利则是在满洲人和平主义的统治之下，不过，斗争还是一直持续进行到慈禧太后统治的时代。

我们可别按照我们（西方）的宗派概念（Konfessions-Begriff）而导致错误的想法，认为儒教的官绅**也是**为了某些事务的缘故而得要劳烦道教徒[2]，就像古典时代的希腊人也容纳那些他们虽然瞧不起的“先知”与（后来的）占星师。道教之所以难以根绝的理由，在于作为胜利者的儒教徒**本身**从来没有认真想要根除一般的巫术或特别是道教的巫术。他们只想到要独占官职俸禄。

不过他们甚至连这点也没能完全成功。下面我们就要说到风水的因素，此一因素经常使得建筑物一旦成立，就难以完全移动。道观一旦获准存在，住在里面的人无论如何也就要被接纳。这个情形，我们下面会看到，也发生在佛教徒身上。**所有的**士人阶层都一再地因为畏惧惊扰“鬼神”，包括那些非古典的鬼神，而对鬼神论与巫术让步。因此，道教徒**一直**受到国家的宽容与（就某方面而言）承认。颁赐给道教世袭教主张天师的官方职位——道录司（按：道录司这个官职创立于明代，而为清朝所袭用），很显然的是比照佛教的僧录司职位而来。在某些国家道观里，设有种种

1 参见 Chavannes 上引书之序文。站在反对立场上的司马迁，则悲叹他们的不断获得升迁。

2 例如荣禄于 1903 年所做的（按：支持义和团）。

官置的道教祭司地位。通常是：第一，监院；第二，监斋；第三，方士（为了旱魃与洪水而设）；第四，一般道士[1]。在一些已经独立的藩国，其君主的碑铭里，可以见到显然是道教的特征[2]。即便是康熙皇帝所颁布的圣谕，以及所有满人统治者对道教的绝对摒斥，也丝毫改变不了这一点。

在进行讨论特别是中国人的“世界图像”（Weltbild）——由正统与异端所共同塑造的——之前，我们希望先说说**佛教**的地位：作为一种便利文教的行政力量，与一种驯服民众的手段，佛教自印度输入；就政治观点而言，其地位与道教非常类似[3]。

八、佛教在中国的一般地位

经过改革的佛教（大乘佛教）的“非教养的”性格[4]，特别诉诸**女性**感情性的一面，因而成为一种后宫颇为喜好的信仰。我们一再地发现，宦官成为佛教的庇护者，正如他们之庇护道教一样。十一世纪（按：应是十五或十六世纪）的明代统治下，情形尤其是如此[5]。

1　有关此点参见中国国家俸禄辞典，W. F. Mayer, *The Chinese Government*（Shanghai, 1878），p. 70。

2　就像我们前面所引的南诏王碑铭（见本书第一章 p.69 注 2），ed. Chavannes, *Journal Asiatique*, 9th Série, vol. 16（1900）。

3　关于接受印度佛教的经过与结果，我们将在佛教史的文章中讨论；此处我们将止于若干形式上的侧面。

4　我们将于适当之处讨论这点。这并非原初的佛教。

5　在乾隆皇帝的《御撰资治通鉴纲目》中即可见到实例。例如：1451 年，尽管儒教徒不断提出抗议，还是有五万名僧侣被叙品（Delamarre, *op. cit.*,p. 288）；1452 年，揽权的太监是个佛教信徒（*ibid.*, p. 292），因此也是个“官吏”（儒教徒）的敌人；1481 年，一名僧侣成为负责分配施舍物的首长（p. 379），他在 1487 年（p. 385）因陨石坠落，在官吏的要求下被罢黜。

佛教之受到严重的迫害，有着种种不同的缘由。其中包括：在儒教之通货政策与重商主义考虑下的利害关系，以及，不用说，官职俸禄的全面竞争。还有就是儒教徒之对抗受到佛教徒支持的苏丹制。虽然如此，佛教在实际上之无法"根除"，就如同道教一样，纵使皇帝下达严厉的敕令，或者尽管佛教与许多秘密结社（"白莲[教]"）有牵连。除了风水地理的理由外（下面会讨论到），某些中国人所**不愿**有所缺失的仪式——丧葬法事——只有佛教能够提供。佛教一旦站稳阵脚，灵魂轮回的信仰就一直保持为通俗的来世观念**之一**。因此，就像道教徒所获得的俸禄那样，我们看到佛教徒也拥有被公认的俸禄[1]。此处，我们还不急于讨论他们的地位，让我们再回头来讨论道教。

后世的道教所具有的"非教养的"、反教养的性格，是造成它（虽然**并非**绝对惟一）在**商人**的圈子里扎根深入的缘故。这是我们将一再体认到的一项事实中，一个特出的例子。这项事实是：一个阶层的宗教意识形态，绝对不是纯粹由**经济的**条件所决定[2]。而且，反之，**道教的**独特性格也不可能与商人的生活样式全然无关。道教已然是绝对非理性的，坦白地说，已变成低下的巫术长生法、治疾术与解厄术。道教应允可以为人祈免夭折——被认为是罪恶

1　见 Mayer 有关国家俸禄的著作，*loc. cit.*。每个地区设有两个僧录司，由地方官府在僧院的方丈（长老）中选出。僧录司所负责的是僧侣的品行。

2　我在先前有关的清教诸论文中，也经常提到这点。

参见 *The Protestant Ethic and the Spirit of Capitalism*, tr. by Talcott Parsons; "The Protestant Sects and the Spirit of Capitalism," *From Max Weber: Essays in Sociology*（New York, 1946）, Ch. XII, pp. 302-322。——译注

的惩罚[1]；可以请动（道教的、非古典的）福德正神，以及众多被神格化的官僚神与功能神，降福给祈求者。任何与“市民的**伦理**”相近的特性，几乎不可能在道教里寻获。此处，我们对道教的这一方面并没有兴趣，我们在意的是它间接的、负面的影响。

九、巫术之合理的体系化

正统与异端对于巫术的、泛灵论的观念都采取**容忍**的态度，加上道教积极的**护植**，是这些观念得以继续存在、并在中国人的生活中极具支配力量的决定性因素。让我们来略窥一下它们的影响力。

一般而言，在中国，古来的种种经验知识与技术的**理性化**，都朝向一个**巫术的世界图像**发展。天文学除了历算科学外，其余都变成占星术。历算之学源自古代，起初用来调整适当的农业季节，技术方面仍然原始，一点也比不上巴比伦的成就。敌视文士的秦始皇之修订历数，使**时占术**（Chronomantik）开始抬头。这是纯粹依据类推和大宇宙的表象，将**具体的**事务一一地分别嵌入月令之中，配置吉与不吉之日（dies fasti et nefasti），而不是一般性的（准则）[2]。起初是编年史的太史（“在上位的著述者”）——一群历法的

1　正统论中也是这么认为。参见 *Se Ma Tsien*, ed. Chavannes, vol.I, p. 196：“旱兲并非上天所致，上天只不过是人类行为的裁判。”不过，请比较第二章末尾所引的碑铭文字。

2　从《吕氏春秋》中的《十二纪》，记载天子依天辰秩序（天数）而行使每年十二个月所当行的政令，到儒教经典之一的《礼记》中的《月令》篇，推断大宇宙与人事之间的关联，这种思考方式，即韦伯此处所说的“时占术”。《十二纪》是以“夏正”（夏历正月）为基准，秦朝于公元前221年前改定历制，以夏历十月为正月（参见《史记 · 秦始皇本纪》）。至于时占术之兴起，是否如韦伯所说的，为附随秦始皇之改历而来的现象，并不能确定。古罗马时期，法官之裁决与人民之集会，皆取决于宗教上所认定的吉与不吉之日；这如同中国之春行春令，秋行秋令，若误于寒暑之时行之，则有引起疾疫与战争的危险。这类的避忌，除上引二书之外，《管子》的《幼官》篇中也可见到。——译注

制定者——组成执掌天文与占星术的官方部门。然而，靠着大量**复**制政府所制作的时宪书（历书，时占的基本书录），时占术的**经营**成为“占日师”（按：即《史记》列传中的“日者”）——当人们要为某事寻一黄道吉日时，即需询问他们——的一个财源。

另一方面，**占星术**则与古代的气象学:金星的测度及其可见度、星辰的光样、风向的判定等联结在一起。据高延的假定[1]，判定风向之所以重要，起初是因为与贸易风有关。此外，地震、山崩、陨石、异胎、对于（作为特别是直接灵媒作用的）**儿童偶发**之语的解释，以及各式各样的巫术的“占候学”，建立起庞大的文献。它完全用来测试“鬼神”是否安顿得当，如果不当，那么国家的领导方面就得关心其后果。从事这种工作的远古的占候巫师与祈雨师，亦即巫与觋，被认为是“道教徒”。常见的是歇斯底里的（天眼通的）女人，经营这个行业特别成功。

药剂学，以及与之相关的药理学，都曾有过相当的经验性成果。它们完全以泛灵论的方式被理性化。我们曾经提到长生术中作为神药药方的植物，就像希伯来人的生命树一样，大量生长于“西方乐土”——西王母的林园里。中国人的向外扩张，在某种程度上**也**受到此种寻找乐土之希望的牵引（就像秦始皇为求长生灵药的海上探险一样），应该是不成疑问的。古代的情形，其特点可由下面这个为人所深信的传说得知：（晋）侯**听到（！）**他的病症化为精灵在他腹中讨论应安居于何处[2]。这或许是对发热梦魇的一种泛

1　*Unirersismus*, p. 343；各位读者会看到，这本书是我们此处前后论述都会用到的。

2　详见《左传》成公十年：“（晋景）公疾病，求医于秦，伯使医缓为之。未至，公梦疾为二竖子，曰：‘彼良医也。惧伤我，焉逃之？’其一曰：‘居肓之上，膏之下，若我何？’医至，曰：‘疾不可为也，在肓之上，膏之下，攻之不可……’”此即“病入膏肓”的典故。——译注

灵论式的理性化解释——不过与其他的理性化相较之下，还是较为原始的。

元素、季节、味觉与气象的类别，都与人的五（！）脏拉上关系[1]——也就是大宇宙与小宇宙的关联；巫术的医疗术也依循着这样的观念而行。《道德经》里所授的古老的呼吸法，被发展为“守住”带动生命的精气，并且配合着导引（Gymnastik），而成为一种医疗术继续流传下来[2]。公元前二世纪时的董仲舒就已指出情欲有害于**呼吸**作用而加以排斥[3]。根据高延的说法，成书于公元后的《素问》（按：指《黄帝内经·素问》），被认为是一部教人以合乎**科学的**方法来呼吸运气的古典经书。除此方法外，再加上“符”，也就是由具有卡理斯玛禀赋的大官写上字画的护符等等。

不过，我们想将这些从高延处借来的事端都抛开。对我们而言，《葬书》[4]或“**风水**”所代表的**堪舆术**（Geomantik）的重大发展，更具有无比重要的意义。和高延一样，我们注意到：时占者（史）要为各种建筑物决定兴建**时辰**。但更重要的是，后来他们也决定建筑物的**形状**与**位置**。九世纪时，数个堪舆学派经过一场争斗之后，

---

1 元素指金、木、水、火、土。味觉指酸、苦、甘、辛、咸。季节、气象指春夏秋冬对应木气、火气、金气、水气，每季的最后十八日则由土气支配。五脏指脾、肺、心、肝、肾，与木、火、土、金、水配置。参见《吕氏春秋·十二纪》及《礼记·月令》。此外，董仲舒《春秋繁露》之《人副天数篇》中，载有“人体为宇宙的缩图”之说。——译注

2 此处的 alte Aterntechnik 即前注指出的“胎息”，据河上公注，是呼吸大和精气之意。Gymnastik，是指从鸟、熊、猿、鹿、虎等动物身上得到启示的柔软体操，例如：熊爬树、枭回首等运动姿态。——译注

3 此一人名，德文本是 Tang tschuan schu，据译者之见，若为董仲舒，应拼为 Tung tschung schu。——译注

4 原文 Jang Schu 不可解，若为 Tsang Schu 之误，则应是指《葬书》。《葬书》相传为晋人郭璞所撰，但系为后人伪托。后世的“风水”之说，即出于此书。——译注

讲究“形状”的学派战胜了**实质上**更倾向泛灵论的对手[1]。这些风水师拥有**远**为广大的收取费用的机会，恐怕是制胜的决定性因素吧！

自此之后，山岳、丘陵、岩石、原野、树木、花草与川流的**形状**，都被认为具有风水的含意。仅仅是一块石头，就可以因其**形状**而保护一整个地区免于凶神恶鬼的侵袭。无事无物无关紧要。甚至，在风水上非常敏感的坟墓，被认为是影响疾疫是否会发生的所在地。风水的勘察成为**任何**建筑物都不可或缺的事项，甚至连家里的水管线路这种内部工程也不例外。因此，邻人家的死亡事端，可以被推究到他们的建筑物上，或者可能意味着讨命；任何新墓的设置都可能会惊扰到所有坟中的鬼灵而引起可怕的灾难。

说到新设施，就中特别是以开矿这等事，被认为最**易于**触怒鬼神。最后，铁路的铺设、吐着煤烟的工厂的设立（煤炭的使用，在中国始于公元以前），则被认为会像**巫术般地**将病毒布满整个地区。技术与经济的巫术性定型化，奠定在这种信仰**以及**风水师的收入利益的基础上，完全排除了从本土发展出**近代**样式的交通事业与工程经营的可能性。要想超越这个巨大的障碍，就必须要应用西方高度发展的资本主义，并且要得到**官绅阶层**的支持——他们投资大量金钱于铁路建设。巫与觋，连同时占师与风水师，也逐渐被贬为“骗子”。但是这些**绝非**中国独力所能达到的。

绕行许多远路，常只因为某条运河、道路或桥梁，从风水的观点看来是危险的而不宜开筑。佛教的（亦即异端的）寺院，经常**因为**风水的缘故——可以“改良”自然环境的风水——而获准建立，而僧侣也有义务要举行有关风水的重要仪式，并获取丰厚

1　de Groot, *loc.cit.*, p. 373.

的报酬。此外,风水师的酬佣传说确实已达到令人难以置信的数目,并且每当有工程争议之类的问题发生时,任一**党派**都会花钱雇用风水师。

准此,的确是有一种巫术性的“理性”科学(magisch“rationaler” Wissenschaft)的上层结构,涵盖了早期简单的经验知识(其踪迹到处可见),并且在技术上有着不小的才华,正如各种“发明”所可证实的。这个上层结构是由时测法、时占术、堪舆术、占候术、史书编年、伦理学、医药学,以及在占卜术制约下的古典治国术所共同构成。其中,民众的态度和巫师的**营利**关切,亦即异端的一方,往往在**实际层面**作了领导,然而,士人阶级本身在此一理性化过程中,却扮演着决定性的角色。

以五为神圣数字的宇宙论的思辨里,五星、五行、五脏等,联结起大宇宙与小宇宙的对应关系(表面上看来似乎完全是巴比伦式的,不过一一详较下,则绝对是中国**本土**的)[1]。中国这种“天人合一的”哲学与宇宙创成说,将世界转变成**一个巫术的乐园**(ein Zaubergarten)。每一个中国的神话故事都透露出非理性的巫术是多么受欢迎。粗野而不谈动机的神祇(dei ex machina)从天而降、穿梭于世界而**无所不能**;只有对路的咒术(Gegenzauber)才奈何得了它们。准此,解答**奇迹**的伦理理性(ethische Rationalität)是绝对没有的。

所有这些——说得明白些——不只受到包容与许可,并且由于巫术世界图像受到承认,而更加**兴盛**。这是从各式各样的巫与觋都可加以利用的**营利机会**里,生根茁长起来的。道教,因其非

1 就 de Groot 之书看来,“泛巴比伦主义”的论点似乎应该要舍弃的。

教养、非理性的性格，甚至比儒教还**更**传统主义。道教没有自己的“精神”（Ethos）；巫术，而非生活态度（Lebensführung），决定人的命运。发展到最后，将道教与儒教分隔开来的，就是**这一点**。因为我们已经指出，儒教相反的，认为巫术在**面对**德行时便显得无能为力。不过无论它怎么轻蔑道教，当儒教面对巫术的世界图像时，是无可奈何的。这种无可奈何，使得儒教徒无法打从**内在**根除道教徒根本的、纯粹巫术的观念。与巫术交锋，总会有危及儒教**本身**势力的危险；建议这么做，无疑是一派胡言，不必多说，“当皇帝不再相信征兆预示，而为所欲为时，谁还能阻挡得了他？”有个士人就这么直截了当地回答。在中国，巫术信仰是皇权之**宪法**基础的一部分。

道教的**教说**（Lehre）可以和这些巫术的半成品，以及“天人合一”的理论区分开来。即使如此，它并没有更理性的产生作用，或者形成一股对抗的力量。出现在中世纪的“报应”说，被认为来自道教[1]。正如我们注意到的，同样的名称也用来称呼非佛教僧侣所施行的巫术。根据所有已知的历史，这是掌握在一个特殊的祭司阶级手中，或者更应该说是掌握在一群出身平民的巫师手中。

根据上文，可以预料到的是：道教有一部分非关礼仪的经籍，是与儒教共同的。像这部《赐福密书》[2]就同时为儒教与道教认为是真的。至于种种一般的巫术性前提假设，也同样是如此。

1　参见杨联陞，《报——中国社会关系的一个基础》，《中国思想与制度论集》（台北：联经，1976），p. 357。

2　想必是指劝积阴德、规诫过恶的《太上感应篇》、《阴骘录》等。此等道教的劝善惩恶之书，流传广泛；一般在庆贺大病痊愈、考试及第、喜获麟儿之时，印行这类书做功德。元明以后，被天子采用为教化之书。——译注不过，正如我们前面所说的，这些（巫术的假设）大为发展。与儒教相反的是，它们与某些对此生此世，以及来世的肯定许诺，联结在一起。这些被有教养的知识阶层鄙视的民间神祇，正是因为这些个许诺，而受到人民的崇奉。

因此，儒教所没有做到的，道教的平民教士阶层做到了。他们一方面满足了某种将万神殿整理出系统来的需求，另一方面满足了将被认定的善行人士或灵验的鬼神一一纳入神界的需求。以此，道教将三方神灵：古代的人格化天神（官方教义所称的玉皇大帝）、老子以及来历不明的第三者，聚合起来成为“三清尊”[1]，普遍受到崇拜的民间八大守护神（部分是历史人物），以及其他的天上神仙，都被安置到设计图里。城隍神——通常是个神格化的官吏——则被赋予掌管关系到人在死后之命运的行状录；因此，他被认定为天界与地狱的主宰者。如果有个永久性的组织化祭典产生的话，那么就会有组织城隍祭典以及组织祭祀其他登入神界的自然神和人间英雄的祭典活动。资金的筹集，多半是由地方上的利益团体轮流摊付；一般民众只有在大祭典的时候，才由道士去收缴。

于是，一种非官方的、却是受容忍的、纯正祭典就成立了。从那些自称为老子“门徒”的最早期著作者的时代起，一种密教（Esoterik）就已与之并存，此种密教将那些秉有道之天赋的人视为各种超人力量的担纲者，并交付给他们为需求者提供巫术性救助的工作。

1　按：道教仿佛教，以老子为太清太上老君，别又有玉清元始天尊、上清灵宝道君，合为“三清”。——译注据前文所述，如果在这种密传的道教与老子或其他神秘主义者之间，有真正的历史关联的话，那么此一发展就一点也不惊人了。此处，在受神眷宠的救赎贵族主义的卡理斯玛与理性的禁欲主义之间，是无路可通的。就像世界各处一样，非古典的冥思本身及早期的隐逸精神的发展，都必然从神秘的、泛神论式的与神圣合一直接导向秘迹的巫术。这也就是说，它会导致巫术的影响力及于鬼神的世界，以及导致实际地适应鬼神活动的巫术的法则性。正如我们在《导论》里所讨论的[1]，从开悟者的救赎贵族主义，到庶民的宗教信仰（Volksreligiosität）之间，很少有别的路可走。

基于政治的理由，中国政府到了十九世纪时就不再像从前那样容忍神性人物的崇拜。这种神性人物崇拜的发展，通常出现在有仪式主义之发展倾向的节骨眼上，以及出现在贵族主义式的开悟救赎必须调整以适应群众之需求的时候。那时，卡理斯玛式的巫师，以负有“阳气”的禀赋，成为一个崇拜的对象，一个活生生的“救世主”。为了祈求丰收而以祭典膜拜一位具有卡理斯玛神性的活人，在公元前四世纪时即有传闻[2]。不过当正统教义确立之后，只有已故的人，而且最好是被证实确具有卡理斯玛特质的官员，才准被崇拜。试图将一个活人称呼为先知或救世主，是要非常小心的。除非这个人的表现超出了专家所具有的、无可根绝的巫术技术，或者除非他显现出有建立教权制组织的可能。

然而，道教却一再成功地赢得帝王的认同。十一世纪时，一

1　按：韦伯指的是他为《世界诸宗教之经济伦理》一书所写的导论，译文见《宗教与世界》，第 2 章。——译注

2　de Groot, *Religion of China*, p. 64f. 崇奉生者（官绅），至迟在 1883 年的一道诏令里即被宣布为有罪的（《京报》，1883 年 1 月 18 日）。

个具有五个等级的道教科举制度成立了[1]，不但与正统的科举并存，并依循后者的模式。如此一来，就发生了必须让受道教教育的学生分享官职与俸禄的问题。不过，几经儒教学派同心合力的抗议，终于将道教成功地逐出他们所享有的俸禄之外。就经济与社会的层面而言，争议是绕着帝国的租税收益以及谁应当享受收益这个问题上打转的。不过，在这些争斗中，儒教对所有诉诸情感的宗教思想与对巫术的深刻内在的反感，当然也有其影响。正如我们所了解的，道教的巫师几乎总是通过宦官与后宫——士的传统敌人——而进入宫廷的。

741 年（按：唐玄宗开元二十九年），一个宦官成功地成为翰林院的首长[2]。儒教一贯地以其高傲的、阳刚的、理性的、严正的精神——类似于古罗马人的精神——来抗拒沉溺于迷信与奇迹的女性化歇斯底里亢奋对于国家政事的干预。双方的对立一直以这样的形式持续到传统王朝的末期。我们曾在另外一处引用一位翰林学士于 1878 年关于一场大旱灾引起一般民众不安的报道。他明白地向两位摄政的皇太后提议：要想恢复并维持宇宙秩序，只有靠着一股“沉着与坚定的精神”，而不是激动；除此之外，还必须正确地履行国家在伦理上与仪式上的义务。这位陈情者以纯正的儒教态度又说道：他并不自认拥有揭露鬼神之奥秘或上天之兆示的本领；他并且也触及相当争论性的一点：服侍年纪尚轻的皇帝的宦官与侍臣，应该要防范具有**异端之危险**的迷信的惑言。依以上

1　其实“道举”在八世纪，唐玄宗开元末年就已经有了。参见《史林》五十一卷六号（1968, 11），藤善真澄《官吏登用てておける道举とその意义》。——译注

2　按：唐玄宗时，宦官最有权势者为高力士，不过高力士不曾担任翰林院职务。宦官真正掌大权——主要是控制了禁军（神策军）——要到肃宗以后。——译注

所引的告诫，他下结论道：两位皇太后除了实践德行外，别无他策可公正处理当时的状况。这份儒教精神的证言，以其高傲的坦率而令人感受深刻，同时，它也昭示了那自古以来的对立之清澈的回响[1]。

十、道教的伦理

如我们前文所述的，商人圈子之信服道教，关键在于他们专奉的**财神**，商人的职业保护神，是由道教所创发出来的。是道教使为数众多的这类专门神祇拥有尊荣的地位。以此，帝国军旅的英雄人物，被尊奉为战神；学生信奉的神祇是学识之神；而特别受到崇奉的，则是长寿之神。和古希腊的谷神祭典（eleusinische Mysterien）一样[2]，道教也把重心放在神对于此世与来世之健康、财富与幸福所作的许诺（Verheiβung）上。在理论上，鬼神会对人的一切作为施以福报或惩罚，不管是在现世或来世，不管是报应在行为者身上，或者——与灵魂轮回说相对反的——报应在他的子孙身上。来世的许诺特别能够吸引人众的心。对道教徒与儒教徒而言，再明白不过的道理是：判定个人行为的关键在于“端正的生活”；因此，国君的“端正的生活”便是王国命运与宇宙秩序的关键所在。所以，道教也必须揭示伦理的要求，不过，由于它一开始就是毫无系统的，因此想将来世命运与一套**伦理**联结起来，也就一直是漫无章法。

1 《京报》，1878 年 6 月 24 日。

2 此乃古希腊的 Eleusis 市为了祭五谷之神 Demeter 所举行的神秘仪式。——译注从来没有受过儒教教养阶层严重打击的原始巫术，一次又一次地蔓延开来。据此，并且依照前文所述的方式，道教的教义便以秘迹的治疗术、炼金术、长生术以及神仙术而不断发展。焚书的主谋者、士的敌人（秦始皇），因为道教徒的不死之药而与道教徒结合在一起。他为寻求位于东海的不死者之岛所发起的远征，史有明文。其他的统治者，则为了想炼金而转向道教。身具经典教养的官吏阶层——支配着受教育者之生活样式的阶层——并不了解老子之教的原本意旨，所以断然地拒斥其精神的衍生物。不过，托其名而行的道士的巫术，倒是受到轻蔑的宽容，并被认为是适合一般庶民口味的粮食。

一般而言，汉学家并不怀疑，道教的教权制组织之万神殿的构造（尤其是三清尊）及其礼拜的形式大多是（如果不全是）自佛教抄袭过来，不过，依赖的程度有多大，仍有争论。

十一、中国正统的与异端的伦理之传统主义性格

就其作用而言，道教在本质上甚至比正统的儒教更加传统主义。观其倾向巫术的救赎技巧、或其巫师，即可知别无其他可以期望的。为了整个经济上的生存打算，使得这些巫师直接将关注点放在维持传统，尤其是传布鬼神论的思想上。因此，“切莫有所变革”这个明白且具原则性的公式，归于道教所有，是一点也不令人惊讶的。无论如何，道教与理性的（不论是入世的还是出世的）生活方法论（Lebensmethodik）之间，不仅无路可通，而且道教的巫术还必然成为此种发展趋向的最严重障碍。对一般人而言，后期道教的伦理命令本质上已与儒教的无异；然而道教徒之履行命

令所期望的是个人的利益，儒教徒则偏重于实现君子的良知。儒教徒旨在分辨“正”与“不正”这两个极端，而道教徒则在于“净”与“不净”。尽管道教徒关注于长生和来世之善报恶惩，然而他们和儒教徒一样，也是以此世为考虑的出发点。传说道教教阶制度的创建者已明白地采用哲学家庄子的一番话（此话超越了阿奇里斯在地府中所说的[1]）：“龟宁生而曳尾于涂中，不愿死而藏之庙堂之上。”

确实，我们必须提醒自己，巫术在正统的儒教里有其被认可的地位，并且也自有传统主义的影响力。我们曾经提到，就在晚近的1883年，有个御史抗议说：利用现代技术来建造黄河河堤是违反了经典上的规制。无疑地，害怕引起鬼神的不安，是关键之所在。儒教严厉地拒斥只有民间的巫师才会有的感性的忘我，拒斥道教徒的出神的忘我，以及各种修道僧的禁欲。一般而言，所有的巫术都在此种心理学的观点下，被斥为“非理性的”。

1　参见 Homer, *The Odyssey*, Book XI, p. 489。

按：荷马史诗《奥德赛》第十一章记载尤里西斯入冥间访预言人而与诸鬼魂问答。当他见到特洛伊之战第一勇士阿奇里斯（Achilleus）的鬼魂时，即安慰他：“你死后又领导群魂，所以你纵辞人世，毋用悲辛。”阿奇里斯答道：

显赫的尤里西斯，你听！
你休要把死后光荣来慰藉我阴魂。
我纵然做得冥君，
能使地府幽灵都听命，
也毋宁在阳世做个佣人，
即教我事一寒微之主也甘心。
（傅东华译，《奥德赛》，第十一章）

庄子之语，参见《庄子 · 秋水》：“庄子钓于濮水。楚王使大夫二人往先焉，曰：愿以境内累矣。庄子持竿不顾，曰：吾闻楚有神龟，死已三千岁矣；王巾笥而藏之庙堂之上，此龟者，宁其死留骨而贵乎？宁其生而曳尾于涂中乎？二大夫曰：宁生而曳尾涂中。庄子曰：往矣，吾将曳尾于涂中。”——译注无论是在官方的国家祭典这方面，还是在道教这方面，中国的宗教意识都没能为个人以宗教为引导的生活，创造出像清教的生活方法论所呈现的那样足够强烈的动机。这两种宗教形态，完全缺乏罪恶的魔鬼势力，以致无法让虔敬的中国人（无论是正统的或是异端的），为了得到救赎而起来应战。从官僚体系所拥有的一种乐观的理性主义的观点下看来，真正的儒教处世哲学是“市民的”（bürgerlich），就像所有的启蒙教化一样，它也包含有迷信的成分。作为一种“身份性的”（ständisch）宗教，它是士人知识阶层的道德。这些人的特征是，以教养为傲。

就幸运真正的分配情形与人的命运之不可预测性来看，我们必然要面对的事实是：即使最大限度的功利乐天主义与因袭主义的看法，也无法满足在这最好也不过的社会秩序中对于公道的最卑微要求。在此秩序中所遭遇的不幸与不公，被认为是由于个人教养上的缺失或者政府卡理斯玛特质的不足所造成的，或者根据道教的教义，是犯了巫术上的重大过失的结果。神义论（Theodizee）的终极问题应该也会因此而产生。然而，至少来世（Jenseits）或轮回（Seelenwandlung）的概念都未被儒教徒所采信。不过在古典经书里倒可推究出某种奥义的预定论信仰（esoterische Prädestinationsglauben）的些微痕迹。这个观念含有一点二分的意味，完全相应于中国官僚体制的性格——本质上与战士的英雄主义相乖隔，身份上又特别是与纯粹的市民生活区分开来的士人阶层。

民间信仰里显然没有任何神意（Vorsehung）的观念存在。不过它发展（至少是萌芽）出一套清楚地由星宿支配个人命运的占星术信仰。儒教的奥义之学（如果有这么一门秘学可言的话），似乎并非完全没有神意的信仰。不过，一般而言，神意与个人实际的命运并没有什么关联，在孟子来说，更是如此。和所有原始的共同体崇拜一样，它所指涉的只是社会集体本身的和谐与最终的命运。但是儒教并没有真正推衍出像希腊的“命运”（Moira）那样的命定观：足以令个人生命出现极大逆转（Peripeteien）的一股非理性的、非人格的命运之力。此一观念是所有纯粹的人类英雄精神所特有的，它总是高傲地拒绝相信慈悲的神意。（在中国）这两者（按：慈悲的神意与非理性、非人格的命运之力）毋宁是同时并存的。

孔子显然认为自身的使命以及隐藏于此一使命背后的影响力，是真确地为神意所安排。除此之外，确实，还可发现到对于非理性的命运加以本质扭曲后的信仰。也就是说，只有“高明的人”才会知道命运；并且，若不相信命运，就不可能是个有教养的人[1]。就像其他各处一样，相信神意，支撑了主智主义的知识分子惟一能接受的那种斯多噶式的英雄主义，换言之，一种接近蒙田（Montaigne）所谓的“觉悟”（Bereitschaft）。意思是平静地接受那无可变更的，如此一来便可证明有教养的、受过教育的骑士精神。一般平民，无所谓命运或畏惧命运，所追求的是幸福与财富；或者听任运气流转，当作是命数（Fatum）——而非宿业（Kismet），虽然根据传教士的说法，实际上似乎后者才是通例。然而儒教的“高明”之士，学习在知晓命运中过活，并且在内心里以高傲的平静来面对命运，因为他将全部心力投注于一己人格

1　《论语・尧曰》：“子曰：不知命，无以为君子也。……”朱注引程子曰：“知命者，知有命而信之也。人不知命，则见害必避，见利必趋，何以为君子。”——译注

的塑造及其完美[1]。

包含于儒教的理性主义中的非理性因素，除了我们已知的以外，这种对于命运预定论之非合理性（Irrationalität der Prädestination）的信仰，也是撑持其**高贵性**的一根支柱。此一信仰，至少就个人而言，排斥那种纯然入世的理性的神义论。因此，某些哲学家拒斥这种会在儒教的理性主义体系里产生紧张性的信仰，认为此种信仰具有伦理上的危险性。不过儒教的预定论信仰，在性格上有别于清教的预定论信仰，后者指向一位人格的、全能的神。同时，清教徒坚决而明白地拒斥神意慈悲的观念，但是如此做的同时，他又期待自己在彼世的救赎。而在儒教里，不论是有教养的人（君子）还是一般人（小人），都不以彼世为念。有教养的儒教徒对于身后，惟一关心的是能否留**名**于世；为了护卫声名，他必须有以死相殉的准备。儒教的支配者与将领，**当**他们在战争以及人类命运的大搏斗场面中不再受到上天的眷顾**之时**，确实**知道**如何勇于**赴死**。他们较其基督教的同职者**更懂得**如何不辱此身，

1 当儒教徒与佛教徒之间起了宗教争议之际，佛教的业报说往往受到特别强调性的排斥。前者主张的是，个人的社会境遇并非此前的作为所造成，而是命运的结果——命运使得一株树的某些叶片吹落于毡席上，某些却掉落于污土中。

按：《梁书》与《南史》的《范缜传》中记载了一段竟陵王萧子良与范缜有名的对话。子良问："君不信因果，世间何得有富贵，何得有贱贫？"缜答曰："人之生譬如一树花，同发一枝，俱开一蒂，随风而堕，自有拂帘幌坠于茵席之上，自有关篱墙落于粪混之侧。坠茵席者，殿下是也；落粪混者，下官是也。贵贱虽复殊途，因果竟在何处？"——译注

只要看看我们德国的情形就知道[1]。儒教徒所具有的高尚情操[2]，其最终极的推动力正是来自这种荣誉感，它成为一个有教养的人的特征，并且在本质上与个人的操守——而非其出身——紧密联结。以此观之，儒教的生命态度是偏向于身份性的色彩，而不是西方观念里的“市民的”价值取向。

这显示出，此种知识分子的伦理，对于广大的庶民而言，意义必然有限。首先，在教育方面，不管是地域上的差异，或者特别是社会的差异，都相当大。较为贫困的平民阶层，还是以其精打细算的节俭（就消费而言），维持着传统主义的、迄今仍然强固的糊口式经济（naturalwirtschaftliche Bedarfsdeckung）。这种几乎令人不敢相信的极度节俭，举世无匹。只有当人民的生活水准与儒教的君子理想之间，没有任何内在的关联时，这种情况才有可能。此处和世界各处一样，只有支配阶层的身段与外在行为方式，才是一般人的认同对象。

教育阶层在极大的程度上，以否定的方式，决定性地影响了**庶民大众**的生活样式。一方面它完全阻塞了先知宗教精神的兴起，另一方面则几乎彻底地根除了泛灵论宗教意识里的狂迷要素。这可能至少部分决定了一般所谓的中国的民族性，尤其是儒教社会伦理的冷漠性格——除了亲族、学生或挚友这种纯粹**个人情谊的**纽带外，都加以排斥——可能就是因此而来的。

---

1 此处韦伯说的是 1918 年德意志帝国统治者的流亡荷兰，以及德军统帅鲁登道夫的拒绝自杀，参见钱永祥编译，《学术与政治》（台北，1985），pp. 54—55。——译注

2 从上述龟的比喻可以明显看出，此种对于名声的自负很容易就急转为单只为了求生存的露骨的憧憬。作此比喻的人（庄子）不是个纯粹的儒教徒，但他却以无比的敬意来引用孔子的话。然而真正的儒教精神并不反映在这里。而是从司马迁的书信（按：《报任安书》）及上面曾引述的进呈给慈禧太后的御史奏议里显现出来。

人伦关系的优先性（Personalismus），在社会伦理上所显示的效果，尤为显著。一直到今天，在中国还没有对“切事的”共同体（sachliche Gemeinschaft）负有义务的想法，不管这共同体是政治性的、理念性的，或者其他任何性质的[1]。在中国，所有的社会伦理都只是将与生俱来的恭顺关系转化到其他被认为与此同构型的关系上而已。在五项自然的社会关系里，对君、父、夫、兄（包括师）、友的义务，构成（无条件）伦理约束的整体。在此（五伦）关系之外，其他自然且纯粹的功能义务关系，则是以儒教的互惠原则（Prinzip

---

1 我在最后一刻才注意到 Wu Chang 那篇看来相当不错的博士论文（Berlin, 1917），此篇论文受到 Herkner, Bortkiwicz, Eberstadt 诸人的影响。“中国的信用组合”代表某种社团类型，它被冠以一般的俱乐部称呼——会，另外再加上特定的名称以说明这个会的功用（按：例如互助会、骰子会、抓会等）。

这篇论文描述我们在前面（第一章）所提到的组合之原始结构。此种组合流行于农民（质实言之即小作农）之间，而且主要是依赖组合成员间纯粹个人的熟识关系。能否成为参与其中的出份者，纯依其个人的信用程度而定。有三种不同类型的组合，最简单的一种是，在第一次聚会时，所有成员（除了会首外）将其会钱交给会首，而将当期的利息记在会首的账上，会首或许也就能利用这笔资金的运转来弥补利息的账。第二次聚会时，所有会钱便交给第二个会员，依此循序而下直到最后一个会员；最后这名会员收回他前此所缴纳的所有会钱及利息。收取会钱的顺序大半由抽签决定；如果组会的目的是要解决某“负债者”的财务问题，那么他当然就是“会首”，至于其他的捐资者或许愿意当“会尾”。结果是所有在会尾之前的会员在某段时间里都有一笔为数略异的资金（依其顺序而定）供其自由运用。个别成员缴交会款及付利息，以便偿还或储蓄资金，这种信用组合需要某种方法以便互相监视，或者要能确切了解成员的资金运用方式。就其功用而言，这种组合显然类似于德国农政家 Reiffeisen 的信用贷款制。对于银行不与之往来的小作农而言，信用组合取代了为了购买土地所需的实物抵押信用，不过它也能适合于任何可以想见的用途。

相对于前此所描述过的教派（sects）情况（参见“The Protestant Sects and Spirit of Capitalism,” *From Max Weber: Essays in Sociology*），除了形式以外，中国的信用组合还有下列特点：1. 具体的经济目的是首要的，甚或是惟一部分的；2. 由于缺乏教派的资格测试，个人是否够资格成为一个可能的信用承受者，纯粹取决于个人关系的基础。顺带一提，这种信用组合也许的确可用来说明希腊“eranos”的性质。

der Reziprozitft）[1] 为基础，其中没有丝毫激情的要素。有些义务的根源，则来自乡邻团体的纯粹的社会伦理。特别是有产者厚待宾客的义务与慈善的义务，在世界各处都被圣歌手赞颂为高贵生活的表征。这是所有的宗教伦理都予以认同的。

由于儒教的传统主义与因袭主义对于生活态度（Lebensführung）的影响，这些义务带着相当强烈的形式主义性格，其中以"功德"(Praktizieren der Tugend)——(阴历)腊月初八(以粥)款待贫民——这项具有特色的惯用表现手法特别是如此。对所有的宗教伦理而言，最原始的、中心的命令——施舍，在此成为一种不做便有危险的传统捐献。基督教的施舍所包含的意义是："贫者"在基督教社团里被认为是神所置定的"身份"，因为为了富者灵魂的救赎，他们有存在的必要。在中国，贫者被集结成很有组织的帮会，没有人会轻易冒险地与之为敌。

一般而言，这很可以反映出多半的情形，因为不只在中国，只要是有一种具体个人的或切事的因素存在，就会有帮助"邻人"的慈善产生。只有熟知中国事物的人才能够判断这所谓的慈善，在中国是否确实比世界其他地方要来得强。就像所有巫术宗教的原生性格一样，中国的民间宗教认为疾病长年缠身，是某种仪式上的罪过所造成的。这其中既然并无宗教性的同情动机来加以折冲，可见得此种（慈善）情怀未必特别地发达，尽管伦理学说（孟子）对于同情心的社会价值大加赞赏。无论如何，同情心并没有

1　儒教的互惠原则，如《礼记·大学》篇中所记述的："所恶于上，毋以使下；所恶于下，毋以事上；所恶于前，毋以先后；所恶于后，毋以从前；所恶于右，毋以变于左；所恶于左，毋以变于右：此之谓絜矩之道。"按：此即"我不欲人之加诸我也，我亦欲无加诸人"的"忠恕"精神，如《中庸》所载："忠恕违道不远；施诸己而不愿，亦勿施于人。"——译注

在儒教的温床上大大地发展起来。即使是提倡兼爱的（异端）代表人物（例如墨翟），本质上也仅就功利的立场来看待同情心。

既然个人神圣的社会伦理义务有可能自相矛盾，它们就必须被相对化。这明显表现在家族利益与国库利益的强制性划分，以及父亲宁愿自杀而不愿亲自逮捕（谋反的）儿子上。官员服丧**不足**，依法令要受竹杖之刑，而**过度**服丧也同样如此。后者因为拒绝任职而形成行政上的困扰。

基督教式的冲突，也就是发生在个人灵魂救赎之关注、与自然社会秩序之要求二者间的冲突，对儒教徒而言是难以想象的。任何“神”或“自然”与“制定法”或“习律”（Konvention）或其他约束力量之间的冲突，对他们而言，并不存在。因此，任何宗教的戒律，或以**宗教**为基础的自然法，照说与这个罪恶的、没道理的世界间该产生的紧张关系或互相的妥协，在中国却不存在。仅有的例外只出现在前文提及的自然法刚开始萌芽之时，这一点在经典中的一些例子偶尔会提到“自然的”这个语词时，就十分清楚。这些例子所指的通常是自然秩序与社会秩序之内在和谐的宇宙。当然，没有人会真正被期望达到绝对完美的境界。不过，每个人都有能力在社会秩序中学习使自己达到相当完美的程度。据此，实践公认的社会美德，亦即实践仁爱、正义、诚信，以及仪式的虔诚与求知等，即可习得此种完美，无论他是带着较积极的（儒教的）色彩，还是较为冥思的（道教的）色彩。就像我们屡次观察到的，如果支配者的卡理斯玛禀赋不足，使得社会秩序未能顾及所有人的幸福与满足，那么这就是他个人的罪过，不管他是不是已经尽了上面所提及的义务。

因此，至少根据古典的教义，儒教不知有所谓至福的原始状态。

它只知道有处于未开化前阶段的无教养的野蛮状态，因为那些造成入侵威胁的野蛮的山岳部族就是现成的例子。

当夫子被问到如何在最短的时间内使人长进时，他简洁地回答说：富而后教之。事实上，英文里的寒暄话“你好吗？”性质上相当于中文里问候人家“你吃过饭了吗？”。既然贫穷与愚昧正是原罪，也就是说，既然教育与民生最足以影响人的性格，儒教就必然以至善的文化状态，而不是纯真原始的自然状态，为可能的黄金时代。

古典经文里有一段惊人的记载，说到王位不是经由世袭，而是经由选举来继承的情形。父母不独因子女是自己的，而因此只爱他们，反之亦然；孤儿、寡妇、老年人、无子者与病患皆受到共同基金的抚恤。男人有工作，女人有归属。财富应当积聚，但并不是为了自己；工作也不是为了个人的利益，盗窃乱贼都不存在。所有的门户不闭，国家也不是个权力国家。这就是“大道”，其结果就是“大同”。相反地，强调个人的继承权、个别的家族、军事性的权力国家，以及个人利害的绝对支配，这种经验性的强制秩序，以一标示性的术语来说，就叫做“小康”[1]。此一无政府主义式的社会理想的描述，远超出儒教经验性的社会思想架构之外，并且特别是如此地与所有儒教伦理之基础的孝道无法兼容。以此，正统说部分反映出经典的不精纯，部分则带有“道教的”异端的意味（附带一提，此处与理雅各的意见相同）。

目前，这就是为什么，近代的康有为学派会征引此段经文来证明儒教在社会主义的理想未来里的正当性。确实，此段经文，

1　此处所述的“大同”与“小康”，内容详见《礼记 · 礼运篇》。——译注

就像《礼记》里的许多经文一样，很可以表现出高延表达得特别清楚的观点。那就是：许多被认为是异端的、或至少是非古典的、或甚至是一种特殊宗教的教义，原本都与正统说有关系，大约就像基督教神秘主义与天主教的关系，苏菲派（Sufi）神秘主义与伊斯兰教的关系。教会的制度恩宠（kirchliche Anstaltsgnade）只有在不自然的情况下，才会与神秘主义者个人的救赎追求有所妥协，尽管教会机构在原则上不必然会拒绝神秘主义本身。

恰如以上情形，儒教的乐观主义（Optimismus）最后的结论是：通过个人的伦理的力量，以及通过有秩序的行政力量，希望能达成纯粹是地上的完美。不过这终究会造成某种紧张性，因为另一个同样是儒教的基本观点是：个人与全体民众的物质的福利与伦理的福祉，最终是由统治者的卡理斯玛禀赋所决定，而他的正当性则是由上天以及其官吏的福利政策所赋予的。不过，正是这个义理，使道教得出它**本身的**结论——一切幸福的泉源在于无为；这被认为是个异端的教义。毕竟，这只不过是正统儒教乐观思想转向神秘主义的最后归结。那种无等差主义式的(akosmistisch)对自我资质的坚信，以及据此而产生对于制度恩宠的贬斥，立即有导致成为邪教的危险。寻求独自的救赎之道以**超越**入世的俗人道德，在此，和其他各处一样，对于制度恩宠而言，基本上是很可怀疑的——这情形在教会的（而非禁欲的）基督新教这里也完全相同。

如我们所见的，道，作为进德的“管道”，是个自明之理，并且也是正统儒教的中心概念。正如同神秘主义也可以，如前文所提及的，导出某些儒教徒所持的、或多或少具有一贯性的自由放任理论（此一理论使得政府在干预财富的分配之时，不至于太过度而有所保留），同样地，神秘主义所指涉的，在神的意志下的、自然的、宇宙的与社会的“和谐”之意蕴，也可以推导出无统治（Nichtregieren）的原理。对儒教而言，要确定这些义理是否仍为正统，就像要中世纪的教会去判断一个神秘主义者是否仍为正统一样地困难与令人怀疑。因此，这就可以明白，何以高延全然拒绝一般将道教当作与儒教并立的一个个别宗教的看法。皇帝的宗教谕令都一再明白地将道教与佛教并提，认为它不过是一种被包容的、非古典的信仰。相反地，**社会学家**则必须考虑到教权制的特殊**组织**这个事实。

总之，正统与异端在教义与实践上本质的差异，以及儒教所实践的决定性特征，是基于两大根源：一方面，儒教是一种受过典籍教育的官僚体系的身份伦理；另一方面，孝道与特别是祖先崇拜，被认为是家产制政治不可或缺的基础而受到维护。只有当以上这些关注受到威胁之时，统治阶层的自卫本能才会对异端采取行动[1]。

十二、中国的教派与异端迫害

作为家产制子民驯服基础的祖先崇拜与入世的孝道，具有根本的重要性，这也是儒教国家在现实的**宽容**上，最重要且绝对的

1　孝道当然也可能会导致政治当局必须加以制止的结果。对于奢侈浪费，特别是在祭典上的花费，自有出于重商主义的、基于身份性理由的限制；相对于此，由于作为终极伦理判准的孝道之重要性，在服丧方面所被准许的花费，是十足令我们西方人咋舌的。

界限[1]。此一界限显示出与西方古代的态度，有亲近的一面，也有性格上不同的一面。

国家祭典里，只有官方的伟大神祇。不过，有时皇帝也会参拜道教与佛教的庙宇，只不过仅以鞠躬为礼，而不是叩头——对孔圣人，都得行叩头之礼。国家支付堪舆的费用[2]，并且官方也承认风水[3]。从西藏来的驱魔者偶尔会受到禁止；古人称之为巫——律令里说到他们时，即用此名[4]。当然，这类禁止纯粹是为了治安上的理由。城市的官绅以官方身份参加道教城隍神的祭典，由道教的道长所认定的神祇也必要经由皇帝的批准。原则上，"良心的自由"此一要求是得不到任何保障的，然而也没有因纯粹的宗教见解而遭受迫害，除非是基于巫术的理由（类似古希腊的宗教裁判），或者是政治上的考虑，才会招致这样的迫害。话虽如此，这些政治上的考虑还是相当繁苛的。

在皇帝的宗教敕令下，压制异端（Ketzerei）乃是一种**义务**。即使像孟子这样的作者都同意这点。（迫害的）手段、强度，以及对于"异端"的概念及其范围，历来都有所变化。中国政府之打击异端，是由于它在国家看来是有害的。所用的方法，一则是经由教化（晚近的十九世纪就有一首由君主所作而经官方宣扬的训谕诗）；一则是以火与剑，就像天主教会对付否定秘迹恩宠（Sakramentsgnade）的人，以及罗马帝国对付拒绝皇帝崇拜的人那样。

1 关于这点，参见 de Groot 的论文"Sectarianism and Religious Persecution in China," *Verh. der. kon. AK. van Wetensch. te Amsterdam*, A fd. Letterk. N. Reeks, IV, 1, 2。

2 《京报》，1874 年 1 月 13 日。

3 *Ibid.*, 1883 年 3 月 31 日，4 月 13 日。

4 *Ibid.*, 1874 年 10 月 2 日；1878 年 8 月 20 日的《京报》载有关于一名精神错乱的男子接受祓魔的案例。

虽然传说中在中国这个国家里有无止境的宽容，但十九世纪时，几乎每十年里就可以看到全面性的异端迫害，包括拷问证人在内。另一方面，几乎每一次的叛乱都与异端邪教（Häresie）有密切的关联[1]。与古罗马相较之下，中国是处于一种特殊的状态之中的。因为这个国家在儒教被确定不移地与官方祭典和个人的义务性祖先崇拜相合并之后，就有一套绝对性的、受官方所认定的**教理**。以此，中国就趋近于一个“教派的”（konfessionell）国家，而与公元前的西方古代帝国形成对比。1672 年的“圣谕”（十六条中的第七条）就明白地下令拒斥伪教[2]。然而，正统的教理并不是一种教义宗教，而是一种哲学与人生智能。这样的关系确实就好比（举例来说），假设二世纪时罗马皇帝独尊斯多噶派的伦理为官方正统，并以接受此种伦理为出任国家官职的先决条件一样。

与此相反地，**教派性的**宗教信仰（Sektenreligiosität）的通俗形式，是**秘迹**恩宠的授予，而且无论何处，这总是发生在所有导向神秘主义救赎的宗教信仰的沃土上，好比在印度。亚洲的神秘主义者，无论他们是否成为先知、传道者、教主或告解神父，都无可避免地会变成一个秘法传授者（Mystagog）。然而，皇帝的官职卡理斯玛极少能忍受一个具有独立恩宠权威的势力与之并存，就像天主教的制度恩宠也无法容忍这样的一种势力。准此，皇帝敕令里对于异端的指斥，都几乎是针对着同样的事。首先，当然是指未被认可的新神祇受到崇拜这件事。不过，这不是决定性的一点，因为基本上，从国家祭典里分离出来的一整个民间的万神殿，

1　自明末迄清，有许多称弥勒教、白莲教、上帝教等所谓的“邪教”，与叛乱事件相联结。较大的乱事，如白莲教之乱与太平天国之乱。——译注

2　康熙十一年所颁布的十六条圣谕中，第七条即为：“黜异端而崇圣学。”——译注

都被认为是非古典的、野蛮的。真正具有决定性的应是以下三点：[1]

1. 异端教徒宣称为了修习具有美德的生活而聚集在一起。然而他们成立了未经许可的结社并设法募捐资金。

2. 他们拥立首领，有的是神的化身，有的是教主，宣扬来世的果报或许诺灵魂的救赎。

3. 他们将祖宗牌位迁出家里，并且为了修道生活，或者总而言之非正统的生活方式，而离开他们父母的家庭别居他处。

第一点是违反了政治上的治安问题——不准未经许可的结社。儒教的子民被期望在五种古典的社会关系里自行修身。准此，并不需要别立教派（Sekte）[2]，并且，教派的存在也会破坏国家所赖以成立的家父长原则。

第二点对儒教徒而言是公然欺骗民众，因为不会有来世的果报与个别的灵魂救赎。并且，这点也意味着藐视儒教国家官方的（现世内的）体制性卡理斯玛（Anstaltscharisma）。照料中国国家内部的（此世的）灵魂救赎，是祖先的事，其余则只能由上天所认可的官吏和他们的皇帝来负责。因此，任何救赎信仰、任何秘迹恩宠，不但会威胁到对于祖先的虔敬，也会威胁到政府的威信。

同理，第三点非难是最具关键性的。拒绝祖先崇拜就等于是危害政治的元德——孝道，并危害依凭于此一德行规范下的官职层级结构和子民的驯服。（将子民）从对皇权卡理斯玛势力的信仰

1　于此，我们要强调的是：我们只是将儒教及官方与诸教派的关系做了一番概略描述。在我们详论过佛教后，将会回头对教派再加适当论述。教派中最主要的几支，莫不受到佛教的影响。参见 de Groot 前引论文“Sectarianism and Religious Persecution in China”。

2　韦伯所说的“教派”（sect），是依据共同体准则审查下，具有宗教资格者的结社，此种（宗教）贵族主义下的构成体是与普遍性的恩宠机构“教会”（church）有所区别的。关于“教派”与“教会”的区分，参见 Max Weber, *Economy and Society*, p. 56, 1164。——译注

中解放出来、从相信孝悌关系的永恒秩序中解放出来的宗教信仰，原则上是无法加以宽容的。

这些训令的主旨，根据情况的不同，也可能是出于经济（重商主义的）或伦理的理由[1]。冥思的生活，不管是个人冥思的救赎追求，或特别是修道者的生活，在儒教徒看来，都是坐食怠惰。他们必须取食于从事生产的公民，因为佛教的比丘是不耕的（基于“不杀生”［Ahimsa］的戒律，亦即，禁止危害生物、蚯蚓、昆虫[2]），比丘尼是不织的。再者，出家生活通常只是为了逃避国家徭役的一个借口。当道教徒与佛教徒势力强盛时，支配者有时是借着他们的势力而登上宝座的，即使如此，在适当的时机下，他会回头抵制他们。原本是佛教僧侣之禁欲精神核心的托钵乞食（Bettel），以及寺院外的救赎宣道，政府却一再禁止僧侣阶级奉行。寺院本身在受到约束性认可之后，正如我们下面就要指出的，它的数量就被严格地限制住。相反地，时而果断的庇护佛教，是基于希望此一柔和的教义能有助于驯服子民（这和蒙古可汗引入喇嘛教的道理是一样的）。

随着寺院的大幅分布与救赎关注的普及，很快地就导致严厉的镇压。到了九世纪时，佛教教会遭遇到再也无法完全复原的打击[3]。部分的佛教与道教寺院被保全下来，其经费甚至可列于国家预算中，然而严格规定每个僧侣都得领有国家特许凭证。也就是像普鲁士的文化斗争（Kulturkampf）式的一种“文化检验”

1 诸多理由，参见 de Groot, *loc.cit.*。

2 即见诸佛教经典中的“蛙飞蠕动”之物。——译注

3 此即唐武宗会昌五年（845）的灭佛之举。——译注

(Kulturexamen）的要求[1]。根据高延精彩的推论，风水是其中的一个关键因素，因为一旦迁动以前被准许礼拜的地方，就必然会有招致鬼神惊动的危险。本质上，这是正统的祭典站在国家理由(Staatsräson）的立场上，大致还宽容异端的原因。此种宽容，绝不是正面的肯定，而是瞧不起的“容忍”，这是任何一个世俗的官僚体系通常对宗教所采取的态度。此种态度只有在须要驯服民众时，才稍加收敛。

同样也是站在国家理由的立场，“贵人”（君子）对于这些，就像他对待所有那些未在官方崇拜之列的存在者（Wesen）一样。他遵循被认为是夫子所说的一个相当现代的原则：以确切的仪式来安伏鬼神,不过,“保持适当的距离”[2]。民众在参与这些受到容忍的宗教时，和我们西方的“宗教归属”(Konfessionszugehörigkeit)的概念，一点关联也没有。随着不同的机缘，古代西方人或崇拜阿波罗，或崇拜狄俄尼索斯（Dionysos）[3]，南方意大利人或崇拜彼此竞争的圣者或教团。同样的，中国人也根据需要和灵验的效力，看重或轻视官方的国家宗教仪式、道教的占卜术和佛教的法

1 按：唐以后，经过僧科考试合格后，由尚书省的祠部发给出家的特许证——“度牒”。所谓“文化斗争”乃俾斯麦在位时（1872—1887)，致力于普鲁士之统一全德，因而限制罗马教会于境内行使教育上及宗教上的任命权，以此所引起的斗争。另参见《学术与政治》，p. 286 注 2。——译注

2 亦即“事鬼神以礼”，“敬鬼神而远之”（《论语 · 雍也篇》）。——译注

3 狄俄尼索斯（Dionysos）为起源于 Thrace 的神祇，主掌植物与动物的生命。亦被称为 Bakchos（Bacchus）。于公元前八世纪（一说公元前十五世纪以前）传入希腊。在希腊，他与葡萄相结合而成为葡萄酒之神。主要是一种女性的信仰，传说陶醉的信女们集结在一起手持火把、挥动着常春藤杖头的木杖于夜半的山野中乱舞，将出现的野兽裂为八块而食之。雅典的僭主佩西斯特拉图斯为保护此一祭典而奖励悲剧与喜剧的新作于卫城（Acropolic）南麓的狄俄尼索斯剧场里竞赛演出。以此，狄俄尼索斯亦为戏剧之神。——译注

会。后者甚至在上流社会里也很盛行。关于丧葬，在中国的民俗里，是以古典的祖先崇拜为基调，而并用佛教与道教的圣礼。将中国人在宗教信仰上归类为“佛教徒”——就像从前通行的说法，全是一派胡言。依照我们的判准，**只有**登录僧籍的出家人、僧侣，才可称之为“佛教徒”。

异端的出家形式本身并没有成为与国家权力敌对的决定性因素。但是，当佛教与在其影响之下的道教，发展出设置了娶妻教士的**俗人**共同体（Laiengemeinschaft）时，也就是当某种教派的宗教意识（Konfessions-Religionsität）开始出现时，政府自然会断然加以干预：要僧尼道士在两条路上做个选择，要不是回到被认可的寺院中，就是还俗于世俗的职业里。有些宗派依照印度的模式所采行的习俗，特别受到政府的压制。像是依照被准许传习秘法的等级而举行特殊的修炼僧（Novizen）得度式，再依此僧在宗教上的位阶而设计法衣颜色的等差等等习俗。据此，教派精神（Sektentum）的独特面貌便开展出来：“人格”的价值与尊严，**不是**经由血缘纽带、身份地位、或官方授予的凭证而受到保证与认定；而是通过成为或证明自己是某个具有特殊资格的伙伴团体（Genossen）中的一员而得到保证与认定。此种任何教派性的宗教信仰都会具有的基本功能，比起较容易控制的僧院，更令所有强制性的恩宠机构——不管是天主教教会，还是政教合一的国家——感到厌恶。

此处我们略过受到政治提倡而兴盛一时的喇嘛教不谈，以其并不具有历史的重要性。同样地，我们也不谈伊斯兰教在中国的命运[1]，虽然它相当重要；犹太教在中国也呈现一种奇特的萎缩状态，不像在世界其他地方那样具有强烈的特征，不少皇帝诏敕中倒也提及居住在帝国极西地区信奉伊斯兰教的部族长，其中有一道颇具特色的谕令：将罪犯卖给他们作奴隶。

基督教在中国的官方称呼是“泰西的天主崇拜”，它之遭受迫害，我们无须多加解释，此处也略去不谈。尽管传教士再有技巧，这种迫害也会发生。只有在军事武力所导致的条约上的宽容下，基督教的传道精神才被承认。颁布给民众的旧有宗教令谕里，明白地辩称耶稣会士之所以受到宽容的理由，是由于他们在天文学上的贡献。

教派的数量不少（高延指出有 56 个），教徒为数甚众，尤其是在河南以及其他几个省份。他们的身份多是官员的奴隶及贡米船队上的人员。在正统儒教眼里，每一种异端都是阴谋叛乱的——这是教会国家具有的态度，这个事实迫使他们大多数要诉诸暴力。尽管有迫害，许多教派可以溯源到五百年前，有些甚至更古老些。

十三、太平（天国）运动

中国没有发展出西方那样的宗教形式，并不是一种无法克服的“天生本性”使然。近代**太平**天国（1850—1864）[2]的天王洪秀全

1 认为伊斯兰教在中国并没有任何改变（如 W. Grube 时而指出的），似乎言之太过。大约自十七世纪以来，即已发展出（伊斯兰教寺院的）僧侣伊玛目（Imam）的特殊地位，这当然是在印度及其他东亚的秘法传授者之实例影响下所造成的。

2 名称是旧有的；我们回想到道教的教会国家就已使用了同样的名称（太平）。

之破除偶像、反巫术的先知预言的惊人成功，就证明了这点。就我们所知，太平天国之反抗儒教的行政与伦理，是中国所经历过最有力的、最彻底教权制的、政治——伦理的反叛[1]。

传言这位开山祖师出身于农村的贵绅氏族[2]，并且是个严重的癫痫性狂迷忘我的人[3]。或许部分是受到新教传教士和《圣经》的影响与刺激，他就像那些伊斯兰教的拜占庭偶像破坏者一样，猛烈如清教徒似的严斥任何鬼神的、巫术的、偶像崇拜的信仰。他宣扬的是半神秘忘我的、半禁欲的伦理。他受的是儒教教育，没能通过科举考试，又受到道教的影响。他在族人的支持下创立教派，教派的经典中包括了《创世纪》及《新约圣经》，其习律与信条是：仿洗礼式的水浴，取代圣主晚餐的饮茶圣餐式（由于禁酒的缘故），修改后的天主祈祷，以及具有同样特色的、经过修改的十戒[4]。此外，他也引用《诗经》及其他经典，以混合杂糅的方式来适其所求。

---

1 太平（天国）的官方文书（《太平官书》），如“神意解说书”（《钦定前遗诏圣书批解》之类）、《太平诏书》、《天条书》、《天命诏旨书》、所谓的“三音格诗的经书”、1852 年的反清宣言（《奉天讨胡檄》）、仪式与军队机构的规定（《定营规条十要》、《行营规矩》、《太平礼制》）、新历书等等，由英国战舰 Hermes 号带到上海，上海的传教士 Medhurst 在适当之处加上粗略注释后，首次在一份传教士刊物上出版。这一场大变乱经常为人道及，特别是有关中国的论著几乎无不加以描述。在德国方面则有 C. Spillmann 的那本通俗的著作（Halle, 1900）。可惜的是，最精通中国教派史的专家 de Groot，不愿更深入讨论太平天国运动的本质，并且轻忽了其中基督教的色彩。当然这些也不是他惟一部分细加使用的清朝官方文件所能令他理解到的。不过，de Groot 对于传教士文献的评价很低，而我们的叙述里却假定其具有某种价值。

2 我不可能一一检定诸多备受争议的事实。

3 在军事上的关键时刻之失误，主要便在于此一癫痫重症。若非如此，则无疑地：当大运河被占领，且南京及整个长江流域都被征服，以至于粮道被切断后，那一再遭受致命之击的清朝政府便难逃寿终正寝的命运；那么，东亚历史之完全改变，至少并不无可能。

4 模仿摩西十诫的《十款天条》中规诫：要崇拜上帝、不可拜邪神、不可妄言皇上帝名讳、礼拜日要赞颂皇上帝的恩德、要孝顺父母、不可杀人、伤害、不可奸淫、不可偷盗、不可说谎、不可贪渎等十项。——译注如此一来，他像所有的改革者一样，又退回到传说中的古老时代之帝王的圣言与律令。

结果是一种杂糅基督教与儒教样式的奇特混合，让人想起穆罕默德(Muhammed)的折中主义。我们看到基督教的天父[1]，还有(在本质上与天父不同，但是“神圣的”）耶稣[2]，最后，是这位有圣灵加于其身并且是基督之“弟”的先知[3]。圣徒与圣像崇拜，尤其是圣母崇拜，都受到深深地憎恶。祈祷有定时，安息日是星期六，并举行两次礼拜式：朗读圣经、连祷、讲道，以及朗读十戒和唱圣诗。我们看到有圣诞节庆，牧师主持的（不许离异的）婚姻缔结，准许一夫多妻，卖淫要被枭首的禁令，以及未婚男女的严格隔离。此外还严禁酒、烟与鸦片；废除发辫与妇女的缠足；可以在死者墓前供献牺牲[4]。

天王和正统的皇帝一样，是**最高祭司长**（oberster Pontifex）。次于他的五个最高的官职部门是西、东、南、北四个“王”和助理他的（翼）王。三个科考级次也可在太平天国中见到。卖官制被废止，由天王任命所有的官吏。仓储政策（Magazinpolitik）[5]与强制徭役（Zwangsrobot）都借自古老传统的实地经验（Praxis），不过在某些地方上有着重大的差别，例如：严格划分“外在的”行

1　在官方文书里，以耶和华之名称神，只有一次；其余，据传教士的计算，最常出现的是通俗的天神之名（42%），以儒教式的天灵之名出现的频率只有前者的一半（21%），更常出现的是人格性的天父或天（33%）；出现最少的是神（大抵都作鬼神的“神”解，4%）。

2　耶稣被认为和天王一样是结过婚的。这先知（洪秀全）曾在幻觉中见过耶稣的妻子。

3　他拒绝认为自己是“神圣的”，也拒绝“父”的称呼。

4　这点特别引起传教士的不满。虽然官方拒斥任何将此仪式解释为对于或为了祖先神灵的供奉，然而这确实代表一种对传统的让步。献牲供奉被认为是一种对神的祭献，并且就像基督教的死者弥撒一样，牺牲是献给祖先灵魂的。

5　太平天国实施圣库制，私有财产是被禁止的。——译注

政与“内在的”行政[1]。在后面这一部分,妇女被推为经济营生上的领导人。交通政策、道路修筑政策与商业政策等,相对而言都较为“自由”。原则上这样的对比类似于克伦威尔(Cromwell)的圣者统治——某些方面,令人想到早期的伊斯兰教和明斯特(Münster)的洗礼派政权——与劳德[2]的政教合一国家这两者的对比。

理论上,国家是个禁欲的战士教团公社(Gemeinwessen):典型的军事掠夺共产主义(militärischer Beutekommunismus)与早期基督教那种爱的无差别主义(Liebesakosmismus)交相混合在一起;为了国际性的、宗教的兄弟爱,国家主义的本能退居幕后。官员是依其宗教的卡理斯玛和通过考核的道德成就而选拔出来的。行政区域一方面是兵员征调与后勤供应的地区,另一方面,这些区域则是有天王指派的牧师、礼拜堂、国立学校与图书馆的教会教区。军纪与生活秩序都像清教徒那样的严格。珠宝与所有贵重的金属都充公以支付共同体的费用[3]。胜任的妇女也被编入军队。为行政需要征调来服务的家庭,则由公家的金库支付费用[4]。

在伦理方面,儒教的命定论和职业的美德[5]——在新约圣经影响下的一种转化——被结合起来。伦理上的“端正”,而非儒教徒

1 男女被分隔开来,分别收容于男馆与女馆。——译注

2 William Laud(1573—1645),任坎特伯里大主教时,强行划一信仰与礼拜形式。劳德的基督教徒福利政策,部分来自教会,部分来自家产制。——译注

3 前引《天命诏旨书》中载有:“若有钱财,必使之公有,不可认为属诸任何一人。”(珠宝亦然)

4 在可见的资料中,细节方面有相当的矛盾之处。特别是国家社会主义的实际规模不明。当然,这最多也只能解释成一种战时经济。同样地,在采用英国传教士的叙述时,需要特别谨慎。他们的报告自必被派上用场,de Groot 或许也拒之太甚了——虽然传教士或许因为太过热衷,而看出比实际存在更多的“基督教的”成分来。

5 履行职业义务而不窥探成果的戒命,必须遵从,因为在商业生涯上,成果也是依命运而定,而非依靠个人。前引《太平诏书》云:“从事适当职业,余事不挂于心。”作者引孔子为例。

在礼仪上的正确，“使人异于禽兽”[1]；凡事都有赖于正直，即使王侯也不例外[2]。除此，儒教的“互惠精神”是被保留的，只不过任何人都不准说不愿爱他的敌人。依此伦理，“幸福是容易得手的”。然而，相对于儒教，人性本身被认为是无法真正完成所有诫命的[3]。忏悔与祈祷是赎罪的方法。勇于征战被认为是最重要、最为神所喜的美德[4]。道教的巫术与佛教的偶像崇拜，也和正统的鬼神祭祀一样，受到严厉斥绝。与此相对的是，犹太教与基督新教则受到友善的对待。非国教派（Dissenting）和低教会派（Low Church）[5]的新教传道士，多次在太平天国的礼拜堂里举行礼拜式。不过，由于太平天国之排斥圣像崇拜，尤其是圣母崇拜，所以一开始，英格兰的高教会（High Church）[6]与耶稣会士就受到敌视。基于他们宗教圣战（Glaubenskampf）背后的宗教纪律，太平军战力凌驾政府的军队（清军），就像克伦威尔的军队要优于国王的军队一样。

基于政治与商业上的理由[7]，帕默斯顿爵士（Lord Palmerston）的（英国）政府，认为最好不要让这个教会国家抬头，尤其是不可让上海通商口岸落入他们的手里[8]。于是借助于戈登（Gordon）将

1 *Loc. cit.*

2 “营谋应重道义”，“为学应慎规模”（*Ibid.*）。

3 《天条书》以生存于世上的人，没有谁不曾违反“大的命令”（天条）之罪的告白为开端（按：原文为“天下凡间谁人不犯天条”）。

4 Trimetrical Canon, *loc.cit.*

5 Low Church 为英国国教的一个支派，比较轻视圣职之特权、教会之政治组织、圣餐，等等。——译注

6 相对于低教会派，High Church 是英国国教中，重视教会权威及仪式的一派。——译注

7 养蚕业与丝的输出，只不过在战争的最后一年衰退下来；在此之前，二者有相当程度的成长。

8 在最后一刻，帕默斯顿爵士下令不再支持“满清”，一来是因为（英国）议会强烈的抨击，再者他也不愿清朝就此脱离困境。

军与海军之力，瓦解了太平军。沉溺于幻觉忘我状态和后宫生活的天王[1]，隐居宫中数年之久。在长达十四年的统治之后，他于南京的王宫里自焚而死，结束了他及其妃妾的生命。其后十年，“叛乱”的领袖也一一被捕下狱[2]。人员的死伤、财政上的耗损，以及相关省份的残破，在很长一段的岁月里都未能完全复苏过来。

综合我们以上所述，太平（天国）的伦理实在是一种将千禧年思想[3]、忘我的要素与禁欲的要素掺和在一起的奇异混合体。最后这一个要素之突出，在中国是无与伦比的。进一步说，巫术之束缚与偶像崇拜之束缚的破除，在中国更是闻所未闻的。超越国家限制的、具有人格的、慈爱的、普遍的世界神，被人接受了；否则这个神明与中国人的宗教信仰还真是搭不上线的。

当然，如果太平天国获胜的话，没有人敢说这个宗教将会有怎样的发展路径。祖先墓前的祭奠，必然要被保留，就像耶稣会士也不得不准许此事一样——直到彼此竞争的教团将此事告发，而引来罗马教廷的干涉为止。最初对于行为正直的强调，也许又会落入仪式主义的陈套。所有国家秩序都会有的仪式规定渐次增加后[4]，很可能使制度恩宠的原理又复兴起来。不过，此一运动的意义在于：与正统教条在几个要点上决裂，并使一个内部相对地接近基督教的本土宗教得以兴起。这个机会，比起西方诸教派无指

1 在中国人的观点里，天王及其军官是实行一夫多妻制的（蓄妾）。

2 《京报》，1874 年 10 月 2 日。

3 千禧年思想即一千年和平说（Chiliasmus）：在世界末日之后，耶稣再临的一千年里，撒旦被捆绑，世界臻于和平之境。参见《新约 · 启示录》二十章一至六节。——译注

4 天王的天幕被称作“小天堂”。他之拒斥神圣的称谓，很可能为其可能的后继者所忽略。包括位阶称号之滥用在内的仪式规定——例如女性高级官员加以“贞女”的名衔（！）——完全是中国式性格的。

望的传道实验所能提供的，不知要好过多少倍。而且，这很可能是此种宗教得以在中国成立的最后机会。

在此之前，“私人结社”（private Gesellschaft）这个概念，就政治而言，原本就很受怀疑；在此之后，它根本就是“大逆不道”。尽管常有暴烈的斗争，官僚政体仍反对这个“沉静的中国”有无情的迫害发生。此种迫害至少表面上在城市里是成功的，而很可以理解的是，在广大的乡间并不显著。沉静而品行端正的人便急于远离此等事端。此一态度则更强化了我们已在上文中讨论过的“人际关系本位”（Personalismus）的特性。

儒教的士人官僚体制相当成功地将教派的形成局限在昙花一现的程度上。所用的方法包括武力及诉诸鬼神信仰[1]。再者，详细的资料都显示出，比起西方的天主教与英国国教主义所要对付的教派运动来，中国所有的教派绝对是互相异质的。中国的情况，总是化身（按：神以化身为人的姿态出现）的先知预言，或**秘法传授**型的先知——通过世袭而代代拥有此种威严。他们隐身而居，并许诺追随者享有此世与来世的利益。不过，其追求救赎的手法全都带有巫术的、神圣礼仪的、仪式主义的，或者多半是冥思、忘我的性质。通常一再反复的救赎方法是：仪式的纯净，虔敬地重复同样的程序，或者某种冥思的练习。就我们所知，**理性的禁欲**（rationale Askese）精神是从没有过的[2]。

正如前文所述，真正异端道教的谦卑及其对于一切封建的

1 例如曾国藩的《对粤匪檄》中，指斥洪秀全的所作所为，直令孔孟痛哭于地下，且令鬼神也极愤怒。这或许就是韦伯此处所谓诉诸鬼神的意思。——译注

2 当然是如此，除非我们也把祝祷日、去除装饰等也算作禁欲。不过这些都只不过是个人的自我要求。

虚饰夸张的拒斥，本质上都是基于冥思的动机。同样，龙华会在一般佛教教派的法规之外，再加上禁止某些奢华消费（香水、珍贵的装饰品）的戒律，无疑的也是这个道理。凡是教派考虑以武力来对抗他们的敌对者，并因而有组织地训练技击——就像那近代有名的教派[1]——就不会有禁欲精神存在。英文里称作“拳匪”(Boxers)，而真正的名称是“正义之力的联盟”（义和团）者，即寻求通过巫术的锻炼而成就**金刚不坏**之身[2]。

所有这些教派都是由异端的道教与佛教的救世论（Soteriologie）里派生出来，或者是将两者加以折中融合而成。它们并没有再添加上任何根本新的要素。

这些教派似乎并没有阶级上的分殊。官绅阶级自然是最严谨的正统儒教徒。不过，异端的道教徒，特别是龙华会——本质上是依据一定祈祷经文进行的家内祭典——的信奉者，相当多是属于有产阶级，而官绅也多半出自此一阶级。

正如所有的救世论宗教信仰里所发生的情形一样，此处，**妇女**显然也是有力的构成分子。这点并不难了解，因为在中国，也和西方一样，（异端的，也就是非政治的）教派，对于她们在宗教上的评价，多半要高于儒教所给予她们的评价层次。

---

1 这个教派（义和团）在十九世纪初就已出现。参见 de Groot, *Sectarianism*, p. 425。

2 这个教派确实是相信此种不死之身的。就我们所见的、且经过筛检的资料，并不足以窥得此一教派之全貌。它被组织成一种教团，专以对付外夷的一种“圣战教会”(ecclesia militans)。从前引的奏议中可以知道，慈禧太后本人，和她的皇亲一样，是相信此一教派之巫术性卡理斯玛的。同样地，他们也相信西洋大炮之具有巫术性（参见《京报》，1878 年 6 月 13 日）。我们只要看看这些中国的文献，就很难同意 de Groot 的说法。在这件事上，他怀疑像“拳匪”这样的异端是受到一个“儒教的”政府之保护的。参见 *Sectarianism*, p. 430，注释。

十四、发展的结果

从道教与佛教那儿转借来的、或在其影响之下的种种要素，在民众的日常生活里，显然扮演了重要的角色。在（《世界诸宗教之经济伦理》一书的）导论里，我们曾大致推断：救赎宗教与救世主信仰总是在“市民”阶级当中，发现他们永久的、绝佳的舞台，并且往往取代了他们的巫术信仰。起初，这种信仰是穷困苦难的个人惟一的一个避难所。秘法传授者的纯正的宗教团体，通常是从以巫术为主的个人救赎追求中发展出来的。

在中国，国家祭典同样也不管个人的苦难，然而巫术却从未被伟大的救赎预言或本土的救世主宗教所取代。只有一种部分类似于古希腊的神秘仪式、部分类似于奥菲斯教（Orphik）[1]的救赎宗教意识的基础产生。此种宗教意识在中国比在希腊更为强烈，只不过一直保持着纯粹巫术的性质。道教不过是个巫师的组织。佛教，就其输入到中国的形态而言，也不再是早期印度佛教那样的救赎宗教，而变成施行巫术与传授秘法的僧侣组织。因此，在这两者之中，至少对俗人而言，都没有宗教**团体**的形成（eine religiöse Gemeindebildung），这点在社会学上极具关键性。民间的救赎宗教掺进巫术后，通常就完全失去社会性。在个人方面，个人就转而依赖道教的巫师与佛教的僧侣。只有在佛教的节庆时，有临时性的共同体形成；只有异端的教派——经常是追求政治目的的，因此也常遭到政治迫害——才形成永久的共同体。（此处）不仅缺乏任何类似我们的信仰司牧（Seelsorge）的观念，也找不到一点“教

1　此乃一信仰灵魂轮转的神秘宗教。——译注

会纪律”（Kirchendisziplin）的蛛丝马迹，这也就是说，没有任何规制生活的宗教手段存在。相反地，就像密斯拉的神秘信仰[1]，有着圣化（Heiligung）和教权制下的阶段和等级存在。

从社会学的观点看来，这些救赎宗教的萌芽实在是微不足道的。然而，从风俗史的角度来看，它们都有重大的影响。尽管遭到迫害，**佛教**输入了所有见之于中国民间生活中的宗教的讲道、个人的救赎追求、报应与来世的信仰、宗教伦理与深入内心的虔信。日本也同样是如此。一旦要成为一种“民间信仰”，这个印度知识阶层的僧侣的救赎说，就得经历过所能想象到的、最深刻的内在转化。以此，我们首先必须回到他的故乡来加以考察（按：指韦伯接下来所写的《印度教与佛教》）。那时，我们才能彻底了解到，为什么此种僧侣的冥思（Mönchskontemplation）与理性的日常行为（rationales Alltagshandeln）之间是无法架桥相通的。而且也只有到那时，我们才会明白，佛教在中国所扮演的角色，为什么与基督教在西洋古代后期担当的角色有如此大的分野，尽管其间似乎有类似处。

1　Mithras-Mysterien, Mithra 乃古代雅利安人所信奉的太阳神，在印度也受信奉，后传入波斯而盛行。这位打倒恶魔的雄武男神，在罗马时代特别受到军人崇奉。三世纪左右，密斯拉教及其他一些宗教都受到压制。

第八章

结论：儒教与清教

此处，借着澄清儒教的理性主义——挺合适的名称——与在地理与历史上最接近我们的、基督新教的理性主义二者的关系，我们对于前面所谈的或许可以有些看法。要判断一个宗教所代表的理性化水平，我们可以运用两个在很多方面都相关的主要判准。其一是：这个宗教对**巫术**之斥逐的程度；其二则是它将上帝与世界之间的关系、及以此它本身对应于世界的伦理关系，有系统地统一起来的程度。

就第一点而言，禁欲的基督新教所具有的种种印记，表示其已进到（斥逐巫术）的最后阶段。基督新教最具特征性的形式已将巫术完全彻底地扫除尽净。原则上，连在形式已被升华的圣礼与信条里，巫术也被根除了，以至于严谨的清教徒在自己心爱的人被埋葬入土时都不行任何仪式，为的是要确证迷信的完全摒除。就此而言，这表示斩断了所有对巫术运作的信赖。对**世界**之彻底**除魅**（gänzliche Entzauberung der Welt）的工作，再没有比这进行得更具一贯性，虽然这并不意味着能够全然脱出我们今天惯常所认为的“迷信”（Aberglauben）。女巫审判事实上仍盛行于北美新英格兰。当儒教仍未触及巫术对于救赎的**实际**意义时，清教已判定所有的巫术都是**邪恶的**。只有理性的伦理内涵（das rational Ethische）被界定为具有宗教上的价值，亦即，行为得根据上帝的命令，并且是出于一种敬畏上帝的态度。

就我们截至目前的叙述而言，再也明白不过的是：在异端教说（道教）的巫术乐园里，具有近代西方特色的那种理性的经济与工技，根本就是不可能的。因为**一切自然科学知识的付之阙如**，是由于以下这些根本的力量（部分是因，部分是果）所造成的：占日师、地理师、水占师与占候师的势力，以及对于世界的一种粗略的、深奥的天人合一观。此外，道教所关心的是（官职制的）俸禄化（Verprüfung）——巫术传统的支柱——下的所得机会（Sportel-chancen）。不过，这个巫术的乐园之得以**维持住**，是因为儒教伦理本就有与其亲和的倾向。于此，另有**内政上的**因素添加进来，用以防止动摇儒教的势力。

面对地上的事物，与儒家的天真立场形成最强烈对比，清教伦理的理解是：对“世界”（Welt）的一种巨大的、激烈的紧张对立。正如我们会进一步详细了解到的：**任何一种**以其理性的、伦理的要求而与世界相对立的宗教，都会发现其自身同样地与世界的非理性处于一种紧张的状态。对于各个宗教而言，这些紧张性表现在各个相当不同的重点上，紧张性的本质与强度也因而各有分别。对于个别的宗教，这大多要视其由形而上的许诺所界定的救赎之道而定。必须注意的是：宗教上对于世界贬斥的程度，并不与其**实际**拒绝俗世事务的程度相符合。

我们已看到，**儒教**（在意图上）是个理性的伦理，它将与此一世界的紧张性降至绝对的最低点——无论是对现世采取宗教性的贬抑、还是实际上的拒斥，都减至最低的程度。这个世界是所有可能的世界中最好的一个；人的本性被赋予伦理性的善(ethischgut)。每个人在这一点上，如同在其他所有的事物上一样，只有程度上的不同，而其本质与其能够达到无限完美的能力，则是相同的，他们在原则上都足以完全履行道德律令。以古老经典为基础的哲学的—典籍的教养是自我完成的普遍的手段，而教养的不够充足——主要是由于经济的匮乏——是道德缺失的惟一根源。

然而，这样的缺失，尤其是政府的过失，是所有灾难的根本原因：因为会导致（完全是巫术性理解下的）鬼神的不安。正确的救赎之道在于适应那永恒的、超神的世界秩序——道，以及适应于顺从宇宙和谐而来的社会共同生活（Zusammenleben）的要求。虔敬地顺服于俗世权力的固定秩序便优先于一切之上。对应于此，个人的理想便是促使自己形成一个在各方面普遍调和均衡的人格，亦即意味着一个小宇宙的形式。对儒教的理想人——君子——而言，"典雅与威严"是表现于充分履行传统的义务。因此，首要的德行与自我完成的标的便意指生活的所有情境中，典礼与仪式上的得体。达到此一目标的适切手段是戒慎而理性的自我控制，以及抑制任何凡是可能动摇心境平衡的、非理性的情欲(Leidenschaften)。

儒教徒单单渴望一种从野蛮的无教养状态下超脱出来的"救赎"。他期望着此世的福、禄、寿与死后的声名不朽，来作为美德的报偿。就像真正的古希腊人一样，他们没有超越尘世寄托的伦理，没有介于超俗世上帝所托使命与尘世肉体间的紧张性，没有追求死后天堂的取向，也没有恶根性（radikal Böse）的观念，凡能遵从诫命者——这是一般人能力所能及的——就能免于罪过。在此一前提被视为当然的地区，基督教的传教士试图去唤起原罪感是徒劳无功的。以此，一个有教养的中国人同样会断然拒绝去不断地背负“原罪”(Sünden)的重担。并且,凡是儒雅士人都会觉得“原罪”这个概念实在有点过分，并且有损尊严。通常它都被代之以习俗的、封建的、或审美结构的各种名称，诸如：“没教养”，或者“没品格”。当然，罪过是存在的，不过在伦理的领域里，它指的是对传统的权威、对父母、对祖先的冒犯，以及对官职层级结构里的上司的冒犯。此外，还包括对因袭的习惯，对传统的仪式，以及最终，对固定的社会习俗，带有巫术性质的重大侵害。所有这些全都是等同的：中文里“得罪了”(Ich habe gesündigt) 意思相当于我们西方人在冒犯了礼俗时所说的“失礼了”(entschuldigen Sie)。禁欲、冥思、苦行与遁世，不仅不为儒教所知，并且还被鄙视为寄生的观念。所有教团的、救赎的宗教信仰形式，不是遭到直接的迫害与铲除，便是被认为纯属个人私事而不被重视，就像古典时期的希腊贵族之对待奥菲斯派的教士一样。

这个对世界采取无条件肯定与适应的伦理，设定了纯粹巫术性宗教之完全且持续存在的基础。其所涵盖的范围包括皇帝的职位：基于个人的资格，他必须为鬼神的善行乐举、天降时雨、收成时的好天候负起责任；包括祖先崇拜：对于无论是官方的宗教信仰或是民间的宗教信仰而言,都同样是根本的;包括非官方的(道教的) 巫术治疗术，以及其他残存的泛灵论式对付鬼神的方式(亦即对人类的、英雄的敬拜的一种功能神祇的信仰)。

就像受过教育的古希腊人一样，有教养的儒教徒带着怀疑的态度对待巫术的信仰，虽然有时也会接受鬼神论(Deisidaimonie)。

但是中国的人民大众，生活样式虽受着儒教的影响，却以牢不可破的信仰意识（Gläubigkeit）生活在这些观念里。关于彼世，儒教徒可能会像老浮士德那样说："愚者才会将他的眼光移到那个方向去"；不过就像浮士德一样，他必须有所保留："只要我能不让巫术妨碍我的路……"[1] 同时，以古老的中国方式教育出来的中国高级官吏，会毫不迟疑地轻信那最是无稽的奇迹。面对"现世"的紧张性是从来没有出现过，因为，就我们所知，从来不曾出现过任何伦理的先知预言：从一位高举伦理**要求**的超俗世上帝所发出的先知预言。就连代替这个的"神灵"（Geister）信仰——提出要求并坚持忠实履行契约的神灵——也没有。因为这总是一桩在鬼神的守护、约誓或不管什么关系之下的**个殊**义务（Einzelpflicht），从来也不曾牵涉到人格本身以及个人生活态度的内在形塑（innere Gestaltung）。士人领导阶层、官吏与官职候补者，一贯地维护祖先崇拜的持续，认为这对维持官僚体制权威不受侵扰乃是绝对必要的。他们压制所有来自救赎宗教所引起的动乱。除了行占卜术、圣礼恩典的道教之外，就是惟一被容许的——由于其为和平主义者因而不会构成危险的——救赎宗教：佛教僧侣的救赎宗教。它的实际影响，在中国，正如我们即将谈到的，是经由内在情绪的某种精微奥妙来丰富其心理经验的领域，除此之外，它无非是巫术性的圣礼恩宠、使传统强化的仪式的一股更大的泉源。

这就意味着（如前文所说的）：士人的这样一种伦理，面对着广大民众时，其意义必然受到限制。首先，在教育上，地方性的差异，尤其是社会的差异是非常大的。直到近代为止，贫民阶层里基于

1　语见歌德所著《浮士德》第二部第五幕，11443 及 11404 行。——译注

一种举世无匹的、几乎是不可想象的（在消费事务上的）节俭美德，所保有的强烈自足取向的、传统主义式的糊口经济，只有在与儒教的君子理想无任何内在关联的生活基准下，方有可能。

此处，和世界其他地方一样，只有支配阶层的那种外在行为的身段与做法，才会是一般接受的对象。教养阶层全然且决定性地影响了**民众**的生活方式。这种影响力似乎特别是通过反面的效果而达到顶点：一方面是完全阻挡了任何先知预言的宗教信仰的兴起，另一方面是几乎根绝了泛灵论宗教信仰里一切狂迷的要素。某些作者偶尔归之于中国民族性的某些特质，可能至少有部分是由这些因素共同决定的。今天无论在何处，即使是经验老到且学识渊博的人也无法肯定，生物性的“遗传素质”（Erbgut）到底有多少影响。不管怎么说，我们至少很容易就可观察到一些重要现象，而且这些现象也受到杰出汉学家的肯定。在与我们主题有关的几个特质上，我们愈往上溯，愈能发现中国人及中国文化与西方的种种**相似**之处。古代的民间信仰、古代的隐逸者、最古老的诗歌《诗经》、古代的战斗君主、哲学派别的对立、封建制度、战国时期资本主义的萌芽，所有这些被认为具有特色的，都比儒教中国的各种特质，要来得贴近西方的现象。因此，我们该考虑一下，许多原先被认为是中国基本的特质，有多大的可能性或许纯粹只是历史与文化影响下的产物。

有关这些特质，社会学家基本上是根据传教士的文献。这些文献的价值各有高低，不过，相对来说，还是比较可靠的。在这些文献中，下述的现象是一直被强调的：异常缺乏“神经”（Nerven）——就近代欧洲对此字的特别意味而言；无限的耐心与自制的礼貌；墨守成规；对于单调无聊根本没有感觉；完全不受干扰的工作能力与对不寻常刺激的迟钝反应，尤其是在知性的领域里。所有这些似乎构成了一个首尾一贯且看似真实的整体，不过，却也出现了其他似乎相当强烈的对比：对于所有未知的或不是立即明显的事物，有一种特别非比寻常的恐惧，并且表现于无法根除的不信任上；对于那些不切近或不能当下见效的事物，加以拒斥或者毫无知性上的好奇心。与这些特点相对的，是对于任何的巫术诡计都带有一种无限的、善意本质的轻信，无论它是多么的空幻。同样地，极端缺乏真正的同情心与温情，即使在人际关系密切的团体内也经常如此，这与社会组织之强大的、紧密联结的凝聚，显然是相对的。成人对于父母的绝对顺从与仪式性的孝敬，跟小孩那种（典型的）不具感情的无权威性[1]，似乎并不一致。同样矛盾的是，常有人提到的中国人的极端不诚实（即使是对他们自己的辩护律师）[2]，跟中国大贸易商那种明显而突出的可靠性——譬如拿来与曾经有过封建阶段的国家，日本，相比的话——似乎也不能配合。零售交易似乎的确没有大贸易商那样的诚实；“定价”，即使对本土的中国人而言，也显然是虚假的。中国人**彼此**之间典型的**互不信任**，是所有的观察者都能肯定的。清教教派里的虔诚弟兄间的信任与诚实——一种同为**教外**人所分享的信任——与此形成强烈的对比。最后，（清教徒里）一般心理—生理的统一

1　此处“不具感情的无权威性”（lieblose Autoritätslosigkeit），指的是中国的儿童并没有任何适当的熏陶、没有被教导要去顺从（父母）权威的事实。日译者引用 A. Simth 在其《中国的性格》一书中的说法：“没有受到陶冶，或者没有受到充分陶冶的儿童，一旦成长，并不会呈现出我们预期的结果，事实是他们仍然成为孝顺的人。中国人认为‘弯曲的树如果成长起来，自然而然会变得笔直的’。”（白神彻译，p. 235）——译注

2　值此之际，总是还有三两样重要事项必须保密。这明显的并不是还有什么恶意，而是基于一般遁词的本能。见 Simth 前引书，p. 374。——译注

性与稳定性，也与中国人不受外在的固定规范所制约的生活样式里，那些我们通常所知的不稳定性的特质，形成强烈的对比。不管怎么说，大部分的特征都是如此地强固。更为明确地说，由无数的因习所套在中国人身上的（外在）枷锁，与其缺乏一种“由内而外的”（von Innen heraus）、由某种中心的、自主的价值立场所呈现出来的统一的生活态度，形成基本的对比。所有这些，该作何解释呢？

缺乏歇斯底里式的禁欲以及形态类似的宗教信仰，与（虽非彻底，但也十足地）摒除一切麻醉性的宗教祭仪（Rauschkulte），必然会影响到一个人类团体的神经与心理构造。关于麻醉剂的运用，中国人比较上是属于“清醒的”（nüchtern）民族：比起以往在男子集会所与古代宫廷里所举行的酒宴来，自帝国统一以来即是如此（清醒）。陶醉与狂迷的“出神”（Besessenheit）非但是摒弃了一切卡理斯玛的神圣价值，而且只被认为是一种被恶魔所制的征兆。儒教拒绝进用酒类，除非是原来在供献牺牲时所用的。陶醉于酒，在中国的下阶层人民里虽然并不少见，这跟其他任何地方都一样，然而其间的差异还是有其**相对的**重要性。鸦片被认为是专属于中国人的麻醉剂，却是晚近才输入的。众所周知，尽管支配阶层强烈地抗拒，它还是借着武力强行进入。此外，它的效果只是导向出神忘我之境（apathische Ekstase），是“无为”路线的直接延长，而不是导向英雄式的狂醉或行动的热情解放。希腊式的中庸（Sophrosyne）并没有让柏拉图舍弃其在《斐多篇》（*Phaidros*）一书中认为：美的沉醉是一切事物之所以伟大的泉源的这个想法。在这方面，理性主义的罗马官僚贵族——他们将“ekstasis”（按：沉醉、忘我之意）译为“superstitio”（按：迷信）——与中国的教养阶层的想法是完全不一样的。中国人的“纯真”（Ungebrochenheit），或者被认为呆板（Indolenz），部分因素也许与中国宗教里这种完全缺乏酒神的要素（dionysische Elemente）有关，这种欠缺是由于官僚阶层刻意地将之从祭典中清除的结果。在官僚体制里，凡足以骚扰心灵平静的，都不会也不容许存在。所有非常态的激情，尤其是发怒，气，都会产生恶的魔力；因此，感到任何病痛时，首先要问的就是冲犯了哪门子的气。泛灵论的巫术——惟一留存下来的民间宗教形式，决定了对任何改革的传统主义式畏惧，因为改革可能会带来恶的魔力或者激怒鬼神。当然，这种巫术是为有教养的中国人所鄙视的；但是由于官方祭典之性格的缘故，它却是一种受到支持的宗教形式。这种泛灵论巫术的保留，说明了中国人为何那么轻信（Leichtgläubigkeit）。因此，在巫术信仰下，疾病与不幸，都是由于个人自己招致天怒的一种征兆。结果，此一信仰又促成了某种对于同情心理情感的抑止；在面对（世人一般的）苦难时，同情心通常都源自救赎宗教的协同感（Gemeischtsfefühl），而此等情感总是强烈地支配着印度的民间伦理。由于巫术的保留，造成了中国人性里一种特别**冷淡的**气质与对于同胞的形式上的和善。即使是家族内的关系，都保持着一种仪式性的拘泥与敬畏鬼神的自私心态。

不计其数的礼节束缚环绕着中国人的生活：从怀胎阶段一直到死者的祭祀。其不胜枚举又牢不可破的繁文缛节，构成可供民俗学家研究的一座宝库。葛禄博（W. Grube）的作品即特别利用了这些资料。部分的礼仪显然原本是巫术的，尤其是除厄的。另一部分则来自道教与（将在别处加以讨论的）民间佛教（Volksbuddhismus）。道教与民间佛教都在大众的日常生活中留下了深刻的印痕。不过也还有大量纯粹因袭性的、礼仪上的遗习保留下来。礼节规范约制着垂问与答复、不可缺失的礼数与正确优雅的辞让、拜访、馈赠等姿态，以及敬意、吊慰与庆贺的表示。这些都凌驾于古代所留存下来的农民传统之上，就像在西班牙所见到的一样：那儿的传统受到封建体制或者也受到伊斯兰教的影响。在**姿态**与“**面子**”的领域里，即使是其起源已不可考之处，我们都可假设儒教的源头是最具影响力的。

纵使儒教的礼节理想在流行的习俗形式上并不一直有影响力，在它们被实行的“精神”中，它也还是会呈现出来。审美式的冷淡气质将所有传自封建时代的义务，尤其是慈善的义务，都冷凝为象征性的礼仪。另一方面，鬼神信仰则将氏族成员维系得更加紧密。无疑地，就像在埃及一样，相当值得悲悯的不诚实，部分是家产制国库主义（der patrimoniale Fiskalismus）的直接产物：此种主义在各处都证明是不诚实的训练基地。不管在埃及或在中国，赋税征收的过程都要涉及侵扰、鞭笞、亲族的救助、被迫者的哀号、压迫者的畏怖、与种种妥协。此外，当然还必须再加上儒教对于礼仪与因袭的礼节的极力崇拜。其次，是缺乏封建的本能——能以“我们现在让谁上钩？”（Qui trompe-t-on ？）[1] 这样一句台词来概括所有的交易。受到独占保证的公行基尔特里，那些出身于教养身份团体的**海外**贸易殷商，却在他们利害状态的间隙里发展出一种非常为人所称赞的商业诚信。此种诚信，如果存在的话，似乎是一种受外界同化的因素，而不是像清教伦理那样的一种内在

1　此乃十八世纪剧作家 Beaumarchais 有名的喜剧 *La Barbier de Seville* 第三幕第十一场中的一句台词。——译注

的发展。

这点可推之于中国所有伦理的特质上。

真正的先知预言会创造出一种生活态度，并且有系统地将此种生活态度由内而外地以**一种**价值基准（Wertmaβstab）为取向。面对此一基准，“现世”就被视为在伦理上应根据规范来加以塑造的原料。相反地，儒教则要向外适应，适应于“现世”的状况。一个适应良好的人是将其行为理性化到能适应的程度，并非形成一个有系统的统一体，而毋宁说是由种种有用的、个别的特质所构成的一个组合体。在中国的民间信仰里，使个人灵魂多元论的信仰永久持续下来的泛灵论观念，几乎可以说是此一事实的一个象征。不去企及超出现世以外的种种，个人必然会缺乏一种与此世相抗衡的自主的反制力。儒教有利于大众的驯服与君子的尊严身份，然而因此而塑成的生活态度及其呈现的样式，却必然保持着本质上消极的特质。这样的生活态度不可能使人渴望追寻一种由内而外的统一，一种我们会将之与“人格”的概念联结在一起的驱动力。生命只是一连串的事故，而不是在一个超越的目标下有条理地设定出来的一个整体。

存在于此种社会伦理的立场与西方整个宗教伦理间的对比，是无法架桥相通的。就外在而言，托马斯派（Thomist）与路德派伦理中某些家父长制的层面，显得与儒教有相似之处，但这只不过是个表相。儒教极度世界乐观主义的体系，成功地泯除了存在于此世与个人超俗世的命定之间的、基本悲观论的紧张性。然而，任何基督教伦理，无论如何纠缠在与俗世的妥协中，都无法达到这点。

在儒教伦理中所完全没有的，是存在于自然与神之间、伦理要求与人类性恶之间、原罪意识与救赎需求之间、此世的行为与彼世的报偿之间、宗教义务与社会—政治的现实之间的任何紧张性。也因此，借着内在力量（不纯粹受传统与因袭所束缚的内在力量）以影响生活态度的任何一种把柄，全都没有。最为强而有力地左右着生活态度的，莫非基于鬼神信仰的家内孝道。根本而言，正如我们已见到的，家内孝道有助于且控制了氏族组织的强固凝聚。对我们上文提到的伙伴团体（Genossenschaften）所采取的那种样式的结合体关系（Vergesellschaftung）而言，也同样是如此的：它可以被视为是具有劳动分工的扩大的家族企业。这种强固的凝聚性本身根本是由宗教性力量所驱动的，而且，真正的中国经济组织的强大力量所能扩及的范围，与这类由孝道所统制的个人关系团体力所能及的范围，大致是不相上下的。

中国的伦理，在自然生成的（或被附属于或被拟制成此种性质的）**个人关系**团体（Personenverband）里，发展出其最强烈的推动力。这与最终要达到人（作为被造物）的义务之客观化（Versachlichung）的清教伦理，形成强烈的对比。对那位超俗世的、彼岸的上帝所负有的宗教义务，促使清教徒将所有的人际关系——包括那些在生命里最自然亲近的关系——都评量为不过是另一种超越生物有机关系之外的、精神状态的手段与表现。虔诚的中国人的宗教义务则相反的，促使他在既定的有机个人关系**内部里**去发展他自己。孟子拒斥普遍的“兼爱”，并认为那会抹杀了孝道与公正，是无父无兄的野兽之道[1]。本质上，一个中国儒教徒的义务总

1　孟子之言见《孟子 · 滕文公》：“杨朱、墨翟之言盈天下，天下之言不归杨则归墨。杨氏为我，是无君也；墨氏兼爱，是无父也。无父无君，是禽兽也。”——译注

是在对具体的人——无论是死是活——尽孝道，并对那些与他相近的人——根据他们在自己生活中的地位——善尽恭顺之道。儒教徒对一个超越俗世之上的上帝是**无所**负欠的；因此，他**也**从未被束缚于一个神圣的“事情”（Sache）或“理念”（Idee）。就道而言亦然；道单纯只是约束性的**传统主义的礼仪**之具现，而其指令亦非“行动”（Handeln）而是“虚无”（Leere）。就经济的心态而言，个人关系的原则无疑是通往非个人考虑的理性化——一般而言，非个人关系的实事求是——的一大障碍。它意图将个人历久弥新地与其氏族成员牢系在一起，并将他嵌入氏族的模式中，不管怎么说，他是被系于“人”（Personen），而非切事的职务（“经营”[Betriebe]）。此一障碍，正如我们全文所揭露的，是密切地联结于中国宗教的本质。因为它是个宗教伦理理性化的障碍，是统治与教养阶层为了保障其地位的一座屏障。这一点对经济有相当重要的影响，因为作为一切商业关系之基础的“信赖”（Vertrauen），在中国总是奠基于纯粹（家族或拟家族的）个人关系上。

伦理的宗教——尤其是基督新教的伦理的、禁欲的各教派——之伟大成就，即在于**打断**氏族的纽带。这些宗教建立起优越的信仰共同体，与**伦理性的**生活样式的共同体，而对立于**血缘**共同体，甚至，在很大的程度上与家庭相对立。从经济的角度上来看，这意味着将**商业信用**的基础**建立在**个人（于其切实的**职业**工作上所证明）的**伦理资质**上。由于官方对于因袭性不诚实的强大影响，以及儒教之于面子问题的强调，所导致的人与人之间普遍的不信赖，其结果对于经济而言，想必——因为我们并没有计量的判准——相当可观。

儒教与儒教徒之崇拜“财富”的心态，可能有助于一种可与西方文艺复兴之现世精神相比拟的政治—经济策略。然而，在这一点上，当我们考虑到经济**心态**时，就会发现此种经济**政策**的意义其实极**有限**。**从来没有**任何其他的文明国家会把物质的福利作为终极的目标而抬得这么高[1]。孔子的政治经济观点，可与我们的财政学者（Kameralisten）[2]相比拟。中国最古老的政治经济文献，是儒教徒司马迁论"贸易均衡"的一篇短论，其中强调**财富**（包括商业利得的财富）的用处[3]。经济**政策**摆荡于国库政策与自由放任政策之间；不过无论如何绝非**刻意**反货殖的。西方中世纪的商人遭到日耳曼文士的"蔑视"，近代商人则遭受德国文人的蔑视，这和在中国所发生的情形一样。然而，经济**政策**却没有创造出资本主义的经济**心态**。战国时代的商人的货币利得，实际上可说是国家御用商人的**政治**利得。巨大的采矿徭役为的是要寻找黄金。并且，从儒教及其（与基督教同样根深蒂固的）伦理，到一种**市民的**生活**方法论**（Lebensmethodik）之间，并没有任何中介的联系。然而，**这**才是最关紧要的。基督清教创造出了此种市民的生活方法论——尽管全然有违其意旨。这种"自然"的奇异逆转——说是奇异，也只是因为漫不经心瞥过的印象——说明了无心插柳柳成荫的吊

---

1 关于这点，除了前面所述之外，另参见 de Groot, *The Religion of the Chinese*（New York, 1910），p. 130。

2 Kameralismus（官府学派）是指与英国、荷兰之类型相异而为德、奥等经济上后进国家所持的重商主义。Kameralist 之名是由掌管宫廷财库及内帑的内室 Kammer 而来。西欧型的重商主义带有以商业资本之利害考虑为重的浓厚色彩；与此相对的，德奥的官府财政管理学者则以充实王侯家计及君主之财政的政策为第一优先考虑。——译注

3 Chavannes, ed., *op.cit.*, vol. III, ch. XXX.

按：此指《史记 · 平准书》。政府的税收物资积蓄于地方，按远近顺序输送至中央，此时，将物价高的卖出而买入物价低的，以此平衡物价，是一种不使富商谋得暴利的政策。所谓的"贸易均衡"论（Handelsbilanz），并非以对某一国的贸易为对象，而是以民间为对象的官库之"粜粜均衡论"。——译注

诡：亦即，人与命运的关系，人采取行动时**意图**达到的、与实际得到的**结果**之间的关系。

清教代表一种（与上述儒教）正相反的理性地处理现世的类型，一种我们在他处曾加以说明的、有些暧昧不明的概念。“纯粹信徒团”(Ecclesia pura)，在实际上及其真正的意涵上，代表奉神之名行基督徒的圣餐仪式，而排除所有在道德上受到斥拒的人。此种奉名可能有某种卡尔文派的或洗礼派的根源，其教会组织可能更倾向教会会议或聚会所的性质。广义解释下的纯粹信徒团，可以指一般在道德上严格的、基督教的—禁欲的平信徒共同体（Laiengemeinschaft)。这包括具有圣灵的—神秘的起源的再洗礼派、孟诺派、教友派、禁欲的虔信派，以及卫理公会等教派。

相对于儒教类型的以上这些类型，很独特地为了现世的理性化而反对逃离现世，虽然（或的确是因为）他们对现世采取禁欲的拒斥。人都是同样的邪恶并且伦理堕落；世界是个罪恶的渊薮；面对上帝，所有被造物的堕落都没有任何差别。适应于虚浮的世界乃是被（上帝）拒斥的征兆；儒教观点里的自我完成是偶像崇拜式的亵渎。财富与投身于财富的享受是特别的一种诱惑，仰赖哲学与典籍教育是罪过的并且也是被造物的傲慢表现；所有相信可以用巫术来对付鬼神的想法，不仅是卑劣的迷信，并且是不逊的亵渎。足以令人想起巫术的一切事物，所有残留的仪式主义与教士权力，全都遭到根除。教友派（das Quäkertum）在理论上甚至没有一个被任命的牧师；大多数新教教派都没有受俸的职业牧师。在教友派小而明亮的聚会所里，任何含有宗教意味的象征物都不再存在。

人被认为是天生同等有罪的，尽管每个人的宗教（救赎）机会不但不相等，并且是极不相等，无论是一时或是永远。对于卡尔文教派、特殊神宠论的洗礼派、怀特区（Whitefield）的卫理公会而言，这是毫无道理可循的上帝预选（grundlose Prädestination）的结果，或者是人各有不同圣灵禀赋资质的结果。最后，宗教机会之所以不均等，乃是由于在获得“改信归宗”（Bekehrung，对于古虔信派而言，是具有决定性的）、“赎罪忏悔”、“改过苦斗”或其他任何性质的再生（Wiedergeburt）时，各有不同的努力强度与不同的成功程度。然而，除了那超越俗世之上帝的毫无理由的、不计（个人）事功的、“自由的”恩典之外，左右这些差别的，总是神意（Vorsehung）。因此，上帝预选说的信仰，虽然是最为首尾一贯的，也只不过是这种达人宗教（Virtuosenreligiosität）[1]的一种独断教义形式。

被贬落凡尘的大众（massa perditionis）里只有少部分人会被召唤回天堂，不管他们是因为先前的预选而注定如此，还是因为虽然所有的人都有此种机会（根据教友派的说法，包括了非基督徒），却只有一小部分人能紧紧加以掌握而达到目标。根据某些虔信派的教义，救赎在一生当中只被提供一次；根据其他的、所谓的悔罪限期派（Terministen）[2]，救赎的提供是一次且永远就这么一

1 韦伯以“达人宗教”与“大众宗教”对举，二者的区别在于，前者乃“天生异禀”的人，诸如萨满、秘法师、禁欲苦行者等，他们具有感知神圣价值的特殊能力。正因为他们拥有这种非一般人皆能拥有的资质，此种“卡理斯玛”使他们成为宗教信仰的担纲者。相对地，“大众”则是指那些对宗教“音盲”（unmusikalischen）的人。详见韦伯为《世界诸宗教之经济伦理》所写的《导论》，英译为“The Social Psychology of the World Rejections”，详见 H. Gerth & W. Mills ed., *From Max Weber*（New York, 1946），特别是 pp. 287-290。中译文见《宗教与世界》，第 2 章第 6 节。——译注

2 Terminismus 是指主张错过神所指定的悔改时机，便得不到救赎的学说。——译注

次。人一直得去证明自己能够掌握神宠。因此，凡事种种都指向神的自由恩宠与彼世的命运；此时此地的生命不过是个流泪的幽谷，或只是个过渡[1]。因此，这个短促的片段时光，以及其间的种种事故，都被加以极度的强调。这或许可以卡莱尔（Carlyle）的话来涵盖："汝来之前千年岁月悠悠已逝，汝来之后千年岁月正静待汝此生之所为。"这并不是说一个人可以靠着自己的成就来获得永远的救赎。这是不可能的。个人知道，尤其是认识到自己获得救赎的召唤的惟一办法，只有通过意识到在此一短暂生命之中，对超俗世的上帝及其意志有一种中心的、统一的关系，亦即"圣化"（Heiligung）。圣化，反过来也只有通过上帝制定的行为——如所有积极的禁欲主义，通过为神所祝福的伦理行为，才能被确证。以此，个人只有在安心成为神的工具（Gottes Werkzeug）时，才有获救的确信。因此，可以想象得到的最大的精神报偿，便在于以一种理性的、道德的生活方法论过活。只有当生活行为由坚定的原则所约束，并由一个统一的中心所控制时，才被认为是一种为神所喜的生活方式。愚直的与世同流合污，虽然无疑会远离救赎之道，但是生物的世界与作为生物的人，都是上帝的创造物，对于它们，上帝会加予一定的要求。根据卡尔文派的观念，上帝是"为了他的荣耀"而创造世界。因此，无论人生来有多么的恶劣，他都希望看到他的荣耀借着罪恶（可能也包括痛苦）的克服而得实现，并且希望通过理性的秩序使人附属于伦理的规律之下。"趁着白日，我必须做那差我来者的工"[2]，此处变成一种义务，并且被

1 参见《旧约》，诗篇第 84 篇之 6。——译注
2 参见《新约 · 约翰福音》第 9 章第 4 节。——译注

赋予的工作在性质上不是仪式性的，而是具有理性—伦理的性质。

与儒教的对比是很清楚的：这两种伦理都有它们非理性的本源，一个是在巫术，另一个则在一个超俗世上帝的绝对不可臆测的决定。但是从巫术那儿推衍出来的是传统的不可动摇性——传统被当作是已经证明的巫术手段，以及最终，所有自传统而来的生活样式都是不可变更的——如果要避免鬼神震怒的话。然而从超俗世上帝与现世——存有被造物的罪恶与伦理上非理性的现世——的关系上，却造成传统之绝对非神圣性的结果，以及要将既有的世界从伦理与理性上加以驯服和支配的无尽的任务，此即“进步”的合理客观性（die rationale Sachlichkeit des“Fortschritts”）。此处，将世界加以理性的转化的工作，与儒教的适应于世界恰恰相反。儒教要求不断地、谨慎地自我控制，为的是要维持通达的世间人的尊严；清教伦理要求的此种自我控制，为的是有条理地凝聚人的心意于神的意志上。儒教伦理有意地让人们处于他们——不管是自然生成的，还是由社会性尊卑关系所造成的——个人关系里。儒教只神圣化那些由人际关系——譬如君臣、上下、父子、兄弟、师生、朋友之间——所产生的人类的恭顺义务。然而，清教伦理却相当怀疑这些纯粹的个人关系是生物性的；当然，清教还是容许它们的存在，只是要在伦理上加以控制，使其不致背离上帝。无论在任何状况下，与上帝的关系是第一要务。人类本身过度紧密的被造物崇拜的关系，无论如何都要加以避免。信赖人，尤其是信赖那些由于自然关系而与我们最为亲密的人，会危害心灵。因此，卡尔文教徒冯·埃斯特（Renata von Este）公爵夫人一旦得知她最亲近的亲人在专断的预选中为上帝所拒斥的话，她也会诅咒他们。准此，造成了（儒教与清教）这两个伦理观念在实际上非常重大的差异：尽管我们要指出二者在他们实际的转折形态上都是“理性主义的”，并且二者也都导引出“功利主义的”结果。

造成这些差异的，并不单只是由于儒教的社会伦理立场——而同时也是政治的支配结构的固有法则性（Eingengesetzlichkeit）使然；此外，相当本质性的因素是，氏族凝聚性在中国之持续不绝，以及政治与经济组织形式之全然固着于个人关系上的性格。它们全都（相对而言，以一种相当引人侧目的方式）缺乏理性的实事求是，缺乏抽象的、超越个人的、目的团体的性格（Zweckverbandscharakter）：从缺乏真正的“共同体”（Gemeide），尤其是在城市里，一直到缺乏全然客观地以目的为取向的、那种经济的结合体关系与经营等种种类型。这些（类型）几乎没有一个是纯粹中国土生土长的[1]。在那儿，所有的共同体行为（Gemeinschaftshandeln）全都受到纯粹私人的，尤其是亲属的关系以及职业上的兄弟结盟关系，所涵盖与制约。相反地，清教将一切都客观化，并将之转化为理性的“经营”；将一切都消融为纯粹客观“事务的”关系（geschäftliche Beziehungen），并以理性的法律与理性的协议（Vereinbarung）来取代在中国原则上无所不能的传统、地方习俗、与官方具体的私人恩惠。

另外一个要素似乎更为重要。在中国，肯定现世的功利主义与相信财富作为道德完美的一种普遍手段的价值，在与巨大的人口密度相结合下，发展出一种强烈到无可比拟的“精打细算”（Rechenhaftigkeit）与知足寡欲（Genügsamkeit）的心态。中国的小店东是分文必争、锱铢必较的，并天天检点其现金盒。据

1　参见前面（见第七章 p. 288 注 1）讨论过的“信用组合”——此为微弱的萌芽。

可靠的旅行者的描述，本土中国人日常交谈中，谈钱与金钱事务的程度，显然是少有他处能及的。但是令人惊讶的是，在这种无休止的、强烈的经济盘算与非常令人慨叹的极端的“物质主义”（Materialismus）下，中国并没有在经济的层面上产生那种伟大的、**讲求方法的**营业观念——具有理性的本质，并且是近代资本主义的先决条件。这样的观念对中国而言，还很陌生，除了在广州，由于从古至今的外国影响与西方资本主义的不断进逼，这些观念便教给了中国人。

在过去，尤其是在政治上分裂的时代里，政治取向的资本主义独立地以下列的形式兴起：与官方结合的高利贷、凶荒借贷、（国家御用商人的）批发交易利得，以及产业领域里的作坊（Ergasteria，包括较大的工场），就像在西方古代晚期、埃及与伊斯兰教地区也发生的情形一样。最近虽然也有对批发商（Verleger）与趸买者（Aufkäufer）通常性的依赖，然而，一般而言，中国缺乏像存在于西方中古后期的代工制（sistema domestico）的严密组织[1]。尽管内部交易繁盛，对外贸易（至少在某个时期）也相当可观，但是却没有任何近代甚或中古晚期的市民的资本主义类型的存在。没有中古后期的与科学的、欧洲的产业资本主义“经营”的理性类型，也没有欧洲样式的“资本”形成。参与争取近代机会的中国资本，主要是来自官绅；因此，它乃是一种经由官方强征所聚积起来的资本。没有欧洲式的经营组织之理性的方法论，没有提供商业消息服务的真正理性的组织，没有合理的货币制度——货币经济的

1　有关作坊、代工制以及家内工业等问题的讨论，详见韦伯，《经济与历史》，pp. 116—120。——译注

发展甚至不能和埃及的托勒密王朝相比。在中国，诸如我们的商号法、贸易公司法、支票法及有价证券法等所呈现的法律制度，才刚开始萌芽（这些萌芽基本上的特征是其技术的不够完善）。无数的工技发明很少被用到纯粹的经济目的上[1]。最后，是没有真正的、具有技术价值的商业文书、计算或簿记的系统。

如此，我们就遇见了与地中海古代文明非常类似的状态，虽然在帝国统一之后，奴隶制就几乎不存在了。然而，在某些方面，（中国的）这些状态甚至要比（地中海的）古代的状态，距离近代资本主义的“精神”及其制度更远。虽然有种种的异端审判（Ketzerrichterei），但是宗教的容忍是宽大的，至少比起卡尔文派清教的不宽容态度而言是如此。和平、高度的商品贸易自由、迁徙自由、职业选择与制造方法自由，这些都有；对于小商贩的习性种种，都没有禁忌。然而，所有这些并没能促成近代资本主义在中国兴起。在这块典型营利的土地上，我们可清楚看到，“营利欲”（Erwerbstrieb）、对于财富高度的乃至全面性的推崇，以及功利主义式的“理性主义”等等，与**近代**资本主义并没有任何一丁点关联。中国的中小商人阶级，以及固守传统的大商人，像清教徒一样，将成功与失败都归之于神灵的力量。然而，中国人是将它们归诸道教的财神。对他而言，商业上的成功与失败并不是恩宠状态（Gnadenstand）的一种征兆，而是在巫术或礼仪上意味着奖赏或触犯，补救之道则在于仪式上的“善行”。中国人缺少典型的清

1　至为明白的，这不能说是中国人缺乏技术上及发明上的天分。采矿方面的落后（通货危机的原因之一），未能将煤炭用于制铁（尽管已经有了炼制焦炭的知识），以及越来越加限制舟船必须依传统方式与传统路线航行，这些都不能归因于缺乏发明能力。风水、种种占卜，以及俸禄利益——巫术与国家形态的产物——才是决定性因素。

教徒所具有的那种由内而外的、中心的、由宗教所制约的、理性的生活方法论。对于后者而言，经济上的成功并不是个终极的目标或其本身的目的，而是证明个人自己的一种手段。中国人并不刻意将自己隔绝于“现世”的印象与影响之外——此一现世乃清教徒寻求加以控制的，正如他也如此地对待自己一般，所用的手段则是一种明确的、单向的意志之理性的努力。清教徒被教以**抑制**足以摧毁所有理性的、讲求方法的经营的小利欲——一种可凸显中国小商贩行为特色的**营利欲**。对自然的冲动加以特殊的限制与压抑——由一种严格的意志与伦理的理性化所引发，并彻底牢固于清教徒身上——对儒教徒而言，是陌生的[1]。

儒教徒抑制自由发泄及原始冲动，是属于另一种性质。儒教徒小心翼翼地克己，为的是要保持外在姿态与样式上的尊严，要保持“面子”。这种克己自制，属于审美的、根本上是消极的性质。庄重的“态度”，本身即缺乏特定的内容，却受到推崇与追求。清教徒同样严谨地克己，然而，此种克己是以一种明确判准的行为为其积极目的，此外，它还以有系统地控制个人（被视为堕落于罪恶的）本性为其内在标的。彻底的虔信派教徒会开列（内心的）清单，就像每天都要进行的一种簿记（就连富兰克林这样的追随时髦者都这么做），因为那位超俗世且全知的上帝看得到（人）内心的态度。相反地，儒教徒所适应的现世却只看重优雅的身段。儒教的君子只致力于外表的“端正”，而不信任他人，就像他也相信别人不会信任他一样。这种不信任妨碍了所有的信用与商业的运作，而与清教徒的互信形成对比，尤其是清教徒在经济上信任

1　关于这点，Ludwig Klages 的著作中有精辟之见。

教内弟兄（Glaubensbruder）之无条件的、不可动摇的、因其乃受宗教所规范的合法性。在面对现世与人（尤其是那些居于高位者）的邪恶时，此种信赖足以使他避免由于深沉的现实主义与完全不带希望的悲观主义所导致对信用——为资本主义商业所不可或缺的信用——的怀疑。这只会使他严格地估量合伙人的客观的、（外在的与内在的）能力，根据“诚实为最上策”的原则来仔细评量为商业所不可少的种种动机的一贯性。

儒教徒的语言是一种本身即为目的的漂亮且有礼的姿态；而清教徒的语言则是一种切实的、公务式的传达，简洁而绝对可信：“你们的话是就说是，不是就说不是，若再多说，就是出于那恶者。”[1]

儒教徒的俭约被君子的身份礼节狭隘地限制住。老子及其他一些道教徒基于神秘主义式的谦卑所持的过分俭约，受到儒教的攻击。节约，对于中国的小市民阶级而言，就是储蓄。本质上这可比拟于农民将财富储藏于袜子里的方式。财富是用来维持丧葬礼仪、令名美誉，以及享受所有之物本身，正如禁欲主义尚未打破讲求财富享受的地区一般。

相反地，对清教徒而言，拥有（Besitz）本身就是绝大的一种诱惑，正如它之于僧侣一般。就像修道院的利得一样，他的利得是成功的禁欲所派生的结果与象征。卫斯理（John Wesley）说：“我们不得不这么说：人要虔诚，而**这也就是说**——作为一个不可避免的结果——**要富有**。”但是显然地，富有本身所具有的危险性对虔诚的个人与对修道院都是一样的。卫斯理明白地点出了存在于拒斥现世与营利的练达之间、此种令人注目而明显的吊诡。

1　详见《新约 · 马太福音》，第 5 章第 37 节。——译注对儒教徒而言，正如夫子所传下来的一句话里所明白教诲的：财富对于一种**有道德**（亦即有尊严）的生活，与对于将自己献身于自我完成的能力而言，是个最为重要的手段。因此，当被问及如何使人长进时，回答是“富之”，因为，只有在富裕之后，才有办法过着“符合身份的”生活。然而，对清教徒而言，利得是一种不意中的结果，是本身美德的重要象征。为个人消费目的而耗用财富，容易导致被造物崇拜式地沉溺于现世。孔夫子或许不会轻视财富的追求，但是财富似乎是不可靠的，而且会扰乱了心灵高贵的平衡。因此，所有真正经济的职业劳动都是职业专家的庸俗求利的活动。对儒教徒而言，**专家**是**无法**被抬高到真正正面的地位的，无论其社会的功用如何。决定性的因素在于“有教养的人”（君子）不是个“器具”；也就是说，在他的适应世界与自我完成里，他自己本身就是个目的，而非任何客观目的的一个手段。儒教伦理的此一核心，拒斥了职业的专门化、近代的专家官僚体制与专门的训练；尤其是排斥了在经济上以追求利得为目的的训练。

与此种“被造物崇拜”的最高原则相反，清教以在职业生活上与在此世的特殊切实目的上的（救赎）确证（Bewährung）为其课题。儒教徒是受人文教养的人，更精确地说，是个受经典教育的人、形象最为鲜明的饱读诗书者（Schrift-Mensch）。儒教徒不了解希腊在演说与对话方面所给予的高度评价与练达，就像他们无法理解在军事或经济事务上理性行为的动力。虽然清教徒在不同的程度上也接受哲学典籍教育，但是大部分的清教教派反对此种教育，因为它与被视为不可或缺的要求——通晓《圣经》——是相冲突的（《圣经》被珍视为一种市民的法典与一种经营学）。因此，最为儒教徒所重视的哲学典籍教育，对清教而言，是一种时间的无谓浪费，并且具有宗教上的危险性。烦琐哲学与辩证法，亚里士多德及其徒子徒孙，对清教徒都是一种恐吓与威胁；例如斯彭内尔（Spener）[1]就较喜以数学为基础的笛卡尔派理性哲学。有用的、自然主义的知识，特别是自然科学的经验知识、地理学的取向，以及一种现实主义的思维和专门知识的率直明晰，都是首先由清教徒以一种有计划的教育目的而推展的——在德国，虔信派的圈子尤其是如此。

这类知识是通往了解上帝的荣耀，与附加在其创造物身上的恩典的惟一大道。另一方面，这类知识被拿来作为个人在职业上能理性地支配这个世界的手段，并且能够使人尽其义务以荣耀上帝。希腊文化与最盛时期的文艺复兴文化，在本质上与儒教和清教都有同等距离。近代资本主义企业家所不可或缺的伦理特质是：极端专注于上帝所昭示的目的；禁欲伦理下的冷静无情而实用的理性主义；事业经营上讲求实事求是的有条理观念；嫌恶非法的、政治的、殖民的、掠夺的、独占的资本主义类型——这些类型的资本主义是基于君王与他人的恩惠，而相反于日常经营的冷静、严密的合法性与有节制的理性动力；理性地计算技术上的最佳策略，与实际上的可靠性及方便的办法，而非传统主义式地享受相传下来的技术，或如古来艺匠一样经营作品特色的优美。所有这些都特别是近代资本主义企业家所不可或缺的“伦理”资质，并且也是虔敬的工作者所特具的劳动意欲（Arbeitswilligkeit），换言之，理性的禁欲精神、“入”（in）世而不“属”（von）世所特具之系统化的——是冷酷无情的、也是宗教式的——功利主义，有助

1　Philipp Jakov Spener（1635—1705），德国虔信派之父。——译注

于产生优越的理性资质，以及随之而来的职业人的“精神”(Geist des Berufsmenschentums)，这些都为儒教所拒斥。也就是说，儒教的生活样式虽是理性的，但是却不像清教那样（由内心），而是由外部所制约的。这样的对比可以教给我们的是：光是与“营利欲”及对财富的重视相结合的冷静与俭约，是远不能代表和产生从近代经济里的职业人身上所发现到的“资本主义精神”的。

典型的儒教徒运用他自己以及家族的财富来获取典籍的教养，并接受训练以应付考试。以此，他取得一个教养阶层地位的基础。典型的清教徒则赚得多，花得少，出于一种禁欲式的强制储蓄，而将所得作为资本，再投资于理性的资本主义经营里。这两种伦理的精神里皆含有“理性主义”——这是我们学到的第二课。但是只有**超越**俗世（überweltlich）取向的清教的理性伦理，将现世**内**的（innerweltlich）经济的理性主义发挥到最彻底的境地。之所以如此，只不过是**因为**从自觉的清教徒的意图来看，再没有比这更彻底的了，同时也**因为**入世的工作只不过是追求一个超越目标之努力的展现。世界，如所应允的，落入清教徒之手，因为只有清教徒“为了上帝及其公道而奋力不懈”。在这点上就产生了这两种“理性主义”间的基本差异：儒教的理性主义意指理性地适应(Anpassung)世界；清教的理性主义意指理性地**支配**(Beherrschung)世界。清教徒与儒教徒都是“清醒的”。但是清教徒理性的“清醒”(Nüchternheit）乃建立在一种强力的激情（Pathos）上，这是儒教所完全没有的；同样的激情也曾鼓舞着西方的修道士。西方的禁欲精神对于世界的拒斥，难以理喻地联结到另一面，亦即，对支配世界的渴望。在一个超俗世之神的名下，禁欲的律令被颁布给修道士，并且以变化和缓和的形式颁布给俗世。再没有比儒教的高贵理想（Vornehmheitsideal）更与“职业”（Beruf）的理念相冲突的了。“君侯似的”人（Der fürstliche Mann）是个审美上的价值，因此**也就不是**个上帝的“工具”。但是真正的基督徒，出世而又入世的禁欲者，希望自己什么也不是，而只是上帝的一件工具；在其中，他寻得了他的尊严。既然这是他所期望的，那么他就成为理性地转化与支配这个世界的有用工具。

对于近代文化领域里，在技术上与经济上皆已获得充分发展的资本主义，中国人大概相当有（可能比日本人更有）**加以同化**的能力[1]。这显然不是个中国人是否“没有自然禀赋”以适合资本主义要求的问题。但是，较之于西方，中国所拥有的各种外在有利于（近代）资本主义之成立的条件，并不足以**创造出**它来。就像（近代）资本主义并不始于古代的西方或东方、印度或伊斯兰教盛行的地方。虽然在这些地区里，各种不同而有利的环境似乎都有助于其兴起。中国许多可能或必然有碍于资本主义的情况，同样存在于西方，并且在近代资本主义发展的时期里，也的确有其明确的影响。例如，支配阶层及官僚体制之家产制的特征，以及货币经济尚不稳定与尚未发达的事实。埃及托勒密王朝的货币经济已较十五或十六世纪的欧洲发展得更为完全。经常被认为是西方资本主义发展障碍的情况，并不存在于几千年来的中国：例如封建

1　然而，在《印度的宗教》中，韦伯却又说：“在一个民族（按：日本）中，如果像武士这种阶层在扮演决定性的角色时，此一民族——即使将其他一切情况（特别是闭关自守的态度）置之不论——是不可能靠自己的力量达到理性的经济伦理的。尽管如此，封建的关系下那种可取消的但又是有固定契约的法制关系，对培养西方所谓的‘个人主义’而言，却提供了比中国的神权政治更为有利的基础。日本虽未能从自己的精神中创造出资本主义，但是比较容易将资本主义视为一种人工制品，而从外部接受进来。”（*The Religion of India*, p. 275）

制的、庄园领主的（部分而言行会体系的）枷锁，都不存在于中国。此外，相当严重的各种妨碍贸易的独占——这是西方的特色——在中国也并不明显。并且，在过去，中国也曾有过同样的时期（以及）同样的政治状况，这是在列国竞争时为了备战所出现的。在古巴比伦与（西方）古代，具有有利于政治资本主义之兴起的条件，这一点近代也还是**一样**。或许可以这么认为：这种本质上利用政治资源来累积财富与利用资本的情形，在后来变成不可能时，以自由贸易机会为其关注对象的近代资本主义就有立足的余地。这或许可以拿北美来做例子：最近，在几乎完全缺乏战时体制的状况下，北美已为高度资本主义之发展提供了最为自由的空间。

（中国）帝国的和平化，至少**直接**说明了古代西方（一直到罗马皇帝的时代）、近东与中世纪所**共同的**那种**政治的**资本主义之所以并不存在的缘故，可是却**没能**说明为何纯粹经济取向的资本主义也付之阙如。几乎不容置疑的是：（中国人的）“心态”(Gesinnung）——在这里意指面对世界的实际态度——的各种基本特征，在其发展过程中的确是深受政治与经济的命运所共同影响的；但是，只要看看此一心态的固有法则性（Eigengesetzlichkeit），也就不难指出这是强烈阻碍资本主义之发展的一个有利因素了。

附录一

导论

杨庆堃

有关中国的社会及其主要的价值体系，韦伯所著《中国的宗教：儒教与道教》（*The Religion of China: Confucianism and Taoism*）实不失为一本深具特色的经典之作。韦伯以其现代西方知识分子的伟大心灵，有系统地勾勒出中国的特色。虽然此书之初刊距今已有半个世纪之久，而且其间的社会科学也有了长足的发展，但是，在繁复的社会体系之比较研究方面，此书不但仍具刺激性，而且在有关中国社会及其经济发展方面的研究上，它依然是具有启发作用的理念泉源。此外，在韦伯经验性研究的皇皇巨构中，这本书不但有助于社会科学领域中之行为学派的奠立[1]，而且在测试社会假说之有效性的比较研究取径上，它也展示了丰硕的成果。韦伯在其跨文化（crossculture）的广泛研究里所呈现的极端复杂性，乃是其心灵矫健的表现，而他天纵的聪敏更表露在对传统中国社会及其支配价值的严整分析上——以当时研究中国的学术环境来说，

1 Talcott Parsons, *The Structure of Social Action*, 2nd ed, Free Press of Glencoe, New York, 1961, P. B. 以下称 *Structure*。

可以用来作科学性研究的资料是相当缺乏的。有关这点，回头我们还会再谈到。

对于非专攻此一学科的读者来说，想要对本书加以理解，恐怕会有一些问题。因为韦伯这本书不但有理论的繁复，并且也有包容广泛的实质内容，因此，可以从各方面来对它加以解释。这也就是为什么我想就我所了解的范围来为本书写一篇导论，以祈有所助益于读者。幸运的是我们已有了许多前导者，例如：帕森斯（Talcott Parsons）、本迪克斯（Reinhard Bendix），葛斯（Hans Gerth），及其他许多人，他们已将韦伯的作品引介到英语世界里来，而他们的翻译与批注都极具参考的价值。对本书加以批判性的评估——尤其是在其所引用的经验性史料的正确性方面——并非本导论的目的（虽然偶尔会稍微涉及），因为在当时的西方语文世界里，一般说来，相当缺乏有关中国的正确资料，这点乃是韦伯所无法加以负责的。

如果一般读者发现此书的某些部分实在难以了解，那么，可能是基于以下几个原因：部分是因为韦伯原著的撰述方式——甚至本迪克斯都认为其中某些句子“不但冗长烦琐，而且又包含了限定的语词与离题的枝节”。此外，本迪克斯还警告说：“（韦伯的文风）意图将其主要的论证隐藏在需要加以仔细分疏的层层叙述中，或者他也会将其论证以大段分析的方式置于前后资料没有明确相属的特殊主题下，而令人无法分辨。”[1] 我们还可以指出，韦伯在论及历史的发展时，有时也有时间错置的现象。关于这一点，

1　Reinhard Bendix, *Max Weber, An Intellecture Portrait*, (New York, 1962) , pp. 6 & xxi 以下称 *Max Weber*。

读者实在应该感谢葛斯（译按：此书之英译者），由于他的识见与翻译技巧，使得现今的英译本实在“比原著（在某部分来说）更加可读”[1]。

1. 本书更广泛的主题脉络

想要掌握韦伯这本书的主题，其方法之一是要牢记以下两点：第一，韦伯此书的主要目的是在证明：中国之所以没能成功地发展出理性的资产阶级资本主义（rational bourgeois capitalism），其主要原因在于缺乏一种特殊宗教伦理作为不可或缺的鼓舞力量。第二，此一研究的目的在于支持他的主要论点——由于欧洲展现出其特有的禁欲新教伦理（the ascetic protestant ethic）以作为精神的动力，因此能发展出理性的资产阶级资本主义。因此，我们若要对这本《中国的宗教》有一适切的了解，就必须对韦伯整个学术研究的广泛脉络有所认识，尤其是他所主张的这个论点：对于社会经济的发展，宗教价值（religious values）具有其独立自发的影响力。

韦伯（1864—1920）处于一个工业革命正以其迅猛狂飙之势翻覆整个欧洲生活，并同时将西方文明推向世界上最富裕高明且最具威权强势的时期。此一强而有力的革命发生的原因，以及在此无可扼抑的力量控制、影响下，人类社会的命运又将如何等问题，在当时引起相当大的争论。马克思主义的历史唯物论是其中最具主导性的一个理论，这个理论不但解释了此一革命的缘由，而且

1　见 Gerth 本书序言之注释，p. x。

也提示了它发展与衰竭的律则。当然，这样一个具有时代性的中心论题——理性的资产阶级资本主义之兴起，及其所涵摄的社会、经济及政治意义——对于在政治与经济方面皆极有兴趣[1]并兼具非凡的探索心智的韦伯来说，实在是非加以探讨不可的。

韦伯受过法律与经济学的训练，他早期所讨论的是有关欧洲的经济和法制的历史，以及当时的德国经济问题等[2]。当他在观察德国东易北河地区的农场劳工外移他去的现象时，他注意到，其原因并非如马克思学派所说的，完全是基于经济利益的考虑，其实更重要的是，劳工们想要从任由地主支使的附属地位中挣脱出来，得到自由并且改善社会地位。在研究报告里，韦伯清楚地强调：对于自由理想的追求，而非物质的关注，才是影响农场劳工迁徙的动机因素。“人类并非‘只靠面包’过活，那些农场劳工亦复如此。”[3]

数年后，韦伯动手写他那本日后结集成册的名著《新教伦理与资本主义精神》(*The Protestant Ethic and The Spirit of* Capitalism)[4]的部分篇章时，他将探讨的重心转移到“理性的资产阶级资本主义之兴起”这个论题上；并且，相对于马克思学派的唯物论，他提出一套强而有力的不同见解：理念与理想并非总是物质环境的反应，它可以成为引发社会经济变迁的真正独立自发的动力。《中国的宗教》一书既是他为验证此一主题而作，那么我们就有简略

1 *From Max Weber, Essays in Sociology*, 由 Hans Gerth 及 C. Wright Mills 英译（New Jersey, 1958）, pp. 46-50, 以下称 *Essays*。

2 Bendix, *Max Weber*, 第一章及第二章。

3 “Verhältnisse der Landarbeiter”, 引自前书，p. 23。

4 New York, 1958. 以下称 *Protestant Ethic*。

地检阅《新教伦理》中的主要论点之必要[1]。

韦伯注意到，十六及十七世纪时，也就是理性的资产阶级资本主义大幅度进展前的一段时间里，有一股强烈的新教伦理气氛弥漫着，其本质极有利于“资本主义精神”——一种与资本主义经济的特殊运作功能恰好相合的精神或“心灵状态”——的发展[2]。理性的资产阶级资本主义或工业的资本主义，具有以下几个有别于其他形式的资本主义的主要特点：1. 资本主义企业以利润的赚取为其惟一的目标；利润为其成功与否或能否继续生存的准据。2. 以理性（rationality）、持续性（continuity）及道德上的自制（moral restrain）为手段来达到利润追求的目的。3. 主要的劳动力来自在法律上具有自由身份的受薪阶级，而此阶级并不拥有生产的工具。4. 自由劳工在官僚体系（bureaucracy）——能将大批民众组织起来以达到一般非个人功能之运作的最有效体制——的运作下，被理性地组织起来。5. 它涉及现代的几个工技特色，例如：生产技术、交换与分配的技术性手段，以及在开放竞争市场上的价格作用[3]。

与以上这些资本主义经济特色相配合的是一套价值观念与态度，它们以如下这几个特点构成了所谓“资本主义精神”：1. 追求金钱的活动本身就是目的，并非为达到其他目的的手段，也不是一种罪恶。2. 利润的赚取是永无止境的，既不受生活水准之需求的限制，也不受限于传统的满足感。3. 用以追求的手段与传统的

1 *Protestant Ethic* 一书最为精简可用的整理文字，见 Parsons 的 *Structure*, pp. 516-533。

2 *Protestant Ethic*, pp. 91ff, Parsons, *Structure*, p. 517: Bendix, *Max Weber*, pp. 56ff.

3 Parsons, *Structure*, pp. 503-507; 及 Weber, *The Theory of Social and Economic Organization*, 由 A. M. Henderson 及 Talcott Parsons 英译（Illinois, 1947）, pp. 278-279, 以下称 *Theory*。

运作模式二者皆不具丝毫神圣不可更动的性格，它们随时可被更改变革。4. 努力工作被认为是一种责任，也是一种道德义务。5. 强调纪律与控制，着重"为经济上的追求而奋加进取，并具有有系统且持续不断的理性的忠诚工作态度"[1]。

在资本主义的主要发展阶段之前，对其具有影响力的几个新教教义里——这些禁欲的教义含有极亲和于资本主义精神的特色——韦伯选择了卡尔文主义（Calvinism）来作为范例。卡尔文教义奠基于上帝预选说（predeterminism）：认为这个世界以及这个世界里的万物之律则，每个人所受恩宠之多寡，皆由上帝以其绝对的权力所创生与预定，而无关乎"（人类）自己的合作，或……会因（人类）自己的信仰与意志之程度或成就而有任何不同"[2]。并且，上帝是"如此令人敬畏地高高在上，他乃是超乎所有人类所能祈求与理解的。在此上帝面前，人类孤零零地站立着"[3]。没有任何人，甚至是教士或教会，能够帮助他；从那"心灵的最幽深之处"，他都直属上帝。在如此的情况下，人类只是服从于上帝以实现其意志的工具，人类不过是依其天职（calling），努力地想要在此尘世之中建立起上帝的王国罢了。

这些卡尔文派的教义在现实的生活中与资本主义经济的特色及资本主义精神有极其相契之处。上帝与人类之间那无可跨越的鸿沟，驱走了任何想借冥思而与圣灵结为一体的想法，并且于此尘世展现上帝意志的戒令，使他能坚定地献身于积极、禁欲和此世的（this-worldly）行动。上帝所创生的这个世界以及其中的万物

1 *Protestant Ethic*, pp. 54-67; Bendix, *Max Weber*, pp. 51-55.

2 *Protestant Ethic*, pp. 99-118; Parsons, *Structure*, pp. 516-523.

3 Bendix, *Max Weber*, p. 59.

之律则，与巫术（magic）相反其道而行，因此，对这世界加以理性地了解则是认识上帝的一条可行的途径。以积极的禁欲精神来服侍上帝的意志，可以抵减对仪式礼拜的热衷，而免于走上消极的传统主义之路。就其与资本主义精神的相关性而言，卡尔文教派对于经济性劳动的态度尤具重要性。在某种神召之下，不休止地奋力工作，被认为是一种真实信仰的征示，并且也是自信一己乃跻身于上帝所选之列的表示。其后，工作的完善与成功皆被解释为恩宠与救赎的征兆，财富是“值得赞赏的，只要它乃得自于一种责任的履行。人不应拒绝接受上帝的恩宠，而应作为他得力的助手：‘你当是为了上帝而勤劳致富，而不是为了肉体与罪恶。’”[1] 因为害怕浸淫于肉体的享乐，因此奢侈的消费便大为减少，从而产生了节俭的禁欲情操[2]。

卡尔文教规并不像“天主教的赦罪之环（Catholic cycle）——犯罪、悔过、赎罪、赦免、再犯罪”这样轻易地就饶恕一个人的过恶[3]。因此，每个人在其合乎道德的行为里都要剔除那毫无计划、没有系统的成分。此外，至少还有两个卡尔文教义的特点所促成的性格面貌，契合于近代资本主义中官僚组织的需求。个人为了一种非个人的目的、而过其劳苦一生的卡尔文式奉献（Calvinist commitment），会导引出一种非基于个人利得而尽责的工作态度。同时，个人与其同伴（包括其最亲密的血族）的内在疏离（inner isolation），促成了个人主义的发展。这使得在一竞争的情境里，

1　Baxter, *Christian Directory*49 *Protestant Ethic*, 引自 Bendix, *Max Weber*, p. 62。

2　*Protestant Ethic*, p. 172.

3　同前书，pp. 117—118。

理性地组织起劳工的工作，更加容易完成[1]。

在他的《新教伦理》一书中，韦伯试图通过下列几个步骤来确立新教伦理为导致近代资本主义发展的独立因素[2]：首先，他列出统计数字，证明在资本主义企业的拥有及领导上，新教徒的人数远超过旧教徒之上，而且在受过高等教育的科学、工技及商业等领域里，情形亦复如此。其次，通过分析性的陈述，他验证了新教伦理与资本主义精神在特性上的密切关联与相互契合；此处，两个复杂的价值体系间的大量契合之点，显示出二者有极密切的因果关系，而不仅是偶然的因缘际会而已。接着，韦伯援引史实发生先后次序来加强此一论点——新教伦理的发生先于资本主义精神，以及资本主义的实际结构。最后，韦伯通过新教的文献——此类文献显示出：无止境的利润追求活动逐渐地被认可，只要所作所为合于义——来探求此一转变的过程。除了在《新教伦理》里的这几个证明步骤外，韦伯更着手进行：

> 极具野心的一系列的比较研究，想从各方面来探讨这样的问题：为何作为一主导现象的现代理性的资产阶级资本主义只有在近代西方世界里出现？是什么差别因素使得此种现象未能成功地在其他文化中开展出来？其比较研究主要是扣紧在马克思式的二分法则上："物质的"因素与"精神的"因素。而其所得到的一般结论则为：从发展资本主义—官僚体制（capitalistic-bureaucracy）的潜在能力上来说，在文化发展

1 Parsons, *Structure*, pp. 525-526.

2 同前书，pp. 511—512。

的相关阶段里，中国、印度及以色列等地的物质环境，比较起来实优于我们（西方）的中古及近世时期，然而他们每一种文化里的主要宗教传统之“经济伦理”皆直接与此一发展相冲突。另一方面，在新教（就整个基督教而言，程度则略逊）里的经济伦理则是直接有利于此种发展的。这样的结论即已肯定了新教与资本主义之间的因果关系[1]。

帕森斯所说的一系列比较研究乃是指《世界诸宗教之经济伦理》（“Die Wirtschaftsethik der Weltreligionen,” *Gesammelte Aufsätze zur Religionssoziologie*）一书（三册），包括对儒教与道教、印度教与佛教及古代犹太教的研究。

2. 中国社会结构的特性

在这本《儒教与道教》里——葛斯将之改名为《中国的宗教》为的是避免落入意识形态的窠臼里（the isms）——韦伯继续他在《新教伦理》中的主题，试图就传统的中国社会以及儒教与道教的特殊面貌，来与资本主义经济和资本主义精神的特点相对照。阅读此书时，如果读者太将注意力钉牢在此一经过翻译的书名——《中国的宗教》——上的话，那么他必定会感到相当的困惑，因为本书所处理的范围要远超出宗教的领域。其实，在英译本的249页里，有141页，或者说有一半以上的篇幅，主要是在描述中国社会各个不同层面的特性，并将之比对于西方及其他社会的相类

1 同前书，pp. 512—513。

层面，而仅在某些段落中偶一提及宗教。只有在本书的后半段里，宗教的理念与价值才是被集中讨论的主题。况且，韦伯并不将儒教视为一个奉神的宗教（theistic religion），而仅是某种伦理学说，因为它虽然容忍巫术的施行，然而却缺乏形上的基础。若视本书为一种对中国的社会结构、伦理价值及宗教的研究，并注意这些方面特别有关于理性的资产阶级资本主义之发展的特性，将更有助于读者去掌握韦伯的主题。

关于中国社会结构之特性，之所以要花那么大的篇幅（第一章到第四章）来加以描述，显然是因为韦伯想要在仔细地检视过“物质的”因素之后，再将重点摆在致使理性的资产阶级资本主义无法在中国萌生的“精神的”因素上。下面几页里，我并不试图为本书做适切的摘要；而是想就我所了解的范围，将韦伯在主题上的论证作一番梳理澄清，并将其中的某些论题，就现今在中国的社会研究上所得的成果加以讨论。

本书共分为三部分，这明白显示出韦伯在论证上的逻辑统一性。首先，韦伯检验了中国社会的经济、政治及社会等各层面，描绘出各层面相互交融影响后的结构的或“物质的”特性，其中各点或有利于或不利于资本主义的发展；换言之，以资本主义的发展之特性来说，中国与西方的社会在“物质的”条件上并无重大的差别。其次，韦伯将儒家的价值体系与基督新教的伦理作一明显的对比，认为前者缺乏后者所有的、发展资本主义的有力动因（dynamic motivation）。在第三部分，韦伯指出道家负面的、保守的价值系统，无法发展出一强而有力的社会取向之态度，以走向资本主义之路。以此，韦伯将决定性的差别因素归之于儒教与道教在价值上的消极与传统特性，并用以解释何以资本主义发展于西方而不展现于中国。

然而，每一部分及每一章里的数据处理，在逻辑上都同样的不够清晰。韦伯的兴趣并不在于有系统地呈现中国的社会结构及其价值体系；相反，他的主要目的是在将这些层面与西方社会的类似成分做一对比。问题就在于：他并没有明白交代，他用来选择与安排各比较项目的理论根据是什么？他的主要论点因此经常变得模糊不清，尤其在第一部分里更是如此：他处理的是中国社会结构的特性，却冠之以“社会学的基础”的名目。

按照他自己在第一部分里所安排的顺序，韦伯在中国的社会体系里选择了五个与近代资本主义要件有关的主要具体项目：货币制度、城市与行会、家产制国家与血缘组织以及法律，来加以讨论。如果我们将结构因素当作是一个范畴的话，我们可能还应该再加上，韦伯在第二部分第一章里所论及的，作为一个身份团体的知识分子。

韦伯以货币制度与城市作为讨论的起点，可能是因为这两个因素与西方历史上资本主义经济之蕴生特别有关系。其次，他转而讨论中国社会的两个特出层面：家产制国家与血缘组织——以大小来说，是为组织结构上的两极。紧接着的主题是法律，也许是因为其特性受到国家与血缘两大系统之本质所影响。其他的许多主题，尤其是制度在历史上的发展，皆散置于以上几个主要的项目里被论及。

韦伯以货币为主题来开始他的研究，正因为他充分了解到货币在他的经济社会学里所扮演的重要角色：货币能扩展经济交换的领域，有助于财富的追求与累积，并可作为经济价值的衡量标准，以评量不同性质的物质与劳务的相关经济意义，因此，在订定预算时便能计算出利得或损失[1]。由于货币有以上这些重要的功能，因此，中国在历史上无法建立起一套有效率的货币制度便是缺乏资本发展的征兆，而且也阻碍了任何有意义且大规模的理性资本主义之发展。然而韦伯并未指出，十八世纪以来，银的供应量即不断地增加，这便可能激发资本主义的发展（虽然实际上并未发生）。

城市蕴生了西方的资本主义，但在中国却不具相同的功能，其原因是中国的城市缺乏政治上及军事上的自主性（autonomy），而且也缺乏作为共同体（corporate body）组织上的统一性（organizational unity），而西方的资产阶级资本主义经营之理性发展所依恃的财政与法律背景，即是靠着此种自主性与统一性才得以坚实稳固的[2]。韦伯认识到行会在中国城市的社会经济结构里有其中心地位的重要性，并且他认为行会在组织上的自主性是个有利于资本主义发展的因素。但另一方面他又认为，由于行会的特殊权益未能受到法律的保障，因此不得不发展成具有极端自足性功能的形态，而无法像西方那样，发展出一套正式的法律，以作为"一既自由且能共同规范的工商组织"之形成基础[3]。

强调货币与城市乃是影响一个社会走向资本主义发展的战略性因素，韦伯自然有其充分的合理说法——不论是在理论上，或者征诸历史。虽然最近有资料显示[4]，某些政府保障行会的垄断与特权的现象确曾出现，这与韦伯的论断相违，然而还是有些做中国都市社区研究的学者支持韦伯的说法，认为中国的都市社区

1 Max Weber, *Theory*, pp. 173-190, 280-308.

2 *Religion of China*, pp. 77, 78, 79, 83-84.

3 *Religion of China*, pp. 81, 84, 127.

4 参见孟元老，《东京梦华录》（香港：商务重印，1961），第二、三、四章。

并不具有作为一个共同体的功能。自韦伯时代以来，传统中国的都市社区研究实在乏善可陈，因此还未能有既充分又可靠的资料可对韦伯的观察所得——以极不充分的资料而得出惊人的敏锐判断——加以系统性的评论。一直到上个世纪50年代的中期，我们才看到有某些中国内地的学者开始对中国的都市经济及“资本主义”的发展作有系统的研究[1]。一些关于传统商人阶级和工商行号、工匠技艺之特质——一些韦伯所没有机会加以检验的重要层面——等极具意义的资料也已经出版了。

韦伯将中国城市之缺乏军政自主性（politicomilitary autonomy）归因于帝国统一的过早形成——所有的民政、军事皆置诸国家官僚体系的集中掌握之下[2]。封建制度瓦解之后，此一大一统的帝国所具的军政力量是如此的完整无缺，以至于个别城市所能自其中获取资源以资自主的机会，实在非常有限。就中国发展资本主义的机缘来说，这个中央集权的帝国所蕴含的社会经济意义便成为值得研究的问题。韦伯是从以下这些有利的观察点来检验此一帝制国家并对其所蕴含意义加以分析：一般的特性、国家与宗教的关系，中央—地方关系与家产制官僚体系，农业政策与乡村管理。

帝国的统一与和平有其利于资本主义发展的一般特性，亦有其不利的一面。人口与物资能够在像欧洲一般辽阔的领土上自由地迁徙、流通，而没有任何政治上的阻碍，这显然即是其所蕴含的有利条件。就其不利的一面来说，包括：城市缺乏其政治的自主性——一种能为资本主义企业提供既适切且富刺激性的环境之

1 参见傅衣凌，《明代江南市民经济新探》（上海人民出版社，1957）。

2 *Religion of China*, pp. 84-89；*Religion of China*, pp. 97-110, 124-125；*Religion of China*, p. 168；*Religion of China*, pp. 84-96.

自主性。以统一与和平来取代封建国家间的敌对与争斗，也意味着不再有竞争的压力，迫使各国相竟以理性化的手段来改进国家利益与生存所必须的官僚与经济组织[1]。此外，由于国内的和平，使得促成西方政治资本主义发展的战债与作战佣金也就无由产生了[2]。

帝国之统一与和平的建立与维持有许多影响力，这些也都关系到资本主义的发展。其一是在中国的封建诸国间很早就发展出统一的文化。而更重要的是皇帝与他的官员执掌了宗教的功能[3]。这就削弱了足以与俗世政权相抗衡的教士阶级的有利地位，使其无法威胁到帝国内部的统一。就是这种对和平、秩序与宁静的强调，使得狂喜与悲怨等感情上的过激都可不断地通过官方的礼仪而剔除净尽。不具任何官方地位的民间宗教则总是趋向多神的信仰[4]，这是使得民间宗教无力向国家统一力量挑战的关键因素和不利影响。以上种种缘由造成了一种情形：既没有一个教士阶层，也没有一支独立的宗教力量，能够为社会经济秩序带来激烈的变革，而促成资本主义的发展。

然而，帝国的统一与和平并不意味着高度中央化的行政体系能够通贯于整个帝国。一部中国史里多的是中央政权与地方利益不断争斗的记录[5]。中华帝国最具特色的家产制官僚体系与源远流长的组织无法完全解决中央与地方政府间的冲突，也无法有效地理性化二者的行政体系。

1　*Religion of China*, pp. 97-110, 124-125.

2　*Religion of China*, p. 168.

3　*Religion of China*, pp. 84-96.

4　*Religion of China*, pp. 84-110.

5　*Religion of China*, 第二章，一至三节。

官僚人员的递补是由士人经过考试而来的，因此，官僚地位的形成既不基于出身，也不基于超自然的考虑或神灵的恩典。这种普遍无私的现象有助于官僚体系的理性化。其他的层面还包括：三年一换的公职任期制，不得任官于乡里的限制，中央可任意召遣官员的充分主动性——以防止官员在地方上发展其久远的利益而对中央政权有所损害。

但是此种中央化的措施却有其反效果：它会削弱正式的官僚统治与民间生活之间的关系[1]。并且由于中央权威的膨胀，致使地方行政体系无法理性化。配额的税收制度使得官员不但可以应付行政的花费，而且只要交出分配的税额，他就可以从官方的税收以及非官方的收费和“赠礼”中谋利。公家与私人的财产间并没有严格的区分[2]。结果使得“整个帝国就好像一个由大祭司带领着许多地方老大所组成的联邦体[3]”，中央企图统一与合理化地方的行政单位的努力自然要受到挫折。再则，儒家君子不器的观念使职业的分工难以形成而减低了官僚体系的合理效率[4]。据韦伯看来，官僚分子都是些不器的君子，那些专门的工作便都委之于吏役与幕府去做[5]。这些官僚体制上的特质，再加上缺乏现代运输与通信设备下的

1 *Religion of China,* pp. 111-114.

2 *Religion of China,* pp. 111-112, 119-125, 128-138.

3 *Religion of China,* pp. 111-112.

4 *Religion of China,* pp. 225-234.

5 关于中国官僚体系的这个特性，我有一个稍微不同的解释，见“Some Characteristics of Chinese Bureaucratic Behavior”，此文收于 *Confucianism in Action*, David S. Nivison 及 Arthur F. Wright 编（Stanford University Press, Stanford, California, 1959），pp. 134-164。

广袤领土[1]，在在使得中央对地方的正式行政管制力量降到最低点，而且通常几乎等于没有。此种情形所蕴含的经济意义即是：地方上在形式的社会政治秩序方面的薄弱，不足以构成发展资本主义企业的法制基础。

在本书的许多部分及他的其他许多著作中，韦伯对中国的官僚体制与士人都做了相当精彩的描述[2]。此后，将官僚体制与士人认定为影响中国社会本质的两大要因[3]，并以之为研究主题的学风大盛，而这些晚近的研究也大多赞同韦伯的观点与论断。韦伯对于中央官僚系统设法防制官员与地方利益勾结相连的分析是尤其深刻而精确的。这些防制的措施使得当政的官员无法直接有效地掌理地方的事务，并因此而增加了介乎官员与民众之间的非公职的幕僚、佐员与吏役等角色的重要性[4]。

这种中央正式行政权无法直接达于地方百姓的情形，最近已大致为对中国地方政府甚有研究的瞿同祖加以证实[5]。瞿氏所证之史实明白指出，府县级的传统中国地方政府是由少数中央任命的官

1 同前书，p. 47。

2 参见“Bureaucracy”，于 *Essays* 一书中，pp. 226ff。

3 例如：Edward A. Kracke, *Civil Service in Early Sung China* (Harvard University Press, Cambridge, Massachusetts, 1953)；Hsiao-t'ung Fei, *China's Gentry* (University of Chicago Press, Chicago, Illinois, 1953)；Chung-li Chang, *The Chinese Gentry* (University of Washington Press, Seattle, Washington, 1955)，以及他的 *The Income of Chinese Gentry* (University of Washington Press, 1962)；P. T. Ho, *The Ladder of Success in Imperial China* (Columbia University Press, New York, 1962)；Robert M. Marsh, *The Mandarins* (Free Press of Glencoe, New York, 1961)；S. N. Eisenstadt, *The Political Systems of Empires* (Free Press of Glencoe, 1963)。

4 *Religion of China*, pp. 111-114.

5 T'ung-tsu Ch'u, *Local Goverment in China under the Ching* (Harvard University Press, Cambridge, Massachusetts, 1962).

员主持的正式官僚组织，以及主要由知县私人幕友组成的非正式组织共同治理，而由后者直接处理地方问题，然而其方式通常却逾越官僚组织之正式法规。由中央任命的官员发现想要穿透地方势力的紧密控制，或是以正式法规来取代他们的治事方式，是非常困难的，甚而简直是不可能的。这基本上与韦伯所分析的情形不谋而合。

韦伯分析中国史上的农业政策与乡村管理所采用的资料似乎甚为不妥，而且在事件的逻辑关系与时间先后顺序上，他的数据处理方式也相当令人困惑。关于王安石于十一世纪所推行的“国家社会主义”改革，韦伯的主要资料来源显然只限于俄人伊凡诺夫(A. J. Iwanoff)早期在这方面的研究[1]。许多新近的研究已使得乡村社区的政治秩序或王安石的变法呈现了更清楚的面貌[2],而不只是像韦伯所提出的简单景象：以常平仓或集体责任体系（保甲，或如韦伯的用语：连带责任社团）来勾勒出中国乡村社会政治秩序的特色。不过，在历史上的土地改革，及其影响所及的农业生产方式方面，韦伯虽然受到材料不足的限制，但是其研究成果却是相当具有挑战性的。

韦伯指出中国农业史上的一项根本事实：历史上曾不断发生农业危机，而且经常经由土地的重新分配、限田和自由垦荒（可与孙中山先生的“耕者有其田”政策做比较）等措施来加以补救[3]。

历史上的土地改革现象虽然在西方未获重视，但最近几十年

1　A. J. Iwanoff, *Wang-An-Schi i jevo reformy*（St. Petersburg, 1906）.

2　例如：Henry R. Williamson, *Wang An-shih*（A. Probsthain, London, 1935）; James T. C. Liu, *Reform in Sung China*（Cambridge, Massachusetts, 1959）.

3　*Religion of China*, pp. 142-147.

来却广泛引起中国学者的注意[1]。然而无论是中国或是西方，凡是注意到这个问题的学者，无不以人道主义、平等主义，以及农村经济政治秩序之稳定等观点来解释历史上的改革办法。惟独韦伯提出这样一个不同的看法：过去两千年来许多土地改革的成功，致使农地被分割为无数的小型耕地，构成中国农村经济的特殊面貌[2]。对韦伯来说，这正可解释资本主义在中国无可发展的原因："由国家所推动的各种土地改革措施导致……中国无法产生合理而大型的农业经营……土地的不断分割阻碍了技术的进步；即使货币经济已有所发展，然而传统仍占上风。"[3]

中国的血缘体系正如帝制国家一般，在许多方面阻碍着合理经营的发展[4]。追求财富的一个重要的模式即是：通过家族的资助，培植家中的一员接受教育、中试为官，以行其内部的"掠夺式资本主义"(booty capitalism)。此种家庭投资的方式不会发展成为"合于经济理性的合作企业"。庞大的血缘组织具有许多因应个人社会与经济需求的功能，因而阻碍了个人的独立性与个体性[5]。家庭副业（如纺织）的普及也阻碍了独立工业生产方式的发展。血缘组织强固的凝聚性、族中长老极具效力的威权，以及乡村的自治阶

1　参见陈登原，《中国土地制度》（上海商务，1932）。

2　除了改革所造成的影响外，韦伯也相当注意到使中国农地分割为小块的复杂因素。例如他提到，由于人口的增加，以及长子继承制的废止，人民必须把农地划为小块分给众子女的情形。见 *Religion of China*, pp. 118-119。以小农制为中国农村经济的特色，参见作者所著 *A Chinese Village in Early Communist Transition*（Technology Press, Cambridge, Massachusetts, 1959），第四章，亦见葛斯在此书中 p. 353, 注 38。

3　*Religion of China*, pp. 142, 147.

4　*Religion of China*, pp. 151-162.

5　这点与许多中国学者的观点相契合；可参见麦惠庭，《中国家庭问题》（上海：中华出版社，1930）。

层等，在在将有效率的正式行政当局限制在城市的范围内，行商于广大领土上便得不到法律与秩序的保障，而此种保障正是发展资本主义所必具的条件。血缘关系也保护个人不受外界的歧视与屈辱，这也有碍于现代大型企业所要求的工作纪律与开放市场上的劳工选择。准此，“大型的私人资本主义工厂便无从于历史中觅其根源。”[1]

中国社会里的家族特色，自韦伯的研究之后，引起了相当广泛的学术注目与继起研究[2]。一般说来，近人的研究成果大体与韦伯的解释并无抵触之处：中国的血缘体系对资本主义的发展有不利的影响。不过，韦伯所运用的资料存在着地区错置的问题。他所论及的血缘关系现象大多发生在乡村地区，然而，城市才是资本主义所应发展的地区；在城市里，血缘组织扮演着不同的角色。在城市体系里，我们不知道血缘组织是否也会像韦伯所断定的那样有碍于资本主义的发展。不幸的是我们并没有恰当的资料能够显示中国的家族在都市中心所具有的功能与特色，所以这个问题自然也就得不到解答。至于中国史上是否有过大型的私人资本主义企业，根据晚近的研究显示，至少在许多传统工业方面，例如丝织业与陶瓷业，其企业的规模与组织的复杂性已有相当程度的发展[3]。不过，至今在这问题上所能应用的资料仍然非常有限，是故亦不能对韦伯的解释有一可靠的评估。

---

1 同前书，p. 97。

2 例如：Hsien-chin Hu, *The Common Descent Group in China and Its Functions*（Viking Fund, New York, 1948）；Morton H. Fried, *Fabric of Chinese Society*（Frederick A. Praeger, Inc., New York, 1953）；Olga Lang, *Chinese Family and Society*（Oxford University Press, Fairlawn, New Jersey, 1946）；Yao-hua Lin, *The Golden Wing*（New York, 1948）；C. K. Yang, *The Chinese Family in the Communist Revolution*,（Cambridge, Massachusetts, 1959）。

3 参见《中国手工业之资料》，彭泽益等编（北京三联，1957），尤其是第一、二册。

在中国社会结构的众因素里，支配着传统中国的实质伦理法律，对于资本主义的发展来说，很明显地具有负面的影响。现代的资本投资需要有理性的，以及可估量的法律与司法程序来运作。但是富有理性及可估量性的形式法律在中国这个家产制国家并不发达，因为任何形式的律则与固定的程序都将限制了世袭的权力与特权。中国的律令“毋宁是编纂的伦理规范，而不是法律规约”[1]。韦伯的这一项观察，已全然为瞿同祖所证实，瞿氏指出伦理的以及礼仪上的规范，在中国法律的建构上具有绝对的重要性[2]。实质伦理法律相当有利于世袭君主在政治上的权宜与伦理上的要求。但是实质伦理法律无法发展出明确的形式与程序。形式法之所以无法在传统中国获得一个有利的发展环境，有部分是因为血缘组织具有特别高度的影响优势，以及缺乏一个对法律的制定特别感兴趣的策略性团体，亦即职业的法律专家；因为行政与司法都已被吸收到公务系统的职权里。

韦伯虽然看到中国有许多不利于资本主义发展的条件，但他也提出了许多有利的因素：例如没有以出生为准的身份限制、自由迁徙和在自己的家乡之外定居、职业自由、没有义务教育与义务兵役，以及没有借贷与贸易上的法律限制。“就一个纯粹的经济观点而言，真正的资产阶级资本主义已有可能发展……[3]”资本主义之所以无法在中国出现，基本上还是由于缺乏一种像禁欲的新教教义那样的“特殊心态”。

1　*Religion of China*, p. 166; Bendix, *Max Weber*, pp. 398-399.

2　Tung-tsu Ch'u, *Law and Society in Traditional China* (Mouton, The Hague, Netherlands 1961).

3　*Religion of China*, p. 164.

3. 作为决定性抑制因素的儒教传统主义

在将中国社会的结构性面貌作为影响资本主义发展的物质因素，做过分析之后，韦伯的作品进入第二部分，对可能是使资本主义在中国无法出现的“心态条件”或“精神的”因素加以描述。也就是说对作为主要价值体系的儒教，和对作为其担纲者的士人团体，进行检视。对韦伯而言，能够对一个价值体系的实际意旨有最佳了解的一个办法是，要对它的社会担纲者在物质上与精神上的兴趣所在——作为影响社会行动的主要力量——有所了解。士的性格描述因此成为了解儒教意旨的一个必要的步骤[1]。

士的性格最突出的一点，是他们成为中国两千年来毫无争议的统治阶层的这个优越特性。他们以其在官僚职务上的非常兴趣、在社会上享有的高度特权地位、他们非世袭的身份、他们通过古典人文教育的承受所形成的资格制度、他们源自世俗封建贵族而非任何教士阶级的特性，不同于其他文明的知识分子。就此而言，士乃是将其兴趣根植于世俗的团体，致力于政治权力与社会特权，而且深受古典人文教育的熏陶。离开韦伯原书的内容，我们可以说中国士人的这些特性，使得他们非常的此世取向，对结构与制度的维持有浓厚的兴趣，倾向正统与传统主义而不喜更新与变迁，衷心于人文与保守的古典教育内容，以及他们对于经济事务的嫌恶。他们对于秩序与传统主义的一般倾向，反映在“君子理想”的特质上，这包括在言谈之间具有引用古典经文的能力、纯粹的人文心智、忠诚法则的严谨信守，不断的自我节制以对环境有良

1 *Religion of China,* pp. 173ff.

好的适应，以及对黩武思想的鄙视[1]。士的这些主要的关注，似乎与“儒教的人生取向”非常的相契。

近数十年来，关于中国文士的社会地位与性格，已有相当可观的研究。例如顾立雅（H. G. Creel）在他那本杰出的《中国的诞生》（*The Birth of China*）中，就揭示了文士之兴起的社会政治背景，因此解答了韦伯关于文士之起源的疑惑[2]。我们现在已对考试制度的发展知道得更多。在“士绅”（gentry）——那些至少通过最低一级考试的士——这个一般性的称谓下，已有大批的研究显示出通过考试所能达到阶级流动的程度[3]。

虽然，这些“士绅”研究大部分都证实了韦伯的看法，不过却是从一个较为静态的观点——士绅在传统社会结构中的功能地位——来观察。即使是对士绅研究最具眼光的费孝通[4]，都未触及韦伯所问的一个动态的问题：士的地位与性格和中国的社会经济发展模式之间，有何种关联？在这方面，韦伯的陈述在今天看来，或许不够精确，但是他所提出的问题，以及他进行研究的方法，对于那些有意于对社会经济发展模式作泛文化比较研究的人，仍然是个新鲜的挑战。

韦伯关于士性格的描述，只是他全书主题——儒教（与道教）的传统性格阻碍了像理性的资产阶级资本主义发展这样一种激烈

1 *Religion of China*, pp. 188-192, 197-198.

2 *Religion of China*, p. 176.

3 *Religion of China*, p. 110.

4 见他的“Peasantry and Gentry”于 *American Journal of Sociology*, LII, No. 1, (July,1946), pp. 1-17。

对“既有”世界的接受，这是韦伯所描述的儒家性格。韦伯的立场可以从儒者的行为里得到验证，但就理论的立场而言，就可能发生问题，以下我们会再讨论到。

的变革——的一个准备步骤。儒教（与道教）的教义核心是“道”，是涵藏于宇宙与人类社会背后的一个和谐、寂静与均衡的不变法则。儒教要旨在教人与永恒的宇宙和社会律则做理性的协调。这种将世界当作“既有之物”而加以接受的儒教态度，与清教徒在神的旨令下拒斥世界的态度恰成一对照。对韦伯来说，“儒教的理性主义是去理性地适应世界；清教的理性主义是去理性地支配这个世界”[1]。这是韦伯在叙述儒教伦理之所以无法发展出任何剧烈的变革以走向资本主义的一个根本立场。儒教的其他层面也都汇向于这个中心点。

儒教没有任何形而上的基础；它的主要兴趣是现世的；它有个宇宙的演进观，但大都发展成以现世的事务为主的神秘玄说[2]。对于此世以外的种种，没有严肃探讨的兴趣。儒教对于宇宙与社会秩序，保持着一种“极度的世界乐观论”：由人为努力以缔造完美人类及社会的可能性[3]。人的职责就是要诚心地去服膺于由传统而来的宇宙与社会和谐之要求，以及修己以达成一种“中正平和的人格”。后者乃是宇宙的缩影，必须小心谨慎地自我修持来减低紧张性，以及用以抑制由狂欢、极喜的活动所引发的非理性情感，因为那会破坏了和谐与平衡。由此，可以达到长寿、健康、财富，以及死后留名的目的，在韦伯的分析里，这也就是儒教在今世的奋斗上所欲完成的终极目的。

在这个“无与伦比的世界”里，没有原罪这种累赘的念头，也没有在一个罪恶的世界里、因期待拯救而必须完成上帝的道德

1　*Religion of China*, p. 315.

2　*Religion of China*, pp. 220ff.

3　*Religion of China*, pp. 278, 294-295, 302.

命令的压迫。相对于清教教义的是，“所有伦理上的超越向往，所有在超俗世上帝的命令与凡俗世界之间的紧张性，所有此世以外的憧憬，以及所有关于恶根性的观念，全然不见”[1]。不像清教徒，儒者没有驱使他根据上帝的道德命令来改造世界的这种感情上的紧张性。而且由于清教徒可以“入”世而不“属”世[2],他可以发展出理性地改造这个世界的能力来。然而儒者则不但生于世，而且良好地属于世，所以其客观性与理性都大大地受到传统主义的限制。既无动机，也不鼓励去违背既有的社会秩序，甚或打乱了它的均衡。有可能干扰社会秩序之和谐，或者产生越轨之倾向的狂欢与极喜的因子，都完全被孔子剔除于经文之外，而且存在于民间信仰中的，也受到统治者的压抑[3]。“由于没有此世之外的憧憬”，儒者也就“没有通过一种内在力量自传统与习律中解放出来而影响其行为的杠杆”[4]。

儒家对于世界的肯定与它的调适，意味着对于传统的认定与对一般神秘信仰的容忍[5]。而传统与巫术都是发展理性的资本主义企业的绊脚石。另一方面，清教教义则拒斥传统的神圣性，并且将巫术强烈地摒除于世界之外。帕森斯说：“……社会发展的早期皆是以传统主义为其律则。它是如此的强固，以至于必须有格外强大的力量，即使是些许，才能将之突破，而且只有当这种突破发生时，某些社会发展，例如理性的资产阶级资本主义，才有可能

1 *Religion of China,* p. 295.

2 *Religion of China,* p. 314.

3 *Religion of China,* pp. 179-180.

4 *Religion of China,* p. 303.

5 *Religion of China,* p. 296; Parsons, *Structure*, p. 549.

产生。儒教伦理……不仅无法做到这一点；相反地，它带给传统秩序一个直接而有力的认可。”[1] 在西方，此种“格外强大的力量”来自清教徒想要经由理性而道德地统制这个充满罪恶与非理性的世界，而得到救赎的宗教热情。儒教既已接受这既有的世界，则没有对这世界进行道德的救赎与理性的转化之需要[2]。反之，它对个人的最高要求，是去适应这世界。

在儒教观点里，这个“既有的世界”的结构核心，是所谓的“五伦”：存在于君臣、父子、兄弟、夫妇与朋友之间的关系。在这些关系里的根本道德义务是恭顺。韦伯将这些人际的关系及其样式描述为“有机的关系”及“有机式地既存”（样式）；儒者把它们当作是既有的社会秩序之真实本质而加以接受。然而，那些恭顺或伦理上的相互照应，都不适用于个人关系范畴（order of personalism）以外的切事的共同体（impersonal community）。由这种伦理上的藩篱，构成一种“血缘共同体”（community of blood），而相对于清教的“信仰共同体”（community of faith）——共同的生命伦理被推展到血亲与个人关系之外，而涵盖了与所有人都有关的事务[3]。这在根本上，是帕森斯模型里的两项相对的变量：特殊主义（particularism）与普遍主义（universalism）。奠基于道德义务的相互信任，是被限制在血缘与私人关系的小圈子中，还是普遍的被推展到所有参与事务的各因子里去，这对经济发展的模式有很明显的影响。此外，恭顺的伦理与“私人性质的原则”是通往非私人性质的理性化与“非私人性的实事求是”态度之发展的障碍，

---

1 Parsons, 同上注。

2 *Religion of China*, pp. 307-308.

3 *Religion of China*, pp. 275, 303-304.

因为前者是将个人系于具体的人物上，而非系于客观运作的事务上[1]。

在韦伯对于儒教的分析里，还有一些进一步的观点需要详加探讨。其中之一是“以礼为中心的概念”，及其在社会经济秩序上的含义[2]。儒家伦理要求一个受过教育的人，根据礼或传统的规范法则——规定出每一种社会状况下所应有的正确行为——对自己在生活行为里的一举一动加以控制。这意味着将个人契合于宇宙与社会秩序之中，并压抑可能扰乱均衡与和谐的情感。因此，礼的要求便成为儒家接受既有世界的这个基调里，非常重要的一部分。

韦伯为儒家之强调礼，提供了一个解释。在他看来，管束个人一生的无数礼法规约，每一条都与其他的没有连续相属的关系，而且受这些礼法所导引的仪式行为大都是剔除了真正感情内涵的外在行为。这两个行为礼节上的特质，使得中国人缺乏一种以某一中心价值立场为基础的“统一人格”（unified personality）以作为一强而有力的内在核心，而这正是清教徒在其与世界抗争时的一个自动的驱策力量[3]。礼法将儒者固定在传统的路线上。

韦伯的解释似乎可以从现今为人所熟悉的学说里得到支持：瑞斯曼（David Riesman）的传统导向人格类型与内在导向人格类型，或者相对于耻感文化（shame culture）的罪感文化（guilt culture）。但此处我们可以指出一点：从中国的材料里，我们发现礼的规范背后是以一套概括性并且一致的伦理原则为其基础的，而且，虽然礼法要求个人控制一己的情感，但其行为背后仍有一确切的感

1 *Religion of China,* pp. 303-304.

2 *Religion of China,* pp. 221-222, 301.

3 *Religion of China,* pp. 229, 302.

情根基。礼的行止既不是出之无端且漫无组织的，也不是自绝于情感内涵的；在儒家的伦理原则里有其统一的结构，而形成儒者人格的驱策核心。只要对这些有细心一点的研究，其解释或许与韦伯有所不同。然而，在礼或礼仪规范这个重要的课题上，尚未有系统的概念研究足以与韦伯的解释相抗衡的。

此外，还有一点也相当重要：由于儒家“君子不器”这个根本的立场，而使得职业的专门化受到排斥。在将自己调适于世界的过程里，儒者是以一己的修为为目的，而不是以一己为达成某一功能目的之手段[1]。君子是个各方通达的通人或达士，他排斥像专家——尤其在利益的追求上——这样一种低级的角色。儒家的这个立场，阻碍了官僚体系功能的专门化，也阻碍了需要专门化的经济企业朝向理性化的发展。这与清教徒的立场——以一专门化的天职来服侍上帝的意旨以转化这个充满生灵罪恶的世界——形成尖锐的对比。

对于韦伯认为由于儒家的排斥专门化，遂阻碍了官僚组织与经济企业的理性化发展这个观点，我们无可置疑。但是，这种对于职业专门化的斥拒，是否真如韦伯所解释的那样，乃是君子“不是个器具”而是以本身为目的，这个儒家观点所造成的结果，则大有商量的余地。儒家对于个人在分工架构里的功能位置，有清楚的体认[2]，受过教育的人不断被告诫以献身于公职的责任、担当来自上级的使命、以及对于人类的道德责任。君子“以一己为任”

---

1 *Religion of China*, pp. 225, 313.

2 孟子曾以统治者在行政功能专门化下的负担来解释为什么他无法同时从事经济生产的活动。*The Works of Mencius*, James Legge 英译（Oxford University Press, London, England），第三册，第四章。上海，国际出版学会 1947 年重印。

的真正意思是，在他的完成儒家道德使命的过程中，他只对自己一人负责[1]。因此，儒家对于专门化的嫌恶，尤其在追求利得的经济生产上的专门化，一般来说并不是由于君子拒绝将自己视为追求某种目标的工具。

反之，这更可能是由于儒家的道德标准，以及士人作为一种身份团体所既得的利益，对于各种不同类型的劳动与功能角色，有不同的价值评断，所造成的结果。

在分析中国之所以没有资本主义发展的原因时，缺少"道德先知"以作为一种革新的影响力，这一项必须加入以上述及的不利因素来加以考虑。关于这一点，韦伯只提到"中国人的灵魂从未经历过先知的洗礼"[2],那是由于没有"自然与神灵"之间的紧张，也没有来自超凡之神与传统和习律相对立的道德要求[3]。先知对于社会经济发展的积极意义，并没有在本书中论及，而是在别的著作里，尤其是《古犹太教》(*Ancient Judaism*) 以及法律社会学中，有所讨论[4]。韦伯觉得，在一个既已建立且被传统化的"物质"状态里，个人可以被强迫去依一个规范化的模式而行动，却不能够解释为什么会有新的状态与行为的产生。必是有了先知出现，才能提出新的理念，打破传统的因循，并为不同的行为模式建立起一套新的道德规范。准此，则先知的未曾出现，实乃相应于儒教的传统

1 见作者 *Religion in Chinese Society* (University of California Press, Berkeley, California, 1961), 第 10 章。

2 *Religion of China*, p. 207.

3 *Religion of China,* pp. 296-297.

4 Bendix, *Max Weber*, pp. 264-265; *Max Weber on Law in Economy and Society* (University of Harvard Press, Cambridge, Massachusetts, 1954) , pp. 20ff; *Protestant Ethic*, pp. 54-55; *Essays*, pp. 62-64, 284-286; Parsons, *Structure*, pp. 510, 567-575.

主义及其调适于既有世界而不主根本变革的伦理；而韦伯认为先知并非儒教之一端，实乃至论。问题是：中国的民间宗教里，尤其是折中性的教派，有使命先知或道德先知的出现，因为在历史危机时期或改朝换代之际的教团运动中，先知通常扮演着重要的角色[1]。

4. 异端的道教无法给予革新的动因

韦伯研究中国的这部书，第三也是最后一部分是对作为异端的道教，作一番检视。两千年来，道教以其异端的身份处于儒教正统的官方优势之下，而为非正统的主流。假如儒教正统无法为资本主义发展提供有效刺激的话，那么韦伯的问题便在于：作为异端的道教是否能够成为“异于正统取向的一种合理生活方式的资源”[2]，而导向资本主义发展的路途？

这个问题的难处在于：作为一种哲学思想的道家与作为一种宗教的道教（译按：韦伯皆用 Taoism 来指称二者）之间，有极大的不同，而且二者的关系通常不甚分明。韦伯对于道教的这两个层面并没有首尾一贯的分别，因此在他的行文中就产生了一些混淆。不过，韦伯的一般立场仍是显而易见的：虽然道教有某些有利于革新的层面，但是它的出世取向与传统主义的特质所导致的社会结果，仍与儒家所导致的一样。

1　见作者 *Religion in Chinese Society*, 第 9 章；例如白莲教的宣示，包含了来自各教派的弥勒佛的道德诫命，很明显的是属于使命的或伦理的（先知）范畴内。事实上，很少好战的教派如韦伯所说的有消极性的宣示。见 *Essay*, pp. 284-286。

2　*Religion of China*, p. 240.

虽然道教在某些方面有引人跳脱尘世之影响（包括其中的习俗）的倾向。道教的神秘思想中，教人“以隐匿于世的方式”，或者做个隐士离群索居于山林，来保全“一己的纯真与谦逊”。“这使得神秘主义者特别与世界发生断绝。”[1] 道教在宇宙秩序的终极原则上寻求启发，而认为儒教所追求的现世知识、人文修养、礼节与自制，都是足以妨碍此种启发之获得的障碍；得道之途即是“放任生灵万物于自在”[2]。道教清静无为的原则，与中央化的官僚国家相抵拒，而较利于小而隔绝、自足而原始的社群——因其最易于使人安适——的形成。与儒教相反的是，道教的各教派保留了狂喜、迷醉的成分；这能够将个人从习俗的束缚里解放出来，而引领他进入新的理念领域里。道教的这些方面都倾向于对既有世界的贬斥，也在于减低文明社会里烦琐的社会规则对于个人的控制。它们较偏执于创造性与个体性的发展，而这可导向社会的变革。但在历史上，道教并没有为社会秩序展现出此种革命性的功能，这是由于道教的否定倾向太过强烈的结果。

道教神秘的冥思静默既是在为个人求得启示与神秘的力量，它也就无心于世界的改造。由于道教的祈灵于神奇，使得世界变成一种充满精灵神怪的奇妙而非理性的领域；道教这种非人文的特性与其神秘法术不可变易的程序，在在都比儒教要更倾向于传统主义。“技术上与经济上的巫术形态……阻碍了本土之现代企业的产生……”[3]

就像儒教一样，道教也认为“宇宙中存有自然与社会的永恒

1　*Religion of China*, p. 248.

2　*Religion of China*, p. 254.

3　*Religion of China*, p. 265.

和谐的秩序”[1]。而且，这世界上也没有本质上真正的道德恶灵与缺陷的存在，故此，与世界也就产生不了紧张性。对道教而言，这世界似乎是个享受人生的奇妙之境，而不是个要对它加以斗争、改造的好对象。道教的神秘追求的两大目标：长生不老之药与点石成金之术，在在显示了其对既有世界的完全餍足，因为这表示其所祈向的乃是以其长生不死之身来享用源源不尽的金银。因此，道教无力扭转儒教所趋向的传统主义。

在这点上，李约瑟（Joseph Needham）可能要指出这是由于几个世纪以来儒教将道教压制为异端的缘故。他在最近对中国的科学与文明所做的庞大研究计划里，发表了一份关于道教在科学与技术上的贡献的惊人报告[2]。他对于道教里的“道”的解释，与韦伯大相径庭：“‘道’是指自然的法则（Order of Nature），它蕴生了万物并管制着他们的行动，而且多半并非强力驱使，而是通过一条时空所交织成的自然管道。……圣者是仿‘道’之人，仿其‘道’运无形而不制其所生。服膺于自然，而不是将一己之偏见强置于自然，那么便能观察、理解，能掌理与控制自然。”[3]但是由于儒教的传统主义长期不断的压抑，道教所有发展变革的潜力都被窒息了。李约瑟的著作是近来少数能对道教这个被误解而具重要性的课题，提出新解释的代表之一。

1　*Religion of China,* pp. 265-266.

2　Joseph Needham, *Science and Civilization in China*（Cambridge University Press, London, 1956）, Vol. II, pp. 34-164.

3　同前书，p. 37。

5. 评论

让我们回顾一下韦伯的基本论点：禁欲的新教精神是西方发展出理性的资产阶级资本主义的主要动因，而中国缺乏这种优势性的宗教价值，致使资本主义无法发生。就我们上述的长文讨论里，可以看到韦伯试图以三个步骤来证明他对中国的这个看法：1. 就“物质的”条件而言，中国的社会结构同时包含了有利与不利于资本主义经济与资本主义精神的混合因素。因此，结构上的特性并不是中国没有发展出资本主义的决定性因素。2. 儒教，作为支配性的终极价值体系，始终是传统主义取向的，对于世界所采取的是适应而不是改造的态度。3. 道教，作为异端的主流，因为本身的彼世神秘主义与巫术的传统，而无力扭转儒教的传统主义。结果是儒教的传统主义把持住支配的地位，连同士对经济生产经营的兴趣缺乏，使得社会经济无法朝向西方资本主义之途演进。

虽然对此书加以批评性的评估并非本篇导论的目的；但我们仍可以问，韦伯是否已提供了令人满意的答案来回答：中国既有悠久的历史与文化的成就，为何未能发展出资本主义来这样的一个重大问题？在以上论点的回顾里，显示出韦伯此书至少有两点是坚固牢靠的：儒教强烈的传统主义本质是一个支配性的终极价值体系，以及此一本质与中国社会的一般传统特性是相合的。儒教与中国社会的传统主义性质是个显而易见的事实，如果韦伯能够利用现今关于中国的材料，他会在这条线索上提出更强而有力的立论来。依其所建构的“理念型”——中心价值立场左右了行动过程——儒教所可能引发的行为类型，大为相应于中国社会的真正本质。儒教对于资本主义发展的阻碍，可证之于其传统主义性质与资本主义经济、资本主义精神之理性特质——可于新教伦理中发现的特质——之相对比。对韦伯而言，没有任何理性的资本主义会是一个在传统主义式的社会秩序里、具有支配地位的传统主义终极价值体系的产物。

在理论上我们可以用另外一种对儒家本质的解释，来反驳韦伯的立场。在面对这个世界时，儒教(与道教)所诉求的是“道”——统理宇宙与社会秩序的原则——的理想本质与“大道”曾行于天下的“古典黄金时代”。这表示现有的世界在伦理上已偏离了“道”及“古典黄金时代”。历代的中国士人，无论是公开的或者私下的，对于社会政治的批评控诉，史不绝书，从无任何接受“既有”世界的迹象。儒家所接受的世界是儒家正统所“诠释”的世界。同时，“道”与“古典黄金时代”的具体形式与本质，是经由可靠的知识权威之士来加以诠释的（可证之于孟子之将民主的本质赋之于尧帝与舜帝的传说中），就像上帝的意旨经由希伯来先知加以各种不同的诠释一般。

儒教的理性主义与禁欲主义源自“道”与现实世界间的紧张性与乖离，尤其是在有大灾难流行的历史危机时期里。在中国文化里，有神的宗教早就失去了它在政治上的支配性，具有知识的凡人扮演了先知的角色，提出各种控制与改造世界的主张，以与“道”所要求的伦理、或对“道”的各种理想的诠释相配合，就像我们在封建晚期历史里所看到的“百家”一样。因此，在儒教以及一般的中国道德传统里，存在着将既有的世界转化为理想之境——往往隐身于“道”或“古典黄金时代”的名目下——的压力。这乃是个宇宙与社会秩序的抽象概念，而非具体形式。

然而，这个可能的论证，也许不过是个学院式的推论罢了。

在历史真实里，是传统主义，而不是“道”或“古典黄金时代”的理想所蕴涵的改革潜力，成为儒教与中国社会的主导性取向。对韦伯而言，重要的是这个对资本主义发展有不利影响的传统主义的历史事实。韦伯对于社会的结构性层面，在中国无法发展出资本主义这件事上所扮演的决定性角色，有敏锐的观察。然而因为关于中国社会结构的科学性知识还不够充足，所以无法对韦伯著作的这个层面做适当的评估。尤其缺乏的是关于传统中国城市共同体——资本主义发展的可能蕴生之地——的资料。他在刻画中国社会结构时，经常将乡村与城市的特征混为一谈，因此他往往不能说出任一特定形式（无论是乡村或城市）社区生活的实况。我们对于血缘组织在城市经济里所扮演的角色，商人与工匠团体相对于政治上的士人所拥有的权力，这些城市团体的价值体系及其与儒教的关系，以及科学与技术所扮演的角色等种种现象，都还相当的无知。在韦伯的时代里，关于这些重要问题的资料，要比我们现今所能采用的这一点点还更为有限。

也许我们该看看韦伯所必须援引的是那儿类的资料。一般说来，现今已翻译为西方文字而可资参考的中国基本经典，与大部分的基本史书，韦伯的那个时代也都有了。理雅各（James Legge）当时已翻译出大部分的经典，而百科全书式的历史著作，《资治通鉴纲目》，也经艾嘉略（L. C. Delamarre）移译为法文而于 1865 年在巴黎出版。在基本经典与史书上，韦伯所拥有的条件并不比现今的汉学家差。这些材料里包含了中国传统价值之本质——对韦伯的分析具有根本的重要性——的基本资料。但是关于另一个范畴——当时的中国——的材料，韦伯所能得之于专家的实际见闻或者一手、二手的资料，都少之又少。他已能看见《京报》——

当时中国政府的官方“报纸”——这份绝佳资料来源的译文。他也利用了常有汉学家像沙畹（E. de Chavannes）等人的好文章发表的 *Journal of Peking Royal Society*。然而大致上，他必须仰赖传教士、旅行者，以及西方的外交官员的描述，而这些人大都没有受过社会科学的训练，也缺乏可资信赖的观察与分析所必须具备的客观性。往往，韦伯关于中国人真正的个人与社会生活的惟一资料来源是像史密斯（A. H. Smith）之流的传教士观察（例如他的《中国的乡村生活》[*Village Life in China*]）。这方面资料的欠缺，必然相当严重地影响到他的著作，尤其是在中国社会结构的分析上，而使得他的这本书里有着许多事实细节上不够精确之处。

虽然如此，韦伯还是尽量地运用他的洞察力来善加利用他的材料。关于宗教生活，他必须广泛地采用带有敌意的荷兰传教士高延（J. J. M. de Groot）的作品，不过他也毫不犹豫地称高氏的两大本巨著《中国的教派之争与宗教迫害》（阿姆斯特丹，1903）为一部“情绪性的小书”[1]。但是依赖这类资料的结果，却使得他的实际研究有时候不够精确，例如他判断在中国没有以个人为基础的命运预定论[2]。这类论断的修正，很可能会影响到韦伯对儒教与道教在某些特性上的解释。

不过纵使有材料上的缺陷，韦伯仍处处显露出对于事实的洞察力。说到中国人没有原罪这个概念时，韦伯写道：“……一个有教养的中国人同样会断然拒绝去不断地背负‘原罪’的重担。并且，凡是儒雅士人，都会觉得‘原罪’这个概念，实在有点过分，而

1　*Religion of China*, p. 391. 注。

2　*Religion of China*, pp. 272-274. 广泛的个人命运预定论，见作者之 *Religion in Chinese Society*, pp. 247-274。

且有损尊严。[1]”只有一颗具有极敏锐的想象力与理解力的心灵，才能够有如此的观察，尤其是对于一个从未亲临中国的人而言。韦伯的陈述几乎与以下这个真实的例子完全吻合：1933 年，一个年轻而高傲的中国大学生搭乘一艘航行于中国海岸的船只旅行。当他趴在甲板的栏杆上观赏日落的景致时，一位美国的洗礼派传教士走向他谈论起宗教的话题，他突然宣称：“年轻人，你充满了罪，你需要悔改。”那年轻人感到相当的震惊，并且怒气冲天地回敬道：“我出身于名门，具有良知良能，而且谨于道德责任与道德行为的信守。何谓我充满了罪恶？也许你是充满了罪恶，但我可不是。”这个口头上愤怒的争执，明白显示出，即使在中国待过数年的传教士，还不如韦伯那样洞识中国的形而上学里，并没有原罪这个概念。从这个以及其他许多地方，我们都可以看出韦伯以其非凡的敏锐智识，大大地弥补了他在材料上的不足之处，而在此书中为我们提供了一些具有意义的现象上最圆融的解释。

6. 与现今研究趋势的关系

这本书虽然写于半个世纪以前，但是对于现今的中国社会的科学研究与宗教社会学的比较研究，仍甚有关联。我们早已指出，韦伯在这本书里的研究，已大大超出了中国的宗教这个狭窄的范围，而探讨终极价值与资本主义这个更广泛的课程。自此一观点而言，我们发现这本书比其他现今可用的书籍，在对传统中国的社会结构与价值体系上，都要更富于强而有力的观念与假说。许

1 *Religion of China*, p. 295.

多关于中国社会结构与功能的重要问题，都由韦伯在此处首次提出，并且其中的某些问题大部分至今还尚未得到解决。

例子之一是关于法律的类型与中国社会结构之本质的问题。韦伯提出这样一个假设：实质伦理法律的居于优势与形式法律的缺乏，这要不是源于律令上的一种设定，就是传统思想体系里的一个理念。直到现在，对于韦伯的这个假说还没有可靠的验证，并且对于传统中国里的法律的抽象本质，也还未有进一步的其他理论著述，而这是一个想要对中国社会有科学性的了解，多么紧要相关的课题。即使瞿同祖的著作（上文已引），也未从类型学的理论观点来探讨中国法律的问题。

韦伯将其研究局限于传统中国。然而他对传统社会特征颇具慧见的诠释，却已为了解可能出现的转变方向提供了极有价值的指引。就此而言，一个颇有意义的重点是，他观察到中国官僚群（作为一个整体）集体的“上下其手”的特权。这种既得利益的集体模式，使得整个官僚体系反对任何改革或变迁，因为此等行动看来极有可能危及他们既得的特权。结果是，“只有外来的军事征服或成功的武力或宗教革命，才有可能动摇俸禄利益的强固结构，只有这样才能创造出全新的权力分配以及随之而来的新的经济条件。任何内部革新的企图，都不免为前面提及的障碍所破灭。”[1]

正如我们一开始就指出的，韦伯想要将这本书作为他对于中国、印度、中东以及欧洲的一系列比较宗教研究的第一本。是故，此书的意义则不只限于中国，而是扩展到比较宗教社会学的一般领域上。然而在他这一系列的研究里，并没有要提出一套概括而

1　*Religion of China*, p. 125.

有系统的“宗教社会学”来的意思。相反地，他的主要目的是在将“其他宗教的伦理拿来与资本主义精神和禁欲的新教伦理，做比较研究”[1]。就着此一途径，韦伯从他的比较研究里，产生了一套关于宗教因素的类型学概念，而对于一般社会经济变迁的研究，尤其在资本主义发展的研究上，都非常有用。

想要在这里呈现出韦伯在他广泛的比较研究里所发展出来的整个类型学概念，显然是很不切实际的。而关于本书所涉及的部分，其类型学概念已隐含在儒教与禁欲的新教精神二者的特性对比上。冒着重述的繁复，我们要举几个例子，来说明这些类型学概念的本质，及其在比较宗教社会学的一般领域里的用处。

韦伯在比较研究上的一个基本出发点是，宗教价值与既有世界间的伦理断层。从这个取向上出发，我们可以根据宗教对世界的拒斥或接受、与世界间有无紧张性的产生、有无改造世界的意图、或仅是去适应它或逃避它，等等这些现象，来对宗教加以分类。以宗教救赎的历程而言，宗教行为可以趋向于世界的控制（禁欲主义），也可以是贬斥这个世界而对它采取漠视的态度（神秘主义）。禁欲主义与神秘主义之中，都可各自再分为入世的与出世的两种类型。

以此观之，儒教就是个入世的禁欲主义的具体例子[2]，它的目标在于控制自己与他人的行为以达到适应于这个既有世界的目的。

---

1 Parsons, *Structure*, p. 540.

2 译按：这是个错误的论断。儒教是极端入世取向的，但并不是一种救赎宗教，更非“禁欲主义”的；而“清教”在韦伯的分类里，则恰好是属于“入世的禁欲主义”。有关韦伯对救赎宗教的类型及区分定义，参见《世界诸宗教之经济伦理》的《中间考察》，中译可见《宗教与世界》，第3章。

这与清教的出世禁欲主义形成对比，它所追求的是在另一个世界里的得救。就受巫术的影响程度而言，儒教这个理性伦理的类型，容许巫术及传统主义的存在，而不像清教的那个类型，将巫术视为一种不圣洁之物而严厉地去除，以使理性从巫术的影响里解放出来。

上述的韦伯的类型学概念，对一般的比较宗教研究甚具意义。例如它们可以作为一种假设性的判准，来揭示出某个宗教或某个终极价值体系，对于社会经济变迁的影响，尤其是在理性的资本主义发展这个方向上的向背。就此而言，韦伯的类型学概念，对于与宗教相关联的社会经济发展之动态研究，其所具的意义，比其他许多比较宗教领域里的人所做的贡献，还要来得大。

例如涂尔干将宗教分为“神圣的”与“凡俗的”，并认为宗教的象征集体意识等，都比较倾向于对宗教在一个社会体系里的结构功能性的了解，而不是去了解宗教对于社会经济秩序所具有的动态意义。这在我们将涂尔干的“神圣”(sacré)、与韦伯的“卡理斯玛”(charisma)置于宗教先知的脉络来加以比对时，就更为明显了。类似的歧异还可见于韦伯的类型学概念与马林诺夫斯基(Malinowski)的巫术概念——强调它对于社会行为之制度化模式的积极功能——的比较上。此外，涂尔干与马林诺夫斯基都将他们的研究重心置于原始社会上，而韦伯则采取一个较广泛的研究途径，有系统地比较世界四大文明——欧洲、中东、印度及中国——里，庞杂的支配性宗教体系。

由此观之，这本关于中国宗教的书，对于比较宗教社会学的一般领域而言，实具意义。这乃是因为它为韦伯一般化的类型学概念提供了具体的例证，并且这些概念能够动态地应用于社会经济变迁的研究上。因此，对于一个作比较宗教研究又身处于一个革命性变动世界中的学者而言，此书不愧是富于挑战性的理念与概念建构的泉源。

附录二

参考文献

在本书各个段落的引文中，我们将不一一注明所引用的中国主要古典经籍巨著之出处。这些经典已经理雅各（J. Legge）翻译、编辑为《中国经典》（*Chinese Classics*）丛书，并逐文附加评注。其中的部分书籍也被采录到穆勒（Max Müller）所编的《东方圣典》（*Sacred Books of the East*）中。

关于孔子及其真传弟子的个人见解或被认为是其个人见解（此处，对我们而言，并无不同）的入门书，则以理雅各编纂并附导论的一部小书《孔子的生活与训诲》（*The Life and Teachings of Confucius*）最为便利。此书包含了三种典籍：《论语》（*Confucian Analects*）、《大学》（*The Great Learning*），以及《中庸》（*Doctrine of the Mean*）。此外，尚有著名的鲁国史籍（《春秋》[*Spring and Autumn Annals*]）。有关孟子著作的译介，参见《东方圣书》，以及 Faber,*The Mind of Mencius*。《道德经》则已有多种翻译本出现。最杰出者，属 V. Strauss 的德文译本（1870），英译则为 Carus 的 1913 年版本。同时，von Wilhelm 也编译了一本有关中国的神秘主义者与哲学家的好选集（Diederichs, Jena）。近来，道教研究的热门程度，几乎可算是一种流行。Williams 以前很受欢迎的著作 *The Midden Empire*，现今仍为关于政治、社会方面一本有用的通俗作品。其次，von Richthofen 那本主要是地理学方面的巨著，也将政治—社会方面的考虑包含了进去。Otto Franke 在 *Die Kultur der Gegenwart*（第二卷第二部之第一章）中，以著作编列的方式作了一幅极佳的（文化）素描（英译按：Franke 未完成的三大册著作 *magnum opus Geschichte des Chinesischen Reiches, Eine Darstellung seiner Entstehung, seines Wesens und seiner Entwicklung bis zur Neuesten Zeit*, 分别于 1930、1936、1937 在 Berlin　Leipzig 出版。头两部包括汉帝国的兴起与儒教国家的缔建；第三部（p. 576）则包括第一、二册的注释、补充与修正，同时也有主要事件与人名的索引)。

有关中国城市的作品，见 H. Plath, "Über die Verfassung und Verwaltung Chinas unter den drei ersten Dynastien," *Abhandlungen der Königlichen Bayrischen Akademie der Wissenschaften*,1865, I. Cl. X, Abt. 2, p. 453ff.。至今，有关（现代）中国城市中之经济生活的最佳研究论著，是 Karl Buecher 的门生 Dr. Nyok Ching Tsur 所写的 "Die gewerblichen Betriebsformen der Stadt Ningpo," *Zeitschrift für die Gesamte Staatswissenschaft*, Supplement 30（Tuebingen, 1909）。

关于中国古代宗教（所谓"Sinism"），参见 E. Chavannes, *Revue de l'Histoire des Religions*,vol. 34, p. 125ff.。关于儒教与道教之宗教与伦理，值得推介的是 Dvorak 在 *Darstellungen aus dem Gebiet der nichtchristlichen Religionsgeschichte* 一书中的两篇论文。此外，另参见 Wilhelm Grube, "Die Religion der alten Chinesen," *Religionsgeschichtliches Lesebuch*, A. Bertholet ed.（Tübingen, 1908）， pp. 1-69；以及 *Lehrbuch der Religionsgeschichte* 一书中，E. Buckeley 论中国的那一篇（Chantepie de La Saussaye 编，3rd ed., Tübingen, 1904）。目前（按：1920 年），de Groot 有关官方宗教的巨著，是最出色的。参见他的主要著作，*The Religious System of China*（此书所处理的主要是在仪式方面，特别是丧葬礼仪）。在 *Kultur der Gegenwart* 一书中，de Groot 对于中国现存的宗教体系则另有一番总览综观。关于儒教的宽容，参见其灵思活现的论文 "Sectarianism and Religious Persecution in China," *Varh. derKon. Ak. van Wetensch. te Amsterdam*, Afd. letterk. N. Reeks, IV, I, 2。有关宗教事故的历史，见其发表于 *Archiv für Religionswissenschaft* 第七卷（1904）中的论文。Pelliot 的评论，见 *Bulletin de l'Ecole francaise de l'Extrême Orient*, vol. Ⅲ（1903）, p. 105。关于道教，亦见 Pelliot, loc. cit., p.317。关于明朝缔建者（按：明太祖朱元璋）的圣谕（1671 年之"圣谕"的先驱），见 Chavannes, *Bulletin de l'Ecole francaise de l'Extrême Orient*, vol. Ⅲ（1903）, p. 549 ff。

从康有为之近代改革派观点来看儒教学说的论述，见陈焕章，*The Economic Principles of Confucius and His School*（博士论文，Columbia University, New York, 1911）。

关于诸宗教体系对于生活方式的种种影响，在 Wilhelm Grube 精彩的文章，"Zur Pekinger Volkskunde," *Veröffentlichungen aus dem Königlichen Museum für Völkerkunde*（Berlin, vol. VII, 1901）中，令人一目了然。另参见 Grube, "Religion und Kultur der chinesen, über Chinesische Philosephie," *Kultur und Gegenwart*, I,5. Grube, *Geschichte der chinesischen Literatur*（Leipzig, 1902）。

传教士的文献，见 Jos. Edkins, *Religion in China*（3rd ed.,1884）。

此书因重现了许多的对话而颇具价值。Douglas 所著的 *Society in China* 也包含了一些珍贵的材料。关于进一步的参考文献，则必须征诸英、法、德等著名的大型期刊，诸如 *Zeitschrift für vergleichende Rechtswissenschaft* 及 *Archiv für Religionswissenschaft* 等。

有关中国近代情况的具体介绍，见 Freiherr von Richthofen, *Tagebücher aus China*，以及 Lauterer, Lyall, Navarra 等人和其他人的著作。关于道教，请参见下面第七章的注释。

关于近代史观下的古代中国，参见 Conrady 的论著，收于 Pflugk-Harttung 编，*Weltgeschichte*（Berlin, 1911）, vol. Ⅲ , pp.459-567。至于 de Groot 的新作 *Universismus, Die Grundlage der Religion und Ethik, des Staatswesens und der Wissesnschaft Chinas*（Berlin,1918），直到本书付梓时，笔者方才获阅。在诸多简要的入门小书中，特别值得我们一提的是 Freiherr von Rosthorn 这位最优秀的专家之一的一本小册子，*Das soziale Leben der Chinesen*（1919）。与此类似而较早的著作，则推 J. Singer 所写的 *Über sogiale Verhältnisse in Ostasien*（1888）。

较无数的论著更能指引我们的，是关于皇帝谕令集成的研究。这些谕令集成原本是用于帝国内部的行政上，但数十年来一直受到英国人的注意，并将之冠以《京报》（*Peking Gazette*）之名而翻译出来。其他进一步的文献与翻译材料，我们在下文引用时会注明。

诸多文献资料与碑铭，被移译过来的不过是其中的一小部分，对于一个非汉学家而言，这真是个大障碍。遗憾的是，我并没有一位汉学专家来参与合作原典的考证。以此之故，笔者谨怀不胜惶惑迟疑之心，以最为保留的态度将本书交付印行。

附录三

国库岁入资料

根据马端临所著书的记载，中国较早的一份国家岁入清单如下（以千为单位）：

项目	公元前 997 年（应为公元后）	1021 年
谷	21707 石（应为 31707）	22782 石（应为 32782）
钱（铜钱）	4656 贯	7364 贯
绢	162 匹	1615 匹
细丝	273 匹	182 匹
丝线	1410 两	905 两
绵	5170 两	3995 两
茶	490 斤	1668 斤
刍茭	30000 围	28995 围
薪	280 束	?
炭	530 秤	26 秤
黄铁	300 斤	?

公元前997年（应为公元后）除了上列项目外，另有箭杆、鹅翎杂翎及蔬菜（按：即蒿）等。

然而1021年则增加了皮革(816000斤)(按:应为鞋816000量)、麻皮（397000斤）、盐（577000石）、纸（123000幅）。

译按：以上各项物品名称及计量单位皆据原出处（《文献通考》卷四、田赋四）标明，年代与数量亦据原出处校正（下表亦同）。997年为宋太宗至道三年，1021年为宋太宗天禧五年。

到了1077年（宋神宗熙宁十年），亦即王安石之货币经济与商业独占等改革时（按：以下数字是作者将夏秋二税相加后所得）：

银	60137两
钱	5585819贯
斛斗	18202287石（应为17887257石）
匹帛	2672323匹
丝绵	5847358两（应为5850355两）
草	16754844束

除此之外，尚有杂色：茶、盐、酥、糠、蜡、油、纸、铁、炭、红花、皮革、麻等，记载者不知基于何故将之统计于一总量下（3200253斤）（按：正确数字应为3200293。至于单位则记载者于数字下标列：斤两石角筒张塌条檐围束量口等，皆依所举杂色项目标列）。至于谷物，据他处所记，每人每月所需为1石(不过，“石”的变动幅度相当大)。在前面两次岁入表中未见到的银收入，出现在后一表中，可以解释为商业独占的结果，或者是租税征收者将铜钱换算成银（一如沿用至今的办法）所造成的；或许也可以后

者是最后的净收入而前者为预估的算额（？）表加以解释。相对地，1360 年明朝第一个决算，却只出现三个项目：

谷物	29433350 石
货币（铜钱与纸币）	450000 两（银）
绢布	288546 匹

这表示银货有了可观的增加，而不胜其数的各种天然产物则减少了，在当时，天然产物虽然只被用于地方财政上的开销预算，由于其中的扣除额并无法确定，所以我们也无从对这些数字做太多的讨论。

从 1795 到 1810 年，中央政府共收到 4210000000 石的谷物（每石为 120 中国斤）。与之俱来的是银收入相对及绝对的大量增加，这是由于上帝赐予（西方国家）美洲银产之后，中国与西方贸易的大幅出超所促成的（最近的发展情形则不在本文讨论之列）。

据史书所载，古时的惯例是，距离京畿越远的地方，则缴纳价值越高的租税品，而价值越低的天然产物则向近畿之地征收。

译按：以上的数字皆见于 Biot, *op. cit.* pp. 315, 316, 319, 330。德文版的一些明显错处，皆已加以修正。

译名对照表

Abelard　阿伯拉尔
Aberglauben　迷信
Abgaben　土贡
Abschreckungstheorie　权势理论
Achilleus　阿奇里斯
Ackerbürgerstädte　农耕者的都市聚落
advocatus diaboli　恶魔的辩护者
Agrimensoren　罗马测量技师
Ahimsa　不杀生
Ahnenkult　祖先崇拜
Ahnenpietät　祖先孝道
Ahnenprobe　祖谱证明
Akosmismus　无等差主义
Alcibiades　阿希比阿地斯
Allmende　村落共用地
Allokutionen　教皇的告谕
Allseitigkeit　通才
Altersklassen　年龄阶级
Amt　官职
Amtskirche　官职教会
Amtspflicht　官职义务
Anstaltscharisma　体制性卡理斯玛
Anstaltsgnade　制度恩宠
Anteilsrecht　持份权
Antichrese　当质契约
Antonine　安东尼王朝（罗马）
Apolitismus　政治冷漠
Atharvaveda　《阿闼婆吠陀》
Attic　阿提喀
auf den Boden der Tatsachen　以事实为基础
Aufkäufer　趸买者
Autakie　自足

Baal　巴尔神
Badenia　巴登尼亚
Banko-Währung　银行本位
Bastiat　巴斯夏
Beamtenstaat　官僚制国家
Befriedung　和平化

Bekehrung　改信归宗
Belisarius　贝利沙里
Bendix, Reinhard　本迪克斯
Beruf　职业，志业
Berufsethik　职业伦理
Berufsmenschen　职业人
Besessenheit　出神
Besitztitel　原权
besteuertes Privatland　课税的私有土地
Bestimmungen　法令
Betrieb　经营
Beutekapitalismus　掠夺资本主义
Bewährung　确证
Biot　比欧
bjednata　比耶德那塔
Bodenmagnatentum　大地主制
Bolschewismus　布尔什维克主义
Boniface VIII　包尼法斯八世
booty capitalism　掠夺式资本主义
Boxers　拳匪
Braudel, F.　布罗代尔

calling　天职
Calvinism　卡尔文主义
Carlyle　卡莱尔
Cäsaropapismus　政教合一制
Catholic cycle　天主教的赦罪之环
Charisma　卡理斯玛
charismatischer Beruf　卡理斯玛天职
Chiliasmus　千禧年
Chronomantik　时占术

Cleisthenes　克莱斯提尼斯
Commom Law　习惯法
community of blood　血缘共同体
community of faith　信仰共同体
contra legem　抗拒法律
cortegiani　扈从
Creel, H. G.　顾立雅
Cromwell　克伦威尔

de Chavannes, E.　沙畹
de Groot　高延
Deisidaimonie　鬼神论
Delamarre　艾嘉略
Denkweise　心术
Dhamma　法
dies fasti　吉日
diesseitig　此世的
Diesseitigkeit　现世性
Dionysos　狄俄尼索斯
Dissenting　非国教派
Dvorak　德沃夏克

ecclesia militans　圣战教会
Ecclesia pura　纯粹信徒团
Egoismus　自我主义
Ehre　荣誉
Eigentum und Erwerb　财产与营利
Eingengesetzlichkeit　固有法则性
ekstatisch　忘我的
eleusinische Mysterien　谷神祭典
Entsprechung　感应

Entzauberung der Welt 世界之除魅
Ephebe 壮丁
Erbcharisma 世袭性卡理斯玛
Erblasser 承继者
Erbpächter 永佃权者
Ergasterion 作坊
Erlösungs-lehre 救赎教义
Erstarrung 僵硬化
Erwerbstrieb 营利欲
Eschatologie 末世论
Esoterik 密教
esoterische Prädestinationsglauben 奥义的预定论信仰
ethische Rationalität 伦理理性
ethische Verklärung 伦理形式
Ethos 精神
Extensität 疏放性

Fatum 命数
Feldgemeinschaft 耕地共同体
Fetischismus 拜物信仰
Fideikommiss 信托遗赠
firma burgi 包税市镇
Florence 佛罗伦斯
Forderungen 要求
formales Recht 形式的法律
Freiheitsrecht 自由权
Fremde 异乡
Fronhofswirschaft 庄园经济

Ganerbschaften 共同遗产
Gefolgschaftscharakter 扈从制性格
Geisterglauben 鬼神信仰
Geldsteuer 货币税
Gemeinde 共同体
Gemeinschaftshandeln 共同体行为
Genoa 热那亚
Genossen 伙伴
Genossenschaften 伙伴团体
Gentry 乡绅
Geomantik 堪舆术
Gerth, Hans 葛斯
Geschlechterstaat 氏族国家
Gesellenverband 职工团体
Gesinnung 心态
gewerblicher Kapitalismus 产业资本主义
Gewerkschaft 工会
gilda mercatoria 商人基尔特
Glaubenskampf 宗教圣战
Gnadenanstalt 恩宠机构
Gordon 戈登
Gottes Werkzeug 神的工具
Gracchus 格拉古（罗马）
grosse Naturgeister 自然的巨灵
Grube 葛禄博
guilt culture 罪感文化
Guru 导师（印度）
Gymnastik 导引

Hantgemal 自由人世袭财
Hausgewalt 家内权
Hausmacht 家门势力

Hausmeier　宫宰
Heiland-Kaiser　救世主皇帝
Heiligung　圣化
Heilsanstalt　救赎机构
Heimarbeit　家内劳作
Heimat　故乡
Héloise　爱洛伊丝
Herrengewalt　支配者权力
Hierokratie　教权制
High Church　高教会
Himmelsgeist　上天之灵
Honoratioren　名门望族
Hoplit　重装步兵
Hypothek　抵当权

ideal type　理念型
Imam　伊玛目
Imperial Gazette　《京报》
impersonal community　切事的共同体
innerpolitischer Beutekapitalismus　政治性的掠夺资本主义
innerweltlich　入世的，现世内的
Iwanoff, A. J.　伊凡诺夫

Jenseits　来世

Kabinet Justiz　王室裁判
Kadi　卡地
kaiserliche Bodenregal　皇权土地所有制
Kaisertum　皇权
Kaloikagathoi　绅士
Kamorra　卡摩拉
Kapitalismus des Händlertums　商人阶级的资本主义
Kaplan　助理司祭
Kirchendisziplin　教会纪律
Kirchenstaat　教会国家
Kismet　宿业
Klient　宾客阶层
Kohler, J. F.　寇勒
kolonen　部曲
kommendieren　托付
Kommunalkörper　地方自治团体
Kondionenkartell　条件性的卡特尔
Konföderation　联邦
Konfessions-Begriff　宗派概念
Konfessionszugehörigkeit　宗教归属
Kontingentierung　配额化
Korporations　社团法人
Korporative Autonomie　法人团体的自治
Kuhn, T.　库恩
Kulaki　库拉吉（俄罗斯）
kultischer Konventionalismus　祭典因袭主义
Kultivationspädagogik　陶冶教育
Kultureinheit　文化的统一性
Kulturexamen　文化检验
Kulturkampf　文化斗争
Kultverband　祭祀团体
Kundschaften　主顾关系
Kurie　教廷集会

Laienbildung 世俗教养
Laiengemeinschaft 俗人共同体
Laienreligion 俗世宗教
Landesvater 君父
Lebensführung 生活样式，生活态度
Lebensmethodik 生活方法论
Legalität 合法性
Legge 理雅各
Legitimität 正当性
Lehensleute 封建藩臣
Lehenstreue 封建的忠诚
Lehre 教，教义
Lehre der Literaten 士人之教
Leichtgläubigkeit 轻信
Leiturgie 赋役制
Leiturgiestaat 赋役国家
Leonardo da Vinci 达·芬奇
lex agraria 土地法
Liebesakosmismus 爱的无差别主义
Literate 士人
longue durée 长时段
Lord Palmerston 帕默斯顿爵士
Low Church 低教会

Magazinpolitik 仓储政策
magic 巫术
Magie 巫术
magisch “rationaler” Wissenschaft 巫术性的“理性”科学
magischer Animismus 巫术的泛灵论
Magna Charta 大宪章
major domo 宫宰，霸主
Makrobiotik 长生术
Malinowski 马林诺夫斯基
Manchestertum 自由放任主义
Mandarinen 官绅
Mandarinenstand 士大夫阶层，官绅阶层
Männerhaus 男子集会所
Marktabgaben 市场钱
Marktrecht 市场权
materiale Gerechtigkeit 实质的公道
Materialismus 物质主义
Menschen-Apotheose 人的神格化
Mercanza 商人行会
militärischer Beutekommunismus 军事掠夺共产主义
Ministerialen 家士
missi dominici 巡抚使
Mithra 密斯拉
mjestnieshestvo 品位秩序
Moira 命运（希腊）
Mommsen, T. 蒙森
Mönchskontemplation 僧侣的冥思
Montaigne 蒙田
Muhammed 穆罕默德
Münster 明斯特
Mystagog 秘法传授者

Nadjel 份地（俄国）
Narses 纳尔塞斯
naturalwirtschaftliche Bedarfs-deckung 糊口式经济

naturrechtliche Sanktionierung 自然法认定
Needham, Joseph 李约瑟
nefasti 凶日
Note-I-Fischer 甲等一费雪
Nüchternheit 清醒
numina 努米那

Offenheit 诚
öffentliches Wohl 公共福祉
Oikenwirtschaft 庄宅经济
Oikos 庄宅
Omina 预兆
Orgiastik 狂迷忘我
Orphik 奥菲斯教
Ortszugehörigkeit 聚落归属身份

Parsons, T. 帕森斯
particularism 特殊主义
party boss 党老大
Pathos 激情
Patrimonialbeamtentum 家产官僚阶层
Patrimonialbureaukratie 家产官僚制
patrimoniale Fiskalismus 家产制国库主义
Patrimonialismus 家产制
Patrimonium 家产
patriziat 都市贵族
Patronagebeziehung 恩护关系
Pennalismus 试主门生关系
Personalakten 考课表
Pietät 恭顺
politicomilitary autonomy 军政自主性
Pontifikat 最高祭司长
praefecti praetorio 近卫长官（罗马）
praeter legem 超越法律
praktischer Rationalismus 实践的理性主义
Präzession der Aequinoktien 岁差运动
predeterminism 上帝预选说
Primogenitur 长子继承权
Privateigentum 私有财产制
privatrechtliche 私法的
Privileg 特权
Ptolemies 托勒密王朝（埃及）
Pythagoränismus 毕达哥拉斯学派

Quäkertum 教友派

Rabbis 律法学者（犹太教）
radikal Böse 根本的恶
rational bourgeois capitalism 理性的资产阶级资本主义
rationale Askese 理性的禁欲
rationale Genügsamkeit 理性的寡欲
rationaler Betriebskapitalismus 理性的经营资本主义
rationales Alltagshandeln 理性的日常行为
Rationalismus der Ordnung 秩序的理性主义
Rechenhaftigkeit 计算
Rechtsfindung 造法原则，法发现
Regeldetri 比例法
Reich der Mitte 中央王国

rein chthonischen Mythologeme 纯粹的大地神话信仰
Rentabilität 收益性
Rente 定期金
Rentner 坐食者
Rentnergeist 坐食者心态
Ressort 专管部门
Reziprozität 互惠精神
Riesman, David 瑞斯曼
Rigveda 《梨俱吠陀》
ruach 气息（以色列人）

sachliche Gemeinschaft 切事的共同体
sacré 神圣
Sakramentsgnade 秘迹恩宠
salomonischer Kadi-Justiz 所罗门式的卡地裁判
Samurai 武士（日本）
Schicklichkeit 礼
Schicksalsperipetien 命运急转
Scholarenehre 学生荣誉
Schreiber 书记
Schriftgelehrte 圣典律法学者
Schriftkenntnis 文献知识
Schwurbruderschaft 誓约兄弟团体
Seele-Nadjel 人头份地（俄国）
Seelenwandlung 轮回 Sekte 教派
Sektenreligiosität 教派性的宗教信仰
Sektentum 教派精神
Selbstherrschaft 独裁政治
Semite 闪族
shame culture 耻感文化
Shang-Yang 商鞅
Similia 类似事件
Sippenkommunion 氏族共产制
Sir Robert Hart 哈特爵士
sistema domestico 代工制
Smith, A. H. 史密斯
Soldheere 职业军
Soteriologie 救世论
Spannung 紧张关系，紧张性
Spener 斯彭内尔
Squire 大地主（英国）
Staatspfründnerschicht 国家俸禄者阶层
Staatsräson 国家理由
Staatswesens 国家制度
Staturrecht 制定法
Steuergemeinschaft 纳税共同体
Stoizismus 斯多噶主义
Subinfeudation 再分封制
Sufi 苏菲派
Sultanismus 苏丹制
Sünden 原罪
Sündenstand 原罪状态
Symposium 《会饮篇》
Synoikismos 聚居
System der öffentlichen Lasten 公共负担制度

Tacitus 塔西佗
Talmud 犹太法典
Terministen 悔罪限期派

the ascetic protestant ethic 禁欲新教伦理
the Levellers 平等论者
The Structure of Social Action 社会行动之结构
theistic religion 奉神的宗教
Theodizee 神义论
this-worldly 此世的
Thomist 托马斯派
Totemismus 图腾信仰
Tribunus Plebis 护民官
Troeltsch, Ernst 特洛尔奇
Tüchtigkeit 善行
Tudors 都铎王朝

überweltlich 超越俗世的
unio mystica 神秘的合一
universalism 普遍主义
Universismus 天人合一观

Veme 秘密裁判
Vergesellschaftung 结合体关系
Verheiβung 许诺
Verlöschen 消亡
Verlagssystem 代工制
Verleger 批发商
Vernuft 理性
verpachtete Domänen 出租的王有直辖领地
Verpfründung 俸禄化
Versachlichung 切事化，就事论事
Vertragsautonomie 契约的自律性
Virtuosenreligiosität 达人宗教
Volksglauben 民间信仰
Volkskult 民间祭祀
von Este, Renata 冯·埃斯特
Vorsehung 天意，神意

wecken 唤起
Wei-Jan 魏冉
Weltbild 世界图像
Wertmaβstab 价值基准
Wesley, John 卫斯理
Wiedergeburt 再生
William Laud 劳德
Willkür bricht Landrecht 自由裁量高于一般法
Wirtschaftsgesinngung 经济心态
Württemberg 乌腾堡

Zarlino 查琳诺
Zaubergarten 巫术的乐园
Zaubergilde 巫师集团
Zentralismus 中央集权制
Zeus Erkeios 宙斯神祭祀
Zwangsrobot 强制徭役
Zweckverband 目的团体

索 引

五画

六画

七画

八画

九画

十画

十一画

十二画

十三画

十四画

十五画

十六画

十七画